法韵华章 北京知识产权法院十年探索丛书

创新之光

北京知识产权法院专利典型案例

刘双玉 主编

人民法院出版社

图书在版编目（CIP）数据

创新之光：北京知识产权法院专利典型案例 / 刘双玉主编. -- 北京：人民法院出版社，2024. 9. --（法韵华章：北京知识产权法院十年探索丛书）. -- ISBN 978-7-5109-4252-5

Ⅰ. D923.425

中国国家版本馆CIP数据核字第20242D6V29号

创新之光——北京知识产权法院专利典型案例

（法韵华章：北京知识产权法院十年探索丛书）

刘双玉　主编

策划编辑　赵　刚　陈晓璇
责任编辑　陈晓璇
封面设计　东合社
出版发行　人民法院出版社
地　　址　北京市东城区东交民巷 27 号（100745）
电　　话　（010）67550520（执行编辑）　　67550558（发行部查询）
　　　　　　　　　　65223677（读者服务部）
客 服 QQ　2092078039
网　　址　http://www.courtbook.com.cn
E - mail　courtpress@sohu.com
印　　刷　三河市国英印务有限公司
经　　销　新华书店

开　　本　787 毫米×1092 毫米　1/16
字　　数　480 千字
印　　张　30
版　　次　2024 年 9 月第 1 版　2024 年 9 月第 1 次印刷
书　　号　ISBN 978-7-5109-4252-5
定　　价　102.00 元

经德秉智知公正　十年逐梦采华芝

——北京知识产权法院"京知十年"系列图书序

创新是引领发展的第一动力，保护知识产权就是保护创新。党的十八大以来，以习近平同志为核心的党中央将创新驱动发展战略上升为国家战略，知识产权保护迅速成为驱动高质量发展的内生动力。知识产权专门法院是通过集中管辖和专门机制，确保党中央知识产权司法保护政策落实的有力工具，在知识产权保护体系中发挥关键作用。经中央深改组第三次会议决策和十二届全国人大常委会第十次会议决定，北京知识产权法院作为全国首批三家（北京、上海、广州）知识产权法院之一，于 2014 年 11 月 6 日率先挂牌运行，承载着探索知识产权审判机制改革和提升知识产权司法保护水平的职责使命，肩负着党和人民对知识产权司法服务保障高质量发展的殷切嘱托和热切期待。

在全国知识产权审判体系中，北京知识产权法院的特殊性在于受理的近八成案件是集中管辖直接关系我国知识产权质量的全国范围内专利、商标、植物新品种、集成电路布图设计等知识产权授权确权第一审行政案件；专属管辖直接关系社会主义市场竞争秩序维护的全国范围内不服国务院反垄断执法机构行政处罚决定的第一审行政案件；指定管辖直接关系人民医药可及性的全国范围内药品专利链接相关民事纠纷案件。因此，我院在国内知识产权司法保护体系中具有特殊的基础性和枢纽性作用。自成立以来，我们始终坚持不忘初心、牢记使命，通过一大批备受国内外关注、记录时代发展的首例案件、典型案件、高价值案件的审理，向社会传递科技向善、文化自信、公平竞争的创新理念。

经德秉智，知公致正。在习近平法治思想指引下，我们秉持首善标准，注重守正创新，一步一个脚印，借创新发展之东风，创司法保护新天地。十年来，我院培育起专业化水平较高的、以高级法官为主体的近 70 人的法官队伍，组建了药品专利链接、数据保护、植物新品种、计算机软件等6个前沿领域的办案专班，培养了一批全国和北京市审判业务专家和首都青年法学家；通过精心部署，我们在北京市科技创新主阵地"三城一区"的科学城、科技园区设立了9个巡回审判庭和法官工作站，主动服务保障国家创新驱动发展战略；我们还创建了14名两院院士组成的创新保护专家委员会，充实了超过120人的技术调查官力量，确保大量高价值技术类案件公正高效审理。十年来，我院审结了各类知识产权案件近20万件，发布了19批200余件典型案例，75起标杆性案件被最高人民法院评选为全国典型案件；先后荣获中央和省部级奖项的专题调研有15项，出版集体和个人专著13册，法官们在核心期刊发表论文近50篇，连续多年在全国知识产权实务部门的学术研究成果排名中位居首位，赢得了国内外广泛赞誉与深度认同。

春华秋实，尽采华芝。本次图书编辑工作，对过去十年，既是一种纪念，更是一种感谢；对未来十年，既是一个起点，更是一种嘱托。这套"京知十年"系列图书共6册，合计超过220万字，记述了京知人善作善成的智慧和久久为功的努力，既有严肃的司法判决，也有活跃的学术探索，还有深刻的问题反思，更有务实的改革举措。其中，《法界之新——司法审判研究与体制探索》集中了十年间数据、种业、共享经济、国际贸易、惩罚性赔偿、商业秘密等领域的前沿和疑难问题研究成果，体现了京知人在践行职责使命过程中的深入思考和持续探索。《法官之智——理论与实践探索论文集》挑选了十年间全院干警在学术研究、改革创新、队伍建设方面的所思所悟，反映了京知人在干事创业过程中的躬耕精神和创新智慧。四册典型案例精选了专利、商标、竞争垄断和著作权四大领域的经典案例，用裁判要旨提炼了法官办案思路和办案规则，并用法官评析的方式抒发了办案心路历程和司法情怀。

大鹏之动，非一羽之轻也；骐骥之速，非一足之力也。看着案头厚厚的图书文稿，我作为图书总主编感到压力和动力并存，信任与感激同在！衷心感谢上级领导和社会各界十年来一以贯之的鼎力支持！感谢京知人默默耕耘、任劳任怨的倾情奉献！要特别感谢人民法院出版社领导和编辑们的大力支持和辛勤付出！由于时间仓促、能力有限，书中错误及疏漏之处在所难免，敬请广大读者批评指正！

总主编：刘双玉

目　录

行政案件

民事案件

行政案件

一、权利要求解释的相关问题

1. 梁某川与国家知识产权局
发明专利申请驳回复审行政纠纷案
——权利要求实际限定作用的理解

关键词 专利授权确权　权利要求保护范围　限定作用　创造性

基本案情

涉案申请系申请号为201510828366.2号，名称为"一种语言单词教学用具"的发明专利申请，申请日为2015年11月25日，公开日为2016年2月24日，申请人为梁某川，即本案原告。

经实质审查，国家知识产权局原审查部门于2018年6月21日发出驳回决定，驳回了涉案申请。梁某川对上述驳回决定不服，于2018年9月4日向国家知识产权局提出了复审请求。在此基础上，国家知识产权局于2019年4月1日作出被诉决定，维持国家知识产权局对涉案申请作出的驳回决定。原告梁某川不服被诉决定，向北京知识产权法院提起诉讼。

原告梁某川诉称：对比文件1附图1中的卡片1a英语单词含义与卡片1b图像表示的含义虽然客观上具有——对应关系，但儿童对于对比文件中的对应关系并不具有认知能力，而儿童对于涉案申请权利要求1的卡片之间的对应关系具有认知能力。此外，被告并无证据证明涉案申请权利要求1中图卡及字卡的布局属于常规技术手段。同时被诉决定对于原告复审意见的评述亦存在错误，据此，涉案申请权利要求1相对于对比文件1具备创造性。在权利要求 1 具备创造性的情况下，其他权利要求亦具备创造性。据此，请求法院判令撤销被诉决定，并判决被告重新作出复审决定。

被告国家知识产权局辩称：权利要求 1 与对比文件 1 的区别在于：（1）以语言单词的第一个字母为序，选择 26 个语言单词，组成一套由 26 张图卡和 26 张字卡构成的语言单词教学用具。（2）图卡布局为采用扑克牌结构布局，中间是大图像，左上角和右上角是小的单词拼写；字卡布局为中间是大的单词拼写，左上角和右上角是小的图像。在对比文件 1 的基础上结合本领域常规技术手段以获得权利要求 1 的技术方案对于本领域技术人员来说是显而易见的，权利要求 1 不具有突出的实质性特点和显著的进步，因而不具备创造性。被诉决定认定事实清楚，适用法律正确，请求法院依法驳回原告的诉讼请求。

法院经审理查明：本案驳回决定引用的对比文件 1 为 JP 特开 2008-122482A，公开日为 2008 年 5 月 29 日。对比文件 1 公开了一种语言学习卡片，并具体公开了以下特征（参见说明书 2~3 页、附图 1）：卡片单元 2 包括多张卡片 1，其中卡片 1 包括表面具有英语单词的卡片 1a，以及具有将单词含义用图像表现的卡片 1b，卡片单元 2 组成了语言教学用具，卡片 1a 英语单词含义与卡片 1b 图像表示的含义一一对应。

梁某川对上述驳回决定不服，于 2018 年 9 月 4 日向国家知识产权局提出了复审请求。

涉案申请新修改的权利要求 1 内容如下：

"1. 一种以 26 个字母组成的语言单词教学用具，其特征在于：以语言单词的第一个字母为序，选择 26 个语言单词，将语言单词的含义用图像表现印在一张卡片上，制作成图卡，图卡布局为：采用扑克牌结构布局，即中间是大的图像，左上角和右下角是小的单词拼写，将单词的拼写印在另一张卡片上制作成字卡，字卡布局为：中间是大的单词的拼写，左上角和右下角是小的图像，组成一套由 26 张图卡和 26 张字卡构成的语言单词教学用具。"

在此基础上，国家知识产权局于 2019 年 4 月 1 日作出被诉决定，维持国家知识产权局对涉案申请作出的驳回决定。

北京知识产权法院于 2020 年 10 月 22 日作出（2019）京 73 行初 8053 号行政判决：驳回原告梁某川的诉讼请求。

一审宣判后，各方当事人均未提出上诉，判决已发生法律效力。

裁判理由

法院生效裁判认为：依据《专利法》第二条第二款的规定，专利法所称的发明是指对产品、方法或者其改进所提出的新的技术方案。依据《专利审查指南》第二部分第二章3.1节有关权利要求的规定可知，产品权利要求原则上应采用结构特征对于产品进行限定，对于难以采用结构特征进行限定的，可代之以参数特征或方法特征等，但上述特征是否具有实际限定作用取决于其对所要保护的产品结构、效果是否带来影响。如果不会产生影响，则其即便记载在权利要求中，对于权利要求亦无限定作用，在确定权利要求保护范围时无需考虑。

本案中，被诉决定认定权利要求1相对于对比文件1的区别在于图卡及字卡中对于单词的选择（即以语言单词的第一个字母为序，选择26个语言单词，组成一套由26张图卡和26张字卡构成的语言单词教学用具），以及图卡及字卡的布局（即图卡布局为采用扑克牌结构布局，中间是大图像，左上角和右上角是小的单词拼写；字卡布局为中间是大的单词拼写，左上角和右上角是小的图像）。上述内容虽均记载于涉案申请权利要求1中，但上述限定均仅为卡片中的内容，并不会对涉案申请限定的学习卡这一产品的结构产生影响，因此，上述内容不具有实际限定作用，其不属于需要考虑的技术特征。基于此，在将涉案申请与对比文件1相比时，无需考虑上述内容，相应地，其不属于涉案申请权利要求1相对于对比文件1的区别技术特征，在创造性判断中无需考虑。被诉决定认定上述内容属于区别特征，该认定有误，法院予以纠正。在上述内容无需考虑的情况下，涉案申请相对于对比文件1不存在任何区别特征，基于此，原告有关涉案申请权利要求1相对于对比文件1具备创造性的主张不能成立，法院不予支持。

退一步讲，即便上述区别属于权利要求1中需要考虑的技术特征，原告有关其具备创造性的主张亦不能成立。原告虽主张儿童对于对比文件中的字卡与图卡之间的一一对应关系不具有认知能力，但无论儿童是否具有认知能力均不影响对比文件1字卡与图卡之间客观上具有一一对应关系这一事实，相应地，不会影响创造性的判断。在此基础上，如果上述区别特征在创造性评述中需要考虑，则法院对于被诉决定中有关创造性及原告复审意见的评述均予认同，不再重复。原告有关涉案申请权利要求 1 具备创造性的主张亦不能成立，法院不予支持。

在权利要求 1 不具备创造性的情况下，原告有关因权利要求 1 具备创造性，故其他权利要求亦具备创造性的主张不能成立，法院不予支持。综上，原告的诉讼请求缺乏事实和法律依据，法院不予支持。

裁判要旨

权利要求中的文字记载并非均会对权利要求的保护范围产生影响，其是否会产生影响，主要取决于其对该发明创造的主题是否有限定作用。通常情况下，如果相关文字记载对于产品本身或方法本身不会产生影响，则该部分内容对于权利要求的保护范围不会产生影响。

关联索引

2008 年《中华人民共和国专利法》第二十二条第三款

一审：北京知识产权法院（2019）京 73 行初 8053 号（2020 年 10 月 22 日）

法官评析

本案的焦点之一在于权利要求 1 中对于图卡及字卡中内容的记载是否应纳入权利要求的保护范围。该问题的实质在于，是否权利要求中记载的全部内容均具有限定作用。

《专利法》第六十四条第一款规定："发明或者实用新型专利权的保护范围以其权利要求的内容为准，说明书及附图可以用于解释权利要求的内容。"实践中存在一种误解，《专利法》第六十四条既然规定了"以权利要求的内容为准"，即意味着只要权利要求中记载的内容在确定权利要求保护范围内的均需要考虑，但实则不然。虽然理想情况下权利要求的内容中应尽量不包括不具有限定作用的文字，但实践中很多被授权的权利要求并未达到这一要求，因此，在确定权利要求的保护范围时需要剔除这部分不具有限定作用的内容。

权利要求中的文字记载是否会对权利要求的保护范围产生影响，主要取决于其对该发明创造的主题是否有限定作用。权利要求包括两种类型：产品权利要求与方法权利要求，产品及方法即为权利要求的主题。产品权利要求针对的是物，通常限定的是产品的形状、构造、材质等。而方法权利要求则针对的是行为，强调的是有时间过程要素的活动，具体包括制造方法、使用方法、通讯方法等。

通常情况下，如果相关文字记载对于产品本身或方法本身不会产生影响，则该部分内容对于权利要求的保护范围也不会产生影响。一种简单的判断方法在于，如果将相关文字删掉，是否会得到一种不同的产品或不同的方法。如果结论是不会得到，则相关文字并不具有限定作用。就目前情况而言，这种情形通常涉及的是与主题性质不同的技术特征。

比如，"一种桌子，其特征在于先做桌面，再做桌腿"。从主题上看，该权利要求为产品权利要求，因此应从部件、结构、位置关系等角度进行限定。但其并未采用上述限定角度，而是采用了制备方法的限定方式。因无论先做桌面还是先做桌腿，两种方法制成的桌子均由桌面及桌腿构成，二者并非不同的桌子，因此，该权利要求中的"先做……，后做……"并不具有限定作用。

但如果权利要求为"一种桌子，其特征在于桌面及桌腿注塑制成"，虽然"注塑制成"同样属于制备方法特征，但因该制备方法隐含了对于桌面及桌腿材质的限定，亦即其限于可采用注塑工艺的材质。因采用与不采用这一制备工艺的桌子至少在材质上存在不同，而材质的不同导致二者成为不同的产品，因此，这一内容具有限定作用。

本案中，权利要求1中记载了图卡及字卡中对于单词的选择（即以语言单词的第一个字母为序，选择26个语言单词，组成一套由26张图卡和26张字卡构成的语言单词教学用具），以及图卡及字卡的布局（即图卡布局为采用扑克牌结构布局，中间是大图像，左上角和右上角是小的单词拼写；字卡布局为中间是大的单词拼写，左上角和右上角是小的图像）。上述内容虽均记载在权利要求1中，但其限定的均仅为卡片中的内容，与技术无关，且并不会对涉案申请限定的学习卡这一产品的结构等技术特征产生影响，因此，上述内容不具有实际限定作用，其不属于需要考虑的技术特征。

下例中亦包括不具有限定作用的内容。① 该专利为实用新型专利，权利要求为 "1. 一种窄型排水板快速沉降软地基的布局结构，由多个排水板组植入软地基中形成，其特征在于，每个所述排水板组包括交错设置的多个第一排水构件和多个第二排水构件，同一所述排水板组的相邻所述第一排水构件和所述第二排水构件倾斜设置，同一所述排水板组的多个所述第一排水构件和所述第二排水构件横向间隔排布，多个所述排水板组纵向间隔排布"。

该技术方案主要包括两部分，即排水板（10、20）与软地基（30），其中的软地基实为土地。二者的关系为多个排水板依据一定方式植入软地基（即土地）内，各排水板之间具有一定布局结构。在对该技术方案的理解中，重点在于判断软地基是否有限定作用。

《专利法》第二条第三款规定："实用新型，是指对产品的形状、构造或者其结合所提出的适于实用的新的技术方案。"《专利审查指南》第一部分第二章6.1节规定："根据专利法第二条第三款的规定，实用新型只保护产品。所述产品应当是经过产业方法制造的，有确定形状、构造且占据一定空间的实体。一切方法以及未经人工制造的自然存在的物品不属于实用新型专利保护的客体。"

依据上述规定，作为实用新型专利保护的"产品"应当"整体上"可以被产业方法制造。如果某一实用新型的权利要求中包含了未经人工制造的自然存在的物品，因该部分的存在会导致其所要求保护的产品在整体上无法被产业方法制造，故该权利要求不属于实用新型专利保护的"产品"。此即为本案所处情形，因软地基（即土地）的存在使得该技术方案整体上无法被作为产品制造，因此，该权利要求不符合《专利法》第二条第三款有关实用新型客体的要求。

有观点认为，可以将软地基理解为产品的使用环境，而使用环境可以是未经人工制造的自然物，故不能仅因该技术方案中包含了自然物即认定其不属于保护客体，在确定保护范围时不予考虑。这一观点存在的问题在于混淆了"产品"的使用环境与"产品中某一技术特征"的使用环境。通

---

① 参见鼎某公司与国家知识产权局、第三人申某公司实用新型专利权无效行政纠纷案，北京知识产权法院（2020）京73行初10623号民事判决书。

常情况下，可作为使用环境出现在权利要求中的自然物应是"产品"的使用环境，而非"技术特征"的使用环境。比如，"一种用于河流的水质净化设备，其特征在于……"该权利要求中的水质净化设备为产品，河流为水质净化设备这一产品的使用环境，二者各自独立存在。这一限定方式并不违反《专利法》有关客体的要求。

但该权利要求所记载的产品为"布局结构"，其中的软地基是技术特征"排水板"的使用环境，而非整体产品"布局结构"的使用环境。换言之，该权利要求中自然物是产品的构成部分，而非独立于产品存在。这一限定方式之所以不符合客体的要求，主要原因之一在于当软地基这一自然物属于产品构成部分时，该技术方案中可被制造的仅为排水板，也就是说，不仅软地基不可被制造，排水板与软地基之间的位置关系同样不可能在一个可被独立制造并销售的产品中体现出来。对于无法被制造销售的产品或者无法在产品中体现的技术方案必然不符合《专利法》有关客体的要求。

一审法院合议庭成员　芮松艳　郝　萍　宣增培
编写人　芮松艳

2. 上海喜某公司与国家知识产权局、 北京悦某公司发明专利权无效行政纠纷案

——权利要求的解释应考虑专利的发明目的

关键词 专利授权确权 创造性 权利要求的解释 发明目的

基本案情

涉案专利系专利号为 200910057072.9、名称为"停车泊位引导系统及方法"的发明专利。其申请日为 2009 年 4 月 14 日，授权公告日为 2011 年 6 月 22 日，专利权人为上海喜某公司（以下简称喜某公司）。针对涉案专利，北京悦某公司（以下简称悦某公司）向国家知识产权局原专利复审委员会（以下简称原专利复审委员会）提出了无效宣告请求，请求宣告涉案专利权全部无效。原专利复审委员会作出第 26458 号无效宣告请求审查决定（以下简称被诉决定），认定：涉案专利权利要求 1~2 具备《专利法》第二十二条第二款规定的新颖性，权利要求 1~6 不具备《专利法》第二十二条第三款规定的创造性，决定宣告涉案专利权全部无效。喜某公司不服被诉决定，向北京知识产权法院提起诉讼。

原告喜某公司诉称：（1）涉案专利解决的技术问题与证据 1、2 不同，且涉案专利实时检测停车场车流量与证据 2 中的技术方案不同。（2）本领域技术人员仅结合证据 1、2 很难得到涉案专利权利要求 1 或 3，仍需要创造性的思维和劳动才能实现涉案专利目的。（3）涉案专利从宏观角度引导车主泊车并供车主自主参与，显然能够提高停车效率，具有显著的技术效果。综上，请求法院判决撤销被诉决定。

被告原专利复审委员会辩称：坚持被诉决定中的意见，被诉决定认定

事实清楚，适用法律正确，审查程序合法，审查结论正确，请求法院判决驳回喜某公司的诉讼请求。

第三人悦某公司述称：（1）涉案专利解决的技术问题与证据1、2相同，根据涉案专利说明书可以看出，涉案专利解决的根本问题是提高停车入位效率。（2）结合证据1、2得出涉案专利权利要求1的技术方案是显而易见的。（3）喜某公司所称提高用户自主参与程度、增强用户体验与技术无关。综上，请求法院判决驳回喜某公司的诉讼请求。

法院经审理查明：针对涉案专利，悦某公司于2017年3月24日向原专利复审委员会提出无效宣告请求。

证据1：CN1996420A号中国专利文献，公开日为2007年7月11日。证据1公开了一种具有电子辨识功能的预约系统，该系统包括停车场电脑、远程服务器和车辆。该停车场电脑可以通过停车场出入口的电了辨识读取器读取进出车辆，从而计算出停车场剩余车位容量，并将剩余车位容量发送给远程服务器；该车辆具有全球定位装置和导航装置，车辆可以发出预约车位的请求，远程服务器根据车辆当前所在的位置，根据一定的条件筛选出车辆附近的一个停车场，将预约信息发送给该停车场的电脑，在预约成功后，将成功预约信息发送给该车辆，该车辆凭借该成功预约信息进入该停车场。

证据2：CN1522427A号中国专利文献，公开日为2004年8月18日。证据2公开了一种用于在停车场确定最佳停车位置的自动系统，具体公开了一种智能停车顾问器，该顾问器应用于一个停车场内。该停车场内安装有摄像机，可以监控停车场内车位的可用性，并且可以监控停车场内任何划定区域的车辆流动。当用户开车进入停车场时，顾问器根据当前停车位的情况和车辆流量的情况，可以为用户提供用时最少的最佳空置停车位以及到达该最佳空置停车位的路线，同时也可以提示由于交通拥挤应当避免的区域。

2017年12月20日，喜某公司提交了权利要求书的全文替换页，其中修改后的权利要求1内容如下：

"1.一种停车泊位引导系统，其特征在于，包括停车场终端、服务器和用户终端，所述停车场终端包括实时检测停车场空余泊位的部件，所述停车场终端与所述服务器信号连接，所述服务器包含有记录停车场空余泊位以及停车场地理位置的存储部件，所述服务器与所述用户终端信号连接，所述用户终端包含有向用户显示信息并接收用户指令的交互部件，所述用户终端包含有定位部件以及导航部件，所述停车场终端还包括实时检测停车场车辆流量的部件。"

2017 年 12 月 21 日，原专利复审委员会作出被诉决定。

另查，涉案专利说明书记载："所述定位部件可以是 GPS 模块，所述导航部件中包含有电子地图，并且存储有各停车场的位置信息。"还记载有："所述停车场终端的实时检测停车场车辆流量的部件实时检测停车场的车辆流量，并将该车辆流量信息随时通过服务器传送给设置有导航部件的用户终端，所述设置有导航部件的用户终端在为用户进行导航时，规划的路线绕开停车场空余泊位很少的区域和/或停车场车辆流量很大的区域。一般而言，如果某个区域停车场的空余泊位很少并且/或者停车场车辆流量很大，说明该区域交通会比较拥堵，因此如果设置有导航部件的用户终端在进行一般的导航操作时，可以根据停车场空余泊位信息推测该区域的交通状况，并及时合理规划导航线路以绕开交通拥堵的区域。"还记载有："综上所述，本发明改善城市'泊车难'的现状，从宏观角度引导车主进行泊车；改善了城市，特别是大中型城市的道路拥堵情况；开创了新的服务领域——停车引导服务；充分利用、整合无线通信技术、车辆进出检测技术，提高停车场信息化水平；将停车场管理从'点'的高度，提升到'面'的高度；避免了因停车场车位占满无法停车导致无用行驶，减少了油耗、停车时间。"

北京知识产权法院于 2018 年 9 月 25 日作出（2018）京 73 行初 2452 号行政判决：一、撤销国家知识产权局专利复审委员会作出的第 34303 号无效宣告请求审查决定；二、国家知识产权局专利复审委员会针对悦某公司就第 200910057072.9 号发明专利提出的无效宣告请求重新作出审查决定。

宣判后，悦某公司不服，提起上诉。北京市高级人民法院于 2020 年 4 月 29 日作出（2019）京行终 1417 号行政判决：驳回上诉，维持原判。

裁判理由

法院生效裁判认为：

一、关于涉案专利权利要求 1

涉案专利权利要求 1 相对于证据 1 的区别在于：权利要求 1 限定了"停车场终端还包括实时检测停车场车辆流量的部件"，而证据 1 未公开针对停车场的车流量进行检测的相关内容。

专利权的保护范围应当以其权利要求的内容为准，但权利要求的解释应当符合其发明目的，不应将不能实现发明目的、效果的技术方案解释到权利要求的保护范围中。本案中，权利要求 1 限定了"停车场终端还包括实时检测停车场车辆流量的部件"，也限定了"所述用户终端包含有定位部件以及导航部件"。根据涉案专利说明书记载，停车场终端实时检测停车场内车流量后，会作出停车场周边区域是否交通拥堵的推测，并绕开该区域，进而服务于用户导航。证据 2 方案是针对停车场内部、停车场出入口的车辆流量进行检测，通过摄像机捕获停车场内某个区域的图像，直接识别该区域的交通流量，进而引导用户将车辆开到停车场内的最佳停车位。二者的检测技术原理不同，检测目的及对检测信息的运用亦不相同。

因此，被诉决定认定证据 2 公开了权利要求 1 与证据 1 的区别技术特征"停车场终端还包括实时检测停车场车辆流量的部件"，进而认定权利要求 1 相对于证据 1 和证据 2 的结合不具备创造性的结论错误，依法应予纠正。在此基础上，被诉决定认定权利要求 1 的从属权利要求 2 不具备创造性的结论亦错误，应予纠正。

二、关于涉案专利权利要求 3

基于与权利要求 1 基本相同的理由，被诉决定认定权利要求 3 相对于证据 1、证据 2 和公知常识的结合不具备创造性的结论错误，亦应予以纠正。在此基础上，被诉决定认定权利要求 3 的从属权利要求 4~6 不具备创造性的结论亦错误，应予纠正。

裁判要旨

在专利授权确权程序中，对权利要求的解释要考虑专利的发明目的。在创造性认定时，判断现有技术是否给出技术启示，要对现有技术进行整体把握，考察相关技术手段在现有技术中所起的作用与区别技术特征在发明创造中所起的作用是否相同。

关联索引

2001 年《中华人民共和国专利法》第二十二条第三款

一审：北京知识产权法院（2018）京 73 行初 2452 号（2018 年 9 月 25 日）

二审：北京市高级人民法院（2019）京行终 1417 号（2020 年 4 月 29 日）

法官评析

一、对权利要求的解释要考虑专利的发明目的

涉案专利涉及一种停车泊位系统，以及相关的停车泊位引导方法。无论是在无效阶段还是诉讼阶段，请求人与专利权人的争议焦点均为独立权利要求，特别是权利要求 1 的创造性问题。权利要求 1 与最接近现有技术证据 1 的区别仅在于，权利要求 1 还限定了"停车场终端还包括实时检测停车场车辆流量的部件"。而如何解释"停车场终端还包括实时检测停车场车辆流量的部件"就成了本案创造性判断的起点。

关于权利要求的解释，《专利法》规定，发明或者实用新型专利权的保护范围以其权利要求的内容为准，说明书及附图可以用于解释权利要求。

2009 年《最高人民法院关于审理侵犯专利权纠纷案件应用法律若干问题的解释》第二条规定："人民法院应当根据权利要求的记载，结合本领域普通技术人员阅读说明书及附图后对权利要求的理解，确定专利法第五十九条第一款规定的权利要求的内容。"第三条规定："人民法院对于权利要求，可以运用说明书及附图、权利要求书中的相关权利要求、专利审查档案进行解释。说明书对权利要求用语有特别界定的，从其特别界定。以上述方法仍不能明确权利要求含义的，可以结合工具书、教科书等公知文献以及本领域普通技术人员的通常理解进行解释。"

首先，权利要求解释的依据。权利要求是用文字表现的，但是由于文字的局限性，在用文字去描述发明创造这种客观事物时，通常无法进行准确的表达。这就是专利领域有时"一幅图胜过千言万语"的原因。而且，

权利要求具有高度的概括性，仅仅阅读权利要求后对技术方案的理解与阅读整篇专利文件后对技术方案的理解，有时会有很大不同。这也表明，对权利要求的解释十分必要。最高人民法院在早期的案例中曾经指出："说明书和附图只有在权利要求书记载的内容不清楚时，才能用来澄清权利要求书中模糊不清的地方，说明书和附图不能用来限制权利要求书中已经明确无误记载的权利要求的范围。"但随着司法实践的发展，从上述司法解释第二条规定的内容看，其对权利要求解释的时机已未作任何限定。因此，应当理解为在任何确定权利要求的保护范围时都需要对权利要求的含义进行解释。

根据上述司法解释第三条的规定，解释权利要求时应优先考虑内部证据，如说明书及附图、相关权利要求、专利审查档案等，必要时才需要考虑外部证据，如工具书、教科书等公知文献。这是因为：第一，专利权的保护客体是发明创造，凡是符合《专利法》规定被授予专利权的都是现有技术中不曾有过的技术方案，因此对发明创造作出全面、完整介绍的只能是申请人自己。其次，在许多情况下，发明创造会引入新的技术概念，需要申请人"创造"新的术语；有时，为了更好地理解，会采用特殊的术语或者特殊的表达方式。无论是哪种情况，说明书及附图是解释权利要求的最好"辞典"。①

第二，权利要求解释的主体。上述司法解释第二条所称的"本领域普通技术人员"是法律拟制的人，是个抽象概念，它与《专利法》第二十六条第三款规定的"所述技术领域的技术人员"应无实质差异。"本领域普通技术人员"知晓本领域的普通技术知识，能够获知该领域所有的现有技术，具有应用常规实验手段的能力，但他并非本领域技术专家。虽然每个人心中"本领域普通技术人员"的标准不尽相同，如何拟制亦存在个体差异，但是在没有最佳解决方案的情况下，这种拟制不失为次优方案。因为既然判断的主观性不可避免，那么在规则上可以尽量用客观化的标准统一主观判断过程，也即"以拟制的方式确定一个可资参照的抽象的客观标准，不仅是减少主观性的主要方式，更是为社会树立一般性的行为标杆"。

---

① 尹新天：《中国专利法详解》，知识产权出版社2011年版，第583页。

所以，专利权的保护范围，应当界定在本领域普通技术人员在阅读说明书及附图后对权利要求的理解范围内。这意味着，法官和审查员也应当从本领域普通技术人员角度来理解和解释权利要求。

第三，权利要求解释的方法。司法实践中，对于侵权程序中权利要求的解释，通常认为要考虑说明书中有关涉案专利发明目的的说明，即便权利要求中对某一特征没有进行明确限定，但被诉侵权技术方案明显采用了与实现涉案专利发明目的不同的技术手段的，不应认定构成侵权。[①] 但是，在专利授权确权程序中，适用合发明目的解释原则的案例并不多，而多数采用了最大合理解释原则的做法。在我国实行民事侵权争议与专利权有效性审查程序分立的"双轨制"情况下，这两种做法是长期并存的。最高人民法院在阐释专利授权确权程序和民事侵权程序中权利要求解释方法的异同时指出，在这两个程序中，权利要求的解释均需遵循文本解释的一般规则，亦需遵循权利要求解释的一般规则，解释方法的差异突出体现在当事人意见陈述的作用上。[②] 还有观点认为，专利授权、确权和侵权程序的性质和任务不同，权利人修改专利文件的尺度不同，权利要求的解释在这三个程序中可以并允许存在一定的差异，确权程序中权利要求的解释尺度应介于授权程序和侵权程序之间。[③] 但是，在不同程序中对于权利要求解释采取不同的标准，会使权利人"两头不得利"，权利被无效的风险增加，而得到侵权救济的可能性下降，这对于创新主体是一种不合理的压制。从发展的角度看，统一权利要求解释标准十分必要，这样才能最大程度地确保权利人和社会公众对于专利权的保护范围建立统一的预期，从而保障社会公众的可期待利益。而统一为最大合理解释原则标准，还是合发明目的的解释标准，笔者认为应选择后者。因为这种解释方式，一方面避免了权利人包含创新内容的发明创造被无效的命运，另一方面可以真实还原权利人可获得的最大范围的保护边界，使权利的保护范围得以与其发明贡献相适

---

① 参见（2018）最高法行申 1545 号行政裁定。
② 参见最高人民法院（2010）知行字第 53-1 号行政裁定书。
③ 任晓兰：《授权、确权和侵权程序中权利要求解释规则的异同》，载赋青春微信公众号，2016 年 9 月 2 日。

应，是对权利人较为公平合理的处理方式。①

本案中，一审判决明确指出："专利权的保护范围应当以其权利要求的内容为准，但权利要求的解释应当符合其发明目的，不应将不能实现发明目的、效果的技术方案解释到权利要求的保护范围中。"这是一次有益的司法尝试，也得到了二审法院的认可。而对权利要求采用不同的解释方式，会对后续创造性的认定产生实质性影响。

二、判断现有技术是否给出技术启示，要对现有技术进行整体把握，考察相关技术手段在现有技术中所起的作用与区别技术特征在发明创造中所起的作用是否相同

《专利法》第二十二条第三款规定："创造性，是指与现有技术相比，该发明具有突出的实质性特点和显著的进步，该实用新型具有实质性特点和进步。"

就发明专利而言，突出的实质性特点是指，对本领域技术人员来说，发明相对于现有技术是非显而易见的；显著的进步，是指发明具有有益的技术效果。在这二者中，突出的实质性特点在创造性判断中处于主导地位。

而在突出的实质性特点的判断中，通常采用"三步法"的方法：第一步，确定最接近的现有技术；第二步，确定发明的区别技术特征和发明实际解决的技术问题；第三步，判断要求保护的发明对本领域的技术人员来说是否显而易见。在这三个步骤中，前两个步骤取决于检索现有技术及将现有技术与发明进行对比，判断结果相对客观。而第三步"是否显而易见"为创造性判断的难点所在，也是包括本案在内的大多数案件的争议焦点所在。在该步骤中，要确定的是现有技术整体上是否存在某种技术启示，即现有技术中是否给出将上述区别技术特征应用到该最接近的现有技术以解决其存在的技术问题（即发明实际解决的技术问题）的启示，这种启示会使本领域的技术人员在面对所述技术问题时，有动机改进该最接近

---

① 陈文煊：《专利权的边界——权利要求的文义解释与保护范围的政策调整》，知识产权出版社 2014 年版，第 211 页。

的现有技术并获得要求保护的发明。如果现有技术中相关技术手段所起的作用与该区别技术特征在发明中所起的作用相同，或者该区别技术特征属于公知常识，则通常认为现有技术中存在技术启示。

本案中，权利要求1限定的"停车场终端还包括实时检测停车场车辆流量的部件"是与证据1相比的唯一区别技术特征。如何解释这一技术特征，直接关系到创造性判断的结论。

如果按最大合理解释原则，其应该包括能够实现实时检测停车场车辆流量的所有实施方式，证据2也公开了要检测停车场车辆流量的内容，而且在诉讼过程中各方当事人均认可权利要求1与证据2中"检测的车辆流量"都是检测的停车场场内的车辆流量，这样证据2就公开了上述区别技术特征，在此基础上不难得出权利要求1不具备创造性的结论。

但是，两审法院均采用了合发明目的解释的方式，结合涉案专利发明目的及说明书整体内容对这一技术特征进行解释。根据涉案专利说明书的记载，涉案专利是通过检测停车场内自身的车辆流量，来推断该停车场所在外部区域的交通状况。涉案专利并不直接检测该区域的交通状况，只是基于停车场的空余泊位和/或车辆流量所作出的一个推测，如果停车场车辆流量大或空余泊位少，就推测该停车场所在周边区域的交通比较拥堵。停车场终端将相关信息通过服务器传送给设置有导航部件的用户终端，进而供用户在规划后续导航路线时，绕开这些交通拥堵区域。而根据证据2说明书记载，证据2是通过摄像机对停车场内某个区域进行图像捕获，来直接识别该区域的交通流量。在规划路线时，直接绕开识别出的交通拥堵区域。通过分析可知，涉案专利和证据2中"实时检测停车场车辆流量的部件"的作用是不同的，导致二者用来检测某个区域是否交通拥堵的技术也是不同的。涉案专利实际上是基于停车场车辆流量所作出的一个推测，而证据2是通过摄像机直接对该区域进行图像识别的检测。二者在检测技术的原理、检测目的及对检测信息的运用方面均不同，因此证据2并未给出技术启示。即使硬要将证据2公开的技术手段应用到证据1中，其得到的方案也是通过摄像头直接对停车场外的某个区域进行车辆流量检测，但这并不是权利要求1所请求保护的技术方案。

此外，正如说明书的记载，涉案专利也取得了有益的效果：充分利用、整合无线通信技术、车辆进出检测技术,完成数据采集、传输工作,提高了停车场信息化水平。改善了城市,特别是大中型城市"泊车难"的现状,从宏观角度引导车主进行泊车。将停车场管理从"点"的高度,提升到"面"的高度;避免了因停车场车位占满无法停车导致无用行驶,减少了油耗、停车时间。

综上,一、二审判决均认定,涉案专利权利要求 1 相对于证据 1 和证据 2 的结合具备创造性。本案通过对权利要求符合发明目的的解释方式,以及在现有技术启示判断中对于技术手段所起作用的考量,使得包含创新内容的专利最终得以维持有效。

一审法院合议庭成员　陈　勇　曹军庆　周　莉
二审法院合议庭成员　周　波　张玲玲　马　军
编写人　赵　明

3. 永某保定铸造机械有限公司与国家知识产权局、河北犇某机电设备制造有限公司发明专利权无效行政纠纷案

——明显错误的判断与权利要求解释规则的适用

关键词 专利授权确权 权利要求解释 明显错误 修正

基本案情

涉案专利系名称为"一种垂直分型造型机"的第 201210047306.3 号发明专利，申请日为 2012 年 2 月 28 日，授权公告日为 2013 年 11 月 6 日，专利权人为永某公司。针对涉案专利，河北某公司于 2020 年 12 月 18 日提出无效宣告请求。2021 年 7 月 1 日，国家知识产权局作出第 50806 号无效宣告请求审查决定（以下简称被诉决定），宣告涉案专利权全部无效。永某公司不服被诉决定，向北京知识产权法院提起诉讼。

原告永某公司诉称：（1）涉案专利权利要求 1 中的"前活塞杆"和"后活塞杆"，属于明显打字错误，分别应解释为"前大缸筒"和"后大缸筒"。且这种解释属于唯一合理的解释。（2）被诉决定未充分查明事实，存在事实认定错误。综上，请求法院撤销被诉决定，责令国家知识产权局重新作出审查决定。

被告国家知识产权局辩称：被诉决定认定事实清楚，适用法律法规正确，审理程序合法，审查结论正确，原告诉讼理由和请求不能成立，请求法院予以驳回。

第三人河北某公司述称：同意被诉决定的认定，请求驳回原告诉讼

请求。

法院经审理查明，涉案专利授权公告时的权利要求书有 2 项，其中：

"1. 一种垂直分型造型机，主要包括机座、正压板、反压板、反压板框架、控制反压板翻转运动的连杆机构、砂模滑板和型腔组件，型腔组件的上方有射砂筒和压力气包，其特征在于：所述型腔组件的右端设有相连的前后两套油缸组件；每套油缸组件包括缸体、活塞和活塞杆，所述活塞杆与缸体同轴，并且活塞杆一端固定，所述活塞套于活塞杆外部并与活塞杆固定，活塞和活塞杆之间设有环形空腔，所述活塞和活塞杆形成油缸组件的固定部分，所述活塞与可移动的缸体配合，上述结构组成一套油缸组件；

前后两套油缸组件结构相同、对称布置，且两套油缸组件在一条水平轴向中心线上，两套油缸组件的缸体底部共用一个油缸中间体，缸休的端口有支撑活塞杆用的缸口组合件，油缸组件内形成三个油腔，所述三个油腔内分别有油腔口，所述油腔口位于油缸中间体上，前后两套油缸组件各与一套油泵及油路控制系统相连；

所述前油缸组件内的前活塞杆向前伸，其伸出端与正压板垂直固定连接，后油缸组件内的后活塞杆向后伸，其伸出端的后大缸筒上靠半圆键连接一个垂直方向的一字架，一字架靠导杠和可运动的中间支架连接，中间支架与反压板框架固定连接。"

2021 年 7 月 1 日，国家知识产权局作出被诉决定。

在本案开庭审理中，国家知识产权局提交了口审笔录，其中第 8 页记载："合议组：引入不清楚的问题，是通过调查公开不充分、缺少必要技术特征，在调查过程中发现保护范围不清楚，专利权人进行解释后，合议组认为需要引入权利要求 1 保护范围不清楚，双方当事人是否清楚？

双方当事人：清楚。"

北京知识产权法院于 2022 年 5 月 24 日作出（2021）京 73 行初 15567 号行政判决：驳回原告永某公司的诉讼请求。

宣判后，原告向最高人民法院提起上诉后撤诉，判决已发生法律效力。

裁判理由

法院生效裁判认为：本案中，原告的争议点在于涉案专利权利要求1中的"前活塞杆"和"后活塞杆"，属于明显打字错误，分别应解释为"前大缸筒"和"后大缸筒"，且这种解释属于唯一合理的解释。因此，被诉决定对权利要求1不清楚的评述有误。

对此，法院认为：首先，涉案专利权利要求1中的"前活塞杆"和"后活塞杆"以及涉案专利说明书中的"前大缸筒"和"后大缸筒"均为具有其自身含义的组件名称。本领域技术人员在阅读权利要求1的文字记载时，并不会将"前活塞杆""后活塞杆"理解为"前大缸筒""后大缸筒"。其次，原告所主张的打字错误并非通常意义上的笔误，前述错误并非本领域技术人员阅读权利要求必然能够意识到其属于笔误的情形。再者，发明或实用新型专利权的保护范围以权利要求记载为准，说明书及附图可以用以解释权利要求，但不应将说明书中的相关内容读入权利要求中，不当地改变权利要求所限定的专利权保护范围。且本案系专利权确权案件，需要对涉案专利的有效性进行审查，即审查涉案专利是否存在《专利法》所规定的应当无效的情形。根据《专利法》第二十六条第四款规定，专利权人应当根据说明书的记载合理地概括权利要求以让权利要求得到说明书支持，否则涉案专利会存在违反前述规定的情形。如果允许将说明书的内容读入权利要求中以修正权利要求记载的相关缺陷，就会导致不存在权利要求得不到说明书支持的情形，亦会架空《专利法》第二十六条第四款的规定。由于涉案专利权利要求1中并未有任何关于"前大缸筒""后大缸筒"的记载，即便存在原告所主张的唯一合理解释的情形，亦不能通过说明书解释将权利要求中的"前活塞杆""后活塞杆"替换为"前大缸筒""后大缸筒"。在此基础上，通过说明书解释以修正权利要求记载的错误亦不应被允许，否则会架空《专利法》中关于权利要求修改时机和方式等的相关规定。因此，原告所主张的理由不能成立，法院不予支持。被诉决定的相关认定并无不当，法院予以支持。

裁判要旨

发明或实用新型专利权的保护范围以权利要求记载为准，说明书及附图可以用以解释权利要求，但不应随意将说明书中的相关内容读入权利要求中，不当地改变权利要求所限定的专利权保护范围。根据《专利法》第二十六条第四款规定，专利权人应当根据说明书的记载合理地概括权利要求以让权利要求得到说明书支持。如果可以随意将说明书的内容读入权利要求中以修正权利要求记载的相关缺陷，就会导致不存在权利要求得不到说明书支持的情形，进而会架空《专利法》第二十六条第四款的规定。

关联索引

2008 年《中华人民共和国专利法》第二十六条第四款

一审：北京知识产权法院（2021）京 73 行初 15567 号（2022 年 5 月 24 日）

法官评析

本案的争议焦点实质在于当权利要求记载的内容存在专利权人认为的明显错误时，是否可以通过说明书解释的方式，将说明书中的内容读入权利要求中以替换或修正专利权人所认为的明显错误。该问题的关键点在于权利要求的解释与说明书之间关系的厘清和界定。

在处理专利授权确权行政纠纷案件的司法实践中，发现在进行权利要求解释时，当事人存在将说明书中的内容随意读入权利要求的现象。虽然《专利法》规定"说明书及附图可以用于解释权利要求的内容"，但是这是否代表可以将权利要求中未有记载而在说明书中有记载的内容作为权利要求的一部分呢？

本案明确了当权利要求中所记载的技术特征系有其自身含义的技术术语，本领域技术人员明显不会将其当作笔误时，不应随意将说明书中的相关内容读入权利要求中，用以改变或替换前述技术术语，以修正专利权人主张的错误。本案主要从以下两方面对前述结论作出论证：

第一方面，《专利法》第二十六条第四款立法目的在于让发明人基于说明书公开的内容合理概括其专利权保护范围，亦即合理确定其权利要求的内容。当发明人不能合理概括其权利要求的内容，其权利要求记载的内容无法在说明书中找到依据时，即会构成《专利法》第二十六条第四款所规定的情形。但如果能够将说明书中的内容读入权利要求中，以修正权利要求记载的相关缺陷，其必然后果就是不可能存在得不到说明书支持的情形。这会导致在专利确权案件中，涉案专利是否符合《专利法》第二十六第四款规定这一无效理由名存实亡。这种结果明显有违立法的初衷和目的。

另一方面，《专利法》对权利要求修改的方式和时机有明确规定。当专利权人主张权利要求存在明显错误，而该错误并非本领域技术人员直接毫无疑义能够确定其实际内容的情况下，如果可以将说明书中的相关内容读入权利要求中，用以改变或替换专利权人主张的前述明显错误，这一做法会架空权利要求修改时机和修改方式的相关规定。

由此可见，专利法中说明书可以用以解释权利要求的内容，是基于让本领域技术人员能够更好地理解权利要求。尤其是在专利确权程序中，其主要目的是确定专利权的有效性。在此过程中，不宜以权利要求解释之名而随意将说明书中的内容读入权利要求中，不当地改变权利要求保护范围，从而以此获得专利权继续有效的结果，否则就会导致不存在权利要求得不到说明书支持的情形，进而会架空《专利法》第二十六条第四款的规定。且通过说明书解释以修正权利要求记载的错误亦不应被允许，否则亦会架空《专利法》中关于权利要求修改时机和方式等的相关规定。

本案对权利要求的解释与说明书运用之间的关系进行了厘清界定，对之后类案的处理具有一定借鉴意义。

一审法院合议庭成员 周文君 李文晟 邓海滨

编写人 周文君 付丽炜

4. 酷某（上海）科技有限公司与国家知识产权局、阿某丹麦公司发明专利权无效行政纠纷案

——权利要求术语最大合理解释原则的适用

关键词　专利授权确权　权利要求　内部证据　发明目的
最大合理解释

基本案情

阿某丹麦公司（以下简称阿某公司）为专利号为 201210266143.8，名称为"用于计算机系统的冷却系统"的发明专利（以下简称涉案专利）专利权人。2016 年 11 月 2 日，酷某（上海）科技有限公司（以下简称酷某公司）向国家知识产权局原专利复审委员会（以下简称原专利复审委员会）提出无效宣告请求。2017 年 12 月 20 日，原专利复审委员会作出第 34377 号无效宣告请求审查决定（以下简称被诉决定），在阿某公司于 2017 年 2 月 3 日提交的权利要求书的基础上维持涉案专利有效。酷某公司不服被诉决定，向北京知识产权法院提起诉讼。

原告酷某公司诉称：（1）涉案专利的权利要求 6、10、11 的保护范围不清楚，不符合 2001 年 7 月 1 日施行的《专利法实施细则》第二十条第一款的规定；（2）涉案专利权利要求 1、4~8、10~12 的修改超出了原说明书和权利要求书的记载范围，不符合《专利法》第三十三条及《专利法实施细则》第四十三条第一款的规定。（3）权利要求 7 缺少必要技术特征，不符合《专利法实施细则》第二十一条第二款的规定。（4）涉案专利说明书公开不充分，不符合《专利法》第二十六条第三款的规定。（5）涉案专利权利要求 1、2、5~7、9~12、14 相对于对比文件 14 不具有新颖性，

不符合《专利法》第二十二条第二款的规定。（6）以对比文件4作为最接近的现有技术，涉案专利权利要求1~14不具有创造性，不符合《专利法》第二十二条第三款的规定。综上，被诉决定认定事实错误，法律适用不当，请求法院撤销被诉决定。

被告国家知识产权局辩称：被诉决定认定事实清楚，适用法律正确，审理程序合法，审查结论正确，原告的诉讼理由不能成立，请求驳回原告的诉讼请求。

第三人阿某公司述称：同意被诉决定，请求法院依法驳回原告的诉讼请求。

法院经审理查明：

2016年11月2日，酷某公司向原专利复审委员会提出无效宣告请求。经形式审查合格，原专利复审委员会于2016年11月2日受理了上述无效宣告请求。2016年12月1日，酷某公司提交无效宣告请求的补充意见，并提交了相关证据，其中：

对比文件4系证书号为M256682的中国台湾专利公报，公告日为2005年2月1日。对比文件4公开了一种电子元件冷却装置，并具体公开了以下技术特征：冷却装置包括有一本体10、一热交换器20、一泵浦30及两流道40。本体10内设有第一容置室11和第二容置室12，第二容置室12之一侧具有阶梯状开口122，该开口122系可供一相应之盖板14覆盖，盖板14之中央设有一连接孔141。泵浦30固设于第二容置室12一侧边，第二容置室12另一侧形成有一储水空间16，储水空间16系介于本体10之盖板14与泵浦30之间隔处。热交换器20可容设于本体10的第一容置室11内，其包括底座21和上板22。底座21系以铝、铜或具有良好导热性材质所制成，发热元件51之顶面平贴于热交换器之底座21上。上板22设有导流孔221。流道40包含第一流道41及第二流道42，第一流道41为一水管式流道，其系从泵浦30之水流孔31连接导通至上板22之导流孔221上，第二流道42为一水管式流道，其系从盖板14之连接孔141连接导通至热交换器20之导流孔212上。第二流道42上系可连结有一散热器60。当该泵浦30开始运转时，流体将从泵浦30之水流孔31经第一流道41，而流入热交换器20之循环回路211内，并将发热元件51运作所产生之热量带出，经流道40上之散热器60以对流体进行散热降温，再流回第二容置室12之储水空间16内（参见对比文件4说明书第8至10页及附图2至图6）。

2017年2月3日，阿某公司提交了权利要求书替换页。修改后的权利要求1如下：

"1. 一种用于计算机系统的至少一个产生热能的部件的冷却系统，所述冷却系统包括：

贮液室，适用于安装用于循环冷却液的泵，所述泵包括定子和叶轮，所述定子位于所述贮液室的凹部并且与所述冷却液隔离；其中，

所述贮液室适用于经由所述贮液室流过所述冷却液，所述贮液室包括：

泵室，所述泵室包括所述叶轮；

热交换室，所述泵室与所述热交换室是分离的室并且通过一条或多条通道流体地耦合在一起；以及

热交换界面，所述热交换界面形成在所述热交换室的边壁上，并且被设置成与所述产生热能的部件的表面进行热接触；其中所述热交换界面包括铜和铝中的一种；以及

散热器，与所述贮液室流体地耦合并且用于从所述冷却液消散热能。"

2017年12月20日，原专利复审委员会作出被诉决定，在阿某公司于2017年2月3日提交的权利要求书的基础上维持涉案专利有效。

北京知识产权法院于2020年4月8日作出（2018）京73行初1359号行政判决：一、撤销原国家知识产权局专利复审委员会作出的被诉决定；二、被告国家知识产权局针对酷某公司就涉案专利提出的无效宣告请求重新作出审查决定。最高人民法院于2020年12月29日作出（2020）最高法知行终438号行政判决：驳回上诉，维持原判。

裁判理由

法院生效裁判认为：本案中，被诉决定关于涉案专利权利要求1相比对比文件4存在两个区别技术特征。区别技术特征（1）：权利要求1的泵的安装位置与对比文件4中泵的安装位置不同；区别技术特征（2）：权利要求1中的"通道"与对比文件4中的"流道"是两种不同的连通方式。原审法院认定被诉决定关于区别技术特征（2）的认定错误，并认为区别技术特征（1）已经被对比文件5公开。本案中，各方当事人对区别技术

特征（2）的分歧关键在于如何理解权利要求1中的"通道"这一技术特征。结合本案案情来说，第一，权利要求1对于"通道"的结构未作限定。权利要求1中记载"所述泵室与所述热交换室是分离的室并且通过一条或多条通道流体地耦合在一起"，从字面含义看，权利要求1仅限定了"通道"的数量及功能效果，无法得出"通道"限定为类似迷宫的结构。对本领域技术人员而言，"通道"通常用来表达路径传输的抽象概念。第二，说明书中未就权利要求1中"通道"的含义、结构作出特别限定。说明书第［0126］［0144］［0161］段记载的内容均为具体实施例中的内容，国家知识产权局据此对权利要求1中的"通道"进行限缩性解释，缺乏依据。并且，从说明书发明内容中关于发明目的的记载来看，涉案专利发明目的是提供一种小的且紧凑的液体冷却方案，且能以低成本生产，能够提高生产量。涉案专利权利要求1泵室与热交换室通过多条管道的方式亦可实现上述发明目的。第三，对比文件4中热交换室设有二导流孔，泵室设有二水流孔，热交换室与泵室通过"流道"连接。对比文件4中"流道"的连通方式与涉案专利权利要求1中的"通道"连接在实现的功能以及解决的技术问题上并无差异。因此，被诉决定对于区别技术特征（2）认定有误。此外，由于对比文件5已经公开了用于散热装置的泵定子单元设置在防水壳体的凹部，且设置凹部的作用相同。并且结合对比文件5公开的内容，泵同样适用于促使贮液室液体流动。因此，对比文件5公开了区别技术特征（1）并给出了相应技术启示。

裁判要旨

对于权利要求中技术用语的解释，如果说明书及附图未对该技术用语的含义作出特别界定的，可以按照所属技术领域的技术人员在阅读权利要求书、说明书及附图后所理解的通常含义，并结合该技术用语在说明书及附图中所记载的相关内容进行解释。结合说明书及附图所记载的内容对权利要求的技术用语进行解释时，应在确保能够实现发明目的的前提下，以权利要求中技术用语可以达到的最大合理解释范围来进行界定。

关联索引

2000年《中华人民共和国专利法》第二十二条第三款、第五十六条第

一款

一审：北京知识产权法院（2018）京 73 行初 1359 号（2020 年 4 月 8 日）

二审：最高人民法院（2020）最高法知行终 438 号（2020 年 12 月 29 日）

法官评析

本案涉及权利要求中技术用语的解释规则。如何结合说明书解释权利要求是审理专利案件的重点。结合说明书及附图所记载的内容对权利要求的技术用语进行解释时，应在确保能够实现发明目的的前提下，以权利要求中技术用语可以达到的最大合理解释范围来进行界定。

一、权利要求中技术用语的解释应遵循内部证据优先原则

权利要求作为划定专利权权利边界的标尺，是专利法的核心概念。[①] 现行《专利法》第六十四条第一款规定，发明或者实用新型专利权的保护范围以其权利要求的内容为准，说明书及附图可以用于解释权利要求的内容。该款法律规定体现了权利要求的公示作用，即通过向社会公众公示权利要求，以便确定专利权保护的垄断边界，使得社会公众能够获得明确的法律预期，保护社会公众由此产生的信赖利益。但是需要认识到的是，由于文字表达本身具有一定的局限性，权利要求对专利技术方案的概括难以做到全面、精准，而且目前我国专利文件的撰写水平参差不齐，因此在专利授权确权的司法审查中，人民法院经常需要对权利要求中技术用语的含义作出界定、判断。从当前实践来看，权利要求中技术用语的解释应首先遵循内部证据优先原则，即说明书及附图对权利要求中技术用语的含义有明确定义或者特别含义的，应当依照其说明书及附图中的界定。这项原则已经成为基本共识。这是因为说明书及附图是专利授权文件的组成部分，其与权利要求的关系最为密切，因此通常是界定有争议的技术用语的最佳依据。自 2020 年 9 月 12 日起施行的《最高人民法院关于审理专利授权确权行政案件适用法律若干问题的规定（一）》第二条第一款规定："人民法院应当以所属技术领域的技术人员在阅读权利要求书、说明书及附图后

---

① 刘婧：《统一细化专利侵权裁判标准 营造有利于创新的法治环境——最高人民法院民三庭负责人就专利法司法解释（二）答记者问》，载《人民法院报》2016 年 3 月 23 日第 4 版。

所理解的通常含义，界定权利要求的用语。权利要求的用语在说明书及附图中有明确定义或者说明的，按照其界定。"该项规定即明确了权利要求中技术用语解释的内部证据优先规则。此外，《专利审查指南》作为授权确权程序审查的部门规章，其中对此也有所规定："一般情况下，权利要求中的用词应当理解为相关技术领域通常具有的含义。在特定情况下，如果说明书中指明了某词具有特定的含义，并且使用了该词的权利要求的保护范围由于说明书中对该词的说明而被限定得足够清楚，这种情况也是允许的。"

二、权利要求中技术用语的解释应作符合发明目的的解释

发明目的，既是一项发明创造的起点，也是发明创造完成所指向的终点，其贯穿发明创造的整个过程。[①] 权利要求作为发明创造技术方案的概括提炼，应当以符合发明目的的通常含义界定权利要求中的技术用语。也就是说，如果权利要求中技术用语的含义存在歧义或者不清楚，而说明书及附图也未对该技术用语的含义作出特别界定时，应当把该技术用语融入发明创造的发明目的中加以考虑，围绕说明书及附图所记载的发明背景、发明目的、应用领域、解决的技术问题等内容对权利要求中的技术用语进行恰当理解，而不能脱离发明目的作宽泛的、一般意义上的解释。这是因为权利要求中每一技术用语的表达都是围绕发明创造的整体构思、所要解决的技术问题以及所要实现的技术效果展开的，而且权利要求中每一技术特征本身并不能独立解决技术问题、实现技术效果，而是需要与其他技术特征共同组成一个完整的技术手段，在整个技术方案中发挥应有的功能和作用，[②] 如果不考虑发明目的仅对技术术语进行宽泛的、一般意义上的解释，则通常情况下不可能对权利要求的技术方案作出正确理解。从某种意义上来说，该种解释方法可以理解成是一种"限缩性解释"。同时，虽然目前相关法律条文或者司法解释并未对该解释规则予以明确记载，但在实践中其已经成为专利授权确权程序中广泛适用的解释规则。

[①] 路剑锋、李晴：《专利无效程序中权利要求解释规则探析》，载《电子知识产权》2017年第7期。

[②] 宋妍、陈燕：《发明目的在权利要求解释中的适用》，载《人民司法》2020年第23期。

三、权利要求中技术用语的解释应作合理的最宽范围的解释

如果权利要求中的技术用语在说明书及附图中明确记载了下位概念或者具体实施方式时，其只能用来解释而非限定权利要求中技术用语的含义。对权利要求中技术用语的理解，应当结合说明书及附图所记载的相应内容，在确保能够实现发明目的的前提下，以权利要求可以达到的合理的最宽范围的标准来解释权利要求，尽量避免利用说明书及附图对该技术用语作不适当的限定。需要说明的是，这里的最宽范围的解释必须以合理为前提，也就是说，权利要求中技术用语的含义必须与所属技术领域的通常含义相符，必须与说明书及附图中使用该技术用语的相关部分相符，必须与所属技术领域的技术人员能够触及的理解相符，在此基础上作出最宽泛的解释。① 具体到本案中，各方当事人争议的核心焦点是如何解释权利要求 1 "所述泵室与所述热交换室是分离的室并且通过一条或多条通道流体地耦合在一起"中"通道"这一技术用语的含义。根据本领域技术人员的通常理解，"通道"是用来表达路径传输的抽象概念，从权利要求 1 的记载内容来看，其仅限定了"通道"的数量和功能，未对"通道"的结构作出限定，说明书及附图也未对"通道"的含义、结构作出特别限定。同时，从说明书记载的相关内容来看，涉案专利的发明目的是提供一种小的且紧凑的液体冷却方案，且能以低成本生产，能够提高生产量，权利要求 1 泵室与热交换室通过多条管道的方式亦可以实现上述发明目的。因此，国家知识产权局以说明书及附图中记载的具体实施例为依据，主张该"通道"应限定为类似于迷宫的、不同于"导管"的结构形式，这样的解释是不合理的。遵循上述权利要求中技术用语的解释规则，法院最终判决撤销国家知识产权局作出的被诉决定，责令其重新作出无效宣告请求审查决定。

一审法院合议庭成员 肖玲玲 贠桂玲 丁 敏
二审法院合议庭成员 张晓阳 傅 蕾 何 隽
编写人 肖玲玲 陈 月

---

① 刘鹏：《不同程序中权利要求保护范围理解和解释的基本规则》，载《知识产权》2018 年第 12 期。

5. 捷某（中国）科技有限公司与国家知识产权局、上海金某智能卡技术有限公司、侯某辉实用新型专利权无效行政纠纷案

——机械领域发明创造封闭式权利要求判断标准

关键词 专利授权确权　机械领域　封闭式权利要求　开放式权利要求　创造性

基本案情

涉案专利系专利号为 201520879638.7 号、名称为"一种具有 3D 打印图文表面的金融交易卡"的实用新型专利，其申请日为 2015 年 11 月 6 日，授权公告日为 2016 年 4 月 6 日，专利权人为捷某（中国）科技有限公司（以下简称捷某公司）。针对涉案专利，上海金某智能卡技术有限公司（以下简称金某公司）、侯某辉分别于 2017 年 8 月 14 日、2017 年 9 月 27 日向国家知识产权局原专利复审委员会（以下简称原专利复审委员会）提出了无效宣告请求，其理由是涉案专利权利要求 1~6 不符合《专利法》第二十二条第三款的规定，请求宣告涉案专利权利要求全部无效。2018 年 2 月 1 日，原专利复审委员会作出被诉决定，认定：涉案专利权利要求 1~6 不具备《专利法》第二十二条第三款规定的创造性，宣告涉案专利全部无效。捷某公司不服被诉决定，向北京知识产权法院提起诉讼。

原告捷某公司诉称：被诉决定关于涉案专利权利要求 1 不具备创造性的认定有误。（1）被诉决定关于涉案专利权利要求 1 相对于对比文件 1.1 存在的区别特征认定有误，除了被诉决定认定的区别特征"所述正面保护

膜层上表面上附着有3D打印图文层，所述3D打印图文层的高度为0.05—0.46mm"（以下简称区别特征1），还遗漏了区别特征2："所述卡基从上至下依次由正面保护膜层、正面基片层、中间INLAY层、反面基片层、反面印刷图文层、反面保护膜层构成"。（2）对比文件1.2并未公开区别特征1、2或给出技术启示。关于区别特征1，原告认可对比文件1.2公开了3D打印技术，亦认可3D打印技术属于现有技术，但将3D打印技术运用到金融交易卡上是本领域技术人员不容易想到的。现有技术中的3D打印技术属于增材制造领域，现有技术没有给出明确的技术启示将增材制造领域的3D打印技术运用到印刷技术领域。关于区别特征2，对比文件1.2并未公开区别特征2。（3）对比文件1.5也未公开上述区别特征1、2。对比文件1.5所公开的凸起的文字和/或图案是通过执行多次相同图像或文字的平面打印而实现的，其实质是平面印刷技术。由此可见，涉案专利权利要求1相对于对比文件1.1、对比文件1.2、对比文件1.5及其组合是非显而易见的，具备创造性。从属权利要求2~6直接或间接引用独立权利要求1，因此从属权利要求2~6也具备创造性。综上，涉案专利权利要求1~6均具备创造性，被诉决定认定有误，请求人民法院依法判决撤销被诉决定，判令被告重新作出决定。

被告国家知识产权局辩称：涉案专利权利要求1并非封闭式权利要求。权利要求5引用权利要求1，进一步限定了在权利要求1所限定特征的基础上增加了正面印刷图文层，由此可见，权利要求1并非封闭式权利要求，否则二者相互矛盾。原告所称权利要求5实质上是独立权利要求的主张缺乏证据支持。被诉决定认定事实清楚，适用法律法规正确，审理程序合法，审查结论正确，原告的诉讼理由不能成立，请求人民法院驳回其诉讼请求。

第三人金某公司述称：被诉决定认定事实清楚，适用法律法规正确，审理程序合法，审查结论正确，原告的诉讼理由不能成立，请求人民法院驳回其诉讼请求。

第三人侯某辉未参加庭审，亦未提交书面陈述意见。

法院经审理查明，涉案专利授权公告时的权利要求书如下：

"1. 一种具有3D打印图文表面的金融交易卡，具有卡基，所述卡基从上至下依次由正面保护膜层、正面基片层、中间INLAY层、反面基片层、反面印刷图文层、反面保护膜层构成，其特征在于：所述正面保护膜层上表面上附着有 3D 打印图文层，所述 3D 打印图文层的高度为 0.05—0.46mm。

......

5. 根据权利要求 1 或 2 或所述的一种具有 3D 打印图文表面的金融交易卡，其特征在于：所述正面基片层上具有正面印刷图文层。

6. 根据权利要求 5 所述的一种具有 3D 打印图文表面的金融交易卡，其特征在于：所述 3D 打印图文层上的 3D 图文附着在正面保护膜层的局部地方。"

涉案专利说明书第〔0009〕段记载："本实用新型中 3D 打印图文层不局限于布满整个卡体正面，也可以在所述正面基片层上印刷有图文信息，而只在正面保护膜层上方进行局部 3D 图文修饰，以满足不同客户的不同需求。"

针对涉案专利，金某公司、侯某辉分别于 2017 年 8 月 14 日、2017 年 9 月 27 日向原专利复审委员会提出了无效宣告请求，其理由是涉案专利权利要求 1~6 不符合《专利法》第二十二条第三款的规定，请求宣告涉案专利权利要求全部无效，同时提交了相应的对比文件。

经形式审查合格，原专利复审委员会受理了上述无效宣告请求，并成立合议组进行审查。2017 年 12 月 18 日，原专利复审委员会进行了口头审理。2018 年 2 月 1 日，原专利复审委员会作出被诉决定。

北京知识产权法院于 2020 年 7 月 28 日作出（2018）京 73 行初 4185 号行政判决：驳回原告捷某公司的诉讼请求。宣判后，捷某公司以涉案专利具备创造性为由提起上诉。最高人民法院于 2020 年 12 月 4 日作出（2020）最高法知行终 491 号行政判决：驳回上诉，维持原判。

裁判理由

法院生效裁判认为：

一、关于涉案专利权利要求 1 是开放式的还是封闭式的问题

本案中，捷某公司主张涉案专利权利要求 1 使用了"由……构成"的措辞，并据此主张权利要求 1 系封闭式权利要求，即权利要求 1 所保护的

技术方案应当解释为不包括该权利要求中明确列出的层结构之外的组成部分。同时，权利要求 1 的技术方案排除了正面印刷图文层，由此解决了普通的印刷图文卡片存在的需要绷网、制版等工序比较复杂的问题，而如果将权利要求 1 的技术方案解释为可以包含正面印刷图文层及其他层结构，则无法解决普通印刷图文卡片存在的工序复杂的问题，故权利要求 1 系封闭式权利要求。

对此，法院认为，《专利审查指南》之所以将权利要求划分为开放式和封闭式两种表达方式，并总结了这两种权利要求所使用的不同措辞，是为了满足专利申请人申请专利时通过使用不同含义的措辞界定专利权保护范围的现实需求。一般来说，在机械领域发明或者实用新型技术方案中增加一个结构技术特征，并不会破坏原技术方案的发明目的，因此，机械领域发明或者实用新型专利申请文件中权利要求的撰写较多采用开放式表达方式，除非在要素省略发明等少数情况下可能采取封闭式表达方式，从而将被省略的要素排除在专利权保护范围之外。相反，由于化学组分的相互影响，在化学领域发明技术方案中增加一个组分，往往会影响原技术方案的发明目的的实现。因此，化学领域发明专利申请文件中权利要求的撰写有采用封闭式表达方式的较大需求。由此可见，精准确定权利要求的表达方式到底是属于封闭式还是开放式，关键在于要搞清弄懂涉案专利技术方案的发明目的，从而合理确定涉案专利的保护范围。这样一来，就需要从本领域技术人员的角度出发，基于涉案专利的说明书及附图所公开的内容，合理确定其发明目的，进而准确确定涉案专利的保护范围。因此，尽管《专利审查指南》第二部分第二章第 3.3 节规定"封闭式的权利要求宜采用'由……组成'的表达方式，其一般解释为不含有该权利要求所述以外的结构组成部分或方法步骤"，但并不表明采用上述表达方式的权利要求必然为封闭式权利要求。还需要从本领域技术人员的视角出发，基于涉案专利的说明书及附图所公开的内容确定权利要求是否排除了该权利要求所述以外的结构组成部分或方法步骤，而不是仅仅将实施例直接对应于权利要求的保护范围，毕竟实施例只是说明书所描述的技术方案的示例。

基于前述论述，具体到本案，权利要求 1 记载："所述卡基从上至下依次由正面保护膜层、正面基片层、中间 INLAY 层、反面基片层、反面印刷图文层、反面保护膜层构成"，在判断权利要求 1 的保护范围是否排除了其他层结构时，应当结合权利要求本身的文字记载、权利要求上下文内容以及说明书和附图的描述，按照本领域技术人员的通常理解进行解释，而不能仅仅因为权利要求1使用了"由……构成"的措辞而直接认定权利要求1必然排除了其他层结构，而根据涉案专利说明书第［0004］段公开内容可知，涉案专利的发明目的在于提供一种具有3D打印图文表面的金融交易卡，以解决普通的双界面交易卡外观图案单一、卡片样式少、手感触觉体验差，难以满足客户的不同需求的问题。涉案专利说明书第［0009］段记载："本实用新型中3D打印图文层不局限于布满整个卡体正面，也可以在所述正面基片层上印刷有图文信息，而只在正面保护膜层上方进行局部3D图文修饰，以满足不同客户的不同需求。"由此可见，从实现涉案专利的发明目的出发，在正面基片层上可以有印刷图文层，并不排除其他层结构。毕竟，在机械领域，通常情况下，减少一项权利要求的某一结构特征，其相应的功能作用也相应地减少，这与该项权利要求是封闭式还是开放式之间没有因果关系，并不能由此而得出该权利要求为封闭式权利要求的结论。只有当某一结构特征减少后该权利要求依然能够保持其原有的功能效果不变的情况下，该权利要求才有可能是封闭式权利要求，即其所保护的技术方案明确排除了某一结构特征，但依然保持其原技术方案的功能效果不变。显然，涉案专利并不属于这种情况。但即便如此，该权利要求仍有可能不排除其他结构性特征。故权利要求结构特征的减少导致相应功能的减少与该权利要求是否为开放式或封闭式权利要求之间没有因果关系。此外，根据权利要求5的记载，权利要求5引用权利要求1或2，进一步限定了所述正面基片层上具有正面印刷图文层，即，在正面保护膜层与正面基片层之间增加了正面印刷图文层，而权利要求5为权利要求1的从属权利要求，故权利要求1的全部技术特征对权利要求5均具有限定作用，如果将权利要求1的保护范围解释为排除了其他层结构，那么将导致权利要求1与权利要求5的技术方案存在相互矛盾之处，由此可见，权利要求1的技术方案并未排除其他层结构。另，捷某公司主张"涉案专利权利要求1对应于实施例1的技术方案，权利要求5对应于实施例3的技术方案，而根据实施例1的图1所示，其并不包含其他层结构"，缺乏事实基础及法律依据，法院不予支持。

二、关于涉案专利权利要求 5 是独立权利要求还是从属权利要求的问题

本案中，捷某公司主张，权利要求 5 仅形式上撰写成从属权利要求，其实质上为独立权利要求。

对此，法院认为，独立权利要求应当从整体上反映发明或者实用新型的技术方案，记载解决技术问题的必要技术特征。如果一项权利要求包含了另一项同类型权利要求中的所有技术特征，且对该另一项权利要求的技术方案作了进一步的限定，则该权利要求为从属权利要求。由于从属权利要求用附加的技术特征对所引用的权利要求作了进一步的限定，所以其保护范围落在其所引用的权利要求的保护范围之内。从属权利要求中的附加技术特征，可以是对所引用的权利要求的技术特征作进一步限定的技术特征，也可以是增加的技术特征。因此，可以这么说，从属权利要求必须依赖于独立权利要求而存在。它所反映的是独立权利要求中记载的技术方案中的一个具体实施方案，是对发明或实用新型的进一步说明。在某些情况下，形式上的从属权利要求（即其包含有从属权利要求的引用部分），实质上不一定是从属权利要求。在这种情况下，后一权利要求也是独立权利要求，不能仅从撰写的形式上判定在后的权利要求为从属权利要求。但是，专利权人撰写从属权利要求的目的是限定出不同层次的保护范围，通常情况下，对于采用引用关系方式撰写的权利要求，一般应当推定为从属权利要求，对于上述撰写规则，捷某公司在撰写涉案专利权利要求时是具有一定认知的，在此情况下，捷某公司仍采用引用关系的方式撰写权利要求 5，表明其对权利要求 5 系从属权利要求是知晓的，此时，应当认定权利要求 5 系从属权利要求。而且，如前所述，涉案专利权利要求 1 为开放式权利要求，将权利要求 5 认定为从属权利要求也不会导致涉案专利各权利要求之间产生矛盾或歧义，权利要求 5 是在权利要求 1 或 2 的基础上增加了限定的技术特征，并不存在形式上属于从属权利要求而实质上为独立权利要求的情形。由此可见，无论从撰写形式上还是实质内容上来讲，涉案专利权利要求 5 都不属于独立权利要求，而是直接或间接从属于权利要求 1 的从属权利要求。

法院在前述分析的基础之上进一步认定权利要求 1~6 不具备创造性。

裁判要旨

1. 关于机械领域发明创造封闭式权利要求的解释原则。对于机械领域的发明创造，增加或减少结构上的技术特征并不会导致原技术方案中的其他技术特征在性状、功能、特点等方面发生实质性改变，从而破坏了原技术方案的发明目的，故机械领域发明创造的权利要求通常采用开放式的表达方式。只有当某一结构特征减少后该权利要求依然能够保持其原有的功能效果不变，即要素省略发明的情况下，才有必要采用封闭式的表达方式。对于采用封闭式或开放式撰写方式的权利要求的解释原则，《专利审查指南》虽然在第二部分第二章第 3.3 节规定了："封闭式的权利要求宜采用'由……组成'的表达方式，其一般解释为不含有该权利要求所述以外的结构组成部分或方法步骤"，但这并不表明采用上述表达方式的权利要求必然为封闭式权利要求。在对采用"由……组成"或"由……构成"的表达方式的权利要求的保护范围进行解释时，仍应当按照《专利法》第五十九条的规定，从本领域技术人员的视角，通过审查权利要求的上下文以及专利的说明书及附图记载内容以确定权利要求是否排除了该权利要求所述以外的结构组成部分或方法步骤，并在正确解释权利要求的基础上对其是否具备创造性进行客观评价。

2. 关于从属权利要求的解释原则。考虑到专利权人撰写从属权利要求的目的是限定出不同层次的保护范围，通常情况下，对于采用引用关系方式撰写的权利要求，一般应当推定为从属权利要求，即其保护范围应当小于所引用的权利要求，且所引用权利要求的全部技术特征对该权利要求具有限定作用，除非将其认定为从属权利要求将导致各权利要求之间产生矛盾或歧义。基于专利权人对权利要求撰写规则所具有的一般认知，由于专利权人撰写上的瑕疵导致将一项独立权利要求撰写成从属权利要求的，应当由专利权人自行就其撰写上的失误承担不利责任。

关联索引

2008 年《中华人民共和国专利法》第二十二条第三款、第五十九条

一审：北京知识产权法院（2018）京 73 行初 4185 号（2020 年 7 月 28 日）

二审：最高人民法院（2020）最高法知行终 491 号（2020 年 12 月 4 日）

法官评析

我国《专利法》及《专利法实施细则》对于开放式和封闭式权利要求及其解释规则并没有作出明确规定。由于此类权利要求表达方式有其现实需求，《专利审查指南》为此专门就开放式、封闭式权利要求及其一般解释规则作出了相关规定。但开放式和封闭式权利要求通常是化学领域发明创造权利要求的表达方式，对于机械领域发明创造采用开放式或封闭式权利要求的常用用语时，如采用"由……组成"的封闭式权利要求的撰写方式，或采用"包括……"的开放式权利要求的撰写方式时，是否应当遵循化学领域对该常用用语的解释规则，现行《专利法》及相关司法解释并未作出明确规定。本案是机械领域发明创造采用封闭式权利要求的常用用语的典型案例，对于此类权利要求的保护范围应当如何界定，特别是如何判断其系封闭式权利要求还是开放式权利要求，本案确立了相应的裁判规则。

一、关于封闭式、开放式权利要求的规则变迁

《专利审查指南》最早仅在化学领域组合物发明创造部分就开放式、封闭式权利要求作出相关规定。如1993年版的《专利审查指南》与2001年版《专利审查指南》均在第二部分第十章"关于化学领域发明专利申请审查的若干规定"中对组合物权利要求封闭式、半开放式与开放式的表达方式作出相应规定。以2001年版《专利审查指南》为例，其在第二部分第十章第3.2.1节规定，组合物权利要求有开放式、封闭式及半开放式三种表达方式；开放式权利要求，常用措辞有"含有""包括""包含""基本含有""本质上含有"等，表示该组合物中还可以含有权利要求中所未指出的某些组分，即使其在含量上占较大的比例；封闭式权利要求，常用措辞有"由……组成""组成为""余量为"等，表示要求保护的组合物由所指出的组分组成，没有别的组分，但可以带有杂质，该杂质只允许以通常的含量存在。

2006年版《专利审查指南》删除了第二部分第十章"关于化学领域发明专利申请审查的若干规定"中与半开放式权利要求相关的规定，将原半开放式权利要求的几种表达方式归入开放式权利要求中，同时在权利要

求撰写规范的通用章节即第二部分第二章第3.3节增加了开放式与封闭式权利要求的规定，即开放式的权利要求宜采用"包含""包括""主要由……组成"的表达方式，其解释为还可以含有该权利要求中没有述及的结构组成部分或方法步骤；封闭式的权利要求宜采用"由……组成"的表达方式，其一般解释为不含有该权利要求所述以外的结构组成部分或方法步骤。而此后的《专利审查指南》基本沿用了2006年版《专利审查指南》的上述规定。

从《专利审查指南》关于封闭式、开放式权利要求的规则变迁可以看出：首先，《专利审查指南》对于封闭式、开放式权利要求的撰写及解释规则的相关规定是一以贯之的；其次，自2006年版《专利审查指南》开始，明确了封闭式、开放式权利要求的撰写方式不仅限于化学领域的组合物发明创造，同样也适用于其他领域的发明创造，包括机械领域；最后，对于封闭式、开放式权利要求的典型用语作出了示范性规定，便于专利申请人选择适合的权利要求撰写方式，也便于在后续的专利审查授权确权程序中对相关用语如何进行解释予以指引。

二、关于非化学领域封闭式、开放式权利要求相关案例规则

尽管《专利审查指南》就封闭式、开放式权利要求的相关规则作出了上述规定，但在司法实践中，有关封闭式、开放式权利要求保护范围如何界定仍存在诸多争议，特别是对于非化学领域的发明创造而言，这主要是由权利要求所采用的措辞引发的。

在最高人民法院（2012）行提字第20号北京世纪某有限公司与原国家知识产权局专利复审委员会、山西某消防设备有限公司专利无效宣告行政案件中，涉案专利系第02123866.9号、名称为"脉冲超细干粉自动灭火装置"的发明专利，其权利要求1为："脉冲超细干粉自动灭火装置，含有启动器和内装超细干粉灭火剂（冷气溶胶灭火剂）的壳体，其特征在于，它含有：壳体，它包括：外壳、装在外壳内的粒度在30μm以下的超细干粉灭火剂及壳体喷口密封用的铝膜；传导速度大于0.5米/秒的启动器，它包括：由燃点大于或等于135℃、并对火焰或温度敏感的热敏线和套在热敏线外的套管组成的启动组件，由靠螺母和贯穿着热敏线的穿孔螺栓紧压在壳体内侧的铝板、与热敏线接触的产气剂和扣压在铝板上用以包

住产气剂的非金属薄膜共同组成的产气组件。"该案的争议焦点为涉案专利权利要求 1 是否系开放式权利要求。尽管该案应当适用 2001 年版《专利审查指南》，而根据 2001 年版《专利审查指南》的规定，开放式与封闭式、半开放式权利要求的表达方式仅适用于化学领域发明专利，但最高人民法院在该案中明确了开放式、封闭式权利要求的常用措辞本身是对专利申请审查实践中不同类型权利要求常用措辞的总结，应当考虑到了措辞本身的含义。涉案专利权利要求 1 使用的"含有""包括"措辞的含义本身就应当理解为没有排除未指出的结构组成部分。最高人民法院在该案中同时明确了开放式与封闭式权利要求的区分适用于机械领域专利，并在相关案例评析中指出，即使机械领域专利很少使用或者目前还没有使用封闭式权利要求的例子，即在机械领域专利仅使用开放式权利要求的情况下，开放式措辞的解释对专利申请的审查和专利侵权的认定也是起到规范作用的。

由于机械领域的发明创造较少采用封闭式措辞（要素省略发明创造除外），而使用开放式措辞是机械领域权利要求的常见方式，其开放式的含义似乎是不言而喻的，但对其开放式措辞与权利要求的保护范围的关系进行明确还是存在一定必要性的。上述案例对于机械领域发明创造的权利要求在采用开放式措辞时应当如何解释权利要求的保护范围起到了指引作用，但对于机械领域采用封闭式措辞应当如何解释，此前的司法实践中尚无相关案例，亦无统一规则。

三、关于机械领域权利要求采用封闭式措辞的解释规则

如前所述，机械领域发明创造较少采用封闭式权利要求的撰写方式（要素省略发明除外），而本案的情况恰恰是机械领域权利要求采用了封闭式措辞。在这种情况下，是否应当按照传统的关于开放式、封闭式常用用语的解释规则对机械领域权利要求作出相应的解释，本案对上述问题予以了回答。笔者以为，无论是开放式还是封闭式措辞，对于解释权利要求的保护范围而言仅仅起到指引性作用。

首先，就《专利审查指南》关于开放式和封闭式的权利要求表达方式相关规定的立法目的而言，《专利审查指南》之所以规定开放式和封闭式的权利要求表达方式是为了满足专利申请人撰写权利要求以限定其保护范

围的现实需求。由于部分技术领域发明创造的性质不适合将独立权利要求撰写成前序和特征两部分，特别是化学领域的组合物发明，因组合物组分之间的相互作用，增加或减少化学组分可能导致发明的技术效果产生实质性变化致使发明目的无法实现，因此，专利申请人通常采用封闭式表达方式撰写权利要求以明确其专利权保护范围。由此可见，封闭式或开放式的措辞是基于权利要求各结构组成部分之间存在相互作用的可能性而得有存在之必要，此类权利要求以封闭式措辞而明确排除权利要求所述结构组成部分，或者以开放式措辞而明确其包含了权利要求所述结构组成之外的内容。这是开放式或封闭式权利要求产生的现实原因，并不代表使用开放式措辞或者封闭式措辞必然对应的是开放式或者封闭式权利要求。

其次，就机械领域采用开放式或封闭式权利要求撰写方式与专利保护范围的关系而言，对于机械领域的发明创造，增加或减少结构上的技术特征并不会导致原技术方案中的其他技术特征在性状、功能、特点等方面发生实质性改变，从而破坏原技术方案的发明目的，故机械领域发明创造的权利要求通常采用开放式的表达方式。只有当某一结构特征减少后该权利要求依然能够保持其原有的功能效果不变，即要素省略发明的情况下，才有必要采用封闭式的表达方式。在非要素省略发明的情况下，机械领域采用封闭式措辞并不当然表示排除了权利要求所述结构组成部分以外的内容，因为通常情况下，权利要求所述结构组成部分以外的内容并不影响原权利要求各组成部分各自发挥其原有的功能作用。而化学领域组合物权利要求则不同，增加权利要求所述组分之外的组分之后，一经混合，其混合后可能产生何种变化、带来何种技术效果可能是无法预期的。

再次，对于采用封闭式或开放式撰写方式的权利要求的解释规则本身而言，如前所述，《专利审查指南》虽然在第二部分第二章第3.3节规定了"封闭式的权利要求宜采用'由……组成'的表达方式，其一般解释为不含有该权利要求所述以外的结构组成部分或方法步骤"，但这并不表明采用上述表达方式的权利要求必然为封闭式权利要求。在对采用"由……组成"或"由……构成"表达方式的权利要求的保护范围进行解释时，仍应当按照《专利法》第五十九条的规定，站位本领域技术人员的视角，通过审查权利要求的上下文以及专利的说明书及附图记载内容明确专利的发明目的，并在此基础上确定权利要求是否排除了该权利要求所述以外的结构组成部分或方法步骤。正如最高人民法院在（2012）民提字第 10 号胡某与山西振某公司、山东特某公司医药分公司发明专利权侵权纠纷案中所指出的，"一般来说，在机械领域发明或者实用新型技术方案中增加一个结构技术特征，并不会破坏原技术方案的发明目的"，而发明目的才是界定权利要求保护范围最基本的出发点，脱离了说明书所阐述的发明目的，仅仅基于权利要求的措辞来解释权利要求的保护范围往往是舍本求末。

在许多情况下，权利要求虽然采用了封闭式措辞，但综合权利要求上下文及说明书内容来看，该权利要求明显不属于封闭式权利要求。例如，一种化合物，包含 20% 的组分 A，40% 的组分 B 和 40% 的组分 C。明显地，尽管上述权利要求采用了"包含"这一典型的开放式措辞，但由于各组分之和为 100%，不再含有其他组分了，因此，该权利要求实质上为封闭式权利要求。在专利审查领域也不乏此类的案例。如在原国家知识产权局专利复审委员会于 2007 年 10 月 22 日作出的第 12907 号复审决定中，涉案权利要求 1 为"一种含氟聚合物的水分散体，由如下组分组成：每 100 重量份的分散体 1 至 80 重量份的含氟聚合物，和每 100 重量份的含氟聚合物 0.1 至 10 重量份的脂肪酸盐，以及，选择性地，一种选自由 C1-C20 的链烷，C6-C20 的环烷和芳族化合物组成的有机化合物，其中，所述的含氟聚合物包括包含来自氟乙烯和氟丙烯的重复单元的均聚物和共聚物"。复审决定认为，权利要求 1 采用了措辞"由如下组分组成"表示水分散体的组成，然而，从该权利要求的主题名称来看，权利要求 1 要求保护的是含氟聚合物的水分散体，其中除权利要求所指出的组分外还必定含有水。由此可见，采用封闭式或者开放式措辞并不是判断权利要求是封闭式还是开放式的标准，最终还是应当站位本领域技术人员视角，在理解说明书内容及发明目的的基础上才能对权利要求的保护范围作出正确的认定。

本案中，涉案专利权利要求 1 记载："所述卡基从上至下依次由正面保护膜层、正面基片层、中间 INLAY 层、反面基片层、反面印刷图文层、反面保护膜层构成"，即采用了"由……构成"的封闭式措辞，专利权人据此主张权利要求 1 系封闭式权利要求，权利要求 1 所保护的技术方案应当解释为不包括该权利要求中明确列出的层结构之外的组成部分。但涉案专利说明书却记载了"本实用新型中 3D 打印图文层不局限于布满整个卡体正面，也可以在所述正面基片层上印刷有图文信息，而只在正面保护膜层上方进行局部 3D 图文修饰，以满足不同客户的不同需求"。由此可见，在正面基片层上可以有印刷图文层，且增加印刷图文层之后也不会导致各结构层之间发生如化学领域一般的任何反应从而导致发明目的不能实现。故从说明书描述的涉案专利的发明目的出发，无论涉案专利采用开放式还是封闭式的措辞，都不影响其系开放式权利要求的本质。

最后，本案专利权人还试图从从属权利要求与独立权利要求的关系角度对权利要求是否为封闭式作进一步的解释。就从属权利要求的解释原则方面，本案进一步明确了在判断某一权利要求是独立权利要求还是从属权利要求时，考虑到专利权人撰写从属权利要求的目的是限定出不同层次的保护范围，通常情况下，对于采用引用关系方式撰写的权利要求，一般应当推定为从属权利要求，即其保护范围应当小于所引用的权利要求，且所引用权利要求的全部技术特征对该权利要求具有限定作用，除非将其认定为从属权利要求将导致各权利要求之间存在相互矛盾之处或产生歧义。基于专利权人对权利要求撰写规则所具有的一般认知，由于专利权人撰写上的瑕疵导致将一项独立权利要求撰写成从属权利要求的，应当由专利权人自行就其撰写上的失误承担不利责任。

本案虽然为实用新型发明创造，但其涉及的权利要求撰写方式、开放式和封闭式权利要求的解释规则、独立权利要求与从属权利要求的关系等问题具有典型性，特别是对于机械领域权利要求采用封闭式措辞时应当如何界定权利要求的保护范围，本案确立的规则对于今后此类案件的审理具有借鉴意义。

一审法院合议庭成员 兰国红　宋　利　刘小红
二审法院合议庭成员 徐卓斌　邓　卓　雷艳珍
编写人 兰国红

二、新颖性的相关问题

6. 雅某公司与国家知识产权局发明专利申请驳回复审行政纠纷案*

——化合物新颖性的证明规则

关键词 专利授权确权　化合物　新颖性　消极事实

基本案情

涉案申请系专利号为 201080022027.0、名称为"DOPO 衍生物阻燃剂"的发明专利申请（以下简称涉案申请），其申请日为 2010 年 5 月 19 日，优先权日为 2009 年 5 月 19 日，公开日为 2012 年 4 月 25 日，申请人为雅某公司。针对涉案申请，雅某公司于 2015 年 3 月 19 日向国家知识产权局原专利复审委员会（以下简称原专利复审委员会）提出复审请求，其理由是对比文件 1 没有公开涉案申请的具体化合物，涉案申请符合《专利法》第二十二条第二款、第三款的规定。2014 年 12 月 16 日，原专利复审委员会作出第 110127 号复审请求审查决定（以下简称被诉决定），认为：涉案申请权利要求 1、4~6 不具备《专利法》第二十二条第二款规定的新颖性，权利要求 2、3、7、9、11~17 不具备《专利法》第二十二条第三款规定的创造性，驳回决定应予维持。雅某公司不服，向北京知识产权法院提起诉讼。

＊ 本案例入选中国法院 2022 年度案例。

雅某公司诉称：（1）《专利审查指南》第二部分第十章5.1节"化合物的新颖性"规定，专利申请要求保护一种化合物的，如果在一份对比文件里已经提到该化合物，即推定该化合物不具备新颖性，但申请人能提供证据证明在申请日之前无法获得该化合物的除外。如证据1所示，在三乙胺的存在下，按照对比文件1记载的制造方法无法制造出通式（1）中R是1，2-亚乙基的化合物。有机磷化学具有不可预测性，某一DOPO衍生物（比如涉案申请化合物）是否能够被成功制造，无法预先基于待使用的碱和反应条件（包括催化剂和溶剂）来进行判断。由证据2可知，碱金属碳酸盐、碱金属氢氧化物、碱金属醇盐和有机碱等都被进行试验，却发现仅仅碱金属醇盐可以成功制造出本发明化合物；而且，该碱金属醇盐是否能够成功制造出本发明化合物还进一步取决于所使用的溶剂和催化剂等反应条件。另外，基于证据3可知，即使是通用性较强的LHMDS，只能使带有一个卤素（F除外，因为F根本就不发生反应）取代基的卤化物发生反应，而无法使带有两个卤素取代基的卤化物发生反应。因此，DOPO衍生物的制造并不像合议组所认为的那样简单，只要通过使原料与卤化物反应除去氯化氢即可。实际上，所属技术领域的技术人员已知的是，化学是一门实验科学，不是简单地改变各个原子的相对位置就可以实现预期反应的"拼图游戏"，每一个化学反应的背后都有其独特的反应机理，如果不遵循该机理，该化学反应就不会发生。显然，在DOPO衍生物的制造反应中，并不存在某种统一的反应机理（比如简单地除去氯化氢）。据此，本领域技术人员基于对比文件1所公开的制造方法无法成功制造出通式（1）中R是1，2-亚乙基的化合物，同时现有技术又无法提供有效的技术指导，使其明了采用何种碱和何种反应条件才可以制造出该化合物，因此本领域技术人员无法获得该化合物，对比文件1的公开不能破坏涉案申请权利要求1化合物的新颖性。（2）原专利复审委员会的推理违反了举证责任分配原理。申请人已经证明了对比文件1的方法无法获得涉案申请的化合物，此时举证责任应当转移给原专利复审委员会，如果原专利复审委员会不能证明现有技术方法能够获得涉案申请化合物，则应当认定该化合物是现有技术中无法获得的，对比文件1不能破坏涉案申请的新颖性。"申请日之前无法获得该化合物"的事实属于消极事实，通常情况下，积极事实主张者更容易举证，由积极事实主张者承担举证责任更合理，因此应当由原专利复审委员会承担证明"根据现有技术能够获得对比文件1化合物"的举证责任。综上，请求撤销被诉决定，并判令重新作出审查决定。

国家知识产权局辩称：被诉决定认定事实清楚，适用法律法规正确，审理程序合法，审查结论正确，请求法院驳回雅某公司的诉讼请求。

法院经审理查明：

对比文件1系公开日为1999年4月20日，公开号为特开平11-106619的公开特许公报（A）日本专利文献及其部分中文译文，具体公开了阻燃性聚酯及其制造方法。

证据1：发明人Kimberly White博士在2014年2月28日至3月3日进行的实验报告。

证据2：题为"DOPO, EDC Reactions with Various Bases, Catalysts, Solvents"的实验结果表格。

证据3：Abrunhosa-Thomas 等，"Alkylation of H-Phosphinate Esters under Basic Conditions"，J. Org. Chem.，第72卷，第2851~2856页，2007年。

经实质审查，国家知识产权局原审查部门于2014年12月16日发出驳回决定，以权利要求1不具备《专利法》第二十二条第二款规定的新颖性；权利要求10不具备《专利法》第二十二条第三款规定的创造性的规定为由驳回了本申请。

2015年3月19日，雅某公司于向原专利复审委员会提出复审请求，其理由是对比文件1没有公开涉案申请的具体化合物，涉案申请符合《专利法》第二十二条第二款、第三款的规定。

经形式审查合格，原专利复审委员会于2015年4月2日依法受理了该复审请求，并将其转送至原审查部门进行前置审查。

原审查部门在前置审查意见书中认为，对比文件1实际上已经给出了通式化合物的制备方法，故坚持驳回决定。

随后，原专利复审委员会成立合议组对本案进行审理。

2015年10月9日，原专利复审委员会于向雅某公司发出复审通知书，指出：（1）权利要求2~3、11~17的修改超出了原申请文件记载的范围，不符合《专利法》第三十三条的规定。（2）由于对比文件1明确提及了R

为 1，2-亚乙基的通式（1）化合物，因此，其破坏了本申请权利要求 1 的新颖性，相应地，权利要求 4~6 相对于对比文件 1 也不具备《专利法》第二十二条第二款规定的新颖性。（3）在权利要求 1 的化合物被对比文件 1 公开的基础上，权利要求 2~3、7、9、11~17 相对于对比文件 1 也不具备《专利法》第二十二条第三款规定的创造性。

雅某公司于 2016 年 1 月 25 日提交了意见陈述书及经修改的权利要求书全文替换页（共 2 页 17 项），相对于驳回文本，将权利要求 2~3、11~17 的"一种组合物，包括……"修改成"一种……的组合"。

修改后的权利要求 1 如下所示：

"1. 一种具有以下结构的化合物：

2014 年 12 月 16 日，原专利复审委员会作出被诉决定。

北京知识产权法院于 2019 年 9 月 20 日作出（2016）京 73 行初 6698 号行政判决：驳回原告雅某公司的诉讼请求。

一审宣判后，雅某公司向最高人民法院提出上诉。最高人民法院于 2020 年 12 月 10 日作出（2020）最高法知行终 97 号行政判决：驳回上诉，维持原判。

裁判理由

一审法院生效裁判认为："在申请日之前无法获得该化合物"作为消极事实，具有较高的证明难度。有鉴于此，在确定雅某公司对此承担举证责任的基础上，不应对雅某公司课以过高的证明标准。因对比文件 1 提到了权利要求 1 中的化合物，故可以对比文件 1 为基础，结合现有技术，基于所属技术领域技术人员的知识和能力进行判断。需要指出的是，由《专利审查指南》第二部分第四章 2.4 节"所属技术领域的技术人员"之规定可知，所属技术领域的技术人员应当知晓申请日或者优先权日之前发明所属技术领域所有的普通技术知识，能够获知该领域中所有的现有技术，并且具有应用该日期之前常规实验手段的能力。换言之，雅某公司固然无需穷尽所有的现有技术方法，但其证明责任也绝非仅限于机械套用对比文件1提及的原料和方法。与之相反，雅某公司的证明范围不应排除本领域技术人员基于对比文件1公开的内容，在其合理认知范围之内的可能会选用的现有技术和原料。

具体到本案，首先，证据1采用对比文件1实施例的制备方法来尝试合成涉案申请权利要求1的化合物。然而，实施例的制备方法采用的是具体的原料配比和实验条件，该原料配比和实验条件均为具体的反应物和点值。对于所属领域技术人员而言，有机化合物的合成直接由反应的原料配比和实验条件来决定，故而证据1所记载的制备方式仅涵盖了潜在能够合成涉案申请权利要求1限定的化合物制备方法范围中非常小的一个点值。在此情况下，该证据的证明力并不足以覆盖对比文件1所涉及的制备方法，不足以得出根据对比文件1的制备方法无法合成涉案申请权利要求1限定的化合物的结论。其次，证据1中仅采用三乙胺作为碱尝试合成涉案申请权利要求1限定的有机磷化合物。三乙胺作为众多有机碱中的一种，碱性不强，该证据仅能证明在使用三乙胺作为碱这样特定的反应条件时无法合成涉案申请权利要求1限定的有机磷化合物。虽然证据1将三乙胺作为碱来合成有机磷化合物的选择系来自对比文件1的实施例，但本领域技术人员并不会因此得出对比文件1的有机磷化合物都能在三乙胺作为碱的条件下合成得到的结论，也不能得出本领域技术人员在合成对比文件1的有机磷化合物时，会产生仅考虑三乙胺作为碱的技术偏见。相反，对比文件1并没有对碱作出明确的限定，并且由对比文件1说明书中"通式1所示的有机磷化合物通过使结构式4所示的有机磷化合物（9，10-二氢-9-氧杂-10-磷杂菲-10-氧化物）与对于形成式中的R而言适合的卤素化合物或磺酸酯在碱的存在下发生反应来制造""9，10-二氢-9-氧杂-10-磷杂菲-10-氧化物与对于形成通式1中的R而言适合的卤素化合物或磺酸酯的缩合反应通常在有机溶剂和有机碱的存在下进行"的记载以及本领域的技术常识可知，碱为合成对比文件1中有机磷化合物的反应条件中重要影响因素。

在碱对合成反应有重要影响且对比文件 1 并未对其明确限定的情况下，本领域技术人员在知晓证据 1 的反应条件无法合成涉案申请权利要求 1 限定的有机磷化合物时，并不会仅以此即推定得出该有机磷化合物无法合成的结论，也不会放弃尝试采用其他的反应条件（例如尝试反应重要影响因素中不同类型的碱）进行合成。再次，证据 2 的实验结果表格表明，本领域技术人员知晓如碱、溶剂等反应条件均系能够影响有机磷化合物合成的重要因素，也会尝试改变上述条件来合成化合物。这间接证明了本领域技术人员完全有可能尝试通过改变碱的类型来合成权利要求 1 限定的有机磷化合物。而证据 3 亦不能推导得出权利要求 1 中的化合物不能合成的结论。最后，如前所述，雅某公司的举证责任尚未承担到位，故举证责任并未转移，原专利复审委员会无需就该问题举证。综上所述，证据 1~3 并不足以证明申请日之前无法获得权利要求 1 的化合物，权利要求 1 不符合《专利法》第二十二条第二款的规定。

裁判要旨

"申请日之前无法获得该化合物"作为消极事实，其证明标准应在合理范围内，即基于所属技术领域技术人员的知识和能力，结合现有技术进行判断。化合物专利申请人不应仅止步于机械套用所引用现有技术中提及的原料和方法，其证明范围应覆盖所属领域技术人员在合理认知范围内可能会采用的现有技术和原料。

关联索引

2008 年《中华人民共和国专利法》第二十二条第二款

一审：北京知识产权法院（2016）京 73 行初 6698 号（2019 年 9 月 20 日）

二审：最高人民法院（2020）最高法知行终 97 号（2020 年 12 月 10 日）

法官评析

一、消极事实的一般证明规则

罗马法确立了"为主张之人有证明义务，为否定之人无之"的诉讼原则，并进一步演化为"主张积极事实之人有证明义务，主张消极事实之人无之"的规则。[①] 积极事实为肯定之事实，也就是当事人主张存在某种事实；消极事实即否定事实，也就是当事人主张不存在某种事实。消极事实不能被直接证明，只能通过相关的积极事实间接予以证明。罗马法确立的上述原则和规则对后世法律规则产生了深远的影响。而一般认为，"消极事实"不含有任何物质形式，不能直接为人们所感知，只能通过思维认识的特殊的客观事实的存在状态。[②] 相对于积极事实具有排他性、唯一的，消极事实具有兼容性和无限多样性。[③]

由于消极事实具有上述特征，其不能直接被证明，只能通过与之相关的积极事实进行间接证明，而且由于消极事实具有兼容性和无限多样性，在某种情况下，其似乎不能被确切地予以证实，只能是无限程度地接近证明目的。

二、化合物新颖性判断规则

关于化合物的新颖性的判断规则向来争议较大。《专利法》第二十二条第二款规定：新颖性，是指在申请日以前没有同样的发明或者实用新型在国内外出版物上公开发表过、在国内公开使用过或者以其他方式为公众所知，也没有同样的发明或者实用新型由他人向国务院专利行政部门提出过申请并且记载在申请日以后公布的专利申请文件中。而化合物的发明技术方案通常不仅仅描述具体的化合物，而且通过含有可变取代基的化学通式表示一组物质，所含的具体化合物质可能会非常多。然而，在缺乏试验的情况下，化合物的性质及其结果往往较难预测。

基于上述原因，2001 年《专利审查指南》对于化合物的现有技术采取了较为严格的态度。2001 年《专利审查指南》5.1 规定了化合物的新颖性："（1）专利申请要求保护一种化合物的，如果在一篇现有技术文件里已经提到该化合物，所属领域的技术人员由该文件的指导能制造或者能分离出该化合物，则该化合物缺乏新颖性。这里所谓'提到'的含义是：明

---

① 参见骆永家：《民事举证责任论》，我国台湾地区商务印书馆 1981 年版，第 69~70 页。
② 李秀芬：《论消极事实的证明规则》，载《甘肃政法学院学报》2006 年第 6 期。
③ 李秀芬：《论消极事实的证明规则》，载《甘肃政法学院学报》2006 年第 6 期。

确定义或说明了该化合物的（i）化学名称、（ii）分子式（或结构式）、（iii）理化参数和/或（iv）一种制备方法（包括原料）。"上述规则于2006年修改的《专利审查指南》中发生了变化：专利申请要求保护一种化合物的，如果在一份对比文件中已经提到该化合物，即推定该化合物不具备新颖性，但申请人提供证据证明在该申请日之前无法获得该化合物的除外。这里所谓"提到"的含义是：明确定义或者说明了该化合物的化学名称、分子式（或结构式）、理化参数或制备方法（包括原料）。之后2010年修订的《专利审查指南》沿用这一规则。

上述变化带来的直接后果是证明责任的转变。在2001年《专利审查指南》的规则之下，专利行政部门在审查化合物新颖性时，不仅需要审查现有技术文件中是否"提及"该化合物，还要进一步审查该现有技术文件所公开的技术内容是否导致该化合物是实际可实施的。而2006年以后的审查规则中，证明现有技术文件中所提及的化合物是否可实际实施的责任则转移给申请人。此时，申请人如主张现有技术文件中提及的化合物不能破坏其申请的新颖性，则面临如何证明一个上述化合物不能实际实施这一"消极事实"的问题。

三、证明化合物新颖性的责任分配

如前所述，化合物研发的可预期性较弱，现有技术中如"提及"该化合物的分子式、名称等并不意味着以当时的技术一定是可以制备的，因此需要进一步证明该已经被"提及"的化合物是否可以实际制备。而对于申请人而言，使其证明一个消极事实无疑存在极高的难度，不应对申请人课以太高的证明责任，使其穷尽所有的技术手段进行实验以证伪也违反了基本的科研规律。但同时，本案也阐明了，基于"本领域技术人员"，申请人也不应仅止步于机械套用所引用现有技术中提及的部分方法和原料，强调其采用的制备方法应当依据对比文件，覆盖所属领域技术人员在合理认知范围内可能会采用的技术方法和原料。

本案中，申请人尝试证明对比文件1中提及的化合物在申请日之前不可能得到，但其证据链存在的缺陷主要有：第一，实验所覆盖的反应物和点值范围过小，不足以涵盖对比文件1所涉及的主要制备方法；第二，其在实验中仅使用三乙胺这种非典型性的碱作为合成原料以合成有机磷，偏离了对比文件1的技术教导；第三，未就本领域技术人员所熟知的、常规的可能影响有机磷化合物合成的重要因素进行尝试和实验。

综上，申请人的努力尚不足以在合理的范围内反证对比文件中所提及的化合物在申请日之前实际上无法制得，证明责任尚不能转移。

一审法院合议庭成员　宋　晖　郭艳芹　张亚光
二审法院合议庭成员　徐卓斌　邓　卓　张新锋
编写人　宋　晖　王仲阳

7. 勃某国际有限公司与国家知识产权局、刘某发明专利权无效行政纠纷案*

——关于晶型专利新颖性判断中举证责任的分配

关键词 专利授权确权 晶型 新颖性 举证责任判断

基本案情

涉案专利系名称为"多晶型"的第 200780016135.5 号发明专利，优先权日为 2006 年 5 月 4 日，申请日为 2007 年 4 月 30 日，授权公告日为 2014 年 12 月 10 日，专利权人为勃某国际有限公司（以下简称勃某公司）。针对涉案专利，刘某于 2021 年 8 月 31 日提出无效宣告请求。2021 年 12 月 30 日，国家知识产权局作出第 53483 号无效宣告请求审查决定（以下简称被诉决定），宣告涉案专利权全部无效。勃某公司不服被诉决定，向北京知识产权法院提起诉讼。

原告勃某公司诉称：（1）被诉决定关于涉案专利权利要求 1、2、4 新颖性的认定有误。证据 1 中并未公开任何关于化合物 142 晶形的相关内容，且在案无证据表明化合物 142 室温状态下系多晶型 A 和多晶型 B 的混合物，在涉案专利与证据 1 晶型的熔点不同的情况下，并不能当然地认定证据 1 公开了涉案专利中的多晶型 A。因此，证据 1 未公开涉案专利多晶型 A，涉案专利权利要求 1 符合《专利法》第二十二条第二款关于新颖性的规定。在权利要求 1 具备新颖性的基础上，权利要求 2、4 亦具备新颖性。（2）被诉决定关于涉案专利权利要求 1~4 创造性认定有误。涉案专利多晶

* 本案例入选北京知识产权法院 2023 年专利授权确权十大典型案例。

型 A 系特殊制备方法制备得到，且在热稳定性和无水性等方面具有预料不到的技术效果，据此，权利要求 1 具备创造性。在权利要求 1 具备创造性的基础上，权利要求 2~4 亦具备创造性。此外，权利要求 3 中对于含量的限定亦会取得预料不到的技术效果，故即便权利要求 1 不具备创造性，权利要求 3 亦具备创造性。因此，被诉决定认定有误，请求法院依法予以撤销并判令被告重新作出无效决定。

被告国家知识产权局辩称：被诉决定认定事实清楚，适用法律法规正确，审理程序合法，审查结论正确，原告诉讼理由和请求不能成立，请求法院予以驳回。

第三人刘某述称：同意被诉决定的认定，请求驳回原告诉讼请求。

法院经审理查明：

本案刘某于 2021 年 8 月 31 日向国家知识产权局提出了无效宣告请求，同时提交了 8 份证据，其中：

证据 1：专利文献 CN1675212A，公开日为 2005 年 9 月 28 日；其为涉案专利的勃某公司的在先申请，其中公开了化合物（142）1-［（4-甲基-喹唑啉-2-基）甲基］-3-甲基-7-（2-丁炔-1-基）-8-（3-（R）-氨基-哌啶-1-基）-黄嘌呤（以 5-6M 异丙醇化盐酸，在二氯甲烷中进行），熔点：198~202℃（参见证据 1 说明书第 122 页第 21~25 行），其参照实施例 2 制备。

2021 年 12 月 29 日，勃某公司修改的权利要求书有 4 项，其中：

"1. 化合物 1-［（4-甲基-喹唑啉-2-基）甲基］-3-甲基-7-（2-丁炔-1-基）-8-（3-（R）-氨基-哌啶-1-基）-黄嘌呤的无水多晶型 A，其特征在于，其在 206±3℃ 熔化，且其特征还在于，在 X 射线粉末图中，其在以下 d 值处具有特征性衍射：且其特征还在于，在 X 射线粉末图中，在处的衍射的相对强度为 100%，且特征还在于以下晶格参数：

对称性：	单斜
空间群：	P
a：	16. 16（2）Å
b：	17. 02（1）Å

续表

C:	18.18（2）Å
β:	100.95（6）°
晶胞体积:	4907（11）Å³

2021年12月30日，国家知识产权局作出被诉决定。

北京知识产权法院于2022年12月26日作出（2022）京73行初12232号行政判决：驳回原告某国际有限公司的诉讼请求。

宣判后，各方未提出上诉，判决已发生法律效力。

裁判理由

法院生效裁判认为：

1. 涉案专利是否符合《专利法》第二十二条第二款的规定。原告认为证据1中并未公开任何关于化合物142晶形的相关内容，且在案无证据表明化合物142室温状态下系多晶型A和多晶型B的混合物的情况下，在涉案专利与证据1晶型的熔点不同的情况下，并不能当然地认定证据1公开了涉案专利中的多晶型A。因此，证据1未公开涉案专利多晶型A，符合《专利法》第二十二条第二款关于新颖性的规定。

对此，法院认为，涉案专利权利要求1限定了一种无水多晶型A，因其属于产品权利要求，故如果证据1中公开了与涉案专利相同的晶型，则意味着现有技术中已公开了相同的产品，涉案专利权利要求1相对于证据1不具备新颖性。证据1是涉案专利的在先申请，其公开了与涉案专利权利要求1相同的化合物142。对于该化合物在环境温度下的形态，涉案专利说明书记载其是以两种互变性多晶型A及B的混合物存在。虽然上述内容系记载于涉案专利说明书中，但说明书的上述记载仅是对证据1中已披露化合物142的客观形态予以确认，该客观形态在证据1的公开日已可为相关公众获得。虽然证据1中并未对于该晶型A的具体参数予以确认，但其未确认参数并不能否认二者属于相同的晶型这一事实。换言之，涉案专利亦仅是对已有晶型A进行了相关参数测定，而并非发现了不同结构的晶型。此外，对于熔点不一致的问题，法院认同被诉决定的认定，在此不再赘述。

基于此，在证据 1 化合物 142 环境温度下以多晶型 A 存在，且原告未提交相反证据的情况下，证据 1 公开了涉案专利权利要求 1 限定的多晶型 A。原告关于涉案专利权利要求 1 具备新颖性的理由不能成立，法院不予支持。基于相同的理由，原告有关涉案专利权利要求 2、4 具备新颖性的主张不能成立，法院不予支持。

2. 涉案专利是否符合《专利法》第二十二条第三款的规定。原告认为涉案专利多晶型 A 系特殊制备方法制备得到，无法通过常规技术手段获得，且取得了热稳定性好和无水等预料不到的技术效果。

对此，法院认为，即便涉案专利权利要求 1 具备新颖性，亦即证据 1 中公开的晶型并非涉案专利的多晶型 A，但因化合物利格列汀为已有化合物，而获得化合物的晶型结构是本领域技术人员常规需求。而在涉案专利权利要求及说明书均未记载其采用了与常规方法不同的特殊方法制备晶型的情况下，本领域技术人员在利格列汀这一已知化合物的基础上获得涉案专利权利要求 1 的多晶型 A 无需付出创造性劳动，其效果亦非预料不到。据此，原告认为涉案专利权利要求 1 并非显而易见的主张不能成立，法院不予支持。

综上可知，涉案专利权利要求 1 即便具备新颖性，亦不具备创造性。在涉案专利权利要求 1 不具备创造性的基础上，原告有关因权利要求 1 具备创造性，故权利要求 2~4 亦具备创造性的主张不能成立。

裁判要旨

如果涉案专利说明书中所记载的内容系对涉案专利申请日之前已存在事实的确认，因该事实系在涉案专利申请日之前已可被相关公众获得，即便该事实记载在涉案专利说明书中亦应予以考虑，除非该事实被专利权人举证证明系错误记载。

关联索引

2000 年《中华人民共和国专利法》第二十二条第二款、第三款

一审：北京知识产权法院（2022）京 73 行初 12232 号（2022 年 12 月 26 日）

法官评析

晶型专利作为药品专利布局的重要组成部分，对于原研和仿制药企均有着重要意义。正因如此，晶型专利申请和纠纷数量近年来呈显著上升趋势，相关的授权确权规则也引发业内广泛关注。

本案涉及晶型专利无效行政案件中关于新颖性认定的特殊情况，即专利权人在其专利说明书中所记载的事实能否用来评价涉案专利的新颖性。通常而言，涉案专利说明书中记载的内容是形成或公开晚于涉案专利申请日，其不应作为现有技术的内容用来评价涉案专利的新颖性。但如果涉案专利说明书中所记载的内容系对涉案专利申请日之前已存在事实的确认，因该事实系在涉案专利申请日之前已能为相关公众获得，即便该事实记载在说明书中亦应予以考虑，除非该事实被专利权人举证证明系错误记载。前述认定的实质在于对举证责任的全面考量。

具体到本案中，证据1公开了与涉案专利权利要求1相同的化合物142，但并未公开该化合物的具体形态。通常而言，本领域技术人员可以对已知化合物在环境温度下的具体形态进行检测确定。当请求人认为对比文件公开的化合物在环境温度下是以涉案专利权利要求1所限定的形态存在时，其应当提供证据予以证明，对此承担举证责任。如果请求人未提供证据或在案无其他证据予以证明，仅依据对比文件公开化合物的内容，并不足以认定其具体以何种形态存在，进而不能认定其公开了涉案专利所限定的具体晶型形态。但如果涉案专利说明书载有对比文件公开化合物的具体存在形态的内容，该内容亦可用于判断对比文件是否公开涉案专利权利要求1所限定的内容。

本案中，虽然请求人刘某未提交证据证明证据1公开的化合物在环境温度下的具体形态，但涉案专利说明书中记载在WO2004中所制备的该化合物在环境温度下是以两种互变性多晶型的混合物存在，前述两种多晶型系多晶型A及B。由于化合物142环境温度以何种具体形态存在是客观事实，仅需有证据表明其具体形态即可，而无论该客观事实系由哪方予以证明。鉴于涉案专利说明书中明确化合物142在环境温度下是以多晶型A及B混合物形式存在，该记载实质是对证据1中已披露化合物142的客观形态予以确认。虽然该内容记载于涉案专利的说明书中，但该内容系在证据

1 的公开日已可为相关公众获得的客观事实，实质是对涉案专利申请日前已形成的技术事实的记载，其可以作为现有技术的内容用于考量涉案专利的新颖性。如果专利权人认为其说明书中所记载的前述内容存在错误，这是专利权人提出的新主张，其应对其主张承担举证责任。在原告未提交相反证据予以否认的情况下，涉案专利说明书中记载的相关内容可以证明证据 1 已公开的化合物系以多晶型 A 和 B 混合物形态存在。基于此，证据 1 公开了涉案专利权利要求 1 限定的多晶型 A。

本案对涉案专利说明书中的内容是否能够用来评价涉案专利的新颖性进行了认定，对涉案事实的举证责任分配进行了分析，并对具体适用情况作了分析说理，对于专利布局中关联专利的信息披露顺序及范围，具有重要指导意义，对之后类案的处理亦具有一定借鉴意义。

一审法院合议庭成员　芮松艳　周文君　刘欣蕾

编写人　周文君　付丽炜

8. 乔某与国家知识产权局发明专利申请 驳回复审行政纠纷案

——制药用途权利要求中剂量特征是否具有限定作用的认定

关键词 专利授权 新颖性 制药用途 剂量特征

基本案情

申请号为 200810146321.7、名称为"预防、治疗和诊断蛋白聚集疾病的方法"的发明专利申请的申请人为乔某，申请日为 2004 年 2 月 27 日，最早优先权日为 2003 年 2 月 27 日，公开日为 2009 年 3 月 18 日。本案是申请号为 200480011335.8 的发明专利申请的分案申请，本分案申请的提交日为 2008 年 8 月 25 日。国家知识产权局原审查部门于 2011 年 11 月 24 日发出驳回决定，以权利要求 1、3~5 不具备新颖性，不符合《专利法》第二十二条第二款的规定以及权利要求 2~5 不具备创造性，不符合《专利法》第二十二条第三款的规定为由驳回了本发明专利申请。同时，在其他说明部分指出权利要求 6~10 也不具备新颖性，不符合《专利法》第二十二条第二款的规定。乔某不服驳回决定，于 2012 年 3 月 9 日向国家知识产权局提出了复审请求，2014 年 7 月 21 日，国家知识产权局作出被诉决定。乔某不服被诉决定，向北京知识产权法院提起诉讼。

原告乔某诉称：（1）根据医药领域的特点，本领域技术人员不会认为对比文件 1 公开了鲨肌醇用于治疗阿尔茨海默氏病的治疗用途。对于医药领域，仅仅有体外实验数据无法预测体内实验是否有效，只有当进行实验证实了治疗用途，才被认为完成了发明。本案中，对比文件 1 仅仅公开了某些体外实验数据，不涉及任何体内实验。在阅读了对比文件 1 之后，本领域技术人员不会理解对比文件 1 公开了鲨肌醇能够用于治疗阿尔茨海默氏病。本申请进行了体内实验，证明了鲨肌醇用于阿尔茨海默氏病的治疗效果，首次完成了发明。因此，本申请的鲨肌醇用于治疗阿尔茨海默氏病的治疗用途相对于对比文件 1 具有新颖性。（2）根据完整的现有技术知识，本领域技术人员不会认为对比文件 1 公开了鲨肌醇能够用于治疗阿尔茨海默氏病。如证据 1、2 证实的，肌醇的体内和体外作用并不总是相关的。具体而言，如在证据 1 Barak 等人的论文中提到的，"如通过 CAMDEX 测量的，在双盲交叉试验中在四周时间内给予肌醇 6gm/天不改善 AD"；如在证据 2 Levine 的论文中提到的，基于临床试验，发现"肌醇在精神分裂症、AD……中是没有益处的"，该文献中使用的肌醇为肌-肌醇。证据 1 和证据 2 证实，在体内实验中，肌醇不改善阿尔茨海默氏病，肌-肌醇对于阿尔茨海默氏病不是有益的。但是，如对比文件 1 显示，在体外实验中，所有的肌-肌醇、鲨肌醇和表-肌醇都能够诱导 Aβ42 从无规向 β-结构的结构转变。在阅读了证据 1、2 和对比文件 1 之后，本领域技术人员将理解肌醇（例如，肌-肌醇）在体外是有效的，但是在体内是无效的，并且将进一步理解如下事实：对于阿尔茨海默氏病的治疗，尽管鲨肌醇在体外有效，但是在体内可能是无效的。（3）"其中所述有效量是每天 1mg～30mg/kg"的特征对于权利要求 1 具有限定作用。在"制备药物用途"形式的权利要求中，给药剂量是与适应证处于同等地位的特征，对于权利要求的保护范围具有限定作用。被诉决定忽略了这一特征，对于新颖性的评价必然是错误的。综上，本申请权利要求 1 具有新颖性，符合《专利法》第二十二条第二款的规定，在此基础上，权利要求 2～13 也具有新颖性和创造性，符合《专利法》第二十二条第二款和第三款的规定。因此，请求法院依法撤销被诉决定，并判令被告重新作出决定。

被告国家知识产权局辩称：被诉决定认定事实清楚、适用法律法规正确、审理程序合法，审查结论正确，原告的诉讼理由不能成立，请求法院判决驳回原告诉讼请求。

法院经审理查明：经实质审查，国家知识产权局原审查部门于 2011 年 11 月 24 日发出驳回决定，以权利要求 1、3～5 不具备新颖性，不符合《专利法》第二十二条第二款的规定以及权利要求 2～5 不具备创造性，不符合《专利法》第二十二条第三款的规定为由驳回了本发明专利申请，同时，在其他说明部分指出权利要求6~10也不具备新颖性，不符合《专利法》第二十二条第二款的规定。

上述驳回决定引用的现有技术为对比文件1。对比文件1公开了阿尔茨海默氏病的神经病理学特征是淀粉样蛋白沉积物、神经元纤维缠结和选择性神经元损伤。淀粉样蛋白沉积物的主要成分是淀粉样蛋白-β（Aβ），它是一种39~43个残基的肽。鲨肌醇能诱导Aβ42发生由无规向非纤维化β结构的结构转变，稳定Aβ42的小积聚物，从而抑制Aβ42的沉积。还公开了这种肌醇能够帮助阿尔茨海默氏病患者阻止淀粉样蛋白沉积并降低Aβ引发的毒性。对比文件1在上述研究的基础上，进一步指出，肌醇立体异构体是天然存在的分子，易于穿透血脑屏障，可能代表了通过Aβ的复合和降低Aβ神经毒性作用对阿尔茨海默氏病的可行治疗。上述内容见对比文件1的摘要、第18495页左栏摘要下第1段至第18496页左栏第1段、结果及讨论部分。

乔某不服驳回决定，于2012年3月9日向国家知识产权局提出了复审请求。

2013年10月8日，乔某提交了意见陈述书和修改的权利要求书全文替换页（共13项权利要求）。

其中修改后的权利要求1如下：

"1. 有效量的鲨肌醇在制备用于治疗阿尔茨海默氏病、轻度认知减退或痴呆的药物中的用途，其中所述有效量是每天1mg~30mg/kg，并且其中所述痴呆是与阿尔茨海默氏病有关的痴呆、tau病、α-突触核蛋白病、家族性英国痴呆、家族性丹麦痴呆或伴有痉挛性共济失调的早老性痴呆。"

2014年7月21日，国家知识产权局作出被诉决定。

北京知识产权法院于2015年10月19日作出（2015）京知行初字第501号行政判决：驳回乔某的诉讼请求。宣判后，乔某提起上诉，北京市高级人民法院于2018年1月3日作出（2016）京行终123号行政判决：驳回上诉，维持原判。

裁判理由

法院裁判认为：

一、关于"其中所述有效量是每天 1mg～30mg/kg"的特征对于权利要求 1 是否具有限定作用

对于物质的制药用途权利要求，其中的剂量特征对于药物的制备过程是否具有限定作用，首先需要审查该特征是单位剂量还是给药剂量。如果该特征是单位剂量，则由于其影响药物的制备过程，因而在制药用途权利要求的新颖性判断中应当考虑其限定作用。如果该特征是给药剂量，则只有当其必然影响药物的制备过程，导致药物含量的变化时，才能在制药用途权利要求的新颖性判断中考虑其限定作用。

本案中，权利要求 1 限定了剂量特征为"其中所述有效量是每天 1mg～30mg/kg"，并没有明确是单位剂量还是给药剂量。查阅本申请说明书记载的内容，其中也没有记载该剂量特征对制药过程及制药用途是否具有影响的描述。对于本领域技术人员来说，每日有效量特征通常会被理解为对患者起到最佳治疗效果的药物使用量，即为给药剂量，而该给药剂量是根据患者个体的不同需要所采用的能够达到治疗效果的使用量，并非必然为单位剂量，该特征并不必然影响药物的制备过程，也不必然影响权利要求 1 中制药用途权利的保护范围。

因此，权利要求 1 中的剂量特征"其中所述有效量是每天 1mg～30mg/kg"对该权利要求请求保护的制药用途并不必然具有限定作用。

二、关于权利要求 1 是否具有新颖性

对比文件 1 公开了鲨肌醇能够帮助阿尔茨海默氏病患者阻止神经元淀粉样蛋白沉积并降低 Aβ 引发的毒性的实验数据。据此可知，对比文件 1 已经揭示了阿尔茨海默氏病的神经病理学特征，鲨肌醇治疗阿尔茨海默氏病的病理学机理和实验证据，因而揭示了鲨肌醇用于治疗阿尔茨海默氏病的可行性。本领域技术人员知晓，阿尔茨海默氏病是一种进行性发展的神经系统退行性疾病，临床上以记忆障碍、失语、失用、失认、视觉空间技能损害、执行功能障碍以及人格和行为改变等全面性痴呆为表现特征。因此，对比文件 1 实质上公开了鲨肌醇用于制备治疗阿尔茨海默氏病、轻度认知减退或痴呆的药物的用途。"其中所述有效量是每天 1mg～30mg/kg"的技术特征不影响对权利要求 1 制药用途的新颖性评价，故本申请权利要

求 1 相对于对比文件 1 不具有新颖性，不符合《专利法》第二十二条第二款的规定。

裁判要旨

对于物质的制药用途权利要求，其中的剂量特征对于药物的制备过程是否具有限定作用，首先需要审查该特征是单位剂量还是给药剂量。如果该特征是单位剂量，则由于其影响药物的制备过程，因而在制药用途权利要求的新颖性判断中应当考虑其限定作用。如果该特征是给药剂量，则只有当其必然影响药物的制备过程，导致药物含量的变化时，才能在制药用途权利要求的新颖性判断中考虑其限定作用。

关联索引

2000 年《中华人民共和国专利法》第二十二条第二款

一审：北京知识产权法院（2015）京知行初字第 501 号（2015 年 10 月 19 日）

二审：北京市高级人民法院（2016）京行终 123 号（2018 年 1 月 3 日）

法官评析

本案对于物质的制药用途权利要求中剂量特征是否具有限定作用进行了充分的阐述，该裁判理念对类似案件裁判具有较强指导和借鉴意义。

合理有效的给药用药方法需要长期研究和相当投入，给药用药方法的积极研究成果，对于发挥药品治疗功能、改善治疗效果，确实具有相当重要的作用。但是，给药用药方法研究成果具有的上述特点和价值，与其能否在专利文件中实现限定作用，并进而构成决定发明具备新颖性的技术特征，则是本案重点关注的问题。

本案的争议焦点之一是"其中所述有效量是每天 1mg~30mg/kg"的特征对于权利要求 1 是否具有限定作用，根据 2000 年《专利法》第五十六条第一款①的规定，发明或者实用新型专利权的保护范围以其权利要求的内容为准，说明书及附图可以用于解释权利要求的内容。根据《最高人民

---

① 该法已于 2020 年修正，现对应第六十四条第一款。

法院关于审理专利纠纷案件适用法律问题的若干规定》第十七条①的规定，该条款所称的"发明或者实用新型专利权的保护范围以其权利要求的内容为准，说明书及附图可以用于解释权利要求的内容"，是指专利权的保护范围应当以权利要求记载的全部技术特征所确定的范围为准，也包括与该技术特征相等同的特征所确定的范围。另外，最高人民法院在（2005）民三提字第 1 号民事判决书中认为，权利要求书的作用是确定专利权的保护范围。即通过向公众表明构成发明或者实用新型的技术方案所包括的全部技术特征，使公众能够清楚地知道实施何种行为会侵犯专利权，从而一方面为专利权人提供有效合理的保护，另一方面确保公众享有使用技术的自由。只有对权利要求书所记载的全部技术特征给予全面、充分的尊重，社会公众才不会因权利要求内容不可预见的变动而无所适从，从而保障法律权利的确定性，从根本上保证专利制度的正常运作和价值实现。最高人民法院在该案裁判中的意见也体现在《最高人民法院关于审理专利纠纷案件适用法律问题的若干规定》第十七条的规定中。因此，权利要求中的每一项技术特征都应该对该项权利要求所确定的专利权的保护范围具有限定作用。

但是，在物质的制药用途权利要求中，对于与用药相关的技术特征，该项规则的适用具有一定的特殊性。

《专利审查指南》（2001 年修订）第二部分第十章第 3.5.2 节②指出：物质的医药用途如果以"用于治病""用于诊断病""作为药物的应用"等这样的权利要求申请专利，则属于《专利法》第二十五条第一款第三项"疾病的诊断和治疗方法"，因此不能被允许；但是由于药品及其制备方法均可依法授予专利，因此物质的医药用途发明以药品权利要求或者如"在制药中的应用""在制备治某病的药中的应用"等属于制药方法类型的用途权利要求申请专利，则不属于《专利法》第二十五条第一款第三项规定的情形。

实践中，专利申请人在上述制药方法类型的用途权利要求中，除了限定药品的组成结构、疾病的适应证类型、制备方法和工艺特征以外，还可

---

① 该规定已于 2020 年修正，现对应第十三条。
② 《专利审查指南》已于 2023 年修订，现无此节。

能写入给药对象、给药方式、给药途径、给药剂量、时间间隔等与药物使用有关的特征。

最高人民法院在（2012）知行字第75号行政裁定书中认为：专利法意义上的制药过程通常是指以特定步骤、工艺、条件、原料等制备特定药物本身的行为，并不包括药品的说明书、标签和包装的撰写等药品出厂包装前的工序。单位剂量通常是指每一药物单位中所含药物量，该含量取决于配制药物时加入的药量。给药剂量是指每次或者每日的服药量，指药物的使用分量，可由药物的使用者自行决定，如一天两次或一天三次的给药，属于对药物的使用方法。临床实践中，若单位剂量的药物含量没有达到用药量，可通过服用多个单位剂量的药物实现，若药物含量大于用药剂量，则减量服用。针对患者个体修改服用方式，选择服用的药物剂量，从而达到药品的最佳治疗效果是用药过程中使用药物治病的行为，给药剂量的改变并不必然影响药物的制备过程，导致药物含量的变化。同样，涉案专利通过时间间隔形成的给药方案是用药过程中如何使用该药物的方法特征，属于体现在用药过程、不体现在制药阶段的医学实践活动。该用药过程的特征与药物生产的制备本身并没有必然的联系，没有对潜霉素的制备方法产生改变而影响药物本身，对制药过程不具有限定作用。

根据最高人民法院的上述裁定，对于物质的制药用途权利要求，其中的剂量特征对于药物的制备过程是否具有限定作用，首先需要审查该特征是单位剂量还是给药剂量。如果该特征是单位剂量，则由于其影响药物的制备过程，因而在制药用途权利要求的新颖性判断中应当考虑其限定作用。如果该特征是给药剂量，则只有当其必然影响药物的制备过程，导致药物含量的变化时，才能在制药用途权利要求的新颖性判断中考虑其限定作用。

本案中，涉案专利申请权利要求1请求保护有效量的鲨肌醇在制备用于治疗阿尔茨海默氏病、轻度认知减退或痴呆的药物中的用途，并限定了剂量特征和适应证。所述剂量特征为"其中所述有效量是每天1mg—30mg/kg"，并没有明确是单位剂量还是给药剂量。查阅本申请说明书记载的内容，其中也没有记载该剂量特征对制药过程及制药用途是否具有影响的描述。对于本领域技术人员来说，每日有效量特征通常会被理解为对患者起到最佳治疗效果的药物使用量，即为给药剂量，而该给药剂量是根据患者个体的不同需要所采用的能够达到治疗效果的使用量，并非必然为单位剂量，该特征并不必然影响药物的制备过程，也不必然影响权利要求 1 中制药用途权利的保护范围。

另外，最高人民法院知识产权法庭成立之后，在（2021）最高法知行终 841 号行政判决书中指出，医药用途权利要求一方面由于化学产品新用途权利要求可以被授予专利权，另一方面，该类权利要求的保护范围亦应受到《专利法》第二十五条第一款第三项的规制，因此不能将实际上在用药过程中而非在制造过程中使用的技术特征纳入该类权利要求中限定其保护范围。对于仅涉及用药的特征，由于是在实施制药方法并获得药物后，将药物施用于人体的具体用药方法，与疾病治疗方法直接相关，与制药方法通常没有直接、必然的关联性，故仅体现于用药行为而非制药过程的给药特征，对于医药用途权利要求通常不具有限定作用。

最高人民法院的最新裁判观点与本案保持一致，均认为给药特征对于制药用途权利要求不具有限定作用，即给药用药方法的研究成果无法通过专利进行保护。

一审法院合议庭成员　姜　颖　张晰昕　李淑云
二审法院合议庭成员　刘　辉　苏志甫　俞惠斌
编写人　邓文轩

三、创造性的相关问题

9. 北京都某贸易有限公司、亿某电子（中国）有限公司与国家知识产权局、日某化学工业株式会社发明专利权无效行政纠纷案*

——专利创造性的司法审查

关键词 专利授权确权　创造性　专业人民陪审员　还原发明过程

基本案情

涉案专利系专利号为第 97196762.8 号、名称为"发光装置及显示装置"的发明专利。专利申请日为 1997 年 9 月 29 日，优先权日为 1996 年 7 月 29 日、1996 年 9 月 17 日、1996 年 9 月 18 日、1996 年 12 月 27 日、1997 年 3 月 31 日，授权公告日 2003 年 12 月 31 日，专利权人为日某化学工业株式会社（以下简称日某株式会社）。针对涉案专利，北京都某贸易有限公司（以下简称都某公司）于 2016 年 4 月 5 日向国家知识产权局原专利复审委员会（以下简称原专利复审委员会）提出无效宣告请求，请求宣告涉案专利权全部无效，其理由包括：涉案专利权利要求 1~16 不符合《专利法》（1992 年修正）第二十六条第三款、第四款的规定以及专利法第二十二条第三款的规定。亿某电子（中国）有限公司（以下简称亿某公

---

　* 本案被最高人民法院评为 2022 年"人民陪审员参审十大案例"，本案裁判文书获评"北京法院 2021 年优秀裁判文书三等奖"。

司）于 2016 年 7 月 27 日向原专利复审委员会提出无效宣告请求，请求宣告涉案专利权全部无效，其理由包括：涉案专利权利要求 1～16 不符合《专利法》第二十六条第三款、第四款的规定以及《专利法》第二十二条第三款的规定。2017 年 9 月 8 日，原专利复审委员会作出第 33344 号无效宣告请求审查决定（以下简称被诉决定），认定涉案专利符合《专利法》第二十六条第三款、第四款的规定以及《专利法》第二十二条第三款的规定，决定维持涉案专利有效。都某公司、亿某公司不服被诉决定，向北京知识产权法院提起诉讼。

都某公司、亿某公司诉称：（1）被诉决定漏审无效理由。（2）被诉决定关于说明书公开充分的认定错误。（3）涉案专利权利要求未得到说明书支持。（4）被诉决定关于创造性的认定错误。

原专利复审委员会辩称：被诉决定认定事实清楚，适用法律正确，审理程序合法，都某公司、亿某公司的诉讼理由不能成立，请求驳回都某公司、亿某公司的诉讼请求。

日某株式会社述称：被诉决定认定事实清楚，适用法律正确，审理程序合法，都某公司、亿某公司的诉讼理由不能成立，请求驳回都某公司、亿某公司的诉讼请求。

法院经审理查明：涉案专利曾被第 19300 号无效宣告请求审查决定宣告部分无效，在专利权人于 2012 年 2 月 14 日提交的权利要求 1～16 的基础上维持有效。

涉案专利包含 16 项权利要求，其中独立权利要求 1 涉及一种发光装置，包括发光元件和光致发光荧光体，发光元件的发光层为半导体，光致发光荧光体吸收所述发光元件所发出光的一部分，而发出波长与所吸收的光波长不同的光，其特征在于：所述发光元件的发光层由氮化物系化合物半导体组成，所述光致发光荧光体包括含有从 Y、Gd 一组中所选出的至少一种元素与自 Al、Ga 一组中所选出的至少一种元素的、以铈活化的石榴石系荧光体，所述发光元件的发光光谱的峰值是在 400nm 至 530nm 的范围，且所述光致发光荧光体的主要发光的波长比所述发光元件的主峰值长。

针对涉案专利，都某公司、亿某公司先后于 2016 年 4 月 5 日向原专利复审委员会提出无效宣告请求，请求宣告涉案专利权全部无效。经形式审查合格，原专利复审委员会于 2016 年 4 月 5 日受理该无效宣告请求。2017 年 9 月 8 日，原专利复审委员会作出被诉决定。

北京知识产权法院于 2018 年 12 月 28 日作出（2018）京 73 行初 247 号行政判决：驳回原告都某公司、亿某公司的诉讼请求。

宣判后，各方均未提出上诉，判决已发生法律效力。

裁判理由

法院生效裁判认为：被诉决定将权利要求 1 与证据 2.1~2.3 相比得出区别特征及权利要求 1 所实际解决的技术问题，在此基础上从"证据 2.4~2.7、证据 2.14 是否给出上述区别特征的技术启示"与"上述区别特征是否为公知常识"两方面对于涉案专利是否具备创造性进行评述，整体上对都某公司、亿某公司的无效理由进行了全面评述，并未违反请求原则。

涉案专利说明书在具体实施方式部分公开了 2 种实施形态、12 个实施例及多个比较例，其中对发光元件的具体结构，包括对荧光材料和发光元件的具体选择进行了详细记载。且涉案专利说明书上标第 15 页最后一段及附图 16、图 17 公开了如何获得其所限定的发光装置的技术方案，包括其所获得的光为白光。本领域技术人员在前述内容的基础上，可以通过调整发光元件的材料和结构，从而调整发光元件的发光波长，并通过调整荧光材料的组成成分，调整其吸收光谱和发射光谱的波长范围，最后实现混色后得到白光。因此，涉案专利说明书公开充分，符合《专利法》第二十六条第三款的规定。

根据说明书与权利要求书的记载，本领域技术人员能够清楚，权利要求 1 限定的发光波长的发光元件和荧光体的组合必然能够发出白色系列的光。因此，权利要求 1 关于涉案专利保护的范围可以得到说明书的支持，符合《专利法》第二十六条第四款的规定。

证据 2.4~2.7、2.14 没有给出在蓝光 LED 的发光环境中何种荧光体具有更好的耐候性、能够防止劣化的技术教导，也没有给本领域技术人员提供铈活化的钇铝石榴石系荧光体与蓝光 LED 配合制作发光稳定的发光装置的技术启示。

本领域技术人员在现有技术中，不能得到将铈活化的钇铝石榴石应用在蓝光 LED 发光环境下从而得到荧光体不易劣化、耐光并且具有耐候性的发光装置的启示，在案证据亦不能证明涉案专利权利要求 1 中限定的对蓝光 LED 荧光体的选择属于公知常识。

裁判要旨

认定发明是否具备创造性，需要判断该发明是否具有突出的实质性特点和显著的进步。具体而言，就是要判断对于本领域技术人员而言，要求保护的发明相对于申请日（优先权日）以前最接近的现有技术是否显而易见。

关联索引

1992 年《中华人民共和国专利法》第二十六条第三款、第四款，第二十二条第三款

一审：北京知识产权法院（2018）京 73 行初 247 号（2018 年 12 月 28 日）

法官评析

本案强调了关于创造性审查的四项因素：（1）还原发明过程，考量涉案专利是否显而易见；（2）对比文件是否给出选用区别特征的技术启示；（3）涉案专利的区别特征是否属于公知常识；（4）公开充分与创造性判断中本领域技术人员的认知标准是否具有同一性。裁判标准的确定对于同类案件的审理具有重要指导作用。

一、还原发明过程，考量涉案专利是否显而易见

对专利的创造性评价是由涉案专利所属技术领域的技术人员依据申请日（优先权日）以前的现有技术与涉案专利进行比较而作出的，不能以当前的技术发展水平或阅读了涉案专利的技术内容后再进行创造性评价。创造性评价，应当从本领域技术人员的角度出发，在当时的技术背景下，回归涉案专利的创造历程，考量涉案专利是否显而易见。

二、对比文件是否给出选用区别特征的技术启示

根据涉案专利说明书的记载，以往的发光二极管存在随着荧光体劣化

而色调偏差，或荧光体发黑光的外部取出效率低下的情形，以及由于发光元件的温度升高、水分渗入而导致荧光体劣化等问题。基于此，涉案专利目的在于提供一种发光装置以解决上述问题，使在较高亮度、长时间使用环境下，发光光度、发光光率的降低和色调偏差极小。涉案专利中荧光体所处的蓝光 LED 的发光环境，与证据 2.4~2.7、2.14 中荧光体所处的发光环境具有很大差异。在这种差异环境下，本领域技术人员若不付出任何创造性劳动，并不能确定在蓝光 LED 的发光环境中具备耐候性、不易劣化的荧光材料，从而实现白光发光装置。因此，证据 2.4~2.7、2.14 没有给出在蓝光 LED 的发光环境中何种荧光体具有更好的耐候性、能够防止劣化的技术教导，也没有给本领域技术人员提供铈活化的钇铝石榴石系荧光体与蓝光 LED 配合制作发光稳定的发光装置的技术启示。

三、涉案专利的区别特征是否属于公知常识

权利要求 1 与证据 2.1~2.3 任一相比区别特征均为：所述光致发光荧光体包括含有从 Y、Gd 一组中所选出的至少一种元素与自 Al、Ga 一组中所选出的至少一种元素、以铈活化的石榴石系荧光体。即区别在于选择上述光致发光荧光体与氮化物系化合物组成的蓝光 LED 配合形成发光装置。

铈活化的钇铝石榴石系材料作为荧光体的一种，在涉案专利申请日之前已为本领域所知晓，但这并不表示本领域技术人员可以不付出创造性劳动即可将其应用到具体的技术方案中。本领域技术人员在现有技术中，不能得到启示将铈活化的钇铝石榴石应用在蓝光 LED 发光环境下从而得到荧光体不易劣化、耐光有耐候性的发光装置，在案证据亦不能证明涉案专利权利要求 1 中限定的对蓝光 LED 荧光体的选择属于公知常识。

四、公开充分与创造性判断中本领域技术人员的认知标准是否具有同一性

无论是公开充分还是创造性的判断均应当以本领域技术人员为判断主体，客观判断是否能够根据说明书公开的技术内容即可实现涉案专利的发明并解决相应技术问题，以及现有技术中是否存在技术启示，从而促使有动机改进以得到相应的技术方案、解决相应的技术问题并达到相应的技术效果。所属技术领域的技术人员能够从现有技术中直接、唯一地得出的有

关内容，并不属于说明书必须要公开的内容；所属技术领域的技术人员不能从现有技术中直接得到的内容，均应当在说明书中作出清楚、明确的描述。因此，从发明到专利，公开发明与现有技术的不同点是关键，公开其发明点是重点。说明书公开是否充分和涉案专利是否具备创造性的问题判断，本领域技术人员对现有技术的基础知识认知水准应当具有同一性。

人民陪审员评析

本案是《人民陪审员法》施行后，北京知识产权法院适用该法第十四条，由 3 名法官、4 名人民陪审员组成 7 人合议庭审理的首例案件，被最高人民法院评为 2022 年"人民陪审员参审十大案例"。本案人民陪审员宋巧丽对案件作了详细的评析：

本案是 2022 年最高人民法院发布的人民陪审员参审十大典型案件之一，针对选择 YAG：Ce 将获得诺贝尔奖的发明——蓝光 LED 转化为发光效率高、不易劣化、性能稳定的白光 LED 是否具有创造性进行了探讨。本案中的 YAG：Ce 粉即钇铝石榴石，是一种现有的无机荧光材料。

诉讼中各方当事人的争议焦点为本案的发明是否具有创造性，特别是选择一种现有无机荧光材料，并且在不改变材料原有特性的情况下，这种选择是否应该被认为是具有创造性的。该案在北京知识产权法院审理之前已经在世界多个国家和地区有了多个不同的司法裁判，因此本案首次采用了由 4 名专业人民陪审员与 3 名法官组成的 7 人合议庭进行审理。

本案的典型意义在于，使用专业化陪审员对案件的技术事实进行了深入分析，尤其是还原发明当时的研发状况，在厘清选择 YAG 粉作为荧光材料的技术难点方面，全面介绍了 LED 产业的技术背景和历史进程，通过专业化陪审员的分析介绍，法官团队对 LED 领域有了全面了解，特别是对今天的 LED 现状和曾经的产业情况有了更清晰的认识，这为案情脉络梳理打下了坚实的基础。

首先，判决就本案选择 YAG 粉作为荧光材料是否显而易见进行了回应。本案回顾了 20 世纪 90 年代的研发状况，还原了发明所在年代的技术情况，当时由于有机荧光染料更为高效且应用技术更为成熟，本领域大多数研究工作方向都集中在有机荧光染料。无机荧光体主要用于被紫外线、电子束、或 X 射线激发的应用中。在当时业内普遍选择有机荧光材料与

LED 蓝光结合来获得 LED 白光，本发明选择无机荧光材料钇铝石榴石显然不是显而易见的。

其次，判决回应了创造性判断中的技术启示。本案中现有技术中确实有选择用 YAG 粉作为荧光材料，但是因为本案的 LED 白光要求考虑温度、湿度及使用寿命、发光效率等多维度因素，而对比文件中所使用的场景均与本发明的要求相差甚远，在多维度综合因素需要同时具备并满足特定要求时，只考虑单因素的影响显然是不具有技术启示的，这反而恰恰是本发明具有创造性的证明。

本案中关于 YAG 粉应用到 LED 领域的技术难点的分析如下：在 20 世纪 90 年代，LED 蓝光也是刚刚被发明出来，其本身的技术也不是像今天一样成熟。而 YAG 粉作为无机荧光粉，容易阻断其他粉末颗粒发射的光，在当时本身 LED 蓝光的发光效果（光输出不高）就不够理想，再涂上 YAG 粉的话其发光效果就更差了。而有机荧光粉通常为液体，不存在减弱光输出的问题，所以很多研究都集中在如何将有机荧光粉应用到蓝光 LED 上获得白光 LED。作为本案的人民陪审员，在参与本案审理的过程中，结合自身在研发工作中的经历，在实验中遇到实验结果由多个变量共同作用的时候，如何对实验参数进行调节能够满足多变量共同发挥作用获得想要的结果，往往不是像创造性判断三步法那么清晰，因为通常发现问题本身比解决问题要难得多，尤其是像本案这种综合复杂的情况，所以创造性的判断更多地要从发明背景和当时的研发现状出发进行综合考量。本案中，专业陪审员从焦点问题归纳、庭前会议、庭审询问到庭后合议及判决中关于技术事实的描述都进行了全程参与。本案判决书析理明晰，说理全面，观点鲜明，全面回应了各方观点。

一审法院合议庭成员　宋鱼水　杨　洁　邓　卓　宋巧丽
　　　　　　　　　　　　　苑佳丽　李秀改　张艳萍
编写人　杨　洁　田　芬

10. 英某国际股份有限公司与国家知识产权局发明专利申请驳回复审行政纠纷案*

——区别技术特征的认定

关键词 专利授权确权　技术方案的整体性　区别技术特征　关联性

基本案情

涉案专利系专利号为第 201180034991.X、名称为"活的减毒的细小病毒"的发明专利申请（以下简称涉案申请），其申请日为 2011 年 7 月 18 日，最早优先权日为 2010 年 7 月 16 日，公开日为 2013 年 3 月 20 日，申请人为英某国际股份有限公司（以下简称英某公司）。针对涉案申请，英某公司于 2016 年 1 月 15 日向国家知识产权局原专利复审委员会（以下简称原专利复审委员会）提出复审请求，其理由为无论是基于常识或是现有技术，都没有理由假定细小病毒衣壳区第 219 位和 386 位氨基酸位点涉及病毒的减毒，涉案申请符合《专利法》第二十二条第三款的规定。2017 年 4 月 20 日，原专利复审委员会作出第 122629 号复审请求审查决定（以下简称被诉决定），该决定认定：权利要求 1~12 相对于对比文件 1、对比文件 3 和本领域公知常识，不具备《专利法》第二十二条第三款规定的创造性。据此，维持驳回决定。英某公司不服，向北京知识产权法院提起诉讼。

英某公司诉称：（1）被诉决定采用的技术特征划分方法是错误的。其将技术特征划分为：①为细小病毒的第 219 位和第 386 位的氨基酸突变，

---

* 本案例入选中国法院 2022 年度案例。

②为病毒的类型。然而，只有具体病毒类型上的突变才能实现减毒功能，而如果病毒类型改变，病毒结构也随之改变，所述位点上的突变并不一定能实现减毒功能。换言之，如果不考虑病毒类型，单独考虑突变位点没有任何意义，如果不考虑突变位点，单独考虑病毒类型也没有任何意义。因此，这两个技术单元应当划分为一个技术特征，对其予以整体评判。前述划分方法割裂了两个技术单元之间的相互依赖的关系，违反了创造性评价的整体原则。（2）涉案申请权利要求 1 限定了 CPV2a、2b、2c 或猫细小病毒的衣壳蛋白中 219 和 386 位的突变，说明书实施例 1 的实验数据进一步证明了所述突变相对于突变前能够实现减毒的效果。

国家知识产权局辩称：涉案申请中既未证明所述的其他病毒无法发挥减毒功能，也并未证明所述两个编码氨基酸位点的突变适用于权利要求 1 记载的编码血清型 2a、2b 或 2c 或猫细小病毒衣壳蛋白的病毒时均具有减毒作用。原告关于区别技术特征划分错误、涉案申请限定的突变具有预料不到的效果的主张，均不能成立。

法院经审理查明：对比文件 1 中细小病毒的氨基酸序列中，第 219 和第 386 位系突变位点；第 219 和第 386 位突变位点并非对比文件 1 中细小病毒氨基酸序列中唯二的突变位点；对比文件 1 没有明确公开衣壳蛋白区第 219 和第 386 位的突变具有减毒作用；对比文件 1 中的病毒同野生型病毒存在位点差异，且该差异不仅局限于前述两个位点突变上；涉案申请权利要求 1 至少从病毒种类和突变的点位两方面进行了限定。

经实质审查，国家知识产权局原审查部门于 2015 年 11 月 4 日以权利要求 1~12 不具有《专利法》第二十二条第三款规定的创造性为由驳回了本申请。

2016 年 1 月 15 日，英某公司向原专利复审委员会提出复审请求，其理由为无论是基于常识或是现有技术，都没有理由假定细小病毒衣壳区第 219 位和第 386 位氨基酸位点涉及病毒的减毒，涉案申请符合《专利法》第二十二条第三款的规定。

经形式审查合格，原专利复审委员会于 2016 年 1 月 25 日依法受理了该复审请求，并将其转送至原审查部门进行前置审查。

原审查部门在前置审查意见书中认为英某公司提出的复审理由不成立，因而坚持原驳回决定。

随后，原专利复审委员会成立合议组对本案进行审理。

2016 年 11 月 18 日，原专利复审委员会向英某公司发出复审通知书，指出：对比文件 1 实质上已经公开了衣壳蛋白的 219 位氨基酸处除了异亮氨酸以外的氨基酸和/或在衣壳蛋白的 386 位氨基酸处除了谷氨酰胺以外的氨基酸的衣壳基因的活的减毒的细小病毒，而 CPV2 血清型 2a、2b 或 2c 或猫细小病毒都是本领域常见的细小病毒，对比文件 3 也公开了所述的减毒 CPV 病毒制剂还包含例如 2、2a、2b、2c 的 CPV 变体的抗原区域核酸序列，并给出了将不同的细小病毒的序列进行重组以发挥各自相应作用的技术启示。因此，相对于对比文件 1、3 以及本领域公知常识的结合，权利要求 1~12 不具有创造性。

2017 年 4 月 20 日，原专利复审委员会作出被诉决定。

北京知识产权法院于 2019 年 11 月 20 日作出（2017）京 73 行初 6901 号行政判决：撤销被诉决定，判令国家知识产权局重新作出决定。

一审宣判后，国家知识产权局向中华人民共和国最高人民法院提出上诉。中华人民共和国最高人民法院于 2020 年 9 月 22 日作出（2020）最高法知行终 186 号行政判决：驳回上诉，维持原判。

裁判理由

法院生效裁判认为：被诉决定认定涉案申请权利要求 1 相较于对比文件 1 的区别技术特征在于：权利要求 1 还限定了细小病毒编码 CPV2 血清型 2a、2b、2c 的衣壳蛋白或猫细小病毒的衣壳蛋白，细小病毒的非衣壳区域的一部分的 DNA 片段被源自第二细小病毒的非衣壳区域的一部分的携带减毒突变的同源 DNA 片段所替代，而对比文件 1 未公开上述内容。涉案申请所实际要解决的问题为：提供了一种具有可预期的增强的减毒效果的适用于病毒变异体和常见的其他细小病毒的减毒病毒。

对此，法院认为，划分技术特征时，应当综合考虑其在整体技术方案中所运用的技术手段、实现的相对独立的特定技术功能、产生的技术效果。不应割裂该技术特征与其他技术特征之间的有机联系，忽视其在整体技术方案中所发挥的作用。而在判断现有技术公开的某一技术特征与区别技术特征是否相同时，应考虑它们在各自技术方案中所起到的作用是否相同。

具体到本案中，由在案证据和双方陈述可知：（1）对比文件 1 中细小病毒的氨基酸序列中，第 219 和第 386 位系突变位点；（2）第 219 和第 386 位突变位点并非对比文件 1 中细小病毒氨基酸序列中唯二的突变位点；（3）对比文件 1 没有明确公开衣壳蛋白区第 219 和第 386 位的突变具有减毒作用；（4）对比文件 1 中的病毒同野生型病毒存在位点差异，且该差异不仅局限于前述两个位点突变上；（5）根据说明书记载，涉案申请权利要求 1 至少从病毒种类和突变的点位两方面进行了限定。结合以上证据及陈述，可以推出：（1）对比文件 1 中氨基酸的突变位点不仅仅局限于细小病毒 CPV2 的第 219 位和第 386 位点，同时也并未明确公开衣壳蛋白第 219 位和第 386 位的突变具有减毒作用；（2）对比文件 1 病毒本身虽有减毒效果，但相对于对比文件 1 与野生病毒存在的差异，无法推定对比文件 1 病毒本身的减毒效果是由第 219 位和第 386 位的突变带来的，即对比文件 1 也未隐含公开第 219 位和第 386 位的突变具有减毒效果；（3）涉案申请明确减毒效果系由在特定突变位点选择特定病毒类型带来的。由此可以进一步推知，在突变位点并不唯二且突变效果不能确定的情况下，突变位点及病毒类型是具有选择性的。在此种情况下，被诉决定将权利要求 1 中的"活的减毒的细小病毒，所述细小病毒包含编码在衣壳蛋白的 219 位氨基酸处除了异亮氨酸以外的氨基酸和/或在衣壳蛋白的 386 位氨基酸处除了谷氨酰胺以外的氨基酸的衣壳基因"（突变位点的选择）及"所述细小病毒编码 CPV2 血清型 2a、2b 或 2c 的衣壳蛋白或猫细小病毒的衣壳蛋白"（病毒类型的选择）两个技术特征割裂开来进而认定对比文件 1 公开了涉案申请权利要求 1 在衣壳区域 219 和/或 386 氨基酸位点进行突变的技术特征有所不妥。

综上，由于被诉决定所认定的对比文件 1 公开的内容及涉案申请权利要求 1 同对比文件 1 的区别技术特征有误，在此基础上，被诉决定认定涉案申请权利要求 1 相对于对比文件 1 和 3 及公知常识不具备创造性的认定也存在错误，法院依法予以纠正。

裁判要旨

生物发明专利领域，在确定发明与现有技术的区别特征时，应当综合考虑其在整体技术方案中所运用的技术手段、所能实现的相对独立的特定技术功能以及所产生的技术效果。不应割裂该技术特征与其他技术特征之间的有机联系，忽视其在整体技术方案中所发挥的作用，从而合理认定发明的技术贡献，正确评价其创造性。

关联索引

2008 年《中华人民共和国专利法》第二十二条第三款

一审：北京知识产权法院（2017）京 73 行初 6901 号（2019 年 11 月 20 日）

二审：最高人民法院（2020）最高法知行终 186 号（2020 年 9 月 22 日）

法官评析

在我国专利实务中，"三步法"系被普遍适用的用于判断发明是否具备创造性的有效方法。第一步，确定最接近的现有技术；第二步，确定发明的区别技术特征和发明实际要解决的技术问题；第三步，判断要求保护的发明对本领域的技术人员来说是否显而易见。其中，"确定发明与最接近现有技术相比具有哪些区别特征"，既是后续"判定发明对本领域技术人员来说是否显而易见"的基石，也是专利授权确权案件中最常见、最重要的争议焦点。司法实践中，有相当比例的申请人/权利人主张，行政机关在审查确定区别技术特征时存在机械划分技术特征、割裂技术特征之间有机联系，进而导致创造性判断错误的问题，该问题在生物技术领域表现得更为突出。

相较于其他领域，生物发明专利的研发并非纯粹的开拓性研究，往往更依赖对现有技术的借鉴，具有更高的技术效果不确定性和难以预测性，其事实认定和法律判断需要更高的精度。此时，合理划定发明与现有技术的区别特征在判断此类技术是否具备创造性时显得尤为重要。本案以"活的减毒的细小病毒"发明为依托，阐明了在划分技术特征时，应当综合考虑其在整体技术方案中所运用的技术手段、所能实现的相对独立的特定技术功能以及所产生的技术效果。不应割裂该技术特征与其他技术特征之间的有机联系，忽视其在整体技术方案中所发挥的作用，从而合理认定发明的技术贡献，正确评价其创造性。

由《专利审查指南》第一部分第二章 6.3 节"技术方案"的规定可

知，技术方案是指对要解决的技术问题所采取的利用了自然规律的技术手段的集合。技术手段通常是由技术特征来体现的。具体来说，技术特征是指在权利要求所限定的技术方案中，能够相对独立地执行一定的技术功能并能产生相对独立的技术效果的最小技术单元。在产品技术方案中，该技术单元一般是产品的部件和/或部件之间的连接关系；在方法技术方案中，该技术单元一般是步骤中的条件或者步骤之间的关系等。① 而划分权利要求的技术特征时，一般应把能够实现一种相对独立的技术功能的技术单元作为一个技术特征，不宜把实现不同技术功能的多个技术单元划定为一个技术特征。② 由此可见，能够相对独立地实现技术功能的技术单元应当划分为一个技术特征，而不能将其进一步拆分为不同的技术特征。

具体到本案中，涉案申请权利要求 1 为：活的减毒的细小病毒，其特征在于所述细小病毒包含编码在衣壳蛋白的第 219 位氨基酸处除了异亮氨酸以外的氨基酸和/或在衣壳蛋白的第 386 位氨基酸处除了谷氨酰胺以外的氨基酸的衣壳基因，其特征在于所述细小病毒编码 CPV2 血清型 2a、2b 或 2c 的衣壳蛋白或猫细小病毒的衣壳蛋白，并且其特征在于所述细小病毒的非衣壳区域的一部分的 DNA 片段被源自第二细小病毒的非衣壳区域的一部分的同源 DNA 片段所替代，其中所述第二细小病毒的所述同源 DNA 片段携带减毒突变。

被诉决定在评述该权利要求创造性时，将其技术特征划分如下：（1）活的减毒的细小病毒，所述细小病毒包含编码在衣壳蛋白的第 219 位氨基酸处除了异亮氨酸以外的氨基酸和/或在衣壳蛋白的第 386 位氨基酸处除了谷氨酰胺以外的氨基酸的衣壳基因；（2）所述细小病毒编码 CPV2 血清型 2a、2b 或 2c 的衣壳蛋白或猫细小病毒的衣壳蛋白；（3）所述细小病毒的非衣壳区域的一部分的 DNA 片段被源自第二细小病毒的非衣壳区域的一部分的同源 DNA 片段所替代，其中所述第二细小病毒的所述同源 DNA 片段携带减毒突变。在上述划分的基础上，被诉决定进一步认为对比文件 1 公开了技术特征（1），技术特征（2）和（3）被对比文件 3 公开或是本领域公知常识。

---

① 参见北京市高级人民法院 2017 年发布的《专利侵权判定指南（2017）》第八条。
② 参见最高人民法院（2012）民申字第 137 号民事裁定书。

此处不难看出，被诉决定划定的技术特征（1）为细小病毒的第219位和第386位的氨基酸突变，技术特征（2）为病毒的类型。如果仅从权利要求的文字上来看，这种划定似乎并无不妥之处。事实上，在"三步法"的实际应用中，依据语义，利用标点符号、句段落等对权利要求（技术方案）进行"拆解"，将之与最接近现有技术进行对比从而确定区别技术特征，是最为常见的方式。然而，此种方式在应用于生物技术领域时，容易"分而不合"，忽视区别技术特征之间以解决技术问题为目的的内在联系和协同作用，从而陷入割裂技术方案整体性的误区的问题。

本案即是如此。结合涉案申请说明书载明发明目的、具体实施方式，可以明确以下内容：（1）对比文件1中细小病毒的氨基酸序列中，第219和第386位系突变位点；（2）第219和第386位突变位点并非对比文件1中细小病毒氨基酸序列中唯二的突变位点；（3）对比文件1没有明确公开衣壳蛋白区第219和第386位的突变具有减毒作用；（4）对比文件1中的病毒同野生型病毒存在位点差异，且该差异不仅局限于前述两个位点突变上；（5）根据说明书记载，涉案申请权利要求1至少从病毒种类和突变的点位两方面进行了限定。结合以上证据及陈述，可以推出：（1）对比文件1中氨基酸的突变位点不仅仅局限于细小病毒CPV2的第219位和第386位点，同时也并未明确公开衣壳蛋白第219位和第386位的突变具有减毒作用；（2）对比文件1病毒本身虽有减毒效果，但相对于对比文件1与野生病毒存在的差异，无法推定对比文件1病毒本身的减毒效果是由第219位和第386位的突变带来的，即对比文件1也未隐含公开第219位和第386位的突变具有减毒效果；（3）涉案申请明确减毒效果系由在特定突变位点选择特定病毒类型带来的。由此可以进一步推知，在突变位点并不唯二且突变效果不能确定的情况下，突变位点及病毒类型是具有选择性的。

简而言之，只有具体病毒类型上的突变才能实现减毒功能，而如果病毒类型改变，病毒结构也随之改变，所述位点上的突变并不一定能实现减毒功能。也就是说，如果不考虑病毒类型，单独考虑突变位点没有任何意义，如果不考虑突变位点，单独考虑病毒类型也没有任何意义。在此种情况下，被诉决定将权利要求1中的"活的减毒的细小病毒，所述细小病毒包含编码在衣壳蛋白的219位氨基酸处除了异亮氨酸以外的氨基酸和/或在衣壳蛋白的386位氨基酸处除了谷氨酰胺以外的氨基酸的衣壳基因"（突变位点的选择）及"所述细小病毒编码 CPV2 血清型 2a、2b 或 2c 的衣壳蛋白或猫细小病毒的衣壳蛋白"（病毒类型的选择）两个技术特征割裂开来进而认定对比文件 1 公开了涉案申请权利要求 1 在衣壳区域 219 和/或 386 氨基酸位点进行突变的技术特征，有所不妥。

由本案可以看出，生物技术领域创造性的判定不能完全适用传统领域如机械领域的评价标准，特别是技术特征划分这一步骤。而如何恰当划分技术特征，正确评价技术方案的创造性，还应当回归创造性评价方法本身，回归技术方案所要解决的技术问题及相应采取的技术手段。具体来说，就是坚持对技术方案进行整体性评价。《专利审查指南》第二部分第四章 3.1 节第二款明确规定：在评价发明是否具备创造性时，审查员不仅要考虑发明的技术方案本身，而且还要考虑发明所属技术领域、所解决的技术问题和所产生的技术效果，将发明作为一个整体看待。欧洲专利局（European Patent Office）的审查指南中也有类似的规定：要求保护的发明一般应当被看作一个整体。当一个权利要求由不同技术特征构成时，不能因为构成权利要求的不同特征属于现有技术或显而易见而因此认定整个要求保护的主题是显而易见的。① 基于这一原则，在划分技术特征时应该结合发明的整体技术方案，考虑能够相对独立地实现一定技术功能并产生相对独立的技术效果的技术单元。如果划分技术特征时未恰当考虑该技术特征是否能够相对独立地实现一定技术功能并产生相对独立的技术效果，导致技术特征划分过细，则容易低估技术方案的贡献度，不恰当限缩专利保护范围；相反，如技术特征划分过宽，则容易不适当地扩大专利保护范围。在认定权利要求的创造性时，区别技术特征的功能和技术效果是认定该权利要求实际解决的技术问题的根本依据。在认定其功能和技术效果时，应注意权利要求限定的技术方案是否与说明书中记载的具有特定功能、技术效果的技术方案具有对应性。如果二者存在实质性差异，则需要根据权利要求限定的技术方案的具体情形，相应确定区别技术特征能够实

---

① The invention claimed must normally be considered as a whole. When a claim consists of a "combination of features", it is not correct to argue that the separate features of the combination taken by themselves are known or obvious and that "therefore" the whole subject-matter claimed is obvious. See, Guidelines for Examination in the European Patent Office (November 2019), Part G - Chapter VII-17.

现的功能、技术效果。① 换言之，如果不同的区别技术特征之间相对独立，依据说明书可各自发挥不同的作用，产生不同的技术效果，则应划分为不同区别技术特征；但如果某区别技术特征需要同其他技术特征相互配合才能实现特定技术效果，解决某项技术问题，则不宜认定为单独的区别技术特征，而需要考虑其同其他技术特征之间的关联关系。

一审法院合议庭成员　宋　晖　宋巧丽　周　华
二审法院合议庭成员　刘晓军　唐小妹　凌宗亮
编写人　宋　晖　王仲阳

---

① 参见最高人民法院（2018）最高法行再 131 号行政判决书。

11. 南京华某知识产权顾问有限公司与国家知识产权局、辉某公司发明专利权无效行政纠纷案

——用以评价创造性的技术效果应与争议权利要求的全部技术方案对应

关键词 专利授权确权 创造性 技术效果 补交实验数据

基本案情

涉案专利系名称为"8-氟-2-｛4-［（甲氨基）甲基］苯基｝-1，3，4，5-四氢-6H-氮杂 并［5，4，3-cd］吲哚-6-酮的盐和多晶型物"、专利号为201180009237.0的发明专利，专利权人为辉某公司。针对涉案专利，南京华某知识产权顾问有限公司（以下简称华某公司）向国家知识产权局提出了无效宣告请求，其理由是涉案专利权利要求1~8不符合《专利法》第二十二条第二款规定的新颖性，以及《专利法》第二十二条第三款规定的创造性，请求宣告涉案专利权利要求全部无效。2021年4月29日，国家知识产权局作出第49639号无效宣告请求审查决定（以下简称被诉决定），维持涉案专利权有效。华某公司不服被诉决定，向北京知识产权法院提起诉讼。

华某公司诉称：（1）涉案专利权利要求1、6~8已被证据1公开，权利要求1、6、7已被证据2公开，因此，涉案专利权利要求1、6~8不具有新颖性。（2）第三人提交的反证3无论是形式上还是内容上均不应被采信，涉案专利权利要求1相对于证据1、3并不具有更好的非吸湿性和晶型稳定性，因此，被诉决定基于上述技术效果认定涉案专利权利要求1具备

创造性，该认定有误。在权利要求1不具备创造性的情况下，其他权利要求亦不具备创造性。据此，被诉决定认定有误，请求法院予以撤销并判令被告重新作出无效决定。

国家知识产权局辩称：被诉决定认定事实清楚，适用法律正确，请求法院依法驳回原告的诉讼请求。

辉某公司述称：被诉决定认定事实清楚，适用法律正确，请求法院依法驳回原告的诉讼请求。

法院经审理查明：

涉案专利权利要求1内容如下：

"1.8-氟-2-｛4-［（甲氨基）甲基］苯基｝-1，3，4，5-四氢-6H-氮杂 并［5，4，3-cd］吲哚-6-酮的樟脑磺酸盐。"

涉案专利说明书记载："已发现化合物1可以多种结晶盐形式存在，如马来酸盐形式和樟脑磺酸盐形式。就诸如生物利用度、稳定性以及可制造性而言，每种形式均可具有相对于其他形式的优势。已经发现了化合物1的新的结晶盐形式，它们可能比其他形式更适合批量制备和处理。例如，化合物1的磷酸盐尽管特别适合例如静脉内剂型，但是由于其对水合作用的敏感性而比较不适于固体剂型。本文所述的马来酸盐和樟脑磺酸盐形式（如马来酸盐多晶型物B型和S-樟脑磺酸盐多晶型物A型）作为物理上稳定的形式存在，并且与化合物1的其他盐形式相比不易水合，这使得它们特别适于制备固体剂型。"（参见涉案专利说明书第0095段）涉案专利对S-樟脑磺酸盐的多晶型物A型、B型、C型、无定型形式以及R-樟脑磺酸盐的多晶型物A型分别进行了表征，其中具体记载了S-樟脑磺酸盐的多晶型物A型的热稳定性和非吸湿性的技术效果，具体为："图13所示的S-樟脑磺酸盐多晶型物A型的DSC热谱图表示在303.2℃时吸热开始。S-樟脑磺酸盐多晶型物A型的动态蒸汽吸附等温线显示于图14中。所述动态蒸汽吸附等温线表示S-樟脑磺酸盐多晶型物A型是非吸湿性的。"（参见涉案专利说明书第0163段）利用 Surface Measurements Systems Ltd. UK 制造的自动吸附分析仪模型 DVS-1 测量如图8和14所示的吸湿性。将固体（20~25mg）暴露于受控的相对湿度（%RH）和温度环境（30℃）下，并记录随时间的重量变化。以15%RH间隔内，将湿度从0逐步达到90%RH（参见涉案专利说明书第0336~0337段）。图14显示S-樟脑磺酸盐多晶型物A

型湿度从 0% 到 90%RH，增加了 0.348% 的水分。涉案专利实施例部分还记载了 S-樟脑磺酸多晶型物 A 型的物理稳定性，具体为："在 1）最初时间点和 2）于 70℃ 和 75% 相对湿度（RH）下储存 2 周后测量 S-樟脑磺酸盐多晶型物 A 的 PXRD 图。S-樟脑磺酸盐多晶型物 A 型的 PXRD 图在于 70℃ 和 75% 相对湿度下储存 2 周后并未发生明显改变。这证明 S-樟脑磺酸盐多晶型物 A 型以物理上稳定的形式存在。"（参见涉案专利实施例 15，说明书第 0345~0346 段）

针对涉案专利，华某公司向国家知识产权局提出无效宣告请求，同时提交了相关证据，其中：

证据 1：CN101384264A，公开日为 2009 年 3 月 11 日。证据 1 公开了"式 1 表示的化合物 8-氟-2-{4-[（甲氨基）甲基] 苯基} -1，3，4，5-四氢-6H-氮杂 并 [5，4，3-cd] 吲哚-6-酮，是聚（ADP-核糖）聚合酶（PARP）的分子抑制剂。式 1 化合物及其盐类，可以按照美国专利号 6，495，541、PCT 申请号 PCT/IB2004/000915、国际申请号 WO2004/087713，美国临时申请号 60/612，457、60/612，459 和 60/679，296 中所述的来制备，其公开的内容在此以全文并入作为参考。"（参见证据 1 说明书第 1 页倒数第 1~2 段）"术语'式 1 化合物'涉及 8-氟-2-{4-[（甲氨基）甲基] 苯基} -1，3，4，5-四氢-6H-氮杂 并 [5，4，3-cd] 吲哚-6-酮游离碱"（参见证据 1 说明书第 9 页倒数第 5 段），还公开了"如本文所用的术语'药学上可接受的盐'，除非另外指出，包括化合物中可存在的酸性或碱性基团的盐。本质上是碱性的化合物能够与多种无机和有机酸形成广泛的多种盐。可用于制备这样碱性化合物的药学上可接受的酸加成盐的酸是形成无毒的酸加成盐的那些酸，即，含有药理学上可接受的阴离子的盐，如……樟脑磺酸盐……特别优选的盐包括磷酸盐和葡糖酸盐的盐。"（参见证据 1 说明书第 10 页倒数第 1 段）"本发明碱性化合物的酸加成盐是容易制得的，通过用含基本上等量的选择的无机酸或有机酸在水性溶剂介质或适合的有机溶剂如甲醇或乙醇中处理碱性化合物。谨慎地蒸发溶剂，容易获得期望的固体盐。"（参见证据 1 说明书第 14 页倒数第 1 段）并在实施例公开了式 1 化合物的磷酸盐以及葡萄糖醛酸盐（参见证据 1 实施例 1 和实施例 3）。

证据 2：WO2008/114114A2，公开日为 2008 年 9 月 25 日。证据 2 公

开了"由式 1 表示的化合物 8-氟-2-｛4-［（甲氨基）甲基］苯基｝-1，3，4，5-四氢-6H-氮杂　并［5，4，3-cd］吲哚-6-酮，1 是 PARP 小分子抑制剂。式 1 化合物和其盐，可以如美国专利号 6，495，541、PCT 申请第 PCT/IB2004/000915 号、国际公开第 WO2004/087713 号，美国临时专利申请第 60/612，457 号、第 60/612，459 和第 60/679，296 中所述方法制备，其公开内容以全文引用的方式并入本文"（参见证据 2 译文第 1 页倒数第 2~3 段），"术语'式 1a 化合物'是指 8-氟-2-｛4-［（甲氨基）甲基］苯基｝-1，3，4，5-四氢-6H-氮杂　并［5，4，3-cd］吲哚-6-酮的磷酸盐"参见证据 2 第 7 页第 4 段），并公开了"除非另有说明，否则本文所用的短语'药学上可接受的盐'包括可存在于化合物中的酸性或碱性基团的盐。本质上为碱性的化合物能够与各种无机和有机酸形成多种盐。可用于制备此类碱性化合物的药学上可接受的酸加成盐的酸是那些形成无毒酸加成盐的酸，即含有药理学上可接受的阴离子的盐，如……樟脑磺酸盐……，特别优选的盐包括磷酸盐和葡糖酸盐"（参见证据 2 译文第 7 页倒数第 1 段至第 8 页第 1 段）。

证据 3：WO2004/087713A1，公开日为 2004 年 10 月 14 日。证据 3 公开了"本发明涉及具有式（I）的 8-氟-2-｛4-［（甲氨基）甲基］苯基｝-1，3，4，5-四氢-6H-氮杂　并［5，4，3-cd］吲哚-6-酮的磷酸盐"（参见证据 3 译文第 4 页倒数第 1 段），并在实施例 G 中公开了 8-氟-2-｛4-［（甲氨基）甲基］苯基｝-1，3，4，5-四氢-6H-氮杂　并［5，4，3-cd］吲哚-6-酮磷酸盐的制备例（参见证据 3 译文第 14 页第 1~2 段）。证据 3 实施例公开了卢卡帕利的磷酸盐的制备例以及水溶性比较，进行 PARP 酶抑制和细胞毒性增强的分析实验（参见证据 3 译文全文）。

辉某公司亦提交了证据，其中：

反证 3：J* 博士的声明及其中文译文。反证 3 记载"卢卡帕利樟脑磺酸盐在片剂中以卢卡帕利 S-樟脑磺酸盐多晶型物 A 型存在。在相对温和的条件下，卢卡帕利磷酸盐的多晶型被证明具有吸湿性和不稳定性。因此，卢卡帕利磷酸盐未被选择用来开发卢卡帕利的固体口服剂型"（参见反证 3 译文第 0002~0003 段），并说明卢卡帕利樟脑磺酸盐的性质，具体为："已经观察到卢卡帕利 S-樟脑磺酸盐以三种多晶型形式存在。形式 A 是无水多晶型物，并且是热力学最稳定的形式。它在结晶过程中优先形成。卢卡帕利樟脑磺酸盐是一种不寻常的药用盐。卢卡帕利樟脑磺酸盐具有固体制剂理想的性质组合。以本人经验，卢卡帕利樟脑磺酸盐的性质，特别是其高稳定性，使其成为非常有用的药用盐"（参见反证3第0011~0012段）。关于吸湿性，"以本人的经验，卢卡帕利樟脑磺酸盐的性质，特别是其高稳定性，使其成为非常有用的药物盐。卢卡帕利樟脑磺酸盐可描述为非吸湿性的。在25℃的实验温度下，在从10%到90%的相对湿度（RH）下测量了10mg卢卡帕利樟脑磺酸盐样品的水分吸收。样品在90%相对湿度下仅增加0.7%的水分。相比之下，在相同条件下，10mg卢卡帕利磷酸盐样品增加了13.6%的水分。"（参见反证3第0013段）关于晶型稳定性，"我们对卢卡帕利S-樟脑磺酸盐A型进行了扩展稳定性测试。将三批产品（在HDPE桶内的LDPE袋中）在25℃和60%RH下贮存24个月，并且在40℃和75%RH下贮存6个月。在任何一种贮存条件下，在任何批次中均未观察到多晶型形式（参见反证3译文第0014段）。"

北京知识产权法院于2023年6月15日作出（2021）京73行初13173号行政判决：撤销被诉决定，被告国家知识产权局重新作出无效决定。

一审宣判后，各方均未提出上诉，判决已发生法律效力。

裁判理由

法院生效裁判认为：

一、涉案专利权利要求1、6~8是否符合《专利法》第二十二条第二款的规定

原告用于破坏权利要求1、6~8新颖性的对比文件为证据1、2。证据1、2均公开了卢卡帕利，并记载了卢卡帕利的多种盐型，其中包括樟脑磺酸盐，二者对于樟脑磺酸盐的相关表述基本为："本文所用的术语'药学上可接受的盐'，……包括化合物中可存在的酸性或碱性基团的盐。本质上是碱性的化合物能够与多种无机和有机酸形成广泛的多种盐。可用于制备这样碱性化合物的药学上可接受的酸加成盐的酸是形成无毒的酸加成盐的那些酸，即，含有药理学上可接受的阴离子的盐，如醋酸盐、苯磺酸盐、苯甲酸盐……樟脑磺酸盐……马来酸盐……特别优选的盐包括磷酸盐和葡糖酸盐的盐。"

基于前述内容可以看出，证据1、2中有关樟脑磺酸盐均是从可能性角度所作的记载，亦即，卢卡帕利"可以"加酸根成樟脑磺酸盐。但证据1、2并未具体制备卢卡帕利樟脑磺酸盐这一具体盐型，亦未针对性地记载其制备方法。因此，在涉案专利申请日之前，卢卡帕利樟脑磺酸盐并非一个已经客观存在的技术方案。因可破坏专利新颖性的现有技术应是已经客观存在的技术方案，故在证据1、2所记载的卢卡帕利樟脑磺酸盐并非已客观存在的技术方案的情况下，证据1、2无法破坏涉案专利权利要求1的新颖性。基于相同的理由，亦无法破坏涉案专利权利要求6~8的新颖性。据此，原告的相关主张不能成立，法院不予支持。

二、涉案专利权利要求1~8是否符合《专利法》第二十二条第三款的规定

针对涉案专利权利要求1的创造性，原告使用的最接近现有技术为证据1、证据3。涉案专利权利要求1与证据1、3的区别特征仅在于盐型不同，其中，权利要求1要求保护的是卢卡帕利的樟脑磺酸盐，证据1、证据3公开的则是卢卡帕利的磷酸盐。基于这一区别特征，被诉决定认为，从涉案专利说明书的记载和反证3（即补交的实验数据）中均可看出涉案专利权利要求1的卢卡帕利樟脑磺酸盐相对于证据1、3的磷酸盐具有更好的非吸湿性和晶型稳定性，而现有技术并未给出对于卢卡帕利选择樟脑磺酸盐以解决提供具有非吸湿性和晶型稳定性的盐型这一技术问题的技术启示，因此，涉案专利权利要求1具备创造性。

因被诉决定上述结论的得出是基于非吸湿性和晶型稳定性，而原告的起诉理由亦针对该两个技术效果，故首先对于涉案专利权利要求1是否具有上述技术效果予以判断。需要指出的是，上述技术效果可用于判断创造性的前提在于，涉案专利权利要求1保护范围内的"全部"技术方案均具有上述技术效果。

对于晶型稳定性这一技术效果，法院认为，涉案专利权利要求1保护的是卢卡帕利樟脑磺酸盐，涉案专利说明书中不仅对卢卡帕利樟脑磺酸盐的多晶型物A型、B型、C型进行了表征，同时亦对其无定型形式进行了表征。可见，该盐型既包括晶型形式，亦包括无定型形式。因无定型的卢卡帕利樟脑磺酸盐不可能存在晶型稳定性这一技术效果，故即使各种晶型形式的卢卡帕利樟脑磺酸盐均具有晶型稳定性，其亦非涉案专利权利要求1保护范围内的"全部"技术方案均具有的技术效果。基于此，被诉决定在对涉案专利权利要求1创造性的判断中考虑该技术效果的做法有误，应予以纠正。

对于非吸湿性这一技术效果，被诉决定的认定依据为涉案专利说明书中第0095段、第0163段、第0336~0337段、实施例15，说明书第0345~0346段的内容及反证3中的相关记载。说明书的上述内容中虽然有关于非吸湿性的记载，但其均对应于S-樟脑磺酸盐多晶型物A型，并不涉及其他晶型以及无定型。当然，针对樟脑磺酸盐及除A型以外的其他晶型，说明书上述内容中亦记载了技术效果，但主要是概括性记载，如物理上的稳定性以及与化合物1的其他盐形式相比不易水合，特别适于制备固体剂型，等等，并未具体到非吸湿性。本领域技术人员基于S-樟脑磺酸盐多晶型物A型的非吸湿性，无法知晓其他晶型以及无定型亦具有基本相当的非吸湿性。而在涉案专利说明书已关注到S-樟脑磺酸盐多晶型物A型的非吸湿性的情况下，本领域技术人员基于说明书中有关其不易水合、适于制备固体剂型等记载，亦仅有可能推测到其与非吸湿性相关，而无法当然确定其具有非吸湿性。因此，在仅以说明书为依据的情况下，无法将非吸湿性认定为涉案专利权利要求1保护范围内的"全部"技术方案均可实现的技术效果。

尽管如此，为更好地保护专利权人的利益，避免仅因说明书中对某一技术效果的撰写不够充分而使得其技术贡献无法获得专利保护，在涉案专利说明书已作上述记载的情况下，仍对第三人补交的实验数据予以接受。需要指出的是，为避免造成对先申请原则的破坏，补交的实验数据需要证明的是涉案专利"申请日"之前专利权人已验证了这一技术效果。也就是说，无论采用何种证据形式，补交的实验数据应该反映的是涉案专利申请日前的客观研发状态。

第三人在无效程序中补交的实验数据为反证3，其为涉案专利药物许可的某肿瘤公司的研发人员J＊博士所出具的书面证言。因证言中并未表示相关内容是对于研发过程中实验情形的回忆，且无论是从该证据本身，还是其他证据中，均无法看出该证人参与了涉案专利的研发过程，因此，该证言无法反映涉案专利申请日前的客观研发状态，相应地，无法证明专利权人在申请日之前已验证了这一技术效果。

退一步讲，即便该证言是对于当时实验情形的回忆，但对于若干年前的实验情形，人的记忆不可能做到完全准确，且依据常理，在药物研发过程中对于相关实验情形通常应当存在书面记录。在第三人在本案中并未提交任何相关书面记录的情况下，仅依据证人证言同样无法证明涉案专利申请日之前的实验情形，进而不足以证明在申请日之前专利权人已验证了非吸湿性这一技术效果。

再退一步讲，即使考虑反证3的内容，被诉决定使用的反证3中与非吸湿性相关的内容主要为，"在30℃的实验温度下，20~25mgS-樟脑磺酸盐多晶型物A型湿度从0%到90%RH，增加了0.348%的水分""在25℃的实验温度下，在从10%到90%的相对湿度（RH）下测量了10mg卢卡帕利樟脑磺酸盐样品的水分吸收。样品在90%相对湿度下仅增加0.7%的水分。相比之下，在相同条件下，10mg卢卡帕利磷酸盐样品增加了13.6%的水分"。上述内容同样针对的是S-樟脑磺酸盐多晶型物A型，并未提及樟脑磺酸盐的其他晶型以及无定型的非吸湿性数据。因此，基于反证3的内容，同样无法确定专利权人在申请日之前已验证了涉案专利权利要求1保护范围内的"全部"技术方案均具有非吸湿性这一技术效果。

基于上述分析可知，无论是基于涉案专利说明书的记载，还是考虑反证3的内容，均无法确定涉案专利权利要求1保护范围内的"全部"技术方案均具有非吸湿性的技术效果。基于此，被诉决定在对涉案专利权利要求1创造性的判断中考虑该技术效果的做法有误，应予以纠正。

鉴于晶体稳定性及非吸湿性均并非涉案专利权利要求1保护范围内的"全部"技术方案均具有的技术效果，故被诉决定在考虑上述技术效果的基础上得出的涉案专利权利要求1具备创造性这一结论有误，法院不予支持。

在此基础上，因现有证据无法看出涉案专利权利要求1相对于证据1、3具有何种技术效果，故涉案专利权利要求1相对于证据1、3实际解决的技术问题仅在于提供另一种卢卡帕利的盐型，即卢卡帕利樟脑磺酸盐。在证据1中已明确记载卢卡帕利可加酸根形成樟脑磺酸盐的情况下，本领域技术人员有动机进行相关尝试从而获得卢卡帕利樟脑磺酸盐，据此，涉案专利权利要求1的获得无需付出创造性劳动。原告的相关主张成立，法院予以支持。被诉决定认定有误，法院不予维持。

裁判要旨

创造性判断中，可用于确定争议权利要求实际解决的技术问题的技术效果，应是相关权利要求保护范围内"全部"技术方案均具有的技术效果。

依据先申请原则，补交实验数据需要证明的是涉案专利"申请日"之前专利权人已验证了这一技术效果。亦即，无论采用何种证据形式，补交实验数据应该反映的是涉案专利申请日前的客观研发状态。

关联索引

2008 年《中华人民共和国专利法》第二十二条第二款、第三款

一审：北京知识产权法院（2021）京 73 行初 13173 号（2023 年 6 月 15 日）

法官评析

本案中，涉案专利权利要求 1 要求保护一种化合物的具体盐型，即"卢卡帕利樟脑磺酸盐"。案件原告，即行政阶段的无效请求人基于新颖性和创造性两个条款主张涉案专利应予无效。其中，新颖性问题的争议焦点在于对比文件中的技术信息应记载到何种程度才可构成现有技术；创造性问题的争议焦点在于争议权利要求技术效果的认定，具体涉及补充实验数据的审查标准。以上问题均具有典型性，现分别加以分析。

一、关于《专利法》第二十二条第二款

根据《专利法》有关规定，授予专利权的发明和实用新型应该不属于现有技术，而现有技术是指申请日或优先权日以前在国内外为公众所知的技术。

本案中，原告主张破坏涉案专利新颖性，即公开了"卢卡帕利樟脑磺酸盐"的对比文件为证据 1~2。二者均公开了化合物卢卡帕利，同时记载了包括樟脑磺酸盐在内的多种盐型，具体表述方式为："本文所用的术语'药学上可接受的盐'，……包括化合物中可存在的酸性或碱性基团的盐。

本质上是碱性的化合物能够与多种无机和有机酸形成广泛的多种盐。可用于制备这样碱性化合物的药学上可接受的酸加成盐的酸是形成无毒的酸加成盐的那些酸，即，含有药理学上可接受的阴离子的盐，如醋酸盐、苯磺酸盐、苯甲酸盐……樟脑磺酸盐……马来酸盐……特别优选的盐包括磷酸盐和葡糖酸盐的盐。"

考察对比文件是否公开了"卢卡帕利樟脑磺酸盐"这一具体盐型，应站位本领域技术人员的角度，判断其在阅读对比文件披露的完整内容后，可否获得"卢卡帕利樟脑磺酸盐"这一具体技术方案的实质性技术信息。

二、关于《专利法》第二十二条第三款

关于创造性，本案的争议焦点在于，涉案专利权利要求1限定的技术方案相对于最接近的现有技术，是否具有"非吸湿性"和"晶型稳定性"的技术效果。

相关技术效果会使得权利要求1具备创造性的逻辑在于，如果权利要求1限定的技术方案具有该技术效果，且该技术效果由区别特征所带来，则该技术效果所对应的技术问题构成最接近现有技术需要解决的技术问题。在现有技术未就"非吸湿性"和"晶型稳定性"给出技术启示的情况下，权利要求1所述技术方案具备创造性。由该论证逻辑可知，其论证目的是使得权利要求1限定的整个保护范围具备创造性，必然要求相关技术效果是权利要求1整个保护范围内的全部技术方案均需具有的技术效果。因此，如果专利权人主张的技术效果明显不能对应争议权利要求限定的全部保护范围，或其提交的证据不足以使得本领域技术人员确认以上待证事实，则争议权利要求不能因此具备创造性。

就本案而言，关于"晶型稳定性"这一技术效果，其仅限于晶型此种存在形式。至少就涉案专利说明书而言，已然披露卢卡帕利樟脑磺酸盐存在无定型这一非晶型形式，该形式必然不具备"晶型稳定性"这一技术效果。因此，"晶型稳定性"并非权利要求1保护范围内的"全部"技术方案均具有的技术效果，不能基于该效果判断权利要求1的创造性。

关于"非吸湿性"这一技术效果的判断相对复杂。考察涉案专利说明书，其在概括性记载部分仅述及卢卡帕利樟脑磺酸盐"不易水合"，该表述并非完全对应"非吸湿性"，且实施例部分有关"非吸湿性"的记载均

仅对应 S-樟脑磺酸盐多晶型物 A 型这一特定晶型。因此，仅涉案专利说明书记载内容不足以支撑专利权人的主张。

此外，专利权人还提交了补充实验数据。考虑到专利文本无需也不可能对专利具有的各种技术效果进行面面俱到的记载，特别是本案此种相对于无效请求人主张的最接近现有技术所具有的"相对效果"而言更是如此。在涉案专利说明书记载了卢卡帕利樟脑磺酸盐具有"不易水合"的性质，且在实施例部分以 S-樟脑磺酸盐多晶型物 A 型为例就其"非吸湿性"进行了具体披露的情况下，本领域技术人员仍可能对所有卢卡帕利樟脑磺酸盐均具有非吸湿性进行合理推测。因此，为更好地保护专利权人的利益，法院仍对专利权人补交的实验数据予以接受。然而，相关数据被接受后，还需面临是否满足证据形式以及是否达到证明目的的审查。鉴于当事人未对前者提出异议，本案仅涉及后一问题。

首先，满足"先申请原则"是补充实验数据可被采纳的必然要求。亦即，补充实验数据需要证明的是涉案专利"申请日"之前专利权人已关注并知晓了相关技术效果。然而，专利权人在本案中提交的反证 3，其形式为涉案专利药物许可的某肿瘤公司的研发人员 J＊博士所出具的书面证言，其内容无法反映涉案专利申请日前的客观研发状态，不足以证明在申请日之前专利权人已验证了非吸湿性这一技术效果。

其次，关于补充实验数据的证明目的，如前所述，应是权利要求 1 保护范围内的"全部"技术方案均具有"非吸湿性"的技术效果。然而，专利权人提交的反证 3 依然仅涉及 S-樟脑磺酸盐多晶型物 A 型，并未提及樟脑磺酸盐的其他晶型以及无定型的非吸湿性数据。

基于上述分析可知，无论是基于涉案专利说明书的记载，还是考虑反证 3 的内容，均无法确定涉案专利权利要求 1 保护范围内的"全部"技术方案均具有非吸湿性的技术效果。因此，"非吸湿性"同样不能成为涉案专利权利要求 1 创造性的判断依据。

一审法院合议庭成员 芮松艳　周文君　苏志敏

编写人　陈一平

12. 加某大学董事会与国家知识产权局、魏某发明专利权无效行政纠纷案

——马库什权利要求的创造性判断

关键词 创造性 马库什权利要求 药品

基本案情

涉案专利系名称为"二芳基乙内酰脲化合物"、专利号为 200680025545.1 的发明专利，专利权人为加某大学董事会。针对涉案专利，魏某向国家知识产权局提出了无效宣告请求，其理由是权利要求不具备创造性，说明书公开不充分。2019 年 1 月 4 日，国家知识产权局作出第 38507 号无效宣告请求审查决定（以下简称被诉决定），认定：权利要求 1~6 均不具备创造性，宣告涉案专利全部无效。加某大学董事会不服被诉决定，向北京知识产权法院提起诉讼。

加某大学董事会诉称：（1）权利要求 1 相对于证据 1 化合物 31、证据 2 和公知常识的结合具备创造性。被诉决定认定涉案专利权利要求 1 相对于证据 1 化合物 31 实际解决的技术问题是如何提供另一种活性种类相同的（高拮抗低激动 AR 活性）替代化合物以治疗前列腺癌，但涉案专利相较于证据 1 化合物 31 具有更好的高拮抗低激动 AR 活性，而非仅仅是提供一种与其效果相当的替代方案。此外，证据 1 的通式中明确排除了包括涉案专利权利要求 1 在内的特定类型的化合物，具有反向教导，故本领域技术人员在证据 1 的基础上不会获得涉案专利权利要求 1。鉴于与前列腺癌的治疗密切相关的雄激素受体配体领域中存在非常敏感的构效关系，本领域技术人员没有动机和合理成功预期去修改化合物 31 的结构，证据 2 亦未给出

启示，故涉案专利权利要求 1 具备创造性。（2）在权利要求 1 具备创造性的情况下，从属权利要求亦具备创造性。据此，被诉决定认定有误，请求法院依法予以撤销并判令被告重新作出无效决定。

国家知识产权局辩称：被诉决定认定事实清楚，适用法律正确，请求法院依法驳回原告的诉讼请求。

魏某述称：被诉决定认定事实清楚，适用法律正确，请求法院依法驳回原告的诉讼请求。

法院经审理查明，针对涉案专利，魏某向专利复审委员会提出无效宣告请求，同时提交了相关证据，其中：

证据 1：公开号为 WO2006028226A1 的 PCT 专利申请国际公开文本，公开日为 2006 年 3 月 16 日。其公开了可用于治疗前列腺癌的四氢咪唑衍生物，该衍生物具有抗雄性激素活性（抑制雄激素对外周受体的作用），而且完全不显示或几乎不显示激动剂活性。并具体公开了化合物 31，具有很好的抗雄性激素剂活性和低的激动剂活性，可用于治疗前列腺癌等疾病。

化合物 31

证据 2：公告号为 CN1049214C 的中国发明专利授权公告文本，公告日为 2000 年 2 月 9 日。

专利复审委员会受理上述无效宣告请求后，加某大学董事会对权利要求书进行了修改，修改后的权利要求有 6 项，其中：

"1. 具有下式的化合物：

"

本案诉讼过程中，原告补充提交了证据，其中：

证据 58 为 Wang ZHOU 出具的专家意见，其附件 13 为在同一 HRPC 动物模型中进行的体内测定情况，以此证明恩杂鲁胺在治疗 HRPC 中的技术效果远好于比卡鲁胺。

证据 60~64 用以证明证据 1 化合物 31 不能抑制 LNCaP/AR 肿瘤的生长，而涉案专利权利要求 1 恩杂鲁胺可显著抑制 LNCaP/AR 肿瘤的生长，涉案专利权利要求 1 取得了预料不到的技术效果。

其中，证据 60 为辉源生物（上海）科技有限公司所作的化合物 31 的合成报告。证据 61 为辉源生物（上海）科技有限公司所作的前列腺癌母细胞（LNCaP）及过表达雄激素受体的前列腺癌细胞（LNCaP cell/AR）的细胞鉴定。证据 62 为辉源生物（上海）科技有限公司所作的受试物对 LNCaP/AR 前列腺癌细胞动物抑制瘤模型的体内抗肿瘤药效研究报告。证据 63 为 Wang ZHOU 出具的关于补充实验数据的专家报告。证据 64 为辉源生物（上海）科技有限公司所作的证据 1 化合物 31、比卡鲁胺、恩杂鲁胺鉴定及其翻译。

北京知识产权法院于 2021 年 12 月 29 日作出（2019）京 73 行初 7080 号行政判决：撤销被诉决定，被告国家知识产权局重新作出无效决定。

一审宣判后，各方均未提出上诉，判决已发生法律效力。

裁判理由

法院生效裁判认为：

一、被诉决定有关实际解决的技术问题的认定是否有误

由涉案专利说明书图 21A、21B 记载内容可以看出，其中给出了对比柱状图以表示不同情况下拮抗效果的对比关系，但并未给出具体的效果数据。因两图中的对比效果仅涉及拮抗效果，并未涉及激动效果，而原告主张的技术效果同时涉及拮抗效果及激动效果，故基于上述两图的记载无法得出涉案专利权利要求 1 相对于化合物 31 具有更好的高拮抗低激动 AR 活性这一结论。

对于原告补交的实验数据，因涉案专利说明书中所给出的技术效果为

体外实验中的高拮抗低激动 AR 活性效果，而原告补交的实验数据所测试的则是动物体内实验中对于肿瘤大小变化的效果，在两种技术效果并非必然对应的情况下，原告补交的实验数据无法证明涉案专利权利要求 1 相对于化合物 31 具有更好的高拮抗低激动 AR 活性。

综上，原告有关涉案专利权利要求 1 具有更好技术效果的主张不能成立，相应地，其有关被诉决定对于实际解决的技术问题认定有误的主张不能成立。

二、证据 1 中具体放弃的内容是否具有相反技术教导

对于涉案专利权利要求 1 创造性的判断，其实质在于判断在真实的研发环境下，以化合物 31 为研发起点，为获得基本相同的高拮抗低激动的效果，结合证据 1、2 的相关内容，本领域技术人员是否容易想到涉案专利权利要求 1。

本案中，虽然本领域技术人员会以化合物 31 作为研发起点，但因本领域技术人员是在阅读证据 1 时获得的化合物 31，故证据 1 的其他记载对于本领域技术人员的研发方向会产生影响。

证据 1 公开了马库什通式化合物，化合物 31 是其中的具体化合物，该权利要求作了如下具体放弃，"但是，当 Y 为杂环基、X^1 和 X^2 为 0 时，m 不能为 0；Y 为亚芳基时，Z 不能为 -CON（-Ra）-或者 -CO-；-Z-R^1 不能为芳基磺酰基、氨基、C_{1-6} 烷基氨基或者二（C_{1-6} 烷基）氨基"。庭审中，各方当事人均认可涉案专利权利要求 1 落入上述具体放弃的范围。

实践中，马库什权利要求中具体放弃的作出既可能是因为被放弃的技术方案无法达到该通式中其他具体化合物的技术效果等技术因素，亦可能为了规避新颖性、创造性等授权障碍。通常情况下，如果被放弃的原因与技术因素相关，且本领域技术人员足以认知到该原因，则通常可认定其不会以被放弃的技术方案作为研发方向。但如果并非基于技术因素，则不能得出这一结论。也就是说，不能仅因存在具体放弃的内容便当然认定证据 1 给出了相反的技术教导，而需基于本领域技术人员对此的理解进行判断。

本案中，对于上述被具体放弃的内容，因本领域技术人员基于其专业认知，并不会认为其与通式化合物保护范围内相关具体化合物具有明显不

同的技术效果，且现有证据亦无法看出存在其他与技术相关的因素导致其被放弃，故本领域技术人员不会仅仅因为上述内容在权利要求中被放弃而不去进行这一方向的尝试。据此，这一记载并未给本领域技术人员带来相反的技术教导，相应地，原告相关主张不能成立，法院不予支持。

三、涉案专利是否具备创造性

法院认为，对于涉案专利权利要求 1 是否具有创造性，需要依据客观真实的研发规律进行判断。尤其应该注意的是，在这一过程中，因涉案专利权利要求 1 尚未出现，本领域技术人员并不知晓涉案专利权利要求 1 与化合物 31 之间的区别技术特征，因此，本领域技术人员并不会直接着眼于区别技术特征进行研发。

依据通常的研发规律，本领域技术人员面对化合物 31 这一研发起点时，面临多种修改选择。具体包括基本结构是否需要修改，如果修改，应该如何修改。取代基是否需要替换，哪些位置的取代基需要替换，等等。因此，在显而易见性的判断中需要关注上述每一个环节。只有在本领域技术人员选择了不修改结构，以及不替换其他位置的取代基，而仅替换区别特征所在位置时，才会考虑到区别技术特征所涉具体取代基的选择。

对于结构的改造，被诉决定认为，"本领域技术人员以证据 1 化合物 31 为出发点，为了获得活性种类相同的，即高拮抗低激动 AR 活性的替代化合物时，有动机去借鉴现有技术中整体上给出的对具有类似活性种类和/或类似化学结构的化合物的已有教导"，法院对此观点表示认同。相应地，法院认为本领域技术人员在对化合物 31 进行改进时，有动机尝试使用该化合物已有的三环结构。

在采用该基本结构的情况下，对于化合物 31 的修改需要进一步确定的则是取代基所在的位点及具体的取代基。同样需要注意的是，在这一过程中本领域技术人员并不知晓涉案专利，而只是基于证据 1、证据 2 给出的信息及其所掌握的本领域知识，对于化合物 31 需要修饰的位点及使用的取代基进行选择判断。这也就意味着其并非必然会选择区别技术特征所对应的位点进行特定的取代基的替换。

由证据 1、2 可以看出，在选择上述三环结构的情况下，可替换的取代基位点并非仅涉及区别技术特征所在的两个位点，而是存在多种选择。但第三人对于本领域技术人员为何在存在多种选择的情况下会选择上述两个位点进行替换，无论在无效程序中还是诉讼程序中均未结合涉案专利所涉AR配体领域给出合理说明或提交相关证据。

退一步讲，即使不考虑位点的选择，对于取代基的获得是否显而易见，第三人的相关理由同样并不充分。即便如第三人所主张，F和Cl为经典电子生物等排体、酰胺基（–NHCO–）与氨酰基（–CONH–）属于常用非经典电子等排体中的"基团反转"，但正如被诉决定中所认定，在药物研发领域，规律性是相对的，因此，不能仅仅因为存在上述规律便当然认定其在各个药物研发领域具有普适性，仍需要结合具体药物领域的构效关系敏感性等因素进行详细说明。但第三人在本案中并未结合涉案专利所涉AR配体（拮抗剂和激动剂）领域进行具体分析，因此，仅依据上述理由并不足以说明涉案专利权利要求1区别技术特征中取代基的获得亦显而易见。

虽然被诉决定中认定证据2中记载了右侧苯环上的甲基氨基甲酰基，但法院要指出的是，证据2中这一记载并非明确记载，而是在对马库什要素进行如下层层选择后才可获得的：首先，需要在下列可选项中选择酰胺化羧基 $—CON\begin{smallmatrix}R_4\\\\R_5\end{smallmatrix}$ ，"R_3可为芳基，且可被任选的一个或多个以下取代基取代：卤素、酰胺化的羧基等，其中芳基优选苯基"。其次，在下列可选项中选择氢和甲基，"R_4和R_5代表氢原子或有1~4个碳原子的烷基，例如甲基、乙基、丙基、异丙基、丁基、异丁基、仲丁基或叔丁基"。在上述三个马库什要素均有多个选项的情况下，本领域技术人员在上述众多选择中是否会选择右侧苯环上的甲基氨基甲酰基，需要相应证据支持或合理解释，而不能仅仅因证据2记载的范围内包括了该取代基便当然认定其已给出相应教导。

基于上述分析可知，第三人所提交的证据及说理尚不足以说明涉案专利所涉药物研发领域的客观规律，相应地，亦难以说明基于真实的研发规律，本领域技术人员容易获得涉案专利权利要求1的技术方案。据此，该权利要求具备创造性。

法院需要指出的是，虽然创造性的判断主体应该是本领域技术人员，但具体案件中的判断主体只能是法官及审查员。就整体而言，法官及审查员客观上难以充分知晓涉案技术领域的真实研发过程及研发规律。因此，在无效案件中，无效请求人有义务针对真实的研发过程或研发规律进行举证或充分说明，以使得法官及审查员尽可能贴近本领域技术人员的客观要求，并在此基础上作出判断。当然，这一要求并不意味着免除专利权人的相应责任。但对于已被授权的化合物专利，尤其是已经有上市药物的化合物专利而言，专利权人在前期的专利授权过程中通常已作了足够的说明及举证，而药品上市过程本身的复杂性及上市这一结果均已在一定程度上验证了专利的技术效果。在此情况下，如果无效请求人仍认为涉案化合物专利应予无效，显然应承担相应的举证及说明的责任，以避免在案件中出现低估专利权人创造性劳动的后果。

裁判要旨

基于药品领域客观真实的研发规律，本领域技术人员在面对最接近的现有技术时，面临化合物基本结构、取代基结构、取代基位置等多种修改选择，故化合物专利显而易见性的判断需要关注上述每一个环节。此外，由于药品领域的特殊性，相关无效请求人有义务针对真实的研发过程或研发规律进行举证或充分说明，以使得法官及审查员尽可能贴近本领域技术人员的客观要求，并在此基础上作出判断。特别是对于已有上市药物的化合物专利而言，无效请求人应承担相应的举证及说明责任。

关联索引

2000 年《中华人民共和国专利法》第二十二条第三款

一审：北京知识产权法院（2019）京 73 行初 7080 号（2021 年 12 月 29 日）

法官评析

本案所涉专利保护的化合物恩杂鲁胺是美国 M 某和日本医药巨头安某

合作开发的二代 AR 抑制剂，临床研究显示其可显著降低转移性去势抵抗性前列腺癌的进展和死亡风险。相关药品于 2012 年在美国批准上市，次年销售额即逼近 10 亿美元，在 2020 年全球药品畅销额 TOP20 名单中位列第 18 位。正是由于该药的巨大市场效益，国内多家药企向国家药监局提交了针对化合物"恩杂鲁胺"的药品上市注册申请。与此同时，不同主体也先后向国家知识产权局对本案所涉专利提起了无效宣告请求，包括本案第三人魏某。

本案涉及对化合物专利进行创造性判断时最常涉及的几个法律问题，包括补充实验数据、相反技术教导，以及结合在案证据对具体化合物是否具有显而易见性进行认定。判决从药品领域客观真实的研发规律出发，认为本领域技术人员在面对最接近的现有技术时，并不会直接着眼于区别特征，而是面临化合物基本结构、取代基结构、取代基位置等多种修改选择，故化合物专利显而易见性的判断需要关注上述每一个环节。只有在本领域技术人员选择了不修改结构，以及不替换其他位置的取代基，而仅替换区别特征所在位置时，才会考虑区别技术特征所涉具体取代基的选择。

而对于化合物基本结构、取代基结构、取代基位置的具体修改是否显而易见，无效请求人一方具有举证义务。鉴于专利公开及授权在先，无效请求在后，如果要求专利权人在历次专利权无效宣告请求案件中一一针对请求人提交的不同证据提供不同的对比试验，无论从举证期限还是举证成本而言都是不合理且不现实的，对专利权人来说也难谓公平。特别是对于本案这类已有上市药物的化合物专利而言，专利权人在前期的专利授权过程中通常已作了足够的说明及举证，而药品上市过程本身的复杂性及上市这一结果均已在一定程度上验证了专利的技术效果。在此情况下，如果无效请求人仍认为涉案化合物专利应予无效，显然应承担相应的举证及说明的责任，以避免在案件中出现低估专利权人创造性劳动的后果。

证明标准方面，应该结合化合物所涉领域的具体情况，证明现有技术中存在足以为本领域技术人员提供动机的技术启示，这种技术启示应当达到足以使本领域技术人员能够合理预期本发明技术方案的成功可能性的程度。正如最高人民法院在（2019）最高法知行终 127 号案中认为的那样："看似显而易见的发明，实际上可能具有创造性。面对所要解决的客观的技术问题，本领域普通技术人员从现有技术中可以获知的启示原则上应该是具体、明确的技术手段，而不是抽象的想法或者一般的研究方向。"具体到本案所涉新药研发领域，其规律性是相对的，很难预测化学结构与生物活性之间的关系（即构效关系）。事实上，新药研发中，往往需要合成和测试数以千计的化合物，以最终得到对人给药时既安全又有效的目标化合物，这一过程往往花费巨大。因此，相关案件的证明标准不能仅仅停留在相关领域的一般规律，还需要结合具体药物领域的构效关系敏感性等因素进行详细说明。

一审法院合议庭成员　芮松艳　陶明涛　何亚梅

编写人　陈一平

13. 昆山广某电子有限公司与国家知识产权局发明专利申请驳回复审行政纠纷案

——创造性判断中研发动机与研发流程的考量

关键词 研发动机 最接近的现有技术 显而易见性 创造性

基本案情

涉案申请系名称为"离心式散热扇系统及其离心式散热扇"的第201210371367.5号发明专利申请，申请日为2012年9月28日，公开日为2014年4月9日，申请人为昆山广某电子有限公司（以下简称广某公司）。

经实质审查，国家知识产权局原审查部门于2016年8月5日发出驳回决定，以权利要求1~17不具备创造性为由驳回了涉案申请。华某公司对上述驳回决定不服，于2016年10月19日向国家知识产权局提出了复审请求。在此基础上，国家知识产权局于2017年7月24日作出被诉决定，维持国家知识产权局对涉案申请作出的驳回决定。原告华某公司不服被诉决定，向北京知识产权法院提起诉讼。

原告华某公司诉称：涉案申请权利要求1实际解决的技术问题不仅仅是被诉决定中所认定的"风能够从缓冲件之间的间隙进入，从而保证足够进气"，而应该是"保证足够进气的同时亦具有减震和防震作用"。基于此，对比文件1中虽提及了在缓冲件与壁面之间如果有间隙可形成侧向导流，但因对比文件1的技术方案在具有间隙的情况下，缓冲件不会与壁面相抵，无法起到减震和防震作用，因此，针对涉案申请实际解决的技术问题，对比文件1并未给出技术启示，权利要求1相对于对比文件1与常规技术手段的结合具备创造性。基于相同的理由，权利要求 11 亦具备创造性，在权利要求 1 及 11 具备创造性的情况下，涉案申请的从属权利要求亦均具备创造性。综上，被诉决定认定有误，请求法院依法予以撤销并判令被告重新作出无效宣告请求审查决定。

被告国家知识产权局辩称：权利要求 1 与对比文件 1 相比，区别在于：涉案申请要求保护的技术方案中的吸震缓冲件为数个，且之间具有间距，扇框与该导流壁面之间形成侧向导流空间，而对比文件 1 中的缓冲件为环件。上述特征在涉案申请中所要解决的技术问题：风能够从缓冲件之间的间隙进入，从而保证足够进气。在对比文件 1 的基础上结合本领域常规设计手段得出权利要求 1 的技术方案，对本领域技术人员来说是显而易见的。因此，权利要求 1 不具备突出的实质性特点和显著的进步，不具备创造性。基于与权利要求 1 相同的理由，权利要求 11 不具备创造性。此外，涉案申请其他从属权利要求的附加技术特征或被对比文件 1 公开，或为本领域常用手段，在其引用的独立权利要求不具备创造性的情况下，从属权利要求也不具备创造性。被诉决定认定事实清楚、适用法律正确、审理程序合法，请求法院依法驳回原告的诉讼请求。

法院经审理查明，本案驳回决定所针对的权利要求 1 如下：

"1. 一种离心式散热扇系统，其特征在于，其包含：

一个系统壳体，设有一个容置空间及一个导流壁面；

一个离心式散热扇，设置于该系统壳体的容置空间内，该离心式散热扇包含一个扇框、一个马达及一个扇轮，该扇框包含一个基板部及一个盖板部，该基板部及该盖板部之间设有一个侧墙部，该扇框设有一个进风口及一个出风口，该进风口设于该盖板部，该出风口设于该侧墙部，该马达设置于该扇框内部，该扇轮能够旋转地结合该马达；以及数个吸震缓冲件，设置于该扇框的进风口周边，该数个吸震缓冲件之间具有间距，该数个吸震缓冲件设有相对的一个结合端及一个吸震端，该结合端结合于该扇框的盖板部，该吸震端抵接该系统壳体的导流壁面，该扇框与该导流壁面之间形成侧向导流空间。"

驳回决定引用的对比文件如下：

对比文件 1：JP2007247444A，公开日为 2007 年 9 月 27 日。对比文件

1 公开了一种离心式散热扇系统，并具体公开了如下技术特征（参见说明书第 72 至第 86 段、图 5-7）。其包含：系统壳体（由部件 52 和 54 构成），设有容置空间及壁面 52b；离心式散热扇 56，设置于系统壳体的容置空间内，离心式散热扇包含扇框、马达及扇轮，扇框包含板 58 及板 57，板 57 和板 58 之间设有侧板，扇框设有进风口及出风口 61，进风口 57a 设于板 57，进风口 58a 设于板 58，出风口设于该侧墙部，该马达设置于该扇框内部，该扇轮能够旋转地结合该马达；以及缓冲件 63，设置于扇框的进风口 57a 周边，缓冲件 63 具有相对的结合端及吸震端，结合端结合于扇框盖板部 57，吸震端可以抵接系统壳体的壁面 52b。对比文件 1 还公开了，缓冲元件 63 与壁面 52b 之间如果具有间隙，则使得壁面 52b 与扇框之间存在侧向导流，以提供进气。除了通过该间隙的空气通道以外，若可充分确保能对进气口 57a 或进气口 58a 供给的空气通道，则使缓冲件 63 接触外框底面 52b 而封闭该间隙的通道亦可。

国家知识产权局于 2017 年 7 月 24 日作出被诉决定，维持国家知识产权局对涉案申请作出的驳回决定。

北京知识产权法院于 2020 年 6 月 22 日作出（2017）京 73 行初 8177 号行政判决：驳回原告华某公司的诉讼请求。

一审宣判后，各方当事人均未提出上诉，判决已发生法律效力。

裁判理由

法院生效裁判认为：涉案申请权利要求 1 相对于对比文件 1 的区别技术特征为，涉案申请的吸震缓冲件为数个，且之间具有间距，扇框与该导流壁面之间形成侧向导流空间，但对比文件 1 中的缓冲件为环件。虽然上述区别涉及缓冲件及导流空间两个技术特征，但因涉案申请中的导流空间系由缓冲件的间距所带来，故在考虑实际解决的技术问题时对于导流空间的考虑不能脱离缓冲件的设置。因缓冲件的间隔设置使得涉案申请在减震及防震的同时亦能保证足够的进风，因此，此为区别技术特征使得涉案申请实际解决的技术问题，原告的相关主张成立。被诉决定中认定的"风能够从缓冲件之间的间隙进入，从而保证足够进气"这一技术问题，割裂了导流空间的形成与缓冲件设置之间的关系，未考虑缓冲件所起到的减震及防震作用，该技术问题的认定并不全面，予以纠正。

《专利法》中创造性判断的实质是以本领域技术人员为主体对发明创造的重构过程，是按照发明创造的客观规律，以最接近现有技术为起点，判断本领域技术人员基于其对现有技术整体的理解，在最接近现有技术的基础上，是否可以发现其所存在的问题，并找到解决问题的技术手段，从而得到涉案发明创造的技术方案。

本案中，被诉决定中使用的最接近现有技术为对比文件1中"缓冲件63在接触壳体底面52b"的技术方案，在该方案中缓冲件与壁面相抵，缓冲件为环形设计。因为该方案中的缓冲件为一体设计，在其与壁面相抵的情况下，意味着扇框与壁面之间不存在空气可流通的空间，因此，该方案会存在可能无法保证风扇内充足的进气的问题。依据通常的发明规律，本领域技术人员针对该问题会产生改进的动机。

针对如何解决充足进气问题，对比文件1中给出了缓冲件与壁面不相抵以提供进风的启示，即"缓冲件63与壁面52b之间如果具有间隙，则使得壁面52b与扇框之间存在侧向导流，以提供进气"，本领域技术人员有动机采用该技术手段解决进气问题。但在解决这一问题的过程中，本领域技术人员会发现如果使用该技术特征替换最接近的现有技术中缓冲件与壁面相抵这一技术特征，虽然解决了进风问题，却产生了最接近现有技术中并不存在的无法防震减震的问题。

因减震防震是本领域技术人员对此类产品的常规追求，因此，本领域技术人员会进一步想到需要采用一种可以同时解决进气及防震减震的问题。虽然对比文件1中并未对如何同时解决上述技术问题给出启示，但本领域技术人员知晓为实现防震减震效果，需要将缓冲件与壁面相抵。而在此情况下结合对比文件1给出的增加间隙以解决进风的问题，容易想到在缓冲件与壁面相抵的情况下，将缓冲件设置为多个，且多个之间具有间隙。可见，在对比文件1的基础上想到涉案申请相对于对比文件1的区别技术特征，无需创造性劳动。涉案申请权利要求1不具备创造性，原告的相关主张不能成立。

当然，如果采用这一技术手段，虽然解决了进风及防震减震的问题，却可能产生噪音的问题，而此为对比文件1要解决的技术问题，原告认为本领域技术人员在基于对比文件1进行改进时不会对其本身需要解决的降噪问题不予考虑，而如果考虑降噪效果，则不会想到涉案申请这一会产生噪音的技术方案。法院认为，对比文件1原本需要解决的技术问题在涉案申请中是否得到解决，与该技术方案的获得是否需要付出创造性劳动并无必然联系。创造性判断需要考虑的是依据通常的研发规律及过程，本领域技术人员以对比文件1为起点的情况下，得到涉案申请的技术方案是否需要付出创造性劳动。前文中法院已指出，在以对比文件1为起点的情况下，依据通常的研发过程，本领域技术人员无需创造性劳动即可获得涉案申请的技术方案，而降噪问题是得到该技术方案后才出现的，其不可能反过来影响涉案申请技术方案的获得，故这一问题不会对涉案申请权利要求1的创造性产生影响。

基于与权利要求1相同的理由，权利要求11亦不具备创造性，在权利要求1及11不具备创造性的情况下，原告有关因权利要求1、11具备创造性，故从属权利要求亦均具备创造性的主张不能成立，法院不予支持。

裁判要旨

研发动机是创造性判断的必要条件，其虽然通常与最接近现有技术的技术问题相关，但并非仅能来源于最接近现有技术。在真实的研发流程中，如果在解决最接近的现有技术所存在问题的过程中产生了新问题，则本领域技术人员亦会产生解决该新问题的研发动机。在此基础上，如果本领域技术人员为解决该技术问题，容易想到诉争专利的技术方案，则该技术方案同样不具备创造性。

关联索引

2008年《中华人民共和国专利法》第二十二条第三款

一审： 北京知识产权法院（2017）京73行初8177号（2020年6月22日）

法官评析

本案中，原告有关涉案专利具备创造性的理由之一在于涉案专利不仅能够保证足够进气，同时亦具有减震和防震作用。但对比文件不存在减震和防震问题，因此，针对该问题并未给出技术启示。也就是说，原告认为本领域技术人员并不会基于对比文件而产生减震及防震的研发动机，因此，诉争技术方案具备创造性。

判断该主张是否成立，需要考虑的是研发动机是否仅能来源于最接近现有技术。如果仅能来源于最接近的现有技术，则在对比文件中不存在减震和防震问题的情况下，本领域技术人员将不会产生针对减震和防震的研发动机，相应地，不会想到用于解决这一问题的区别技术特征，诉争技术方案具备创造性。反之，则需要结合现有技术作进一步分析。

原告这一主张实质上涉及的是显而易见性判断的基本原则问题。显而易见性的判断过程中自始至终需要贯彻的基本原则是，将整个判断过程置于真实的研发流程中进行。也就是说，审查员或者法官将自己假定为本领域技术人员，设想自己在最接近现有技术为起点的情况下会如何推进整个研发过程，在每一个研发环节可能会做什么，可能会产生什么问题，又如何去解决。

真实的研发过程大体分为三大步骤：发现问题、分析问题、解决问题。具体而言，本领域技术人员首先会发现最接近现有技术存在的技术问题从而产生研发的动机；分析该技术问题产生的原因，找到相应的技术手段；将技术手段使用在现有技术中看是否可解决技术问题；如不能解决该技术问题或者虽然可以解决该技术问题，但可能会产生其他技术问题，继续进行下一步调整；调整之后再行测试；等等。如果在上述任一环节中会出现诉争技术方案，则均可以认定诉争技术方案不具备创造性。

具体到本案，置于真实研发情境下的考虑可以完美解决针对最接近现有技术中并不存在的技术问题的研发动机问题。研发动机是创造性判断的必要条件，其通常与最接近现有技术的技术问题密切相关。但包括本案在内的一些案件中，诉争技术方案解决的技术问题在最接近的现有技术中并不存在。如果孤立地考虑针对该技术问题的研发动机，则只能得出否定的结论。但如果将其置于真实的研发流程中，则会发现随着研发的推进，将会产生一些原本不存在的技术问题。

本案中，在真实的研发流程上，从对比文件出发，本领域技术人员会发现该方案中的缓冲件为一体设计，在其与壁面相抵的情况下，意味着扇框与壁面之间不存在空气可流通的空间。为解决充足进气问题，对比文件中给出了缓冲件与壁面不相抵以提供进风的启示，即"缓冲件63与壁面52b之间如果具有间隙，则使得壁面52b与扇框之间存在侧向导流，以提供进气"，本领域技术人员有动机采用该技术手段解决进气问题。但在解决问题的过程中，本领域技术人员会发现如果将最接近现有技术中缓冲件与壁面"相抵"这一技术特征，替换为"不相抵"，虽然解决了进风问题，却产生了最接近现有技术中并不存在的无法防震减震的问题。在此情况下，本领域技术人员当然可能产生基于该问题的研发动机。

"充气运动球门"案①中同样涉及这一问题。该案涉及的是名称为"充气运动球门"、专利号为200680002658.X的发明专利，诉争技术方案结构相对简单（见图1）。其与对比文件（见图2）之间区别特征的实质在于：对比文件仅是通过一个支撑件（7）支撑横木，而诉争技术方案则是通过一个或多个三角形支撑体支撑横木，且该支撑体并不在顶部横木的正下方，而是有所后移（即左图中中间后部的支撑体）。

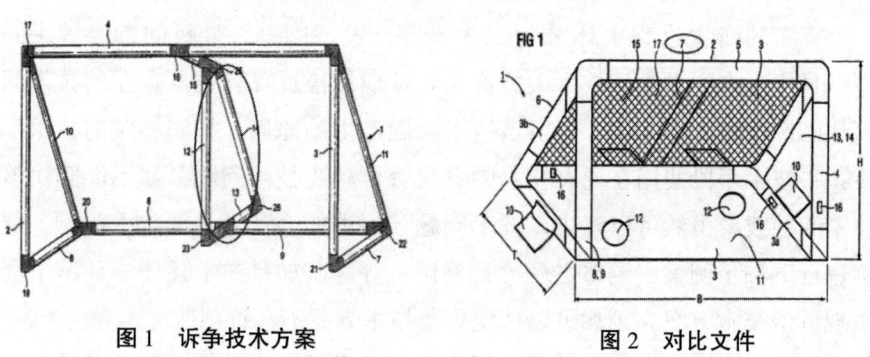

图1　诉争技术方案　　　　图2　对比文件

上述区别特征的技术效果在于，诉争技术方案不仅解决了横木中部下垂的技术问题，还解决了如何扩大球门内部空间的技术问题。专利权人认为本领域技术人员并不会想到需要解决扩大球门空间的问题，因此，诉争技术方案具备创造性。

与本案相同，球门空间问题亦并非对比文件中存在的技术缺陷，而是在针对对比文件的研发过程中出现的问题。该案的真实研发流程应是：面

---

① 北京知识产权法院（2015）京知行初字第2479号行政判决，博德利公司与国家知识产权局、第三人爱高体育公司发明专利无效行政纠纷案。

对对比文件，本领域技术人员首先会意识到其单独支撑件 7 对于充气式球门而言，容易出现球门上侧的横梁下垂的问题。为解决这一问题，因本领域技术人员均知晓三角支撑是有效的支撑方式，因此，容易想到采用三角支撑方式以替代中间支撑 7。但一旦在原支撑件的位置采用三角支撑进行替代后则会发现，其虽然解决了支撑问题，但带来了另一问题，即三角的直角边会立于球门当中，从而使得守门员的活动空间变小。针对该问题的解决手段很简单，将该三角支撑件后移即可。而后移之后的三角支撑件就是诉争技术方案的区别技术特征。基于此，该区别技术特征的获得无需付出创造性劳动。

一审法院合议庭成员　芮松艳　曹军庆　王　炜
编写人　芮松艳

14. 陈某与国家知识产权局发明专利申请 驳回复审行政纠纷案

——中药领域已知药物的新用途发明专利创造性的判定

关键词 已知药物的新用途　创造性　技术效果

基本案情

申请号为 201210044062.3、名称为"丹杞颗粒在制备降低血糖药物中的应用"的发明专利申请人为陈某，申请日为 2012 年 2 月 16 日，公开日为 2012 年 7 月 4 日。2015 年 4 月 7 日，经国家知识产权局核准，涉案申请的申请人变更为陈某，即本案原告。国家知识产权局原审查部门于 2013 年 10 月 28 日发出驳回决定，认为权利要求 1 不符合《专利法》第二十二条第三款有关创造性的规定。陈某不服上述驳回决定，于 2014 年 1 月 25 日向国家知识产权局提出了复审请求，国家知识产权局作出被诉决定，维持国家知识产权局于 2013 年 10 月 28 日针对涉案申请作出的驳回决定。陈某不服被诉决定，向北京知识产权法院提起诉讼。

原告陈某诉称：（1）"发现问题"也是创造性的劳动，可以使要求保护的发明具有创造性。（2）涉案申请涉及一种已知产品丹杞颗粒的新用途发明，在多年的临床应用中，没有任何人发现该产品还具有降低血糖的功用，本发明发现了一个本领域技术人员长期没有发现的技术问题，并且解决了这个技术问题。（3）国家知识产权局的观点属于典型的"事后诸葛亮"。综上，请求法院依法撤销被诉决定。

被告国家知识产权局辩称：被诉决定认定事实清楚、适用法律法规正确、审理程序合法，审查结论正确，原告的诉讼理由不能成立，请求法院判决驳回原告诉讼请求。

法院经审理查明，涉案申请权利要求的内容为：

"1. 丹杞颗粒在制备降低血糖药物中的应用。"

涉案申请说明书"具体实施方式"部分记载丹杞颗粒对肾上腺素性高血糖小鼠血糖、四氧嘧啶糖尿病小鼠血糖、四氧嘧啶糖尿病大鼠血糖的影响的实验数据如下：

表1　对肾上腺素性高血糖小鼠血糖的影响 ($\overline{X}\pm S$)

分组	动物数（只）	剂量（g/kg）	血糖值（mmol/L）
空白组	10	—	5.04±0.61
模型组	10	—	12.62±1.92△△
盐酸二甲双胍片组	10	0.15	10.95±1.59*
丹杞颗粒组	10	6.0	7.16±1.37**

注：与空白组相比，△△$p<0.01$，与模型组相比；*$p<0.05$，**$p<0.01$。

表2　对四氧嘧啶糖尿病小鼠血糖的影响 ($\overline{X}\pm S$)

组别	动物数（只）	剂量（g/kg）	血糖值（mmol/L）		血糖降低百分率（%）
			药前	药后	
溶媒对照组	10	—	5.01±0.86	5.22±0.46	
模型组	10	—	22.59±3.15△△	18.83±2.18△△	14.49±6.46
盐酸二甲双胍片组	11	0.15	22.52±3.49△△	16.82±3.82*	25.31±9.71*
丹杞颗粒组	11	6.0	22.58±3.58△△	15.14±3.56*	32.94±9.59**

注：△△$p<0.01$，与正常组相比；**$p<0.01$，*$p<0.05$，与模型组相比。

表3　对四氧嘧啶糖尿病小鼠血糖的影响 ($\overline{X}\pm S$)

组别	动物数（只）	剂量（g/kg）	血糖值（mmol/L）		血糖降低百分率（%）
			药前	药后	
溶媒对照组	10	—	5.29±1.25	5.25±0.91	—
模型组	10	—	23.08±2.93△△	20.61±2.29△△	11.72±6.28
盐酸二甲双胍片组	11	0.15	22.91±3.15△△	17.41±3.32**	24.00±8.56*
丹杞颗粒组	11	6.0	22.87±3.26△△	15.01±3.44**	34.87±10.78**

注：△△$p<0.01$，与正常组相比；**$p<0.01$，*$p<0.05$，与模型组相比。

通过以上实验可以证明，丹杞颗粒具有明显的降低血糖的作用。

经实质审查，国家知识产权局原审查部门于 2013 年 10 月 28 日发出驳回决定，认为在对比文件 1 的基础上，结合对比文件 2 和 3 以及本领域普通技术知识获得权利要求 1 的技术方案是显而易见的，故以权利要求 1 不符合《专利法》第二十二条第三款有关创造性的规定为由驳回了涉案申请。

上述驳回决定引用的对比文件 1 为公开日为 2006 年 10 月 25 日的 CN1850230A，其公开了一种治疗骨质疏松的中药组合物，并具体公开了其颗粒剂的制备方法：熟地黄 40kg、山茱萸 35kg、淫羊藿 30kg、山药 25kg、泽泻 40kg、牡丹皮 20kg、枸杞子 40kg、肉苁蓉 35kg、菟丝子 25kg、茯苓 30kg、牡蛎 60kg，取山茱萸、牡丹皮，加乙醇回流提取 2 次，合并提取液，滤过；残渣及其余熟地黄等九味加水煎煮 3 次，滤过，滤液浓缩膏，醇沉，滤过，滤液与上述醇提取液合并，回收乙醇，并浓缩为稠膏，加入辅料，搅匀，制粒，干燥，即得；还公开了该中药组合物具有滋肾壮骨、补肝健脾的作用。上述内容见对比文件 1 说明书第 9 页实施例 1 以及摘要。

陈某不服上述驳回决定，于 2014 年 1 月 25 日向国家知识产权局提出了复审请求，并于 2014 年 12 月 30 日提交了意见陈述书。

2015 年 1 月 19 日，国家知识产权局作出被诉决定。

北京知识产权法院于 2015 年 12 月 30 日作出（2015）京知行初字第 3438 号行政判决：一、撤销被诉决定；二、国家知识产权局于本判决生效后重新作出复审决定。宣判后，双方当事人均未提起上诉，本案一审判决已发生法律效力。

裁判理由

法院生效裁判认为：根据双方当事人诉辩主张，本案的争议焦点在于涉案申请权利要求 1 是否符合《专利法》第二十二条第三款关于创造性的规定。

根据 2000 年《专利法》第二十二条第三款的规定，创造性，是指同申请日以前已有的技术相比，该发明有突出的实质性特点和显著的进步，该实用新型有实质性特点和进步。

涉案申请权利要求 1 和对比文件 1 相比，区别特征在于权利要求 1 中的制剂采用山茱萸（蒸）代替山茱萸，牡蛎（煅）代替牡蛎，并限定了其在降低血糖药物中的应用。根据该区别特征所达到的技术效果可以确定，涉案申请实际解决的技术问题是提出一种已知药物丹杞颗粒的新用途。

在评价一项发明是否具备创造性时，应当由发明所属技术领域的技术人员依据申请日以前的现有技术进行评价，避免受到先入为主的主观因素影响而对发明的创造性估计偏低。在药物研发领域，已知药物的新用途并非如被告所遵循的逻辑，即在开发新用途之前就已经能够锁定目标药物，并从目标药物的内在性质出发来寻找其新用途。药物领域的研发往往是从需要治疗的疾病出发，通过对可能具有治疗效果的药物进行细胞实验、动物实验、临床试验等层层筛选，从而获得可用于治疗所需适应证的药物。这也正是在药物领域已知药物的第二用途往往来自临床应用过程中的意外发现的原因。涉案申请中的丹杞颗粒属于中药复方产品，由 11 种原料药组成。对比文件 1 作为与涉案申请权利要求 1 最接近的现有技术，其中的药物用于治疗骨质疏松症，与糖尿病的治疗毫不相关，本领域技术人员基于对比文件 1，不会存在将其用于治疗糖尿病的基础药方的动机。

虽然被告列举了公知常识性证据用于证明丹杞颗粒中的 11 种中药原料都具有降血糖的作用，因而认为它们的组合也可用于治疗糖尿病。但是，中药复方产品中各味原料药之间的配合和筛选需要考虑"君臣佐使、相须相杀"原理，复方产品的效果并非各组方之间的简单加和，而现有技术中具有降血糖效果的中药原料种类甚多，组合方式更是数不胜数，从中筛选出适合用于治疗糖尿病的复方产品的过程显然包含了创造性的劳动。且涉案申请说明书具体实施方式部分通过丹杞颗粒对肾上腺素性高血糖小鼠血糖值的影响、对四氧嘧啶糖尿病小鼠血糖的影响、对四氧嘧啶糖尿病大鼠血糖的影响的具体实验方案和实验数据，对丹杞颗粒的降血糖作用进行了验证，实验结果显示，丹杞颗粒具有明显的降低血糖的作用，且效果均明显优于本领域常用的降血糖药物盐酸二甲双胍片，解决了发明的技术问题，达到了相应的技术效果。

基于此，在对比文件 1 的基础上结合本领域的公知常识得到涉案申请权利要求 1 请求保护的技术方案对本领域技术人员而言并非显而易见，且涉案申请获得了有益的技术效果，因此，涉案申请权利要求 1 具有突出的实质性特点和显著的进步，符合《专利法》第二十二条第三款有关创造性的规定。

裁判要旨

中药复方产品中各味原料药之间的配合和筛选需要考虑"君臣佐使、相须相杀"原理，复方产品的效果并非各组方之间的简单加和，而现有技术中具有降血糖效果的中药原料种类甚多，组合方式更是数不胜数，从中筛选出适合用于治疗糖尿病的复方产品的过程显然包含了创造性的劳动。

关联索引

2000 年《中华人民共和国专利法》第二十二条第三款

一审：北京知识产权法院（2015）京知行初字第 3438 号（2015 年 12 月 30 日）

法官评析

本案对于药物研发领域已知药物的新用途发明专利创造性的判断标准进行了充分的阐述，该裁判理念对类似案件裁判具有较大指导和借鉴意义。

在评价一项发明是否具备创造性时，应当由发明所属技术领域的技术人员依据申请日以前的现有技术进行评价，避免受到先入为主的主观因素影响而对发明的创造性估计偏低。在药物研发领域，已知药物的新用途并非如被告所遵循的逻辑，即在开发新用途之前就已经能够锁定目标药物，并从目标药物的内在性质出发来寻找其新用途。药物领域的研发往往是从需要治疗的疾病出发，通过对可能具有治疗效果的药物进行细胞实验、动物实验、临床试验等层层筛选，从而获得可用于治疗所需适应证的药物。这也正是在药物领域中已知药物的第二用途往往来自临床应用过程中的意外发现的原因。

具体到涉案申请中的丹杞颗粒，其属于中药复方产品，由 11 种原料药组成。一方面，对比文件 1 作为与涉案申请权利要求 1 最接近的现有技术，其中的药物用于治疗骨质疏松症，与糖尿病的治疗毫不相关，本领域技术人员基于对比文件 1，不会存在将其用于治疗糖尿病的基础药方的动机；

另一方面，涉案申请说明书记载的实验结果显示，丹杞颗粒具有明显的降低血糖的作用，且效果均明显优于本领域常用的降血糖药物盐酸二甲双胍片，解决了发明的技术问题，达到了相应的技术效果。故，涉案申请权利要求 1 具有突出的实质性特点和显著的进步，符合《专利法》第二十二条第三款有关创造性的规定。

一审法院合议庭成员　姜　颖　张晰昕　李淑云

编写人　邓文轩

15. 北京世某能源科技有限公司与国家知识产权局发明专利申请驳回复审行政纠纷案*

——专利创造性判断"技术启示"中的教导、动机与启示

关键词 专利无效　发明专利　三步法　整体性判断原则

基本案情

涉案专利申请是申请号为 201210100219.X、名称为"利用脱硫废液生产一水硫酸镁的方法"的发明专利申请。涉案专利申请的申请人为北京世某能源科技有限公司（以下简称北京某公司），申请日为 2012 年 4 月 6 日，公开日为 2012 年 10 月 24 日。国家知识产权局于 2014 年 8 月 5 日对涉案专利申请作出驳回决定。北京某公司对上述驳回决定不服，于 2014 年 10 月 8 日向国家知识产权局提出了复审请求。国家知识产权局依法作出第 94760 号复审请求求审查决定（以下简称被诉决定），维持 2014 年 8 月 5 日对涉案专利申请作出的驳回决定。北京某公司不服被诉决定，向北京知识产权法院提起诉讼。

北京某公司诉称：（1）被诉决定适用法律法规错误。首先"常规技术手段"并不是创造性的评价标准，其内涵和外延均无法清晰鉴定；其次，采用"技术构思法"替代"三步法"中的第二步骤中如何确定发明实际解决的技术问题和第三步骤判断是否显而易见，有违《专利审查指南》规定。（2）被诉决定认定事实错误、主要证据不足。首先，关于区别技术特征的认定过于笼统，遗漏或忽略了大量技术细节。其次，被诉决定将涉案

---

* 本案例入选北京知识产权法院建院三周年典型案例。

名称为"利用脱硫废液生产一水硫酸镁的方法"的发明专利申请采用的一个技术手段认定为涉案专利申请所要解决的技术问题,该认定是错误的。最后,关于技术启示部分,被诉决定认为选择高锰酸钾和二氧化锰的组合作为烟气脱硫制造硫酸镁工艺的氧化剂是本领域的常规技术手段,并无证据支持;被诉决定认为涉案专利申请权利要求1的各种工艺参数均为本领域的公知常识或所谓的"常规技术手段",属于事后诸葛亮的行为,违背整体判断原则。而且,涉案专利申请还克服了"在氧化镁脱硫过程中,硫酸镁的生成将增加烟气脱硫成本"之技术偏见,通过选择合适的脱硫剂和工艺参数将烟气脱硫的成本降低、运行稳定。综上,被诉决定认定事实错误,适用法律不当,故请求法院予以撤销。

国家知识产权局辩称:(1)涉案专利申请没有记载脱硫剂中添加CaO、SiO_2、Fe_2O_3、Al_2O_3的任何作用,因而涉案专利申请并没有任何证据表明添加CaO、SiO_2、Fe_2O_3、Al_2O_3可以产生协同作用,更没有证据表明通过添加上述组分能够稳定生产工艺。关于氧化剂的选择,对比文件1利用空气中的氧气氧化吸收的二氧化硫,而高锰酸钾以及二氧化锰作为氧化剂能够与二氧化硫发生氧化还原反应并将二氧化硫氧化成三氧化硫或其盐,属于氧化还原化学反应的普通知识,本领域技术人员容易选择高锰酸钾和二氧化锰作为氧化剂。另外,使用高锰酸钾来氧化水中的硫(涉案专利申请为浆液中的硫)也是本领域常识。(2)北京某公司提供的证据不能证明本领域存在原告所述的技术偏见以及涉案专利申请克服了所谓的技术偏见。综上,被诉决定认定事实清楚,适用法律正确,作出程序合法,北京某公司的诉讼请求和理由不能成立,请求法院驳回其请求,依法维持被诉决定。

法院经审理查明:

修改后的权利要求1如下:

"1. 一种利用脱硫废液生产一水硫酸镁的方法,其包括如下步骤:(1)制浆步骤:将包含氧化镁和氧化剂的脱硫剂加水制成含氢氧化镁的浆料,所述的氧化剂为能够将四价硫氧化为六价硫的氧化剂;(2)脱硫步骤:在脱硫装置中将包含二氧化硫的烟气与含氢氧化镁的浆料接触,以脱除烟气中的二氧化硫,并进行氧化反应;(3)排浆步骤:当脱硫后形成的浆料的pH值达到6.5~7.5、脱硫后形成的浆料中的硫酸镁含量在95wt%

以上时，将脱硫后形成的浆料排出；所述的硫酸镁含量以浆料中的硫酸镁和亚硫酸镁的总质量百分数为 100wt% 计；（4）过滤步骤：将步骤（3）排出的浆料过滤，得到不含固体杂质的液体；过滤的细度大于等于 20 微米；（5）浓缩步骤：将步骤（4）所得液体送入蒸发器，浓缩后将浆料排出，蒸发温度为 145℃~150℃、排料温度为 120℃~130℃；（6）结晶步骤：将步骤（5）排出的浆料进行冷却结晶，温度为 40℃~55℃，生成一水硫酸镁；所述的脱硫剂包括以下组分，以脱硫剂总重量为 100 重量份计：MgO 70~90 重量份，CaO 0.1~1 重量份，SiO_2 3~10 重量份，Fe_2O_3 0.1~0.4 重量份，Al_2O_3 0.1~0.5 重量份，MnO_2 5~10 重量份，和 $KMnO_4$ 3~8 重量份；其中，MgO 中的活性氧化镁含量为 50~75wt%。"

国家知识产权局查明对比文件 1 公开了一种利用锅炉烟气制取七水硫酸镁肥料的方法，并具体公开了以下内容（参见对比文件 1 权利要求 1）：所述方法包括制备脱硫吸收剂、对烟气脱硫、对含有亚硫酸镁溶液的脱硫废液进行氧化、中和、沉降除杂、蒸发浓缩、固液分离、干燥工序；并且各工序分别为：①将菱镁矿石球磨粉碎，加水配制成吸收剂浆液，送入脱硫塔；②对烟气预处理，采用喷淋洗涤，去除烟气中的部分烟尘、HCl、HF、SO_3 成分，送入脱硫塔；③烟气吸收反应，在脱硫塔中，烟气中的 SO_2 与吸收剂浆液中的 $MgCO_3$ 反应，生成 $MgSO_3$，$MgSO_3$ 微溶于水，其固相含量在 10%~20%，吸收浆液 pH 值在 5~6 区间；④曝气氧化，向曝气池内的亚硫酸镁溶液强制吹入过量空气，温度保持 40℃~60℃，使亚硫酸镁尽可能氧化成硫酸镁溶液；⑤沉降去杂，曝气后的脱硫废液在沉降池内，颗粒较大的杂质依靠自身重力沉降，与溶液分离，在沉降池中设有离子分析装置，随时对废液中的影响离子进行定量分析，并将分析结果反馈给自动控制装置；⑥絮凝中和，在絮凝反应池，根据分析装置的分析结果，由自动控制装置调节药品罐出口阀门，向絮凝反应池添加中和剂和絮凝剂，以氢氧化镁溶液为中和剂，调节溶液的 pH 值在 7，同时，根据监测数据添加相应的絮凝剂，去除影响最终产品质量的离子；过滤除杂，通过机械除杂，得到不含固相杂质的液体；⑧浓缩结晶，在浓缩结晶釜中，若液体中硫酸镁浓度过低，则先通过膜分离设备，提高溶液中硫酸镁浓度，然后再进入反应釜，采用负压蒸发，保持溶液温度在 40℃~45℃，不断蒸发，从而溶液中连续析出七水硫酸镁晶体；⑨分离脱水，料浆经脱水设备，得到湿七水硫酸镁和母液，母液返回蒸发釜循环使用；⑩干燥包装，干燥设备温度为 50℃～100℃，可得到干燥的七水硫酸镁成品。

2015 年 7 月 31 日，国家知识产权局作出被诉决定。

另查，对比文件 1 公开了如下内容："现有一项申请中的专利'利用氧化镁脱硫废液生产硫酸镁的方法'，由于是采用氧化镁作脱硫剂原料，氧化镁粉成本偏高，制造过程是用菱镁矿石在 800℃～900℃烧成轻烧氧化镁，再研磨成氧化镁粉，故对环境有污染，不利于镁法脱硫技术的推广应用。该方法存在的另一不足是，烟气未经预处理，烟气中的部分烟尘、HCl、HF、SO_3 分子同时被送入脱硫塔进行脱硫和除尘，结果，烟气脱硫后，废液杂质偏多，如利用废液生产副产品——硫酸镁，则将导致硫酸镁纯度不够，品质不高。烟气中的非硫成分对脱硫塔的一定程度的腐蚀没有削减。对影响最终产品质量的重金属离子的存在也尚需要处理。"

北京知识产权法院于 2016 年 7 月 21 日作出（2015）京知行初字第5431 号行政判决：一、撤销被诉决定；二、判令国家知识产权局重新作出决定。一审判决后各方当事人均未提起上诉，判决已发生法律效力。

裁判理由

法院生效裁判认为：本案中，国家知识产权局认为，涉案专利申请权利要求 1 与对比文件 1 相比，区别技术特征在于以下几点：（1）以包含氧化镁和氧化剂 MnO_2、$KMnO_4$ 的组分替代对比文件 1 中的菱镁矿作为脱硫剂加水制成浆料，以在脱除二氧化硫的过程中进行氧化反应，并限定了脱硫剂的组成；限定当脱硫后形成的浆料的 pH 值达到 6.5～7.5、脱硫后形成的浆料中的硫酸镁含量在 95wt% 以上时，将脱硫后形成的浆料排出；所述的硫酸镁含量以浆料中的硫酸镁和亚硫酸镁的总质量百分数为 100wt% 计；（2）限定了过滤的细度大于等于 20 微米；采用了不同的浓缩结晶工艺，且限定了蒸发、排料和结晶的温度，得到的产品是一水硫酸镁。而本案北京某公司主张，涉案专利申请权利要求 1 与对比文件 1 相比，区别技术特征至少应该包括制备产品不同；使用的脱硫剂不同；排浆步骤的 pH值和硫酸镁含量不同；除杂步骤不同；浓缩步骤的蒸发温度和排料温度不同。被告国家知识产权局认定的上述区别技术特征过于宽泛，忽略了大量技术细节，尤其是脱硫剂的组分及其用量、将浆料排出时的 pH 值和硫酸镁含量。对此，法院认为，国家知识产权局认定的区别技术特征完全涵盖了北京某公司所主张的区别技术特征至少应该包括的内容，仅仅是表述的方式不同，不存在遗漏或忽略相关细节的问题。因此，对于原告的前述主张，法院不予支持。

基于上述区别技术特征，关于涉案专利申请实际所要解决的技术问题的判断，北京某公司主张其解决的技术问题是提供一种利用脱硫废液生产一水硫酸镁的方法，其运行稳定并且脱硫后生产的一水硫酸镁质量达标。且被告国家知识产权局采用"技术构思法"替代"三步法"中的第二步如何确定发明实际解决的技术问题和第三步判断是否显而易见，有违《专利审查指南》规定。对此，法院认为，基于涉案专利申请权利要求1与最接近的现有技术对比文件1存在的前述区别技术特征所确定的涉案专利申请实际解决的技术问题，可能不同于涉案专利申请说明书中所描述要解决的技术问题。因此，被告国家知识产权局根据其所认定的最接近的现有技术对比文件1，重新确定涉案专利申请实际解决的技术问题为提供一种采用替代的脱硫剂制备硫酸镁水合物的方法，并无不当。北京某公司以涉案专利申请说明书中所确定的涉案专利申请实际解决的技术问题作为涉案专利申请权利要求1与对比文件1相比较要实际解决的技术问题，从而当然否定被告国家知识产权局的前述认定，缺乏事实基础及依据。被告国家知识产权局在确定涉案专利申请实际解决的技术问题和判断涉案专利申请是否显而易见的认定方法上并不存在违反《专利审查指南》所规定的"三步法"规定的情形，北京某公司该项主张缺乏法律依据。而关于北京某公司所提出"涉案专利申请克服了'在氧化镁脱硫过程中，硫酸镁的生成将增加烟气脱硫成本'的技术偏见"的主张，法院认为，技术偏见，是指在某段时间内、某个技术领域，技术人员对某个技术问题普遍存在的、偏离客观事实的认识，它引导人们不去考虑其他方面的可能性，阻碍人们对该技术领域的研究和开发。如果发明克服了技术偏见，采用了人们由于技术偏见而舍弃的技术手段，从而解决了技术问题，则这种发明具有创造性。主张某项发明克服了技术偏见的一方当事人应当就存在技术偏见及如何克服该技术偏见等问题承担举证责任。本案中，北京某公司提交的证据并不能证明其所主张的技术偏见存在以及涉案专利申请克服了前述技术偏见。因此，对北京某公司的前述主张，法院一并不予支持。

关于区别技术特征（1），北京某公司认为，涉案专利申请权利要求1的技术方案与对比文件1相比，其使用的脱硫剂（包含氧化剂）不同，排浆步骤的pH值和硫酸镁含量不同。对比文件1没有给出相应的启示，同时这也不是本领域技术人员容易想到的，也不属于本领域的公知常识。

对此，法院认为，关于脱硫剂（包含氧化剂），对比文件1采用菱镁矿作为脱硫剂，在烟气与吸收剂浆液中的菱镁矿接触过程中，生成亚硫酸镁，由于亚硫酸镁微溶于水，因此，在脱硫后形成的浆液中，绝大部分亚硫酸镁均作为沉淀悬浮在水溶液中。由于亚硫酸镁沉淀堵塞管道的影响，该工艺运行不稳定。此外，亚硫酸镁沉淀会夹带烟气中的固体杂质，造成最终产品硫酸镁的纯度较低，只能作为肥料使用。而涉案专利申请权利要求1的脱硫剂包括 MgO 70~90 重量份，CaO 0.1~1 重量份，SiO_2 3~10 重量份，Fe_2O_3 0.1~0.4 重量份，Al_2O_3 0.1~0.5 重量份，MnO_2 5~10 重量份，和 $KMnO_4$ 3~8 重量份；其中，MgO 中的活性氧化镁含量为 50~75wt%。在烟气与上述脱硫剂的浆料接触过程中，烟气中的二氧化硫与浆料中的氢氧化镁（源自 MgO）在二氧化锰（MnO_2）、高锰酸钾（$KMnO_4$）、氧化钙（CaO）、二氧化硅（SiO_2）、三氧化二铁（Fe_2O_3）和氧化铝（Al_2O_3）的协同作用下发生反应，形成水溶性很好的硫酸镁，硫酸镁直接溶解在水中，从而得到硫酸镁含量高的浆料。因此，使用上述脱硫剂可以保证硫酸镁生产工艺稳定运行且生产效率高。此外，由于硫酸镁直接溶解在水中，可以将其与烟气中的固体杂质分离开来，从而最大限度地提高硫酸镁的纯度。而从对比文件1公开的内容来看，就生产硫酸镁产品而言，菱镁矿粉比氧化镁优越，一方面可以减少污染，另一方面还可以提高产品纯度。但涉案专利申请权利要求1的技术方案却是采用特定组成的含氧化镁的脱硫剂得到高纯度的一水硫酸镁产品，与对比文件1利用的反应机理不同，公开的内容因此也不同。因此，对比文件1根本没有公开上述区别技术特征，更没有给出相应的技术启示。同时，关于在脱硫剂中添加高锰酸钾和二氧化锰的组合作为氧化剂一节，被告国家知识产权局认为，将高锰酸钾和二氧化锰的组合添加到脱硫剂中取代曝气氧化过程是容易想到的。对此，法院认为，目前并无证据证明现有技术中存在选择某些特定氧化剂的组合作为烟气脱硫制备硫酸镁工艺这一特定领域的氧化剂的教导或启示，更不用说选择高锰酸钾和二氧化锰的组合作为烟气脱硫制备硫酸镁工艺这一特定领域的氧化剂的教导或启示；而且高锰酸钾和二氧化锰与氧化镁一同作为脱硫剂的组成应用于烟气吸收阶段，而曝气氧化过程则属于烟气吸收步骤形成产物的后续处理阶段，二者属于完全不同的阶段，并不存在可替代性，因而本领域技术人员并不容易想到采取前述技术方案。

关于排浆步骤的 pH 值和硫酸镁含量，在涉案专利申请权利要求 1 中，当脱硫后形成的浆料的 pH 值达到 6.5～7.5、脱硫后形成的浆料中的硫酸镁含量在 95wt% 以上时，将脱硫后形成的浆料排出。而在对比文件 1 中，烟气吸收反应得到的固相含量在 10%～20%、吸收浆液 pH 值在 5～6 区间时将其排出，然后进行曝气氧化。由此可见，对比文件 1 和权利要求 1 的技术方案并不相同。涉案专利申请还发现，浆料中的硫酸镁含量与 pH 之间有密切的联系，当浆料的 pH 在某个特定范围时，浆料中的硫酸镁含量较高。而对比文件 1 则根本没有涉及上述内容，现有技术亦没有给出相应的技术启示或教导，将上述区别技术特征应用于本发明以解决其技术问题。因此，对本领域技术人员而言并不容易想到采取前述技术方案。

关于区别技术特征（2），北京某公司认为，涉案专利申请权利要求 1 的技术方案与对比文件 1 相比，制备的产品不同，除杂步骤不同；浓缩步骤的蒸发温度和排料温度不同。对比文件 1 没有给出相应的启示，同时这也不是本领域技术人员容易想到的，也不属于本领域的公知常识。

对此，法院认为，关于制备的产品，对比文件 1 用于制备七水硫酸镁肥料；而涉案专利申请则用于制备一水硫酸镁产品。二者的技术方案的工艺步骤存在诸多差异。

关于除杂步骤，涉案专利申请权利要求 1 的技术方案采用一个简单的过滤步骤（过滤的细度大于等于 20 微米）就可以实现提高产品纯度的目的；而对比文件 1 则需要采用沉降、絮凝和机械除杂等多个步骤才能部分实现提高产品纯度的目的。正是由于涉案专利申请权利要求 1 的技术方案使用了特定的脱硫剂，使得烟气脱硫生产硫酸镁的工艺变得简单易行，且运行稳定。对比文件 1 则根本没有涉及上述内容，现有技术亦没有给出相应的技术启示或教导，将上述区别技术特征应用于涉案专利申请以解决其技术问题。因此，对本领域技术人员而言并不容易想到采取前述技术方案。

综上，创造性的判断，应当针对权利要求限定的技术方案整体进行评价，而不是评价某一技术特征是否具有创造性。判断一项技术方案是否具有创造性时，不应当将其与现有技术的区别特征简单地用"本领域的常规技术手段""本领域技术人员通常能够想到的"来描述，即使该技术方案的区别特征是现有技术手段，也并不一定就能否定该技术方案的创造性，还应该看该区别技术特征在整个技术方案中的作用，以及现有技术是否明确教导所属技术领域的技术人员将该区别技术特征应用到该技术方案中。涉案专利申请权利要求 1 的技术方案使用了添加不同氧化剂的不同脱硫剂，利用了与对比文件 1 不同的反应机理，简化了脱硫的步骤，这些技术特征的采用实际上提高了脱硫效率，从而使得涉案专利申请权利要求 1 的技术方案对本领域技术人员来说不是显而易见的，具有创造性，符合《专利法》第二十二条第三款的规定。被诉决定对此认定事实错误，法院应予纠正。

裁判要旨

"三步法"是判断发明创造的基本方法，其要实现的功能就是让主观判断得到客观逻辑的支撑。在适用"三步法"的过程中，"技术启示"主观判断客观化，准确把握"教导""动机"与"启示"之间的逻辑关系，对"三步法"前述功能的实现至关重要。

关联索引

2008 年《中华人民共和国专利法》第二十二条第三款

一审：北京知识产权法院（2015）京知行初字第 5431 号（2016 年 7 月 21 日）

法官评析

本案涉及创造性的判断，其实质在于如何将"技术启示"主观判断客观化，关键在于如何理解其中的教导、动机与启示的逻辑关系。

众所周知，在评价发明是否具备创造性时，"三步法"第三步"非显而易见"的判断，主要是考虑作为对比文件的现有技术是否存在技术启示，而要确定的是作为对比文件的现有技术整体上是否存在某种技术启示，继而作为对比文件的现有技术中是否给出将上述区别特征应用到该最接近的现有技术以解决其存在的技术问题（即发明实际解决的技术问题）的启示。这种启示会使本领域的技术人员在面对所述技术问题时，有动机改进该最接近的现有技术并获得要求保护的发明。由此可见，在判断作为对比文件的现有技术中是否存在技术启示、发明是否具有显而易见性时，不能将发明和作为对比文件的现有技术中采用的技术手段和解决的技术问题分割开来考虑。其中也就存在一个如何判断作为对比文件的现有技术存在何种启示，以及本领域的技术人员有何动机将该区别技术特征应用到最接近的现有技术以获得要求保护的发明的问题。也即是，"整体判断原则"之中"教导""动机"与"启示"之间存在何种逻辑关联的问题。"教导""动机"与"启示"，三者之间是否必然存在一个谁先谁后的问题，还是三者究其本质就是"一步棋"的问题。

对此，要理顺"教导""动机"与"启示"的逻辑关系，不能够离开对发明要解决的实际技术问题的确定。因此，考虑技术启示，不仅要考虑最接近的现有技术的其他部分是否公开了该区别技术特征，还需要考虑该区别技术特征在该其他部分所起的作用与该区别技术特征在要求保护的发明中为解决重新确定的技术问题所起到的作用是否相同。也即是，创造性判断中"技术启示"的关键不是取决于技术手段本身本领域的技术人员是否有能力采用，而是取决于通过申请日前作为对比文件的现有技术的教导，本领域技术人员会不会有技术动因确实会采用这样的手段。技术上的可行性及无障碍只是满足再现性要求的必要条件，而不是断定本领域技术人员可以实现，故而显而易见的充分条件。可见，"教导"是内因，"动机"是外因，"启示"是结果。

如果是本领域的技术人员在涉案专利申请日能够采用区别技术特征改进最接近的现有技术并获得要求保护的发明，但该区别技术特征在涉案专利与作为对比文件的现有技术之中所产生的作用、功能或者技术效果不相同或不相近，即本领域的技术人员改进该现有技术的需求未获得作为对比文件的现有技术整体上所给予的教导，属于内因欠缺，无结果。

如果是本领域的技术人员在涉案专利申请日不能想到采用区别技术特征改进最接近的现有技术以获得要求保护的发明，且该区别技术特征在涉案专利与作为对比文件的现有技术之中所产生的作用、功能或者技术效果也不相同或不相近，是本领域的技术人员改进该现有技术的需求背离了作为对比文件的现有技术整体上所给予的教导，属于既无内因也缺外因，无结果。

如果是本领域的技术人员在涉案专利申请日不能想到采用区别技术特征改进最接近的现有技术以获得要求保护的发明，但该区别技术特征在涉案专利与作为对比文件的现有技术之中所产生的作用、功能或者技术效果是相同的或相近的，即本领域的技术人员改进该现有技术的需求相左于作为对比文件的现有技术整体上所给予的教导，属于欠缺外因，无结果。

如果是本领域的技术人员在涉案专利申请日不能采用区别技术特征改进最接近的现有技术以获得要求保护的发明，且该区别技术特征在涉案专利与作为对比文件的现有技术之中所产生的作用、功能或者技术效果不相同或不相近，即本领域的技术人员改进该现有技术的需求无法获得作为对比文件的现有技术整体上所给予的教导，属于内因与外因不匹配，无结果。

如果是本领域的技术人员在涉案专利申请日能够采用区别技术特征改进最接近的现有技术以获得要求保护的发明，且该区别技术特征在涉案专利与作为对比文件的现有技术之中所产生的作用、功能或者技术效果相同或相近，即本领域的技术人员改进该现有技术的需求来源于作为对比文件的现有技术整体上所给予的教导，属于内外因相协调，"教导"与"动机"相结合获得了"启示"。

由此可知，在判断作为对比文件的现有技术是否给出相应技术启示时，需要从最接近的现有技术和涉案专利实际要解决的技术问题出发，判断作为对比文件的现有技术中是否给出了将上述区别特征应用到该最接近的现有技术以解决其存在的技术问题的启示，这种启示会使本领域技术人员在面对上述技术问题时，有动机改进该最接近的现有技术并获得涉案专利的技术方案。此处的有动机不在于本领域的技术人员是否能够采用该技术特征改进最接近的现有技术从而获得要求保护的发明，而在于作为对比文件的现有技术所给出的该启示是否教导本领域的技术人员采用该技术特征改进最接近的现有技术以获得所要求保护的发明。本案中，涉案专利申请权利要求1的技术方案使用了添加不同氧化剂的不同脱硫剂，利用了与对比文件1不同的反应机理，简化了脱硫的步骤，这些技术特征的采用实际上提高了脱硫效率，从而使得涉案专利申请权利要求1的技术方案对本领域技术人员来说不是显而易见的，具有创造性，符合《专利法》第二十二条第三款的规定。

一审法院合议庭成员　张玲玲　邓　卓　郭艳芹
编写人　邓　卓

16. 斯某有限公司与国家知识产权局、陈某山发明专利权无效宣告行政纠纷案*

——应结合引用的独立权利要求判断从属权利要求的创造性

关键词 专利无效　发明专利　三步法　整体性判断原则

基本案情

涉案专利系名称为"预应力脚手架系统"的第 200480004724.8 号发明专利，申请日为 2004 年 2 月 13 日，授权公告日为 2009 年 5 月 20 日，专利权人为斯某有限公司（以下简称斯某公司）。第三人陈某山于 2015 年 2 月 15 日向国家知识产权局提出了无效宣告请求，其理由是涉案专利权利要求 1~9 不符合《专利法》第二十二条第三款的规定，请求宣告涉案专利权利要求 1~9 无效。国家知识产权局于 2015 年 7 月 3 日作出第 26618 号无效宣告请求审查决定（以下简称被诉决定），以涉案专利权利要求 1~9 均不具备创造性，不符合《专利法》第二十二条第三款的规定为由，宣告涉案专利全部无效。斯某公司不服被诉决定，向北京知识产权法院提起诉讼。

斯某公司诉称：（1）权利要求 1 具有创造性，被诉决定关于区别技术特征①、③事实认定错误。关于区别技术特征①，对比文件 1 是柱状体并不是三角钢腱支架，名称为"预应力脚手架系统"的第 200480004724.8 号发明专利可以实现大尺寸的支撑空间，而对比文件 1 仅通过提升器实现的支撑空间是小尺寸的。对比文件 2 中的连接部件 7 是"直杆"，需要以

---

* 本案例入选北京知识产权法院建院三周年典型案例。

非常高的密度进行设置，而涉案专利是"三角钢腱支架"，可以显著减少在常规建筑作业时支柱的数量，且被诉决定亦无证据证明三角钢腱支架是公知常识。关于区别技术特征③，被诉决定也未提供证据证明其为公知常识。（2）权利要求2、3、4是对权利要求1的进一步限定，是优选的技术方案，在权利要求1具备创造性的基础上，权利要求2、3、4也具有创造性。（3）权利要求5具有创造性。被诉决定将权利要求5中的"等腰三角形""钢腱固定在一角""通过液压千斤顶或螺旋千斤顶调节长度"割裂开来进行创造性判断，从而导致了事实认定错误。（4）权利要求6具有创造性。被诉决定将权利要求6中的"梯形框架""两个角部分固定钢腱""梯形中间部分直接连接到所述桁架支柱，或通过液压千斤顶或螺旋千斤顶连接到所述桁架支柱"割裂开来进行创造性判断，从而导致了事实认定错误。（5）权利要求7具有创造性。被诉决定将权利要求7中的"钢腱固定在所述入口对面""钢腱锚固单元支撑单个腰梁或两个腰梁""所述钢腱锚固单元装配有具有长度调节功能的螺旋千斤顶或者预加载千斤顶"割裂开来进行创造性判断，从而导致了事实认定错误。对比文件4和涉案专利不具有可比性，更没有给出形成涉案专利技术方案的技术启示。（6）权利要求8是对权利要求1的进一步限定，权利要求9是对权利要求8的进一步限定，是优选的技术方案，在权利要求1具备创造性的基础上，权利要求8、9也具有创造性。综上，被诉决定认定的事实存在错误，法律适用不当，故请求法院判决撤销被诉决定。

国家知识产权局辩称：在建筑领域使用稳定的三角形结构、桁架、宽翼工字梁是非常常见的，涉案专利权利要求1中采用上述结构所取得的技术效果也是本领域技术人员公知的。因此，上述区别技术特征不会给涉案专利权利要求1带来创造性。综上，被诉决定认定事实清楚，适用法律法规正确，审理程序合法，审查结论正确。斯某公司的诉讼理由不能成立，请求法院驳回其诉讼请求。

第三人陈某山述称：同意被诉决定的意见。被诉决定认定事实清楚，适用法律正确，应当予以维持。

法院经审理查明，涉案专利授权公告时的部分权利要求书如下：

"1. 一种脚手架系统，其通过形成多边形的闭合区域来支撑挖掘地面的护墙，其包括：预应力腰梁，其包括多个位于中间部分的三角钢腱支架，位于所述腰梁两端的钢腱锚固单元，和用于连接所述支架和所述钢腱锚固单元的连接支撑；和支柱，其由桁架或多个宽翼工字梁，或具有较大横截面的宽翼工字梁构成，且被加强以支撑所述钢腱锚固单元。

……

4. 如权利要求1所述的系统，其中所述钢腱锚固单元固定钢腱，并且与所述腰梁相连接，用来施加压力，并且还与倾斜的桁架支柱或垂直的桁架支柱相连接，用来支撑产生的压力。

5. 如权利要求4所述的系统，其中所述钢腱锚固单元利用框架材料形成一个等腰三角形，所述等腰三角形的角由增强构件来加固，其中所述钢腱固定在所述等腰三角形的一角，并且面对所述角的一个构件直接连接到桁架支柱，或通过液压千斤顶或螺旋千斤顶连接到桁架支柱，并且连接所述腰梁的部分具有长度调节功能。"

第三人陈某山于2015年2月15日向国家知识产权局提出了无效宣告请求，其理由是涉案专利权利要求1~9不符合《专利法》第二十二条第三款的规定，请求宣告涉案专利权利要求1~9无效，同时提交了对比文件1~4作为证据。

其中对比文件4：公开日为1973年1月16日的US3710578号美国专利文献及其中文译文，共14页。涉及一种挡土框架，具体公开了在腰部外板9和10之间，分别放置水平支柱12和11（参见附件4中文译文，附图1）。将螺旋千斤顶26插入水平支柱的支柱元件18之间，仅是为了调整支柱的长度（参见附件4中文译文第2页）。

北京知识产权法院于2017年6月20日作出（2016）京73行初字第633号行政判决：一、撤销被诉决定；二、判令国家知识产权局重新作出决定。一审判决后各方当事人均未提起上诉，判决已生效。

裁判理由

法院生效裁判认为：在评价发明是否具备创造性时，不仅要考虑发明的技术方案本身，而且还要考虑发明所属技术领域、所解决的技术问题和所产生的技术效果，将发明作为一个整体看待。判断技术方案的创造性时，不仅要考虑最接近的现有技术的其他部分是否公开了该区别技术特征，还需要考虑该区别技术特征在该其他部分所起的作用与该区别技术特征在要求保护的发明中为解决重新确定的技术问题所起到的作用是否相同。同时，在判断现有技术中是否存在技术启示、发明是否具有显而易见性时，不能将发明和现有技术中采用的技术手段和解决的技术问题分割开来考虑。本案判断创造性的关键不是技术手段本身本领域技术人员是否有能力采用，而是基于申请日前的现有技术的教导，本领域技术人员会不会有技术动因确实会采用这样的手段。技术上的可行性及无障碍只是满足再现性要求的必要条件，而不是断定本领域技术人员可以实现故而显而易见的充分条件。

本案中，斯某公司认为，被诉决定将权利要求5中的"等腰三角形""钢腱固定在一角""通过液压千斤顶或螺旋千斤顶调节长度"割裂开来进行创造性判断，从而导致了事实认定错误。被诉决定国家知识产权局则认为，本领域技术人员结合对比文件4和公知常识很容易想到锚固单元通过液压千斤顶或螺旋千斤顶连接到桁架支柱，从而得到权利要求5的技术方案，无需付出创造性劳动。

对此，法院认为，涉案专利权利要求5引用权利要求4，进一步限定了"所述钢腱锚固单元利用框架材料形成一个等腰三角形，所述等腰三角形的角由增强构件来加固，其中所述钢腱固定在所述等腰三角形的一角，并且面对所述角的一个构件直接连接到桁架支柱，或通过液压千斤顶或螺旋千斤顶连接到桁架支柱，并且连接所述腰梁的部分具有长度调节功能"。从权利要求5的前述限定以及说明书第7页第3段的文字记载，并结合说明附图8（c）来看，权利要求5中钢腱锚固单元为等腰三角形，钢腱固定在等腰三角形的左下角，面对所述角的一个构件直接连接到桁架支柱，或通过液压千斤顶或螺旋千斤顶连接到桁架支柱，并且连接所述腰梁的部分具有长度调节功能。具体而言，权利要求5是由"等腰三角形框架"＋"增强构件46"＋"钢腱60固定在等腰三角形一角"＋"与所述角对应的边与桁架支柱3直接连接或通过液压千斤顶连接"＋"连接所述腰梁的部分具有长度调节功能"共同组成的钢腱锚固单元，实现"施加压力"和"调节腰梁长度"的技术目标。由此可见，权利要求5所限定的结构是一个完整的结构，该结构中的相关部件协同发挥作用，在加强结构的整体稳定性的同时具备了"施加压力"和"调节腰梁长度"之功能。虽然对比文件4中公开了"将螺旋千斤顶26插入水平支柱的支柱元件18之间"，但是，对比文件 4 的"千斤顶"仅是在支柱安装过程中起到预支撑，并调整支柱长度的作用，待支柱安装完毕后千斤顶即需要拆除（详见对比文件 4 翻译件第 6 页右栏第 8 行至第 9 行描述：松开液压千斤顶 29，然后拆除）。而涉案专利的"千斤顶"在整体结构中起到了"施加压力"的作用，且在整体脚手架系统中是一直安装存在的、必不可少的部件。可见，对比文件 4 中的"千斤顶"的使用原理及实现的技术效果与涉案专利不同。因此，对比文件 4 并没有给出相应的技术启示或教导，而将上述区别技术特征应用于涉案专利以解决其技术问题。因此，本领域技术人员不容易想到采取涉案专利权利要求 5 的技术方案。

还要强调的是，判断一项技术方案是否具有创造性时，不应当将其与现有技术的区别特征简单地用"本领域的常规技术手段""本领域技术人员通常能够想到的"来描述，即使该技术方案的区别特征是现有技术手段，也并不一定就能否定该技术方案的创造性，还应该看该区别技术特征在整个技术方案中的作用，以及现有技术是否明确教导所属技术领域的技术人员将该区别技术特征应用到该技术方案中。涉案专利权利要求 5 的技术方案在整体结构中一直存在并起到"施加压力"和"调节腰梁长度"的双重作用，从而使得涉案专利权利要求 5 的技术方案对本领域技术人员来说不是显而易见的，而是具有创造性，符合《专利法》第二十二条第三款的规定。被诉决定对此认定事实错误，应予纠正。斯某公司就此的相关主张，具有事实基础和法律依据，予以支持。

裁判要旨

"三步法"是判断发明创造是否显而易见的基本方法，目的在于让主观判断得到客观逻辑的支撑，整体性判断原则贯穿其中。因此，在涉案专利独立权利要求的技术方案被认定不具备创造性时，判断从属权利要求的技术方案的创造性，首先，应当把从属权利要求与其引用的独立权利要求从整体上一并把握，而不是仅仅对从属权利要求单独考量；其次，应当判断从属权利要求附加限定的技术特征在整个技术方案中的具体作用，而不是该特征通常能产生的作用。

关联索引

2008 年《中华人民共和国专利法》第二十二条第三款

一审：北京知识产权法院（2016）京 73 行初字第 633 号（2017 年 6 月 20 日）

法官评析

本判决为判断从属权利要求技术方案的创造性时如何正确理解和使用"整体性判断原则"提供了有益思路。

第一，专利创造性的整体性判断原则不但要求将涉案专利的发明作为一个整体考虑，而且要求将作为对比文件的现有技术从整体上加以考虑。而整体考虑申请专利的发明主要意在确定该发明与最接近的现有技术之间的区别，整体考虑作为对比文件的现有技术主要是确定作为对比文件的现有技术是否存在技术启示。具体而言：首先，技术启示的整体性要求发明或实用新型相对于最接近的现有技术的区别技术特征已经存在于现有技术中，包括该区别技术特征系本领域的公知常识或为与最接近的现有技术相关的技术手段。对发明来说还包括该区别技术特征系另一份对比文件披露的相关技术手段，而不论其技术领域的远近。对实用新型专利来说，还包括该区别技术特征系近似或关联技术领域的另一份对比文件披露的相关技术手段。判断发明或实用新型专利创造性时，一般着重考虑该实用新型所属的技术领域，同时考虑其类似、相近或相关的技术领域。其次，技术启示的整体性包括将发明或实用新型相对于最接近的现有技术所具有的区别技术特征与该最接近的现有技术相结合的启示。这里的"整体"至少包括两层含义：一是最接近的现有技术中客观存在技术问题，二是技术发展趋势上存在解决该技术问题的需要。如果本领域技术人员在面对发明或实用新型所欲解决的技术问题时，有动机将最接近的现有技术与上述区别技术特征结合起来，则应认定存在技术结合的启示。相反，如果本领域技术人员根本未意识到发明或实用新型所欲解决的技术问题，或者没有动机将最接近的现有技术与上述区别技术特征结合起来，或者因为本领域长期存在的技术偏见等原因致使其不可能将最接近的现有技术与上述区别技术特征相结合，则不应认定为存在结合技术手段的启示。再次，技术启示的整体性要求将全部区别技术特征应用到最接近的现有技术以形成一个新的技术方案，该技术方案整体上能够被用于解决发明或实用新型需要实际解决的技术问题。当发明或实用新型与最接近的现有技术相比存在多个区别技术特征时，技术启示的整体性是指将多个区别技术特征全部应用到最接近的现有技术，而不是将部分区别技术特征应用到最接近的现有技术，也不是将全部区别技术特征逐一分别应用到最接近的现有技术。结合可能性的启示，即将全部区别技术特征应用到最接近的现有技术的启示，是技术启示的重要内容。最后，技术启示的整体性还要求在这种启示下形成的技术方案能够解决同样的技术问题。本领域技术人员不仅有动机将区别技术特征与最接近的现有技术进行结合，而且还需要认识到这种结合的目的是解决发明或实用新型所欲解决的技术问题。如果本领域技术人员缺乏这种解决同样技术问题的意识，应认定为不存在否定创造性的技术启示。本案中，涉案专利权利要求5、7的技术方案中使用了"千斤顶"。"千斤顶"在整体结构中一直存在并起到"施加压力"和"调节腰梁长度"的双重作用，从而使得涉案专利权利要求5、7的技术方案对本领域技术人员来说不是显而易见的，具有创造性，符合《专利法》第二十二条第三款的规定。

第二，判断要求保护的发明对本领域的技术人员来说是否显而易见。这里要注意并不是判断要求保护的发明相对于最接近的现有技术而言是否显而易见。在该步骤中，要从最接近的现有技术和发明实际解决的技术问题出发，判断要求保护的发明对本领域的技术人员来说是否显而易见。判断过程中，要确定的是现有技术整体上是否存在某种技术启示，即现有技术中是否给出将上述区别特征应用于该最接近的现有技术以解决其存在的技术问题（即发明实际解决的技术问题）的启示，这种启示会使本领域的技术人员在面对所述技术问题时，有动机改进该最接近的现有技术并获得要求保护的发明。如果现有技术存在这种技术启示，则发明是显而易见的，不具有突出的实质性特点。这里的"有动机"强调"判断现有技术对创造性的影响时，不应该根据本领域的技术人员是否'能够'采用某技术方案，而应该根据现有技术所给出的启示是否'引导'本领域的技术人员'会'采用该技术方案作出判断"。本质上讲，判断技术启示的过程就是以所属领域技术人员针对发明实际解决的技术问题能否正向重塑发明的过程，在这一重塑过程中，除了作为现有技术的对比文件本身记载的技术信息以外，还应当考虑到所属领域技术人员已经掌握的技术常识和已经具有的实验能力，以及其根据作为现有技术的对比文件所公开的技术信息合理推理的逻辑能力。而对于现有技术已经解决了相关技术问题，申请人提出了不同的替代方案的发明创造，此时判断有无技术启示时不应仅局限于所属领域技术人员有无改进动机来重塑发明，而是判断替代的技术方案本身是否具有非显而易见性，当然，这个判断过程也仍然以所属领域技术人员为判断主体，如果替代方案本身相对于现有技术整体是非显而易见的，则其具备创造性，应当给予专利权保护。

一审法院合议庭成员 邓 卓 刘小红 贺志鹏

编写人 邓 卓

17. 泰某有限责任公司与国家知识产权局发明专利申请驳回复审行政纠纷案

——补充实验数据可予接受的情形分析

关键词 发明专利 创造性 补交实验数据

基本案情

涉案申请是申请号为 201410098658.0、名称为"制备 SGLT2 抑制剂的方法"的发明专利申请，申请日为 2009 年 8 月 21 日，优先权日为 2008 年 8 月 22 日，公开日为 2014 年 7 月 9 日，申请人为泰某有限责任公司（以下简称泰某公司）。针对涉案申请，国家知识产权局于 2017 年 9 月 15 日作出第 130866 号复审决定（以下简称被诉决定），维持国家知识产权局对涉案申请作出的驳回决定。泰某公司不服被诉决定，向北京知识产权法院提起诉讼。

泰某公司主张：被诉决定认定涉案申请权利要求 6 与对比文件 1 公开的结晶复合物 Ih 相比，其区别特征在于，"涉案申请权利要求 6 涉及化合物中苄基上的取代基为 4-（2-环丙氧基乙氧基），而对比文件 1 所述化合物中相应的基团是 4-乙氧基，即，涉案申请权利要求 6 涉及化合物在乙氧基的 2-位取代有环丙氧基；另外，该区别特征也导致这两个结晶复合物的 X-射线粉末衍射图谱不同"。在上述区别特征的基础上，被诉决定并未认定涉案申请实际解决的技术问题，而是认为"本领域技术人员根据涉案申请说明书的记载，在现有技术的基础上，不能预见涉案申请权利要求 6 的技术方案能够解决其技术问题，获得预期的技术效果，即，涉案申请权利要求 6 没有对现有技术作出贡献，不具有有益的技术效果，不满足创造性评判中关于显著进步的要求"。但涉案申请说明书中已清楚地记载了涉案晶体的化合物是 SGLT2 抑制剂。原告在复审阶段提交了附件 1（即涉案申请晶体的母体化合物的 PCT 专利申请）和其对应的中国专利申请，在前述申请文件中原告对于该化合物的 SGLT2 抑制作用提供了相应实验数据，且前述申请的申请日早于涉案申请的优先权日，而公开日也均早于涉案申请的公开日。涉案申请复合物在水或其他生物流体中会游离为母体化合物，因此，母体化合物的技术效果决定了复合物的技术效果。基于前述母体化合物专利申请中的实验数据可知，涉案申请的 SGLT2 抑制作用并非断言。此外，附件 2 亦记载了涉案申请权利要求 6 的复合物具有 SGLT 抑制效果，基于此，涉案申请旨在提供一种新晶体形式的 SGLT2 抑制剂，对比文件 1 中并未教导本领域技术人员将式 1 化合物特定位置的取代基替换为涉案申请中的取代基仍会起到 SGLT2 抑制作用，同时亦未教导替换后的复合物可以获得晶体形式，因此，涉案申请权利要求 6 相对于对比文件 1 具备创造性。基于相同的理由，其他权利要求亦具备创造性。被诉决定认定有误，请求法院依法予以撤销并判令被告重新作出复审决定。

被告国家知识产权局认为被诉决定认定事实清楚、适用法律正确、审理程序合法，请求法院依法驳回原告的诉讼请求。

法院经审理查明，驳回决定所针对的权利要求书如下：

"1.（2S, 3R, 4R, 5S, 6R）-2-（4-氯-3-（4-（2-环丙氧基乙氧基）苄基）苯基）-6-（羟基甲基）四氢-2H-吡喃-3, 4, 5-三醇·双（L-脯氨酸）复合物的一种晶体形式，其特征在于 X-射线粉末衍射图案包括在 4.08、17.19 及 21.12 度 2θ（±0.05 度 2θ）处的峰，其中所述 X-射线粉末衍射图案利用 CuKα1 辐射作出。

......

6.（2S, 3R, 4R, 5S, 6R）-2-（4-氯-3-（4-（2-环丙氧基乙氧基）苄基）苯基）-6-（羟基甲基）四氢-2H-吡喃-3, 4, 5-三醇·双（L-脯氨酸）复合物的一种晶体形式，其特征在于 X-射线粉末衍射图案具有基本根据图 2 的峰。

7.（2S, 3R, 4R, 5S, 6R）-2-（4-氯-3-（4-（2-环丙氧基乙氧基）苄基）苯基）-6-（羟基甲基）四氢-2H-吡喃-3, 4, 5-三醇·双（L-脯氨酸）复合物的一种晶体形式，其特征在于 X-射线粉末衍射图案具有基本根据表1的峰。"

驳回决定引用的对比文件如下：

对比文件1：WO2008002824A1，公开日为2008年1月3日。对比文件1公开了一种可用作SGLT2抑制剂的L-脯氨酸结晶复合物Ih。

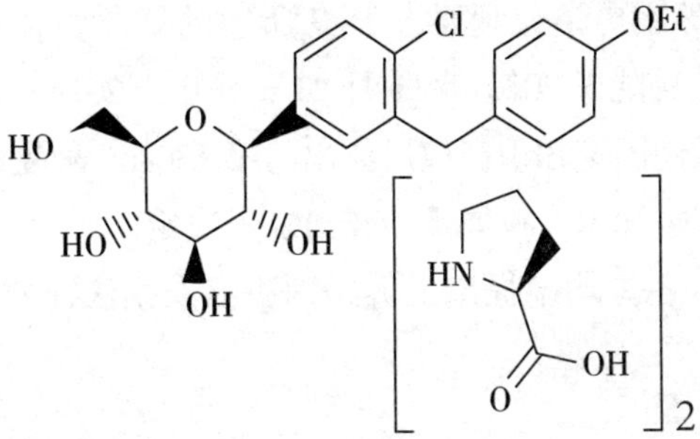

Crystalline Complex lh

图1　Ih 结构式

该化合物通过以下方法制得：将L-脯氨酸（11.5 g，100 mmol）在10 mL水中的溶液加热至80℃，加入100 mL异丙醇。向快速搅拌的L-脯氨酸溶液中加入化合物I（（2S，3R，4R，5S，6R）-2-（4-氯-3-（4-乙氧基）苄基）苯基）-6-（羟基甲基）四氢-2H-吡喃-3，4，5-三醇，21.4 g，50 mmol）在100 mL异丙醇中的室温溶液。固体形成，将所述溶液缓慢冷却至室温。将所述溶液过滤，并将得到的固体用异丙醇洗涤，接着用己烷洗涤。在真空炉中干燥所述固体，得到30.4 g白色固体，即化合物I与L-脯氨酸的1∶2结晶复合物（结构Ih，形式3）（参见对比文件1说明书第47页实施例12，第［00147］段）。对比文件1还公开了该结晶复合物Ih的X-射线粉末衍射数据、X-射线粉末衍射图谱以及差示扫描量热谱（参见对比文件1说明书第54页表1以及说明书附图13、16）。

复审程序中，原告提交了如下证据：附件1：国际专利申请公开文件WO2009026537A1，公开日为2009年2月26日。附件1对应的中国专利申请号为200880104132.1，附件1中的化合物BQ即为涉案申请权利要求1~7所述复合物的母体化合物，由表2中BQ的数据可知其为有效的SGLT抑制剂，对SGLT2具有选择性抑制作用，$IC_{50}<1\mu m$。附件1的申请人也是泰某

公司，其优先权日为 2007 年 8 月 23 日，公开日为 2009 年 2 月 26 日。

附件 2：非专利文件"Wenbin Zhang 等，Pharmacological Research，第 63 卷，第 284~293 页，2011 年"。附件 2 中提供了 EGT1474 的 SGLT 抑制活性数据，显示 EGT1474 对 SGLT1，尤其是 SGLT2 具有有效的抑制作用，而 EGT1474 即为涉案申请权利要求 1~7 所述的复合物。

北京知识产权法院于 2020 年 11 月 23 日作出（2018）京 73 行初 2626 号行政判决：一、撤销国家知识产权局作出的第 130866 号复审决定；二、被告中华人民共和国国家知识产权局重新作出复审决定。

一审宣判后，各方均未提出上诉，判决已发生法律效力。

裁判理由

法院生效裁判认为：本案争议焦点为说明书中声称的 SGLT2 抑制作用在涉案申请权利要求 6 的创造性判断中是否应予考虑，该问题的实质为原告补充提交的用以证明这一技术效果的实验数据是否应被采信。

创造性判断中所考虑的技术效果通常是符合充分公开要求的技术效果，但因说明书中无需对发明创造的全部技术效果进行面面俱到的记载，而对于虽记载在说明书中但并非声称的技术贡献的技术效果而言，未记载相应实验数据并不必然使得该发明创造违反专利法充分公开的要求，因此，在化学领域的发明创造中，此类技术效果可能存在仅有文字记载但缺少实验数据支持的情形。因这一效果在创造性判断中可能构成实际解决的技术问题，故此时便会涉及对于申请人补充提交的实验数据的认定问题。

此种情况下补充提交的实验数据是否可以采信，或者说判断说明书文字记载的技术效果是否仅为断言，取决于该技术效果是否属于申请人在诉争发明"申请日"之前的技术贡献，以及公众在获知诉争发明之时是否可以确认该效果。如果符合上述要求，则因对实验数据的采信既不会使申请人获得超出其技术贡献的保护，亦不会影响公众利益，故这一实验数据所证明的技术效果在创造性判断中应予考虑，而不能仅因其未在说明书中记载相关数据而当然认定该技术效果属于断言式的技术效果。

涉案申请权利要求 6 限定的是一种化合物的晶体形式，涉案申请的技术贡献在于晶体形式，而非单纯的化合物本身。原告补充提交的实验数据所欲证明的 SGLT2 抑制作用并非晶体形式的技术效果，而是化合物的技术效果。该技术效果虽在说明书中有记载，但其并非说明书中所声称的技术贡献。因此，该效果在创造性判断中是否应予考虑，取决于原告提交的包括实验数据在内的相关证据是否可以证明该效果为原告在涉案申请申请日之前的技术贡献，且公众在获知涉案申请的相关内容时是否能确认该效果。

原告在复审阶段提交了附件 1、2 作为其补充实验数据的证据，其中附件 2 为非专利文献。因附件 2 既非原告的智力成果，亦产生于涉案申请的优先权日之后（附件 2 公开日为 2011 年，涉案申请的优先权日为 2008 年），故即便附件 2 中给出了涉案申请所述化合物的 SGLT2 抑制效果实验数据，对该证据的采信亦会使得原告获得超出其技术贡献的保护，故对于附件 2 中的实验数据不予采信。

附件 1 为在先专利申请，其申请人亦为本案原告，该专利申请与涉案申请的关系在于，该申请中的化合物 BQ 即为涉案申请的化合物，本案所争议的 SGLT2 抑制作用即来源于该母体化合物。

附件 1 表 2 中 BQ 的数据显示其为有效的 SGLT 抑制剂，对 SGLT2 具有选择性抑制作用，$IC_{50} < 1\mu m$。虽然附件 1 并非涉案申请的现有技术，但因附件 1 的申请人亦为原告，且其申请日早于涉案申请，故该证据可以证明原告在涉案申请的申请日之前已通过实验验证了涉案申请化合物的 SGLT2 抑制效果，而因涉案申请 SGLT2 抑制效果来源于其化合物，晶体形式的改变并不会导致其 SGLT2 抑制效果的改变，故该证据可以证明涉案申请中所记载的 SGLT 抑制效果并非断言。在对涉案申请权利要求 6 的创造性判断中考虑该技术效果，并不会使原告获得超出其申请日前所作技术贡献的保护。

此外，因附件 1 的公开日亦早于涉案申请的公开日，公众在获知涉案申请时已可获得附件 1，并确认涉案申请的化合物具有 SGLT2 抑制效果，故接受附件 1 中的实验数据并不会对公众利益造成损害。

基于上述分析，因原告在涉案申请的申请日前已通过实验验证了其化合物的 SGLT2 抑制效果，且公众在涉案申请公开时亦能确认该技术效果，对附件 1 予以采信不会损害公众利益，亦不会使原告获得超出其技术贡献的保护，因此，在创造性判断中对于附件 1 所证明的 SGLT2 抑制效果应予考虑。被诉决定对于附件 1 未予采信，法院对这一做法予以纠正。被告在未采信附件 1 的情况下认为无法确定涉案申请权利要求 6 要求保护的复合物晶体形式具有何种用途或效果，并进而认定其不具有有益的技术效果，不满足创造性评判中关于显著进步的要求，该认定有误，法院予以纠正。

最后需要指出的是，虽然本案采信了原告补充提交的实验数据，但法院并不认为原告这一撰写方式对于申请人而言是一种可预期的做法。本案实验数据被采信的前提之一为在先专利申请的公开日早于涉案申请的公开日，从而使得公众在获知涉案申请的同时能够确认其技术效果，但这一条件能否满足并不完全取决于申请人。这也就意味着采用这种方式撰写的专利申请有可能因在先专利申请未能在先公开，从而使原本可被授权的专利因为缺少实验数据而无法被授权或者授权后被宣告无效。为避免这一情形的出现，申请人仍应尽可能将与发明内容相关的实验数据直接记载于涉案申请的说明书中。

裁判要旨

对于虽记载在说明书中但并非专利声称的技术贡献的技术效果，如果补充提交的实验数据可以证明该技术效果在申请日前已通过实验验证，且本领域技术人员在涉案申请公开时亦能确认该技术效果，则该技术效果在创造性评价中可予考虑。

关联索引

2008 年《中华人民共和国专利法》第二十二条第三款

一审：北京知识产权法院（2018）京 73 行初 2626 号（2020 年 11 月 23 日）

法官评析

本案涉及补交实验数据的接受问题。原告主张涉案专利相对于最接近的现有技术具有 SGLT-1 高选择性这一技术效果，并补交了实验数据以证明该技术效果。在涉及创造性判断的案件中，专利权申请人或专利权人是否可以补交实验数据以证明发明创造的相关技术效果，补交的实验数据在何种情况下会被采信，以及可被采信的实验数据如何影响创造性判断等问题，一直以来备受业界关注。

《专利审查指南》第二部分第十章3.5"关于补交的实验数据"3.5.1"审查原则"部分规定:"对于申请日之后申请人为满足专利法第二十二条第三款、第二十六条第三款等要求补交的实验数据,审查员应当予以审查。补交实验数据所证明的技术效果应当是所属技术领域的技术人员能够从专利申请公开的内容中得到的。"

依据该规定,对于补交的实验数据,审查员不能仅因其未被记载在说明书中而当然不予考虑,应基于案件的具体情况对于是否接受补交的实验数据予以判断。毕竟,专利法中"公开换保护"这一原则所要求的公开程度并未具体到实验数据这一程度。且在创造性判断中,专利权人并不知晓具体案件中可能被使用的最接近现有技术。因此,要求专利权人在说明书中针对性地记载诉争专利与现有技术之间技术效果的差异并不合理。此种情况下,如不允许专利权人补交实验数据,不仅将会使得专利权人无法证明诉争专利相较于最接近现有技术具有的技术效果,从而不合理地损害专利权人的利益,亦会客观上提高对专利说明书公开程度的要求。因此,对于此类实验数据予以接受并进行审查有其必要性。

尽管如此,并非任何补交的实验数据均可被接受并采信。依据《专利审查指南》的上述规定,可被采信的实验数据所证明的技术效果应是本领域技术人员能够从专利申请公开的内容中"得到的"。这一要求既意味着基于专利申请公开的内容或者认知能力,本领域技术人员可以知晓该技术效果,同时亦要求本领域技术人员可知晓该技术效果适用于要求保护的权利要求范围内的全部技术方案,且与区别技术特征相关,以避免专利权人基于未公开的内容获得专利授权,违反公开换保护原则。

判断相关技术效果是否是本领域技术人员能够从专利申请公开的内容中"得到",需要区别说明书中对于该技术效果有无记载而分别予以判断:

1. 说明书中无记载的情形。对于未在说明书中明确或隐含记载的技术效果,除非本领域技术人员基于其对申请日之前现有技术的了解可知晓该技术效果,否则即使补交的实验数据可以证明在专利申请日之前专利权人已知晓该技术效果,但为避免专利权人基于其未公开的内容而获得专利权,从而违背公开换保护的基本原则,对于上述技术效果在创造性判断中原则上不予考虑。

本案即为此种情况。针对SGLT-1的高选择性这一技术效果,专利权人认可其在说明书中并无明确记载，但主张说明书发明目的部分的如下记载隐含了这一技术效果："本发明的目的是要找出新的吡喃糖基取代的苯衍生物，特别是对钠依赖葡萄糖协同转运蛋白 SGLT，特别是 SGLT2 具有活性。本发明的另外的目的是要说明吡喃糖基取代的苯衍生物，其在体内和/或在体外与已知的类似结构的化合物比较，对于钠依赖型葡萄糖协同转运蛋白 SGLT2 具有增强的抑制效果，和/或具有较佳的药理或药物动力学性质。"对于上述记载，法院认为，虽然其中提及了 SGLT 以及 SGLT-2，但全部内容中均无法看出其隐含了 SGLT-1 高选择性这一技术效果。因此，专利权人有关说明书隐含记载了这一效果的主张不能成立。

当然，这一技术效果未被明确或隐含记载在说明书中，并不意味着其在创造性判断中必然无法考虑。如果本领域技术人员可认知该技术效果，其同样可用于确定实际解决的技术问题。但该案中，专利权人明确表示本领域技术人员并不知晓这一技术效果。基于专利权人这一主张，并结合考虑到现有证据，法院认为，因本领域技术人员基于说明书的记载以及其对申请日之前现有技术的了解无法知晓该技术效果，故即使专利权人补交的实验数据可以证明诉争专利具有 SGLT-1 高选择性，且专利权人在申请日之前亦已验证该技术效果，该效果在创造性判断中仍不予考虑，否则将有违公开换保护这一专利法的基本原则。

2. 说明书中有记载的情形。如果说明书中记载了相应技术效果，且本领域技术人员依据说明书的记载以及其所具有的认知能力，无法当然认定相应技术效果仅为断言，则可认定该技术效果可以从说明书中"得到"。换言之，通常情况下，在说明书中记载了相关技术效果的情况下，除非有反证或有充分理由怀疑，否则可以认定该技术效果可从说明书中"得到"，并允许专利权人或专利申请人补交证据以进一步证明其技术效果。

需要指出的是，这一技术效果应对应于涉案权利要求保护范围内的"全部"技术方案且与区别特征相关，否则，相关补交的实验数据不应被采信。当然，对于是否对应于"全部"技术方案的判断，不应采用过于严格的标准。通常而言，即使涉案权利要求因具有较大的保护范围，从而无法当然确定全部技术方案均具有相关技术效果，但除非可以确定确有部分技术方案不具有相关技术效果，否则，应允许专利申请人或专利权人补交实验数据以作进一步证明。

依据上述原则，在索拉非尼案中，法院认为原告主张的技术效果在说明书中可"得到"。该案涉及组合物专利，专利权人补交的实验数据针对的技术效果为快速释放及高硬度。说明书中对于上述技术效果均有记载，其中，对于快速释放的主要记载为"根据 USP 释放度法用仪器 2 测定，根据本发明的速释剂型的 Q 值（30 分钟）为 75%"。对于硬度的记载为，"根据本发明的片剂显示的硬度例如大于 80N"。

虽然说明书中对上述技术效果有所记载，但因权利要求 1 中无论是对于活性剂的载药量，还是是否采用微粉化形式，以及全部辅料及用量，均存在多种选择，从而使得权利要求 1 对应较大的范围，包含多个不同的技术方案，故仅依据说明书的记载实际上无法当然"确认"诉争专利权利要求 1 具有快速释放及较好硬度的技术效果。

尽管如此，法院仍认为，在说明书中已记载上述技术效果的情况下，专利权人可补交实验数据以证明上述技术效果。专利权人补交的实验数据为证据 32、33，但上述证据的证明目的在于证明不同辅料的选择对于溶出速度及硬度的影响，而非诉争专利本身具有快速释放及较好硬度的技术效果。鉴于此，法院在考虑补交的实验数据的基础上，并未认定权利要求 1 具有快速释放及较好硬度的技术效果。[①]

在补交的实验数据可被接受的情况下，对于补交实验数据是否可以"采信"，则取决于该技术效果是否属于申请人在诉争发明"申请日"之前的技术贡献，以及本领域技术人员是否可以确认该效果。如果符合上述要求，则此种情况下对于实验数据的采信将既不会使申请人获得超出其技术贡献的保护，亦不会影响公众利益，其所证明的技术效果在创造性判断中通常会予考虑。否则，将会被认定为仅是断言。

一审法院合议庭成员 芮松艳 郑宝昆 窦鑫磊

编写人 芮松艳 陈一平

---

① 参见北京知识产权法院（2021）京 73 行初 10072 号行政判决书。

18. 阿某研究和开发有限责任公司与国家知识产权局发明专利申请驳回复审行政纠纷案

——补充实验数据未予接受的情形分析

关键词 药品专利　补充实验数据　专利申请驳回复审

基本案情

涉案申请系申请号为 201180055463.2、名称为"包含肽和病毒神经氨酸酶抑制剂的组合物"的发明专利申请，申请人系阿某研究和开发有限责任公司（以下简称阿某公司）。国家知识产权局以涉案申请不具备《专利法》第二十二条第三款规定的创造性为由作出第 122597 号复审请求审查决定（以下简称被诉决定）维持其作出的驳回决定。阿某公司不服被诉决定，向北京知识产权法院提起行政诉讼。

阿某公司诉称：阿某公司在答复第一次审查意见通知书时提交的补充实验数据应当予以接受。（1）根据《专利审查指南》的规定，补充数据应当予以接受。《专利审查指南》第二部分第十章第 3.5 节规定：对于申请日之后申请人为满足《专利法》第二十二条第三款、第二十六条第三款等要求补交的实验数据，审查员应当予以审查。补交实验数据所证明的技术效果应当是所属技术领域的技术人员能够从专利申请公开的内容中得到的。本案中，涉案申请图 2-3 已经公开了涉案申请保护的肽与病毒神经氨酸酶抑制剂的组合治疗被流感病毒感染的动物时，减轻肺重量的相对重量增加，并且比较了组合的治疗效果与单独的病毒神经氨酸酶抑制剂的治疗效果。阿某公司补充的实验数据补充了单独的肽 AP301 在治疗流感病毒感染中的效果，而对比文件 1 已经公开了肽 AP301 用于治疗流感病毒的感染，肽 AP301 治疗流感病毒感染的用途和效果是现有技术，测量肽 AP301 治疗流感病毒感染而得到的数据是本领域技术人员从现有技术中可以获得的。（2）根据审查和审判实践，补充数据应当予以接受。（3）根据涉案申请说明书记载的数据和补充数据，可以看出涉案申请请求保护的组合物相对于单独的组分具有协同效应。对比文件 1 和 2 没有教导两者的组合使用，也没有教导或暗示两者的组合会产生协同效应，因此，涉案申请具有预料不到的技术效果，根据《专利审查指南》的规定，预料不到的技术效果足以证明涉案申请具有创造性。

国家知识产权局辩称：（1）阿某公司补交实验数据所证明的技术效果不能从专利申请公开的内容中得到，因此不能用于证明涉案申请取得了预料不到的技术效果。①补充实验数据不仅补充了单独的肽 AP301 在治疗流感病毒感染中的效果，而且在此基础上进一步证实了肽 AP301 与神经氨酸酶抑制剂的组合治疗流感病毒感染的效果要比两者简单加和的效果更好。同时，补充实验数据补充的单独的肽 AP301 在导致肺重量降低中的效果也不属于现有技术。②说明书公开了涉案申请组合物比单独组分神经氨酸酶抑制剂具有更好的流感治疗效果，这与补充实验数据证明的涉案申请组合物的治疗效果好于肽 AP301 与神经氨酸酶抑制剂两者简单加和的效果不同。（2）阿某公司例举的多篇复审决定和行政判决所涉及的案情与本案不同，不足以证明涉案申请的补充实验数据能够被接受作为评价创造性的依据。（3）阿某公司补交的实验数据所证明的技术效果不能从涉案申请申请公开的内容中得到，因此不能用于证明涉案申请取得了预料不到的技术效果。

法院经审理查明，涉案申请的申请日为 2011 年 11 月 15 日，优先权日为 2010 年 11 月 18 日，公开日为 2013 年 7 月 10 日。其权利要求 1 如下：

"1. 组合物，其包含

-肽，其由 17 个相邻的氨基酸组成，其中所述肽不具有 TNF-受体-结合活性并且是环化的，和

-病毒神经氨酸酶的抑制剂，其中所述抑制剂是唾液酸的类似物，

其特征在于，所述肽包含氨基酸序列 CGQRETPEGAEAKPWYC，且经由 C-残基环化。"

涉案申请说明书载有以下内容：

本发明涉及用于治疗流感的药物组合物。对人类而言，流感是由流感病毒造成的呼吸道和整个生物体的严重疾病。流感病毒属于正粘病毒科，其特征在于以负链取向的分段 RNA 基因组。与人类有关的类型是流感－A 和－B 病毒，其中已知尤其是亚型 A 是呼吸道的高热病的病原体。流感病毒的大流行与高死亡数目有关……最常见的死因是引起肺衰竭的流感性肺炎。另外使用病毒神经氨酸酶的抑制剂（扎那米韦、奥司他韦），会阻止新复制的病毒颗粒从宿主细胞脱离。它们优选地在流感病毒感染发生和检测出以后不久使用，以便在感染的早期阶段抑制所述病毒的传播（WO 2003/026567 A2）。但是，病毒神经氨酸酶的抑制剂仅能干预病毒的增殖，却不会灭活已经存在于体内的病毒。神经氨酸酶抑制剂仅可以有助于将疾病持续时间略微缩短。

本发明的目标是，显著地增加这样的病毒增殖抑制剂的治疗效果。本发明能提供用于改进治疗流感病毒感染的药物组合物。尽管在本领域技术人员看来，显而易见的是，神经氨酸酶抑制剂仅能抑制流感病毒的增殖，但是不会由此减少已经存在的病毒。

涉案申请说明书包含 4 个实施例，实施例 1 体现流感病毒感染会造成肺炎的发展，结果图示于图 1 中。图 1 显示了在感染 A 型流感以后第 3、5、7 和 9 天或没有感染（作为对照）的 C57BL/6-小鼠的相对肺重量；实施例 2 通过施用神经氨酸酶抑制剂或施用神经氨酸酶抑制剂和肽 AP301 的组合来治疗肺炎，结果图示于图 2 中。图 2 显示了 A 型流感以后第 5、7、9 天用奥司他韦治疗、用涉案申请组合物（即奥司他韦与肽 AP301 的组合物）治疗和没有治疗的 C57BL/6-小鼠的相对肺重量；实施例 4 通过施用神经氨酸酶抑制剂（扎那米韦）或施用神经氨酸酶抑制剂（扎那米韦）和肽 AP301 的组合来治疗肺炎，结果图示于图 3 中。图 3 显示了 A 型流感以后第 7、9 天用扎那米韦治疗、用涉案申请组合物（即扎那米韦与肽 AP301 的组合物）治疗和没有治疗的小鼠的相对肺重量。

对比文件 1 公开了一种肽以及包含所述肽的组合物。对比文件 2 公开了病毒神经氨酸酶抑制剂扎那米韦或奥司他韦在流感的预防和治疗中发挥了重要作用。且本领域公知，扎那米韦与唾液酸有类似的结构，奥司他韦是扎那米韦的类似物。金刚烷胺是通过阻滞离子通道 M2 的机制来抗流感病毒。抗禽流感病毒的治疗可以采用磷酸奥司他韦和金刚烷（金刚烷胺或金刚乙胺）联合用药，这种联合疗法可以增强抗病毒活性，减少耐药性，并延长小鼠的存活时间。

裁判理由

法院生效裁判认为：根据《专利审查指南》第二部分第十章第 3.5 节的规定，对于申请日之后补交的实验数据，审查员应当予以审查。补交实验数据所证明的技术效果应当是所属技术领域的技术人员能够从专利申请公开的内容中得到的。根据查明的事实，阿某公司表示补交实验数据所要证明的技术效果是肽 AP301 与神经氨酸酶抑制剂的组合物相对于单独组分具有协同效应。涉案申请说明书仅公开了 A 型流感以后第 5、7、9 天用奥司他韦治疗、用涉案申请组合物治疗和没有治疗的小鼠的相对肺重量，A 型流感以后第 7、9 天用扎那米韦治疗、用涉案申请组合物治疗和没有治疗的小鼠的相对肺重量，即涉案申请说明书仅能证明涉案申请组合物比单独组分神经氨酸酶抑制剂具有更好的流感治疗效果。单独肽 AP301 用于治疗 A 型流感的效果在涉案申请说明书中未有体现，仅在补充实验数据中才涉及。综上，阿某公司提交补充实验数据用以证明涉案申请组合物比单独肽 AP301 具有更好的流感治疗效果，进而证明涉案申请请求保护的组合物相对于单独的组分具有协同效应，而涉案申请说明书公开了涉案申请组合物比单独组分神经氨酸酶抑制剂具有更好的流感治疗效果，这与补充实验数据欲证明的技术效果并不相同，故阿某公司补交实验数据所欲证明的技术效果并未体现在涉案申请公开的内容之中。此外，阿某公司例举的多篇复审决定和行政判决所涉及的案情与本案不同，不能成为证明涉案申请的补充实验数据能够被接受的当然依据。

北京知识产权法院于 2020 年 4 月 20 日作出（2017）京 73 行初 5493 号行政判决：驳回阿某公司的诉讼请求。

宣判后，阿某公司提起上诉。最高人民法院于 2021 年 7 月 9 日作出（2020）最高法知行终 297 号行政判决：驳回上诉，维持原判。

裁判要旨

对于申请日之后补交的实验数据应当予以审查。如果补交实验数据所证明的技术效果是所属技术领域的技术人员能够从专利申请公开的内容中得到的，则应当予以接受，否则就不应接受。

关联索引

2008 年《中华人民共和国专利法》第二十二条第三款
一审：北京知识产权法院 (2017) 京 73 行初 5493 号 (2020 年 4 月 20 日)
二审：最高人民法院 (2020) 最高法知行终 297 号 (2021 年 7 月 9 日)

法官评析

根据《专利审查指南》的规定，药物发明必须提供药效实验数据。一方面，由于化合物、组合物等制药的微观特性，其技术方案与技术效果的实现依托于实验数据的支撑。另一方面，由于药物研发高投入、长周期等特点，为最大程度保护研究成果，抢先占据市场，大量企业在完成初步研发时即进行专利布局。基于上述主客观因素，申请人在申请专利时易出现在数据上予以保留的情形，而在授权确权程序中，面对说明书公开不充分或权利要求不具备创造性的缺陷时，申请人通常会提交补充实验数据，用以证明涉案申请/专利符合授权确权条件。因此，在涉及化学、生物医药领域的专利授权确权案件中，补充实验数据是一个备受关注的问题。

专利申请人提交补充实验数据，本质上是对其专利申请文件进行修改。在先申请制度下，为了避免申请人不正当地抢占先申请时机，防止申请人对申请日后完成的发明创造不正当地获得在先申请日之利益，《专利法》第三十三条作出限制性规定，申请人可以对其专利申请文件进行修改，但是，对发明和实用新型专利申请文件的修改不得超出原说明书和权利要求书记载的范围。据此，专利申请人在申请日之后可以补充实验数据，国务院专利行政部门或者人民法院应当予以审查，但是，补充实验数据所证明的技术效果，应当是所属技术领域的技术人员能够从专利申请公开的内容中得到的，否则就不应接受。本案中，涉案专利申请说明书中虽然数次提到了组分所述肽与组分所述神经氨酸酶抑制剂的协同效应，但均是指"在组分所述肽的协同作用下，提高神经氨酸酶抑制剂的作用"，并未涉及"在组分神经氨酸酶抑制剂的协同作用下，提高所述肽的作用"，也不涉及"在两组分的协同作用下，组合物具有超出单独施用所述病毒神经氨酸酶抑制剂与单独施用所述肽简单加和的技术效果"，与专利申请人补充实验数据欲证明的技术效果并不相同，故补充实验数据不应予以接受。鉴于专利申请人以补充实验数据证明涉案专利申请组合物具有协同效应，产生了预料不到的技术效果，进而证明涉案专利申请具有创造性，在补充实验数据不应予以接受的情况下，其上述主张亦不成立。

判断发明是否取得了预料不到的技术效果，应考量发明同现有技术相比，其技术效果是否产生"质"的变化，具有新的性能；或者产生"量"的变化，超出人们预期的想象。这种"质"的或者"量"的变化，对所属技术领域的技术人员来说，事先无法预测或者推理出来。

一审法院合议庭成员 张晰昕　王青华　宫朝红
二审法院合议庭成员 何　鹏　梁晓征　欧宏伟
编写人 张晰昕　李春锦

19. 扬某药业集团有限公司与国家知识产权局、H×公司发明专利权无效行政纠纷案

——晶型专利的创造性判断

关键词　专利授权确权　晶型　创造性　技术效果

基本案情

涉案专利是专利号为 200780022338.5、名称为 "作为用于治疗认知损伤的、具有结合的对血清素再吸收、5-HT_3 和 5-HT_{1A} 活性的化合物的 1-[2-(2,4-二甲基苯基硫烷基)-苯基] 哌嗪" 的发明专利，专利权人是 H×公司。针对涉案专利，扬某药业集团有限公司（以下简称扬某公司）向国家知识产权局提出无效宣告请求。2021 年 2 月 18 日，国家知识产权局作出第 48337 号无效宣告请求审查决定（以下简称被诉决定），维持涉案专利权有效。扬某公司不服被诉决定，向北京知识产权法院提起诉讼。

原告扬某公司诉称：涉案专利权利要求 1~4 相对于证据 1 和公知常识的结合不具有创造性。证据 1 已给出了包括沃替西汀化合物可以转化成沃替西汀氢溴酸盐的明确的技术启示，且将活性药物化合物制备成晶型是本领域的普遍动机，因此，本领域技术人员有动机研究其酸的加成盐及盐的晶型。就技术效果而言，即便证据 1 未公开沃替西汀的理化性质，证据 1 也公开了其药学性质。基于现有技术和公知常识，本领域技术人员知晓游离碱和其盐型及其晶型的性质，故涉案专利 β 晶型和证据 1 游离碱的效果完全可以进行比对，涉案专利 β 晶型的技术效果没有超过本领域技术人员的合理预期。此外，在关联案件（即第 49382 号无效宣告审查决定）中，被告实际上已经将证据 1 和涉案专利的技术效果进行了直接对比，基于此，

没有任何证据证明涉案专利 β 晶型相对于证据 1 产生了任何预料不到的技术效果。此外，在涉案专利制备的 17 种晶型中，熔点最高的前三个晶型分别为盐酸盐、α 型氢溴酸盐、β 型氢溴酸盐。比较其溶解度和吸湿性，其中溶解度最高的为盐酸盐，非吸湿性最好的为 α 型氢溴酸盐。由此可以确定，即便基于涉案专利公开的内容，也无法证实 β 晶型是兼顾溶解度、吸湿性和稳定性的。综上，涉案专利 β 晶型并未产生任何预料不到的技术效果，涉案专利权利要求 1 不具备创造性。在权利要求 1 不具备创造性的情况下，其他权利要求亦不具备创造性。据此，被诉决定认定有误，请求法院予以撤销并判令被告重新作出无效决定。

被告国家知识产权局认为被诉决定认定事实清楚、适用法律正确、审理程序合法，请求法院依法驳回原告的诉讼请求。

第三人 H×公司认为被诉决定认定事实清楚、适用法律正确、审理程序合法，请求法院依法驳回原告的诉讼请求。

法院经审理查明：

本案涉案专利权利要求有 4 项，其中权利要求 1 如下：

"1. 晶体形式的化合物 1-［2-（2，4-二甲基苯基硫烷基）苯基］哌嗪氢溴酸盐，该化合物的 XRPD 如图 3 所示。"

涉案专利说明书记载了包括氢溴酸盐在内的 9 种盐型，其中氢溴酸盐公开了 5 种结晶，优选氢溴酸盐的 β 晶型，其具有较高的熔点，更稳定，溶解度更低，适合制成片剂（参见说明书第 2 页第 ［0017］-［0032］ 段、第 4 页第 ［0053］ 段）。实施例 4c 采用油状物制备了沃替西汀氢溴酸盐 β 晶型。实施例 4d 记载，"实施例 4c 制备的 β 型氢溴酸盐为晶体……其熔点为 231℃，当将该氢溴酸盐 β 晶型暴露于相对湿度高的环境中时，其吸收大约 0.6% 的水，并且其在水中的溶解度为 1.2mg/ml"。

说明书实施例记载的沃替西汀游离碱和不同盐型晶体的熔点、吸湿性和溶解度数据见表 1：

表1　说明书实施例记载的沃替西汀游离碱和
不同盐型晶体的熔点、吸湿性和溶解度数据

实施例编号	物质名称	熔点（℃）	吸湿性（吸水）	溶解性（mg/ml）
3c	游离碱晶体	117	非吸湿性	0.1
4b	氢溴酸盐 a 晶体	226	0.3%	2
4d	氢溴酸盐 β 晶体	231	0.6%	1.2
4f	氢溴酸盐 γ 晶体	220	4.5%	/
4h	氢溴酸盐半水合物	/	水含量约为 3.7%	/
4j	氢溴酸盐乙酸乙酯溶剂化晶体	去溶剂化：75	/	/
5b	盐酸盐晶体	236	1.5%	3
5d	盐酸盐一水合物晶体	脱水：50 熔融：230	不吸湿	2
6b	甲磺酸盐晶体	163	8%	>45
7b	富马酸盐晶体	194	/	0.4
8b	马来酸盐	152	/	1
9b	内消旋酒石酸盐晶体	164	/	0.7
10b	L-（+）-酒石酸盐晶体	171	/	0.4
11b	D-（-）-酒石酸盐晶体	175	/	0.4
12b	硫酸盐晶体	166	/	0.1
13b	磷酸盐晶体	224	/	1
14b	硝酸盐晶体	分解：160	/	0.8

注："/"表示没有记载。

针对涉案专利，扬某公司向国家知识产权局提出了无效宣告请求，同时提交了证据，其中：

证据1：公开号为 CN1561336A 的中国发明专利申请公开文本，公开日为2005年1月5日。证据1中有如下记载："本发明提供作为血清素再摄取抑制剂用于治疗情感障碍，如抑郁症……本发明提供通式 I 化合物……本发明的酸加成盐优选本化合物和无毒的酸形成的药学上可接受的盐……这样的无机盐的例子为盐酸盐、氢溴酸盐、磷酸盐、氨基磺酸盐、磷酸盐和硝酸盐。"（参见证据 1 说明书第 2 页第 10~11 行，第 2 页第 20 行~第 4 页第 19 行，第 7 页第 7~16 行）实施例 1e 的化合物为 1－［2－(2，4-二甲基苯基硫基）苯基］哌嗪（即沃替西汀游离碱）。（参见说明书第 18 页第 1~22 行）

北京知识产权法院于 2023 年 6 月 28 日作出（2021）京 73 行初 14004 号行政判决：驳回原告扬某公司的诉讼请求。

一审宣判后，各方均未提出上诉，判决已发生法律效力。

裁判理由

法院生效裁判认为：针对涉案专利权利要求 1 的创造性，虽然被诉决定并不否认在证据 1 已给出沃替西汀化合物可以转化成沃替西汀氢溴酸盐的技术启示，且将化合物制备成晶型是本领域常规研发路径的情况下，本领域技术人员有动机研发沃替西汀氢溴酸盐晶型。但被诉决定同时认为，因涉案专利权利要求 1~4 具有预料不到的技术效果，故上述权利要求仍具备创造性。基于上述认定，原告有关涉案专利权利要求 1~4 不具备创造性的理由亦集中在技术效果的认定上。

因原告这一主张针对的是被诉决定在晶型专利创造性认定中所采用的考虑技术效果这一做法，故本案中首先分析这一做法的合理性。亦即，为何在晶型本身的获得显而易见的情况下，只要其具有更好的技术效果，仍可认定晶型具备创造性。

晶型专利创造性判断中强调技术效果这一做法显然与通常的创造性判断方法并不相同。因创造性的判断客体是技术方案，而非技术效果，故如果权利要求所限定的技术方案对于本领域技术人员而言无需付出创造性劳动即可获得，则即便其技术效果明显好于现有技术，该技术效果亦由技术方案客观带来，其不会反过来使得本已显而易见的技术方案被认定为非显而易见。

但在晶型专利创造性判断中，技术效果则可能具有决定性的作用。也就是说，如果晶型具有更好的技术效果，则即使晶型本身的获得显而易见，同样可以认定该晶型专利具备创造性。之所以会采用这一做法，主要源于对晶型专利通常所处化学药产业的利益进行强保护的必要性，具体体现在以下两点：其一，晶型专利所处的化学药产业的研发水平在相当程度上决定了疾病治疗的水平，其与公民健康具有极为密切的关系，因此，对该产业提供强保护对于公共利益至关重要。其二，化学药的研发具有高投入、高失败率的特点。一款药物的研发通常历时十年甚至几十年，花费十亿甚至几十亿美元的投入。但即便如此，人体的复杂性也使得此类药品的研发具有很大的不确定性。实践中，一些药物甚至已经到了三期临床试验阶段才被迫放弃，导致大量的前期投入无法得到回报。上述情形说明，只有对于化学药领域的相关专利提供强保护，才可能使得研发主体就整体而言获得更高的市场利益预期，从而有动力进行研发投入。

基于上述分析可知，尽管通常情况下晶型均是通过常规制备方法而获得的，就所付出的创造性劳动而言，似乎并无保护的必要。但不可否认的是，即便是常规制备方法，亦需要多次尝试才可能获得，且是否可获得符合制药需求的晶型亦具有不确定性，因此需要相当的经济投入。在晶型研发通常是成药的必要环节的情况下，对于晶型研发的经济投入进行保护，使其获得可预期的经济回报，有利于激发药品的研发及产业发展，并进而有利于社会公共利益。

从产业利益这一角度出发，可合理解释晶型专利创造性中强调技术效果这一做法。虽然在技术研发过程中，可能获得多种晶型，但因经济回报来源于上市的药品，而可成药的晶型通常是一种或至多是有限的几种，故对于不具有成药前景的晶型并无保护的必要。对于何种晶型具有成药前景，虽然具有一定的不确定性，但并非毫无规律可循，通常可基于一些常规的理化性质进行判断，比如纯度、熔点、吸湿性、溶解度等。上述理化性质较好的晶型具有较大的成药可能性，因此，在专利授权及确权阶段，对于此类晶型提供保护可以在相当程度上确保经济回报，此即为晶型专利创造性判断中考虑技术效果的原因所在。

从产业利益的角度出发，不仅可以解释技术效果在晶型专利创造性判断中的重要作用，亦可对如何进行技术效果的比对给出相对具体的规则。产业利益这一考虑角度决定了在技术效果的比对上，既需要与其他专利一样，将其与最接近的现有技术进行比较，更需要在说明书中记载有其他晶型时，将其与其他晶型进行比较。毕竟，从产业利益角度考虑，如果涉案晶型相较于说明书中记载的其他晶型具有较差的技术效果从而导致其基本上难以成药，则即使其相对于最接近的现有技术具有较好的技术效果，也同样不具有保护的必要性，此亦为被诉决定中采用的做法。本案中，原告虽然并未提供证据证明最接近现有技术证据1的理化性质，从而使得涉案专利与证据1的技术效果无法进行对比，但被诉决定并未直接据此得出涉案专利具备创造性的结论，而是将涉案专利权利要求1与说明书中的其他晶型进行比对，在认定涉案专利相对于其他晶型具有更好的技术效果的情况下，认定涉案专利权权利要求1具备创造性。

此外，对于产业利益的考虑同时意味着在对晶型专利技术效果的比对中，需要考虑的是具体而非概括的理化性质，以便对于是否具有成药可能性作出基本判断，此亦为本案中被诉决定所采用的做法。本案中，证据1涉及沃替西汀游离碱，其中虽给出了药学特性，但未给出其具体理化性质。虽然本领域技术人员可能概括性地知晓游离碱或成盐或结晶的基本理化性质，比如，当化合物成盐变成离子化合物时，其熔点比游离体高，有机盐类药物的吸湿性较游离型有机碱的吸湿性强，等等。但这一概括特性更多是对研发方向产生影响，对于是否可以成药并无实质意义。因只有具体的理化性质数据才会对是否具有成药可能性具有实质意义，故在原告使用证据1作为最接近的现有技术，却未进一步举证证明证据1理化性质的情况下，被诉决定认定原告举证不利，并无不当。相应地，对于原告仅基于上述概括特性即得出涉案专利不具有预料不到技术效果的主张，法院亦不予以支持。

原告虽主张被告在另案（即第49382号无效宣告审查决定）中采用了与本案不同的举证责任分配原则，将证据1和涉案专利的技术效果进行对比，并据此否定了除氢溴酸盐β晶型和α晶型以外的其他所有10多种盐的晶型的创造性。但法院要指出的是，在第49832号无效决定中，被告同样未将证据1与涉案专利进行直接比对，亦无法直接进行比对，其比对的数据来源于涉案专利实施例3c，只不过实施例3c恰好涉及证据1中的化合物而已。被告之所以采用这一做法，原因在于法院在前文中已经指出的理由，即对于晶型技术效果的认定，不仅需要与最接近的现有技术进行对比，亦需要与涉案专利说明书中记载的其他晶型进行对比。因此，在说明书中已给出实施例3c具体数据的情况下，有必要将其与涉案专利进行比对，以确定涉案专利权利要求1是否具有更好的技术效果。由此可知，在该案中被告仍然并不认为原告已履行了举证责任。

此外，在技术效果比对中需要考虑的另一问题在于，如果某一特定晶型虽然在某一个或几个方面相对于其他晶型具有较好的理化性质，但在其他方面效果较差，对于该晶型的整体技术效果应如何认定。对于这一问题，同样需要基于产业利益角度进行分析，亦即，需要基于不同理化性质之于成药的重要性来对整体技术效果作出判断。

本案中，原告之所以主张相对于盐酸盐晶型及 α 型氢溴酸盐晶型，涉案专利并非综合性能最好的晶型，原因在于其仅考虑了理化性质的客观指标，而未考虑到其对成药的影响，亦即其未考虑到不同理化性质在晶型技术效果中的权重。

将涉案专利与盐酸盐晶型相比，就吸湿性而言，涉案专利好于盐酸盐晶型（分别为 0.6%、1.5%），但在熔点及溶解度方面，涉案专利却均差于盐酸盐晶型（分别为 231℃、236℃，以及 1.2mg/ml、3mg/ml）。似乎整体而言，盐酸盐晶型在两个理化性质上均优于涉案专利，因此应认定盐酸盐晶型而非涉案专利具有更好的技术效果。但实际上并非如此。虽然盐酸盐晶型的熔点略高于涉案专利，但实际上只要达到一定熔点，熔点是否更高对于成药过程并不具有实际意义，本案中盐酸盐晶型与涉案专利在熔点上的差别即属于此种情形。对于溶解度而言，虽然盐酸盐晶型明显好于涉案专利，但在成药过程中，可通过微粉化等工艺弥补涉案专利这一缺陷。退一步讲，即使不考虑这一因素，涉案专利亦符合药典中的微溶级别，符合制药的相关要求。因此，上述两个理化性质均不会对于成药过程或制剂本身产生实质性影响。但对于吸湿性，情况则有所不同。无论是对于成药过程，还是制剂，吸湿性均具有重要影响，其直接影响原料药及制剂的稳定性。盐酸盐晶型的吸湿性明显高于涉案专利，这一差异不仅对于原料药本身的储存具有重要影响，在成药过程中，亦较难通过相关工艺予以完全弥补。基于此，就综合效果而言，涉案专利显然优于盐酸盐晶型。

此外，基于与盐酸盐晶型相同的理由，涉案专利与 α 型氢溴酸盐晶型在熔点方面的差别对于成药并无实质影响。在溶解度方面的差别，则不仅可以通过制备工艺弥补，亦符合药典中的微溶级别要求。至于吸湿性，虽然 α 晶型的 0.3% 好于涉案专利的 0.6%，但均属于药典中"略有引湿性"的级别，同样符合药典的要求。可见，就与成药的相关性质而言，涉案专

利与 α 型氢溴酸盐晶型均具有较好的技术效果。被诉决定基于这一技术效果认定涉案专利具备创造性，结论并无不当。

综上，因原告并未举证证明证据 1 的具体理化性质，同时，相较于涉案专利说明书中所记载的其他晶型而言，涉案专利权利要求 1 在易于成药方面具有更好的技术效果，据此，涉案专利权利要求 1 具备创造性。在权利要求 1 具备创造性的情况下，引用权利要求 1 的权利要求 2~4 亦具备创造性。原告的相关主张不能成立，法院不予支持。

裁判要旨

在晶型专利创造性判断中，技术效果可能具有决定性的作用。如果晶型明显具有更好的技术效果，即使晶型本身的获得显而易见，同样可以认定该晶型专利具备创造性。如果涉案晶型相较于说明书中记载的其他晶型具有较差的技术效果从而导致其基本上难以成药，则即使其相对于最接近的现有技术具有较好的技术效果，也不具有保护的必要性。因此，在技术效果的比对上，既需要与其他专利一样，将其与最接近的现有技术进行比较，也需要在说明书中记载有其他晶型时，将其与其他晶型进行比较。因只有具体的理化性质数据才会对是否具有成药可能性具有实质意义，故在对晶型专利技术效果的比对中，需要考虑的是具体而非概括的理化性质，以便对于是否具有成药可能性作出基本判断。在认定晶型的整体技术效果时，需要基于不同理化性质之于成药的重要性作出判断，对于成药过程或制剂本身会产生实质性影响的理化性质相较其他理化性质而言更为重要。

关联索引

2000 年《中华人民共和国专利法》第二十二条第三款

一审：北京知识产权法院（2021）京 73 行初 14004 号（2023 年 6 月 28 日）

法官评析

创造性的判断客体是技术方案，而非技术效果。如果权利要求所限定的技术方案对于本领域技术人员而言无需付出创造性劳动即可获得，则即便其技术效果明显好于现有技术，该技术效果亦由技术方案客观带来，其不会反过来使得本已显而易见的技术方案被认定为非显而易见。然而，在晶型专利创造性判断中，技术效果则可能具有决定性的作用，这一做法具有特殊性。

一般而言，因晶型所涉化合物已公开在先，而化合物成盐、成晶的相关技术特征抑或为常规方法，或在现有技术中存在技术启示，导致晶型本身的获得很难具有非显而易见性。在此情况下，在晶型的创造性判断中考虑技术效果，主要基于以下产业利益方面的考虑：一是对晶型专利通常所处化学药产业的利益进行强保护具有必要性；二是在晶型研发是成药的必要环节的情况下，对技术效果较好的晶型进行专利保护会激发药品研发，进而有利于社会公益。

至于在考虑技术效果的情况下，应如何进行效果比对，判决亦基于本案案情给出了明确规则。具体而言，在比对对象方面，既需要与最接近的现有技术进行对比，亦需要在说明书中记载有其他晶型时与其他晶型进行对比；在效果权重方面，对成药更为重要的技术效果在比对中权重更大；在举证精细度方面，提供技术启示的现有技术不能止于概括的理化性质，还应给出具体数据。

一审法院合议庭成员　芮松艳　刘晓慧　周文君

编写人　陈一平

20. 阿某法国公司与国家知识产权局发明专利申请驳回复审行政纠纷案

——组合物用途发明是否被对比文件公开之认定

关键词 专利授权确权 创造性 现有技术 组合物用途发明

基本案情

涉案申请系申请号为 200980146131.8、名称为"使车辆加热和/或空气调节的方法"的 PCT 发明专利申请，申请人为阿某公司（以下简称阿某公司）。国家知识产权局原审查部门于 2014 年 9 月 3 日发出驳回决定，驳回了本申请。阿某公司对上述驳回决定不服，于 2014 年 12 月 18 日向国家知识产权局原专利复审委员会（以下简称原专利复审委员会）提出了复审请求。原专利复审委员会作出第 102093 号复审决定（以下简称被诉决定），认定本申请的权利要求 1、2 不具备《专利法》第二十二条第三款规定的创造性，故维持国家知识产权局于 2014 年 9 月 3 日对本申请作出的驳回决定。阿某公司不服，向北京知识产权法院提起诉讼。

阿某公司诉称：第一，被诉决定关于本申请权利要求 1 相对于对比文件 1 实际解决的技术问题的认定错误。权利要求 1 的主题名称即为"制冷剂组合物在其中循环所述制冷剂组合物的可逆制冷回路中改善体积容量或性能系数的用途"，且本申请说明书中记载并证明了通过权利要求 1 的技术方案能够改善制冷剂组合物在可逆制冷回路中的体积容量或性能系数。故基于权利要求 1 相对于对比文件 1 的区别技术特征，权利要求 1 实际解决的技术问题应为"改善制冷剂组合物在其中循环所述制冷剂组合物的可逆制冷回路中的体积容量或性能系数"。第二，虽然对比文件 1 公开了权利要求 1 中的制冷剂组合物，但对比文件 1 仅泛泛对百余种制冷剂组合物进行了列举，而未进行研究和验证；对比文件 2 仅公开了使用制冷剂组合物的可逆制冷回路，而未给出改善制冷剂组合物在可逆制冷回路中的体积容量或性能系数的技术启示，故本领域的技术人员基于对比文件 1、2 不可能想到所述制冷剂组合物在其中循环所述制冷剂组合物在可逆制冷回路中改善体积容量或性能系数的用途。第三，如上所述，权利要求 1 取得了改善制冷剂组合物在可逆制冷回路中的体积容量或性能系数的有益效果。因此，本申请权利要求 1 具备《专利法》第二十二条第三款规定的创造性。在权利要求 1 具备创造性的基础上，权利要求 2 亦具备创造性。综上，被诉决定认定事实不清，适用法律错误，请求法院撤销被诉决定，并判令国家知识产权局重新作出决定。

国家知识产权局辩称，被诉决定认定事实清楚，适用法律正确，审查程序合法，审查结论正确，请求法院驳回阿某公司的诉讼请求。

法院经审理查明：

涉案申请申请日为 2009 年 11 月 18 日，优先权日为 2008 年 11 月 20 日，进入中国国家阶段日为 2011 年 5 月 19 日，公开日为 2011 年 10 月 12 日。

国家知识产权局原审查部门于 2014 年 9 月 3 日发出驳回决定，驳回了本发明专利申请。

对比文件 1（CN101297016A，公开日为 2008 年 10 月 29 日）公开了用于制冷、空调和热泵体系的组合物，并公开了一种含有 HFC-1234yf（即 2，3，3，3-四氟乙烯）和丙烷的组合物，其中，HFC-1234yf 和丙烷的质量百分比分别为 51.5/48.5、60/40、80/20、40/60、20/80、10/90。本文所使用的运动制冷设备或运动空调设备是指结合到道路、轨道、海洋或天空的运输单元中的任何制冷或空调设备。

对比文件 2（US4688394A，公开日为 1987 年 8 月 25 日）公开了制冷剂组合物用于循环所述制冷剂组合物的可逆制冷回路的用途，并公开了如下内容：制冷介质通过压缩机在闭合回路中循环，其中一个循环方向是制冷，而相反的循环方向是制热。汽车加热或制冷热泵回路如图 1 所示，其包括压缩机 11、允许回路中流向可逆的流向控制如四通阀 12、舱内或内部的热交换器 13、可逆膨胀阀 14 和外部或舱外热交换器 15，这些都在闭合回路中通过管道 16 相互连接。总的来说，这些目的实质上在工业上具有如下经济学和工程学的优势：（a）发动机舱和乘客车厢空间中设备对空间的需求更少；（b）减轻了重量；（c）简化了管道和操作；（d）车辆完全不需要加热器源。单个舱内的交换器可选择地用于加热和制冷。

阿某公司对驳回决定不服，于 2014 年 12 月 18 日向原专利复审委员会提出了复审请求，并提交了权利要求书的全文修改替换页（共 1 页，11项），修改在于：将权利要求 10 的主题名称由"制冷剂组合物"修改为"制冷剂组合物在其中循环所述制冷剂组合物的可逆制冷回路中改善体积容量或性能系数的用途"，并补入技术特征"所述可逆制冷回路包括第一热交换器、压力调节器、第二热交换器、压缩机和使所述制冷剂的流动方向倒转的装置"。修改后的权利要求 10 如下：

"10. 制冷剂组合物在其中循环所述制冷剂组合物的可逆制冷回路中改善体积容量或性能系数的用途，所述可逆制冷回路包括第一热交换器、压力调节器、第二热交换器、压缩机和使所述制冷剂的流动方向倒转的装置，其中所述制冷剂组合物含有 5~80 重量%的 2，3，3，3-四氟丙烯和20~95 重量%的丙烷。"

阿某公司认为：对比文件 1、2 未提及任何关于改善体积容量和性能系数的内容，本领域技术人员基于对比文件 1、2 不可能想到所述制冷剂组合物在其中循环所述制冷剂组合物的可逆制冷回路中改善体积容量或性能系数的用途。根据本申请说明书实验部分和第 6 页的表格，本申请制冷剂组合物具有改善性能系数（COP%）和体积容量（CAP%）的技术效果。因此，权利要求 10 具有新颖性、创造性。

经形式审查合格，原专利复审委员会于 2014 年 12 月 26 日依法受理了该复审请求，并将其转送至国家知识产权局原审查部门进行前置审查。国家知识产权局原审查部门坚持驳回决定。

原专利复审委员会于 2015 年 7 月 1 日向阿某公司发出复审通知书，指出：权利要求 10 要求保护制冷剂组合物在其中循环所述制冷剂组合物的可逆制冷回路中改善体积容量或性能系数的用途，其与对比文件 1 的区别特征为：权利要求 10 限定了可逆制冷回路及其具体组成单元，制冷剂组合物在其中循环所述制冷剂组合物的可逆制冷回路中改善了体积容量或性能系数。对比文件 1 公开了制冷剂组合物用于空调设备。权利要求 10 实际解决的技术问题是：提供一种制冷回路的替代方案。本领域的技术人员有动机将对比文件 2 所述可逆制冷回路用于对比文件 1 所述的用途中，在对比文件 1 和 2 结合的基础上，必然会获得制冷剂组合物在其中循环所述制冷剂组合物的可逆制冷回路中改善了体积容量或性能系数的技术效果。因此，权利要求 10 不具备创造性。

阿某公司于 2015 年 10 月 16 日提交了意见陈述书，同时提交了权利要求书的全文修改替换页（共 1 页，2 项）。相对于提出复审请求时提交的文本，修改在于：删除权利要求 1~9，调整权利要求 10~11 的编号。

阿某公司认为：（1）在本申请的申请日之前，R-134a 是市场上仅有的用于可逆制冷回路中的制冷剂产品，其存在压力降低的问题，这影响了其体积容量和性能系数。本申请的发明点就在于选用了特定的制冷剂在特定的可逆制冷回路中使用，改善了体积容量或性能系数。对比文件 1 和对比文件 2 中都没有教导使用权利要求 1 中特定的制冷剂在特定的可逆制冷回路中使用，从而改善体积容量或性能系数。（2）对比文件 1 包括大量的制冷剂产品，其并没有涉及何种组合物适合用于何种制冷应用之中。对比文件 1 的实施例 4 中将其优选的制冷剂组合物和 R-407C 进行了比较，这些优选的制冷剂组合物的能量效率 EER 均低于 R-407C，在此基础上，本领域的技术人员不能预期其没有具体给出实验数据的非优选组合物能够获得显著高于 R-407C 的能量效率。本领域的技术人员没有动机在对比文件 1 公开的数量巨大的制冷剂产品中选择本申请权利要求 1 的特定组合物并用于对比文件 2 的可逆制冷回路中达到改善体积容量或性能系数的用途。（3）本申请说明书实验部分已证实：权利要求 1 中特定组合物在特定的制冷回路中，在加热模式下，相比于 R-407C，其 COP% 和 CAP% 值高达 127% 和 123%。另外，补充提交的将权利要求 1 的制冷剂组合物在同样的制冷回路中在冷却模式下进行实验（其中冷凝器温度为 50℃，压缩机入口温度为 10℃，蒸发器温度为 5℃，且 ISO 效率为 70%）而得到的数据如下（见表 1）：

表1　将权利要求1的制冷剂组合物在同样的制冷
回路中在冷却模式下进行实验得到的数据

	R-407C	20%丙烷	25%丙烷	30%丙烷	35%丙烷	40%丙烷	45%丙烷	50%丙烷	55%丙烷	60%丙烷
低压	5.47	4.84	5.12	5.42	5.63	5.83	5.98	6.04	6.05	6.01
高压	22.15	17.44	17.97	18.37	18.58	18.72	18.81	18.83	18.80	18.71
压缩机出口温度	85.07	66.51	66.53	66.19	65.81	65.46	65.33	65.50	65.93	66.56
冷却模式										
%COP	100.00	101.09	101.79	103.54	105.33	107.33	109.09	110.03	110.52	110.74

上述实验数据显示：相比于 R-407C，权利要求 1 的组合物在冷却模式下 COP%同样显著提高。本领域的技术人员基于对比文件 1 和对比文件 2 公开的内容完全无法预测上述改善的体积容量或性能系数的效果，自然无法想到改善的体积容量或性能系数的用途。综上，权利要求 1、2 具备创造性。

2015 年 12 月 9 日，原专利复审委员会作出被诉决定。

另查，本申请说明书实验部分记载了将冷凝器温度设定为 30℃在车辆中热泵工作条件下制冷剂性能模拟的实验数据：

		蒸发器入口温度(℃)	To eyap(℃)	Tcond(℃)	滑动	evap P(Kpa)	cond P(KPa)	比(p/p)	To comp	CAP(KJ/m³)	%cap	%COP
R-407C		-35	-30	30	5	139	1370	9.8	85	1293	100	100
A	B											
40	60	-30	-30	30	D	187	1158	6	79	1580	122	127
50	50	-30	-30	30	D	191	1160	6	76	1584	123	126
60	40	-30	-30	30	D	168	1152	6	75	1542	119	125
70	30	-32	-30	30	2	170	1128	7	76	1413	109	121
75	25	-34	-30	30	4	158	1107	7	77	1331	103	115

本申请说明书第［0051］段记载有："COP：性能系数，在热泵的情况下定义为系统所提供的有用热功率对供应到系统或系统消耗的功率。"第

[0052] 段记载有："CAP：体积容量，为每单位体积的比热容（kJ/m³）。"第 [0053] 段记载有："%CAP 或 COP 是根据本发明的组合物的 CAP 或 COP 值相对于 R-407C 的 CAP 或 COP 值之比。"

北京知识产权法院于 2018 年 9 月 28 日作出（2016）京 73 行初 1359 号行政判决：驳回原告阿某公司的诉讼请求。

宣判后，双方当事人未提起上诉，该判决现已生效。

裁判理由

法院生效裁判认为：首先，关于阿某公司主张基于权利要求 1 相对于对比文件 1 的区别技术特征，权利要求 1 实际解决的技术问题应为"改善制冷剂组合物在可逆制冷回路中的体积容量或性能系数"的问题。权利要求 1 请求保护制冷剂组合物在其中循环所述制冷剂组合物的可逆制冷回路中改善体积容量或性能系数的用途，而对比文件 1 公开了一种含有 HFC-1234yf（即 2，3，3，3-四氟乙烯）和丙烷的组合物，其中，HFC-1234yf（即 2，3，3，3-四氟乙烯）和丙烷的质量百分比分别为 51.5/48.5、60/40、80/20、40/60、20/80、10/90，并公开了该组合物可用于制冷、空调和热泵体系。可见，对比文件 1 已经公开了本申请权利要求 1 中的制冷剂组合物，以及该组合物可用于制冷、空调和热泵体系的用途。根据法院查明的事实，本申请的主题及本申请说明书中记载的发明目的均为"改善制冷剂组合物在可逆制冷回路中的体积容量或性能系数"，且由本申请说明书的实验部分可知，在热泵工作条件下，本申请的制冷剂组合物相比于 R-407C 获得了更高的体积容量和性能系数。但本领域的技术人员通过阅读本申请的说明书，无法得出该改善的体积容量或性能系数与制冷剂组合物所使用的可逆制冷回路及其具体组成单元有关的结论，阿某公司亦未提交任何证据以证明该改善的体积容量或性能系数与制冷剂组合物所使用的可逆制冷回路及其具体组成单元有关。可见，本申请权利要求 1 请求保护的制冷剂组合物在其中循环所述制冷剂组合物的可逆制冷回路中改善体积容量或性能系数的用途，系基于该制冷剂组合物本身状态变化的性质实现。故在对比文件 1 已经公开了权利要求 1 中的制冷剂组合物的情况下，基于该制冷剂组合物本身状态变化的性质，其亦应取得在回路中改善体积容量或性能系数的技术效果。即权利要求 1 请求保护的制冷剂组合物在其中循环所述制冷剂组合物的可逆制冷回路中改善体积容量或性能系数的用途，与对比文件 1 公开的内容相比，并无实质性的改进或者提高。因此，权利要求 1 请求保护的制冷剂组合物在其中循环所述制冷剂组合物的回路中改善体积容量或性能系数的方法已为对比文件 1 所公开。在此基础上，权利要求 1 相对于对比文件 1 的区别技术特征应为为权利要求 1 提供了一种循环制冷剂组合物的可逆制冷回路及其具体组成单元。被诉决定对此认定错误，法院予以纠正。根据该区别技术特征在权利要求 1 中所起的作用，本申请实际解决的技术问题应为"提供一种制冷回路的替代方案"。故阿某公司关于权利要求 1 实际解决的技术问题应为"改善制冷剂组合物在可逆制冷回路中的体积容量或性能系数"的相关主张缺乏事实和法律依据，法院不予支持。

其次，关于阿某公司主张本领域的技术人员基于对比文件 1、2 不可能想到所述制冷剂组合物在其中循环所述制冷剂组合物在可逆制冷回路中改善体积容量或性能系数的用途的问题。如上所述，权利要求 1 实际解决的技术问题为"提供一种制冷回路的替代方案"，而根据法院查明的事实可知，对比文件 2 公开了一种循环制冷介质的可逆制冷回路及其具体组成单元，即对比文件 2 已经明确给出了解决"提供一种制冷回路的替代方案"这一技术问题可采用的技术方案"循环制冷介质的可逆制冷回路"的技术启示。因此，本领域的技术人员在面对提供一种制冷回路的替代方案的技术问题时，有动机将对比文件 2 中的循环制冷介质的可逆制冷回路应用于对比文件 1 所述的方法中，以解决本申请权利要求 1 所实际解决的技术问题，进而得到权利要求 1 请求保护的技术方案。故阿某公司关于本领域的技术人员基于对比文件 1、2 不可能想到所述制冷剂组合物在其中循环所述制冷剂组合物在可逆制冷回路中改善体积容量或性能系数的用途的主张不能成立，法院不予支持。

最后，关于阿某公司主张权利要求 1 取得了改善制冷剂组合物在可逆制冷回路中的体积容量或性能系数的有益效果，故权利要求 1 应具备创造性的问题。但在创造性的评价过程中，只有涉案专利取得了本领域技术人员预料不到的技术效果，方会对创造性的评判产生实质性影响。最高人民法院（2013）知行字第 77 号案亦曾指出，如果发明相对于现有技术所产生的技术效果在质或量上发生明显变化，超出了本领域技术人员的合理预期，可以认定发明具有预料不到的技术效果。在认定是否存在预料不到的技术效果时，应当综合考虑发明所属技术领域的特点，尤其是技术效果的可预见性、现有技术中存在的技术启示等因素。通常，现有技术中给出的技术启示越明确，技术效果的可预见性就越高。虽然上述改善体积容量或性能系数的有益效果被记载在了涉案专利的权利要求书和说明书中，但阿某公司所述"改善体积容量或性能系数"的有益效果并未在质或量上发生明显的变化，从而超出本领域技术人员的合理预期。故阿某公司以此主张权利要求1的技术方案取得相应有益效果而具备创造性的理由亦不能成立，法院不予支持。

鉴于阿某公司系在权利要求1具备创造性的基础上坚持权利要求2具备创造性，在法院已认定阿某公司关于权利要求1具备创造性的理由不能成立的基础上，阿某公司关于权利要求2具备创造性的理由亦不能成立。

裁判要旨

化学领域组合物的用途发明实质上属于一种使用方法发明，其技术方案的内容一般由组合物及其用途或效果两部分组成，该发明的实质不在于组合物本身，而在于如何使用该组合物以及使用该组合物会产生怎样的效果。因此，不能因该组合物已被公开即认定该使用方法已被公开，而应判断该组合物的新用途或效果与原已知用途或效果是否实质上不同。即，判断该新用途或效果与原已知用途或效果可否直接等同，有无实质性的改进或者提高。

关联索引

2008年《中华人民共和国专利法》第二十二条第三款

一审：北京知识产权法院（2016）京73行初1359号（2018年9月28日）

法官评析

本案涉及化学领域组合物的用途发明，不仅对专利授权确权案件中判断组合物用途发明是否为现有技术所公开的认定标准进行了阐释和明确，而且充分发挥司法审查职能，尽可能保证真正有创造性的发明创造取得授权和获得保护。

《专利法》第二十二条第三款规定，创造性，是指与现有技术相比，该发明具有突出的实质性特点和显著的进步，该实用新型具有实质性特点和进步。判断一项发明是否具有突出的实质性特点，通常采用的方法为"三步法"，即确定最接近的现有技术、确定该发明相对于最接近的现有技术的区别技术特征及其所实际解决的技术问题、判断该发明对本领域技术人员是否显而易见。

确定发明实际解决的技术问题，通常要在发明相对于最接近的现有技术存在的区别技术特征的基础上，由本领域技术人员在阅读本案专利说明书后，根据该区别技术特征在权利要求请求保护的技术方案中所产生的作用、功能或者技术效果等来确定。即，发明实际解决的技术问题是基于最接近的现有技术重新确定的技术问题，且往往需要根据本发明最接近的现有技术进行重新认定。而现有技术的认定应当以对比文件公开的技术内容为准，该技术内容不仅包括明确记载在对比文件中的内容，而且包括对于所属技术领域的技术人员来说，隐含的且可直接地、毫无疑义地确定的技术内容。本案中，由对比文件1公开的内容可知，其已经公开了本申请权利要求1中的制冷剂组合物，以及该组合物可用于制冷、空调和热泵体系的用途。

但是，化学领域组合物的用途发明实质上属于一种使用方法发明，其技术方案的内容一般由组合物及其用途或效果两部分组成，该发明的实质不在于组合物本身，而在于如何使用该组合物以及使用该组合物会产生怎样的效果。因此，不能因该组合物已被公开即认定该使用方法已被公开，而应判断该组合物的新用途或效果与原已知用途或效果是否实质上不同。即，判断该新用途或效果与原已知用途或效果可否直接等同，有无实质性的改进或者提高。根据法院查明的事实，虽然本申请的主题及本申请说明书中记载的发明目的均为"改善制冷剂组合物在可逆制冷回路中的体积容量或性能系数"，且由本申请说明书的实验部分可知，在热泵工作条件下，本申请的制冷剂组合物相比于R-407C获得了更高的体积容量和性能系数，但是，本领域的技术人员通过阅读本申请的说明书，无法得出该改善的体积容量或性能系数与制冷剂组合物所使用的可逆制冷回路及其具体组成单元有关的结论，阿某公司亦未提交任何证据以证明该改善的体积容量或性能系数与制冷剂组合物所使用的可逆制冷回路及其具体组成单元有关。可见，本申请权利要求 1 请求保护的制冷剂组合物在其中循环所述制冷剂组合物在可逆制冷回路中改善体积容量或性能系数的用途，系基于该制冷剂组合物本身状态变化的性质实现。故在对比文件 1 已经公开了权利要求 1 中的制冷剂组合物的情况下，基于该制冷剂组合物本身状态变化的性质，其亦应取得在回路中改善体积容量或性能系数的技术效果。即权利要求 1 请求保护的制冷剂组合物在其中循环所述制冷剂组合物的可逆制冷回路中改善体积容量或性能系数的用途，与对比文件 1 公开的内容相比，并无实质性的改进或者提高。因此，权利要求 1 请求保护的制冷剂组合物在其中循环所述制冷剂组合物在回路中改善体积容量或性能系数的方法已为对比文件 1 所公开。在此基础上，权利要求 1 相对于对比文件 1 的区别技术特征应为权利要求 1 提供了一种循环制冷剂组合物的可逆制冷回路及其具体组成单元。根据该区别技术特征在权利要求 1 中所起的作用，本申请实际解决的技术问题应为"提供一种制冷回路的替代方案"。

一审法院合议庭成员　崔宇航　邓　卓　丁　敏
编写人　崔宇航

21. 英某（中国）有限公司与国家知识产权局、某研究所发明专利权无效行政纠纷案

——集成电路领域方法专利新颖性、创造性的判断

关键词　集成电路领域　专利　新颖性　创造性

基本案情

涉案专利系专利号为 201110240931.5、名称为"半导体器件结构及其制作方法、及半导体鳍制作方法"的发明专利，申请日为 2011 年 8 月 22 日，授权公告日为 2015 年 8 月 12 日，专利权人是某研究所。针对涉案专利，英某（中国）有限公司（以下简称英某公司）向国家知识产权局原专利复审委员会（以下简称原专利复审委员会）提起无效宣告请求，其理由是涉案专利不符合《专利法》第二十二条第二款、第三款，第二十六条第三款、第四款，《专利法实施细则》第二十条第二款的规定，请求宣告涉案专利权利要求全部无效。原专利复审委员会作出第 38936 号被诉决定，维持涉案专利有效。

英某公司诉称：（1）被诉决定关于涉案专利新颖性的认定错误。被诉决定认定对比文件 1 未公开权利要求 1 中的步骤 2 是错误的。①新颖性的比对应遵循客观性原则，其与对比文件中文字记载的主观要解决的问题并无关联。本案中，对比文件 1 所公开的技术方案客观上实现了涉案专利"防止侧墙材料进入切口"的技术效果。因此，涉案专利相对于对比文件 1 不具有新颖性。②虽然对比文件 1 未在字面上对"侧墙形成"与"切割栅极线"的顺序进行直接的排列，但本领域技术人员可直接、毫无疑义地知悉"先形成侧墙，再切割栅极线"是对比文件 1 唯一公开的方案。③被诉

决定曲解了对比文件 1 中第 45 段的内容，并将其作为支持其错误解释的唯一依据，被诉决定的理解没有任何依据。基于相同或者类似的理由，权利要求 8 相对于对比文件 1 的新颖性认定同样错误。（2）被诉决定关于涉案专利创造性的认定错误。被诉决定错误认定权利要求 1、8 相对于对比文件 1 和 3 的相互结合具有创造性。①被诉决定无视"三步法"，仅以所谓 Fin-FET 与平面晶体管具有巨大差异为由否认对比文件 3 与对比文件 1 结合的可能性。②以对比文件 1 作为最接近的现有技术，即使假定对比文件 1 没有公开权利要求 1 中的步骤 2，但对比文件 3 明确教导了通过先绕栅极线形成侧墙，再切割栅极线可以避免侧墙材料进入被切割的栅极线切口中，从而有助于单元结构的尺寸缩减。③以对比文件 3 作为最接近的对比文件，则权利要求 1 与对比文件 3 的区别特征仅在于 FinFET，此为本领域的公知常识。因此，权利要求 1 不具备创造性。与此类似，权利要求 8 作为产品权利要求同样不具备创造性。（3）被诉决定还存在一系列错误，包括但不限于：①被诉决定错误认定仅有教科书、标准公开的内容才能作为公知常识；②被诉决定错误认定权利要求 1 和权利要求 8 相对于对比文件 2 具备新颖性；③被诉决定错误认定权利要求 1 和权利要求 8 相对于对比文件 1 和 4 具备创造性；④被诉决定错误认定涉案专利符合《专利法》第二十六条第三款的规定；⑤被诉决定错误认定涉案专利权利要求 1、权利要求 8 符合《专利法》第二十六条第四款的规定；⑥被诉决定错误认定涉案专利权利要求 1、权利要求 8 符合《专利法实施细则》第二十条第二款的规定。综上，请求法院依法撤销被诉决定，同时责令被告重新作出审查决定。

国家知识产权局辩称：对比文件 1 未公开涉案专利权利要求 1 的步骤 2。从本领域技术发展脉络来看，垂直多栅 MOSFET 于 1989 年提出，Fin-FET 概念于 1999 年至 2000 年间正式提出，而直到 2011 年左右，FinFET 才实现商业上的应用。由此也可以看出，从平面晶体管到 FinFET 的改进需要本领域技术人员付出巨大的努力，而不是仅仅将平面晶体管中已经成熟的工艺直接移植到 FinFET 中就可以实现相应的技术方案。因此，在现有技术没有给出明确指引的前提下，本领域技术人员没有动机直接用 MOS 平面器件中的技术手段来解决涉案专利的 FinFET 器件中"栅极线之间的切口存在而造成的侧墙电介质填充孔洞"的问题。综上，请求法院依法驳回原告的诉讼请求。

某研究所述称：涉案专利相对于现有技术具备新颖性和创造性，被诉决定认定事实清楚，适用法律法规正确，审理程序合法，审查结论正确，原告的诉讼理由不能成立，请求法院依法驳回原告的诉讼请求。

法院经审理查明，涉案专利授权公告的权利要求1如下：

"1. 一种制作半导体器件结构的方法，包括：

提供半导体衬底；

在半导体衬底上沿第一方向形成鳍；

在半导体衬底上沿与第一方向交叉的第二方向形成栅极线，所述栅极线经由栅介质层与鳍相交；

绕所述栅极线形成电介质侧墙；以及

在形成电介质侧墙之后，在预定区域处，实现器件间电隔离，被隔离的栅极线部分形成相应单元器件的栅电极。"

在本案庭审过程中，英某公司认为，被诉决定认定对比文件1公开了步骤1是正确的。对比文件1中第45段记载的内容说明是在没有开口的栅极线的结构上形成侧墙，这当然是绕栅极线形成的侧墙。

某研究所认为，对比文件1没有公开权利要求1的步骤1，但鉴于被诉决定结论正确，故未针对被诉决定提起行政诉讼。

国家知识产权局认为，对比文件1明确记载了可以在栅电极两侧形成永久侧墙，故被诉决定认定对比文件1公开了绕栅极线形成电介质侧墙的步骤，即步骤1。步骤1中的栅极线完全不涉及是否已经完成电隔离的含义，就是指客观的代表栅极的结构，而对比文件1已明确公开了栅极结构侧面形成有电介质侧墙。因此，被诉决定认定对比文件1公开了步骤1的结论与被诉决定认定对比文件1未公开步骤2的结论并不存在矛盾。

经查，对比文件1中第20段至第23段内容系针对图1所作说明，即说明存储器器件100的组成、各晶体管之间的电连接及字线、位线、互补位线的排列等；第24段至第34段内容系针对图2A-2I所作说明，即说明鳍的形成；第35段至第44段内容系针对图3A-3J所作说明，即说明栅电极的形成；第45段至第47段内容系针对形成永久侧墙、源/漏区域及硅化物触点所作说明，并无对应附图；第48段至第52段内容系针对图3K所作说明，即说明图案化栅电极以分割出不同的晶体管而形成图1中所示的存储器器件100以及存储器器件100的电路及其连接关系；第53段内容系针对图 3L 所作说明，即说明包括存储器器件 100 的单元能够组成阵列；第 54 段内容系针对图 3M 所作说明，即说明存储器器件 100 的字线、位线、Vss 线、Vcc 线与鳍和栅电极的位置关系。

北京知识产权法院于 2021 年 11 月 29 日作出（2019）京 73 行初 5110 号行政判决：驳回原告英某公司的诉讼请求。

宣判后，英某公司提起上诉。中华人民共和国最高人民法院于 2022 年 9 月 29 日作出（2022）最高法知行终 251 号行政裁定：准许英某公司撤回上诉。

裁判理由

法院生效裁判认为：

一、关于新颖性的认定

根据《专利法》第二十二条第二款的规定，新颖性是指该发明或者实用新型不属于现有技术；也没有任何单位或者个人就同样的发明或者实用新型在申请日以前向国务院专利行政部门提出过申请，并记载在申请日以后公布的专利申请文件或者公告的专利文件中。对比文件 1 公开了一种用于半导体器件的系统与方法。被告认为对比文件 1 明确记载了可以在栅电极两侧形成永久侧墙，即公开了步骤 1，而未公开步骤 2。法院经审理认为，对比文件 1 公开了一种用于半导体器件的系统与方法，其要解决的技术问题是如何制造出不受光刻精度限制的存储器器件，采用的技术手段是利用虚拟层和临时侧墙来形成尺寸更小的鳍和栅电极。对比文件 1 并未关注"绕栅极线形成永久侧墙"和"实现器件间电隔离"这两个步骤的顺序。对比文件 1 说明书第 35~44 段记载如何形成尺寸更小的栅电极，对应图 3A-3J；说明书第 48~52 段记载图案化栅电极以形成图 1 中所示的存储器器件 100，对应图 3K；说明书第 45~47 段记载形成永久侧墙、源/漏区域及硅化物触点，无对应附图。从对比文件 1 专利文件的行文体例来看，不能确定第 45~47 段记载的内容属于图 3J 与图 3K 之间的对应步骤，因此，不能认定第 45 段记载的永久侧墙是指在栅极线没有开口的情形下，沿整个栅极线延伸方向上的栅极的两个相对侧壁上形成的侧墙。因此，对比文件 1 没有公开步骤 1。鉴于对比文件 1 虽然公开了形成永久侧墙，但并未公开是在栅极线没有开口的情形下形成永久侧墙，对比文件1没有公开"绕所述栅极线形成电介质侧墙"，显然也不可能公开实现器件间电隔离的步骤在形成电介质侧墙之后。因此，对比文件1没有公开步骤2。对比文件1没有公开权利要求1中的步骤1、步骤2，权利要求1与对比文件1的技术方案实质上并不相同，权利要求1相对于对比文件1具备新颖性。

对比文件2公开了一种平面MOSFET的工艺步骤，而权利要求1限定的是FinFET半导体器件结构的工艺步骤，两者在材料、工艺以及性能、器件密度等方面存在巨大差异。将对比文件2公开的平面晶体管的工艺过程直接应用到FinFET上并非本领域惯用手段的直接置换。权利要求1相对于对比文件2具备新颖性。权利要求8同理，不再赘述。

二、关于创造性的认定

根据《专利法》第二十二条第三款的规定，创造性是指同现有技术相比，该发明有突出的实质性特点和显著的进步。以对比文件1作为最接近的现有技术，权利要求1与对比文件1的区别特征如上述步骤1、步骤2。创造性判断的关键是对比文件1与对比文件3是否能够结合。对比文件3是基于传统平面MOS器件进行的改进，如前所述，平面MOS器件与Fin-FET之间在材料、工艺、性能、器件密度等方面存在巨大差异。在现有技术没有明确指引的前提下，本领域技术人员不可能将平面器件的工艺直接应用到FinFET中。对比文件3实际上并不适合作为涉案专利的最接近的现有技术，即使根据请求原则，将对比文件3作为最接近的现有技术，对比文件3公开了在平面MOS器件中，可以通过先在栅极线两侧形成永久侧墙然后再对栅极线切割形成单元器件的技术手段，但将该技术手段应用在FinFET领域中并非本领域的公知常识。对比文件1并未给出可以将平面器件中的相应工艺步骤应用到FinFET结构中的启示。综上，权利要求1相对于对比文件3结合公知常识、对比文件3结合对比文件1均具备创造性。权利要求8同理，不再赘述。

裁判要旨

权利要求有两种基本类型，即产品权利要求和方法权利要求。其中，方法权利要求包括有时间过程要素的活动（方法、用途）。可见，在包含多个步骤的方法权利要求中,各个步骤之间存在先后顺序。方法权利要求的主题必然通过过程来实现,因此,限定步骤之间顺序的特征必然对主题产生实际限定作用。在方法权利要求创造性的判断过程中,不能忽略各个步骤之间的顺序。在此基础上,如果现有技术和公知常识中没有给出各步骤之间顺序的启示,而通过将各步骤设置为特定顺序能够解决技术问题、实现显著的技术效果,那么此种方法具备创造性。

在发明专利创造性的审查过程中,通常采用"三步法"进行判断。运用"三步法"的重点和难点通常在于结合启示的判断,即现有技术中是否给出了将发明相对于最接近现有技术的区别特征应用到该最接近现有技术以解决其存在的技术问题的启示,通常要结合技术手段、技术领域、技术问题等进行综合判断。

关联索引

2008 年《中华人民共和国专利法》第二十二条第二款、第二十二条第三款

一审:北京知识产权法院(2019)京 73 行初 5110 号(2021 年 11 月 29 日)

二审:最高人民法院(2022)最高法知行终 251 号(2022 年 9 月 29 日)

法官评析

半导体领域的专利技术涉及电学、光学、计算机、材料等多学科,行业呈现发展速度快、技术更新快、投入成本高、经济收益高等特点。鉴于此,为了保护创新、维护公司价值,半导体领域专利技术已成为"必争之地"。企业和科研机构应对已有的知识产权进行合理布局,及时将科研成果申请为专利,以发挥其成果的最大价值。

在半导体领域中,方法专利和产品专利都是非常常见的,然而,由于半导体技术的特殊性,方法专利在该领域中更为常见。这是因为半导体技术通常涉及复杂的制造过程、工艺和方法,而不仅仅是单纯的产品设计。因此,许多半导体公司更倾向于申请方法专利来保护其技术创新。

对于包含多个步骤的方法权利要求,步骤顺序是专利申请的核心部分,对步骤顺序的调整可能会对步骤的地位和作用产生影响,步骤顺序本

身也可能构成其与现有技术的差别甚至是对现有技术作出的贡献，因此不能忽视步骤顺序对方法权利要求可专利性的影响，而这一问题在创造性判断中显得尤为重要。

在创造性判断中，一方面，应当仔细阅读专利申请的权利要求书与说明书，确保对于步骤顺序有准确的理解进而正确理解专利的保护范围。另一方面，对于现有技术公开的技术方案要从整体上进行把握，提炼出现有技术方案中的关键步骤及实施顺序，以便与专利申请相比较，避免因忽略现有技术步骤顺序而导致遗漏认定区别特征的情况出现。

此外，鉴于半导体技术是一个快速发展的领域，新的技术和设计方法不断涌现，故在创造性判断中还要注意把握专利申请与最接近现有技术的技术构思情况，充分了解现有技术的发展历程，考虑在技术构思方面的差异是否带来技术结合的障碍。

本案中，通过对涉案专利权利要求1的理解及对对比文件1公开内容的分析，可以得出对比文件1不仅没有公开步骤2，也没有公开步骤1，被诉决定认定对比文件1公开步骤1有误。根据合法性审查的原则，人民法院审理行政案件并非局限于原告的诉讼理由，而应对行政机关作出的具体行政行为进行全面的合法性审查。虽然原告一方对该认定不持异议，第三人也未针对被诉决定提起行政诉讼，但在法院认为被诉决定针对步骤1的认定有误的情况下，法院仍针对步骤1的认定结论予以纠正。

一审法院合议庭成员 张晰昕　林鸿姣　肖玲玲　姚文斌
　　　　　　　　　　　孙宇涛　林东姝　郑娟娟
二审法院合议庭成员 周　翔　岑宏宇　孔立明
编写人 张晰昕　李春锦

22. 法国某委员会与国家知识产权局发明专利申请驳回复审行政纠纷案

——改进动机对创造性判断的影响

关键词 专利授权确权 发明专利 创造性 改进动机

基本案情

涉案申请是申请号为 200980149984.7、名称为"氢捕获材料、制备方法及应用"的 PCT 发明专利申请，申请日为 2009 年 12 月 9 日，优先权日为 2008 年 12 月 11 日，公开日为 2011 年 11 月 16 日，申请人为法国某委员会。针对涉案申请，中华人民共和国国家知识产权局（以下简称国家知识产权局）作出第 89131 号复审决定（以下简称被诉决定），维持国家知识产权局对涉案申请作出的驳回决定。法国某委员会不服被诉决定，向北京知识产权法院提起诉讼。

法国某委员会主张：（1）被诉决定认定涉案申请权利要求 1 实际解决的技术问题仅是选择另一种胶凝基质的替代方案，但实际上涉案申请所采用的"地聚胶凝基质"具有中和酸的作用，本领域技术人员对此并不知晓，因此，涉案申请并非仅是提供一种替代方案，被诉决定中有关技术问题的认定有误，相应地，其创造性判断的结论亦有误，权利要求 1 具备创造性。在权利要求 1 具备创造性的情况下，直接或间接引用权利要求 1 的从属权利要求亦具有创造性。（2）权利要求 5 相对于对比文件 1 存在两个区别技术特征。对于区别特征 1，被诉决定中认定对比文件 2 给出了区别特征 1 的结合启示，但实际上对比文件 1 的使用场合与涉案申请并不相同，因此，本领域技术人员并不会想到将对比文件 2 与对比文件 1 相结合。对于区别特征 2，被诉决定中存在与权利要求 1 的认定相同的问题。在被诉决定有关区别特征 1、2 认定均有误的情况下，其有关权利要求 5 不具备创造性的认定亦有误，权利要求 5 具备创造性。基于相同的理由，权利要求 14 也具有创造性。综上，被诉决定认定有误，请求法院依法予以撤销。

被告国家知识产权局认为被诉决定认定事实清楚、适用法律正确、审理程序合法，请求法院依法驳回原告的诉讼请求。

法院经审理查明，涉案申请说明书第 5 页发明内容部分提到 "中和酸" 的作用，具体记载："这种胶结（水泥质）基质形成物质的储存器，所述物质可以中和在辐射分解气体中与可燃气体如氢同时存在的酸，由此防止它们使吸氢剂中毒。因此，应用于本发明中的胶凝（水泥质）基质提供捕获酸毒气如 HCl 的优点，并通过化学反应来做到这点。"

经实质审查，国家知识产权局驳回了涉案申请。驳回决定引用的对比文件如下：

对比文件 1：US3939006A，公开日为 1976 年 2 月 17 日。对比文件 1（参见说明书第 1 栏第 50~60 行，第 3 栏第 67 行至第 4 栏第 53 行）公开了一种在封闭电池中阻止氢气聚集的氢气吸收材料（相当于能够捕获可燃气体的材料），包括能够和氢气发生化学反应的物质、催化氢气发生反应的催化剂以及能够与前两种材料相容并且赋予氢气吸收材料一定形状的粘结剂。粘结剂可以是无机水泥，如波特兰水泥（相当于胶凝基质）。能够和氢气发生化学反应的物质可以是 MnO_2 或 Ag_2O（相当于胶凝基质中包含至少一种金属氧化物）。对比文件 1（参见说明书第 3 栏第 53~57 行）公开了该氢气吸收材料可封装于单个电池中，也可用于其他需要吸收氢气的封闭容器中。

对比文件 2：DE3730743A1，公开日为 1989 年 3 月 30 日。对比文件 2（参见说明书第 2 页第 35~65 行）公开了一种在存储核废料的封闭容器（相当于能够容纳放射性材料的封闭外壳，且放射性材料可以通过辐射分解或化学反应产生氢气）内减少氢气聚集的方法，即将能和氢气反应的物质（如封闭电动车电池中使用的吸氢物质）加入核废料中。

法国某委员会对上述驳回决定不服，向国家知识产权局提出复审请求，同时提交了权利要求书的修改替换页，其中权利要求 1、5、14 如下：

"1. 一种能够捕获可燃气体的材料，所述材料在胶凝基质中包含至少一种金属氧化物，其中，所述胶凝基质为地聚胶凝基质。

……

5. 一种能够容纳放射性材料的封闭外壳，所述放射性材料可以通过辐射分解或化学反应产生至少一种可燃气体，其特征在于，所述外壳进一步容纳根据前述权利要求中任一项所述的至少一种材料。

……

14. 权利要求 1 至 4 中任一项所述的材料或可以根据权利要求 6 至 12 中任一项所述的方法制备的材料用于涂覆至少一件工艺废弃物或至少一种放射性材料的应用。"

专利复审委员在发出复审通知书时使用了一篇公知常识性证据作为参考文献 1（王万军等：《高岭土的矿物学特征及插层复合物的制备技术》，地质出版社 2008 年版，第 24～25 页）。参考文献 1 记载了地聚物材料是以偏高岭土、碱激发剂为主要原料，在 20℃～120℃ 的低温条件下成形硬化，通过化学反应得到的新材料。地聚物兼有有机高聚物、陶瓷、水泥的特点，又具有许多独特的材料性能，而且具有原材料丰富、工艺简单、价格低廉、节约能源等特点。可用作固封有毒化学废料和放射性元素的有效胶凝材料。

北京知识产权法院于 2018 年 8 月 31 日作出（2015）京知行初字第 6679 号行政判决：驳回原告法国某委员会的诉讼请求。

一审宣判后，各方均未提出上诉，判决已发生法律效力。

裁判理由

法院生效裁判认为：

一、权利要求 1 及其从属权利要求是否具备创造性

原告虽主张本领域技术人员并不知晓涉案申请地聚胶凝基质所具有的中和酸这一作用，但涉案申请说明书中相关记载为"这种胶结（水泥质）基质形成物质的储存器，所述物质可以中和在辐射分解气体中与可燃气体如氢同时存在的酸，由此防止它们使吸氢剂中毒。因此，应用于本发明中的胶凝（水泥质）基质提供捕获酸毒气如 HCl 的优点，并通过化学反应来做到这点"。上述记载并未提及"地聚胶凝基质"，而仅提及"胶结基质"

(同胶凝基质)，可见中和酸这一作用并非地聚胶凝基质的特殊性质，而是胶结基质（同胶凝基质）的共同特性，其中包括涉案申请所涉地聚胶凝基质以及对比文件1所涉波特兰水泥，本领域技术人员对此应有认知。基于此，被诉决定中认定涉案申请实际解决的技术问题为选择另一种胶凝基质的替代方案，该认定并无不当。相应地，本领域技术人员基于对上述两种胶凝基质均具有中和酸作用这一共性的认知，将对比文件1中的波特兰水泥替换为涉案申请中的地聚胶凝基质，无需创造性劳动。原告有关涉案申请权利要求1具备创造性的主张不能成立，相应地，其认为在权利要求1具备创造性的情况下，直接或间接引用权利要求1的从属权利要求具备创造性的主张亦不能成立，法院均不予支持。

二、权利要求5、14是否具备创造性

被诉决定认定权利要求5相对于对比文件1与对比文件2的结合不具备创造性，也就是说，被诉决定认为本领域技术人员在看到对比文件1的技术方案及对比文件2中给出"将吸氢剂用于储存核废料的封闭容器中以降低氢气含量"这一启示的情况下，无需创造性劳动即可获得涉案申请权利要求5请求保护的技术方案。

对此，法院认为，专利法中创造性判断的实质是以本领域技术人员为主体对发明创造的重构过程，而非对各对比文件中所公开内容的机械结合。因此，这一判断逻辑并非以本领域技术人员知晓全部对比文件为前提，而是按照发明创造的客观规律，以最接近现有技术为起点，判断本领域技术人员基于其对现有技术整体的理解，在看到最接近现有技术时，是否可以发现其所存在的问题，并以解决该问题为目的进行检索以获得被结合的现有技术。也就是说，在这一过程中，本领域技术人员既不知晓诉争发明创造，亦不知晓被结合的现有技术，其必然知晓的仅是最接近现有技术这一发明的起点，至于其是否能够知晓被结合的现有技术，取决于本领域技术人员是否会基于最接近现有技术所存在的问题进行相应检索。如果本领域技术人员不会朝着被结合现有技术的方向进行检索，则本领域技术人员将不会发现该现有技术，相应地，在其仅知晓最接近现有技术的情况下，将很难得出诉争发明相对于案件中全部对比文件的结合不具备创造性的结论。

本案中，被诉决定认定涉案申请实际解决的技术问题为"降低封闭核废料的容器内聚集的氢气浓度、选择另一种胶凝基质的替代方案"。这一认定意味着对比文件1客观存在"封闭核废料的容器内聚集的氢气浓度过高"这一技术问题。只有如此，本领域技术人员才有可能产生解决该问题的动机，并基于这一动机去检索现有技术以获得解决该技术问题的技术手段，最终获得涉案申请权利要求5的技术方案。

本案中，对比文件1为一种用于电池中的吸氢材料，涉案申请权利要求5虽亦包含吸氢材料，但该产品为一种封闭核废料的容器。因对比文件1的应用领域为电池，而非封闭核废料的容器，其客观上不可能存在"封闭核废料的容器内聚集的氢气浓度过高"这一技术问题，因此，本领域技术人员在看到对比文件1的技术方案时，便不会产生"降低封闭核废料的容器内聚集的氢气浓度"的动机。在不存在这一动机的情况下，其显然不会为解决上述问题而去检索现有技术，亦即，其不会发现对比文件2，并进而将其中的相应技术特征与对比文件1相结合从而获得涉案申请权利要求5的技术方案。由此可知，在以对比文件1为最接近现有技术的情况下，无法得出涉案申请权利要求5相对于对比文件1与2的结合不具备创造性的结论，被诉决定有关涉案申请权利要求5不具备创造性的认定有误，法院予以纠正。

在被诉决定有关权利要求5不具备创造性的认定有误的情况下，基于与权利要求5相同的理由，被诉决定中有关权利要求14不具备创造性的评述亦有误，法院予以纠正。

需要指出的是，本案被诉决定中对于权利要求5创造性评述所存在的问题具有一定典型性。本案中，被诉决定之所以选取与涉案申请应用领域完全不同的对比文件1作为最接近现有技术，原因可能在于相对于对比文件2，对比文件1公开了涉案申请更多的技术特征。但实际上公开技术特征较多的对比文件并非当然适合作为最接近现有技术。在最接近现有技术的选取上，本领域技术人员是否存在解决问题的动机应是最为重要的考量因素。因具体案件中创造性的判断过程是对发明创造的重构过程，故创造性的判断必然需要反映客观的研发规律。所有专利法意义上的发明均是以实际应用为目的，而依据客观的研发规律，技术人员通常不会因为发现了其他应用领域现有技术存在的缺陷，而产生改进其所属应用领域技术方案的动机。例如，技术人员不会因发现冰箱存在的技术缺陷，而产生改进烤箱的动机。基于此，对这一动机的考量意味着最接近现有技术原则上应是诉争发明创造所属应用领域的现有技术。

基于上述分析，法院认为，对于权利要求 5 而言，比较合理的评述逻辑应是将同属核废料领域的对比文件 2 作为最接近现有技术。虽然其相对于对比文件 1 公开了较少的技术特征，但其却可能使本领域技术人员产生解决问题的动机。基于这一动机，本领域技术人员会寻求相关技术手段以解决其所存在的问题，从而有可能发现对比文件 1。如果涉案申请权利要求 5 相对于对比文件 2 的区别特征已被对比文件 1 公开或属于惯常技术手段且有结合启示，则可以据此而认定涉案申请权利要求 5 不具备创造性。

综上，原告的部分起诉理由成立，但尽管如此，因本案为驳回复审案件，而专利法中未规定部分授权制度，在涉案申请除权利要求 5、14 以外的其他权利要求不具备创造性的情况下，涉案申请仍不应被授权，故尽管被诉决定中有关权利要求 5、14 不具备创造性的认定有误，但其有关维持驳回决定这一结论正确。

裁判要旨

创造性判断的实质是本领域技术人员对发明创造的重构，而非对各对比文件中所公开内容的机械结合，其判断必然需要反映客观的研发规律。如果最接近现有技术与诉争发明创造的应用领域并不相同，客观上本领域技术人员不会产生改进动机，故该发明创造具备创造性。

关联索引

2008 年《中华人民共和国专利法》第二十二条第三款

一审：北京知识产权法院（2015）京知行初字第 6679 号（2018 年 8 月 31 日）

法官评析

本案涉及最接近现有技术所属领域对于创造性的影响问题。本案中对比文件 1 为最接近的现有技术。针对这一最接近现有技术，法院认为，因其所属应用领域为电池，而非涉案申请所限定的封闭核废料的容器，二者应用领域不同，不会产生相应的研发动机，故涉案申请具备创造性。

之所以法院认为在应用领域不同的情况下，本领域技术人员不会产生研发动机，原因在于依据客观的研发规律，技术人员通常不会因为发现了其他应用领域现有技术存在的缺陷，而产生改进其所属应用领域技术方案的动机。例如，技术人员不会因发现"冰箱"存在的技术缺陷，而产生改进"电视机"的动机。具体到本案，对比文件1为一种用于电池中的吸氢材料，本领域技术人员在看到对比文件1的技术方案时，客观上不会产生"降低封闭核废料的容器内聚集的氢气浓度"的动机。因此，理想的最接近现有技术应与诉争技术方案属于同一应用领域的现有技术。或者说，只有同一应用领域的技术方案才有可能破坏诉争技术方案的创造性。这也就意味着，当选择了不同应用领域的最接近现有技术时，将会因为无法使本领域技术人员产生研发动机，从而无法获得诉争技术方案。

对于最接近现有技术的选取，《专利审查指南》并未涉及领域的限定，而只是从密切程度角度进行了规定，亦即，最接近的现有技术应是与要求保护的发明"最密切相关"的一个技术方案。此外，其亦对何为密切相关规定了一些具体考虑因素，包括技术领域是否相同、公开技术特征的多少，等等。但需要注意的是，上述因素仅是用于确定研发动机的考虑因素而已，与研发动机的有无并无必然对应关系。比如，虽然前述规定中提及了公开技术特征的多少，但对于与诉争技术方案并非相同应用领域的现有技术而言，即便其公开了较多的技术特征，同样不会使本领域技术人员产生研发动机。这也就意味着，无论是实质审查阶段的审查员，还是无效程序中的无效请求人，在选择最接近现有技术时均不能仅仅机械地考虑上述规定中涉及的因素，而更要从研发动机角度出发去选择合适的最接近的现有技术。

《专利审查指南》中之所以在上述考虑因素与研发动机之间并无必然联系的情况下，仍将其作为最接近现有技术选取的考虑因素，原因在于专利授权确权行为作为一种具体行政行为，需要兼顾效率与公平。虽然创造性制度的目的在于尽可能确保只有对现有技术"整体"具有技术贡献的发明创造才能获得授权，但因选择不同的研发起点，会直接影响对技术贡献的判断，而现有技术包括海量的技术方案，每个案件均在海量的技术方案中寻找显然并不可行。因此，为保证专利授权的质量及效率，有必要给出相对确定且可操作的选择指引，使得审查员及无效请求人可将检索的范围限于合理的限度内。尽管《专利审查指南》中规定的各要素与研发动机并非必然对应，但通常情况下，选取的现有技术与诉争发明创造之间的关系越密切，技术人员从该现有技术出发将越容易获得该发明创造，相应地，其被认定不具备创造性的可能性越大，越有可能有效实现创造性的制度价值。

实践中存在一种情形，一些案件中的最接近现有技术与诉争技术方案并非同一应用领域，但最终仍合理地得出不具备创造性的结论。这一结论看似与本部分所指出的选择不同应用领域的最接近现有技术会导致诉争技术方案具备创造性这一观点有所矛盾，但实则不然。此类案件中被用作最接近现有技术的技术方案仅是形式上的最接近现有技术，实则是被结合的现有技术。也就是说，该现有技术并未被用作研发起点，也未被用来确定实际解决的技术问题，而是用于判断是否给出了解决技术问题的启示。此类案件中，研发起点及实际解决的技术问题通常是基于诉争技术方案所属应用领域的"常规需求"而产生。因为对于被结合的现有技术并无应用领域的要求，因此，此种情况下，不会因该现有技术与诉争技术方案并非相同应用领域，而认定诉争技术方案具备创造性。

下案即属于此种情形。该案涉及的是名称为"粉碎机以及具备该粉碎机的吸收体制造装置"、专利号为201320614824.9的专利。其中证据1为最接近的现有技术。诉争技术方案与证据1虽然均是粉碎机，但二者的加工对象不同。诉争技术方案的加工对象是纸浆片材，而证据1的粉碎对象是作为制成品的普通纸张，二者的关系类似于原材料与制成品之间的关系。尽管如此，但对于普通纸张与纸浆片材的粉碎需求毕竟不同，因此，本领域技术人员通常不会基于原材料领域的技术问题而产生一个与制成品相关的技术方案。比如，本领域技术人员不会因为发现面粉制备方法的技术缺陷而研发出一种制备面包的方法。

该案中，被诉决定认定诉争技术方案相对于证据1不具备创造性，理由为："在证据1公开内容的基础上，当使用粉碎纸浆片材的粉碎机遇到同样的外刀需要进行维护但维护、拆卸作用性欠佳而需要增大打开空间的技术问题时，所属领域技术人员有充足的理由和动机将证据1所述的粉碎机应用于纸浆片材的粉碎以生成纸浆纤维，从而解决上述技术问题，而且该应用也未给涉案申请带来预料不到的技术效果。"①

由上述表述可以看出，被诉决定中考虑的技术问题是使用"粉碎纸浆片材的粉碎机"（即诉争技术方案所涉产品）遇到的问题，而非证据 1 存在的技术问题。也就是说，虽然证据 1 被作为最接近现有技术使用，但是上述判断过程并非将证据 1 作为研发起点，发现证据 1 的问题并对其进行研发，而是将诉争技术方案所针对的粉碎机常规存在的技术问题作为研发的起点（外刀需要进行维护但维护、拆卸作用性欠佳而需要增大打开空间）。证据 1 的作用只是给出了解决该问题的启示而已，因此，其实际作用是被结合的现有技术，而非真正意义上的最接近现有技术。

一审法院合议庭成员　芮松艳　燕　云　杨淑兰

编写人　芮松艳　陈一平

---

① 国家知识产权局于 2016 年 5 月 31 日作出的第 29248 号无效宣告请求审查决定。

23. 张某义与国家知识产权局发明专利申请驳回复审行政纠纷案

——整体技术构思与创造性判断

关键词 整体技术构思 创造性 非显而易见性 协同作用

基本案情

涉案申请是申请号为201110288822.0、名称为"可以无障碍进出的汽车费用支付系统与方法"的发明专利申请，申请人为张某义，申请日为2011年8月29日，公开日为2012年6月20日。

经实质审查，国家知识产权局实质审查部门于2013年9月13日发出驳回决定，以权利要求1~2不具备《专利法》第二十二条第三款规定的创造性为由驳回了涉案申请。张某义对上述驳回决定不服，于2013年9月16日向专利复审委员会提出了复审请求。专利复审委员会于2013年9月27日依法受理了该复审请求，并于2014年9月29日作出被诉决定，维持国家知识产权局于2013年9月13日对涉案申请作出的驳回决定。原告张某义不服被诉决定，向北京知识产权法院提起诉讼。

原告张某义诉称：（1）对比文件1除了在入口处对车牌进行识别之外，还要将识别成功的车牌与数据库中的会员车牌进行匹配。但是涉案申请的技术方案是所有可识别车牌的汽车都被允许先进入停车场，可以解决停车场入口的拥堵问题，提高汽车在停车场的通行效率。（2）被诉决定中认定的"先查找与账号绑定的汽车车牌是否存在于该数据库中"（参见被诉决定第9页第1段倒数第3行）有误，对比文件1未给出相关教导，本领域技术人员也不容易想到涉案申请的技术方案。（3）涉案申请的技术方案新增了区别技术特征"手机程序"及"车主开启手机程序后"。除此以外，对比文件1的技术方案中，与车牌号绑定的是用户手机号，因涉及隐私可能导致用户不愿提供，因而存在适用的"广泛性"问题。但是涉案申请的技术方案与车牌号绑定的是用户账号，回避了用户隐私信息，可以解决适用的"广泛性"问题。故被诉决定中有关对比文件1已经公开了"通知"的技术方案的认定错误。（4）对比文件1无法解决不同驾驶员驾驶同一注册汽车时自动缴费的问题，而涉案申请的技术方案的车牌号绑定是动态的，通过技术方案中的"授权机制"允许同一汽车车牌与多个手机绑定，即车辆进入后，驾驶员开启手机程序，将车牌与自己手机程序中的账号绑定，即可进行自动缴费操作，而无论其是否为车主。故涉案专利解决了不同驾驶员驾驶同一注册汽车时自动缴费的问题。综上，涉案申请具备创造性，被诉决定事实认定错误，法律适用不当，请求法院予以撤销。

被告专利复审委员会辩称：（1）"手机程序"包括手机短信程序、手机拨打电话程序等多种手机可操作的程序，对比文件1公开了用户通过开启短信程序来完成车牌号与手机号的绑定以及获取相应的进出入停车场的短信提示，因此公开了"开启手机程序"这一特征。（2）对比文件1中，对于匹配成功的车辆由道闸控制器将道闸打开，客观上也达到了在停车场入口避免拥堵的技术效果。（3）对比文件1中公开了"用户注册账号"；涉案申请中车主的注册账号与汽车车牌的绑定（即用户注册）可以是永久的或者多次有效的，而具体设置用户账号与车牌的绑定是永久有效或者一次有效、静态或者动态、永久或者实时，是本领域技术人员根据不同收费场合以及用户安全性考虑的需要进行的常规选择，是本领域的惯用手段。（4）在扣费时加入扣费授权并将用户的确认信息进行反馈是本领域技术人员在收费操作时的常规技术手段。本领域技术人员容易想到对对比文件1的技术方案进行简单改进，加入扣费授权的步骤。另，原告所称的"输入车牌号或从下拉式菜单中选择车牌号"的技术特征没有记载在权利要求书中，被告对上述特征不予考虑。综上，被诉决定认定事实清楚、适用法律正确、审理程序合法、审查结论正确，请求法院驳回原告诉讼请求。

法院经审理查明，涉案申请的权利要求有2项，其中权利要求1如下："1. 可以无障碍进出的汽车费用支付系统与方法，其系统包括：

取卡装置，进口减速装置与地感、进口摄像头、进口道闸，控制电脑，出口减速装置与地感，出口摄像头，刷卡装置，出口道闸，手机，服务器；

实现费用支付的方法是：

（1）汽车通过进口减速装置减速，触发地感、控制电脑通过进口摄像头识别汽车车牌、采集进信息，对于汽车车牌识别失败的汽车则要求通过取卡装置取卡进入，车牌识别或取卡后，进口道闸开放，汽车进入；

（2）对于汽车车牌识别成功的汽车，控制电脑将汽车车牌和进信息上传服务器，服务器实时更新含有汽车车牌和进信息的汽车信息表；

（3）车主开启手机程序后，如果在服务器的实时汽车信息表里具有与车主注册账号绑定的汽车车牌，即通知车主，车主据此决定是否进行扣费授权，此扣费授权将通过在手机上运行的该程序反馈到服务器上；

（4）在控制电脑与服务器定时进行的信息交换过程中，控制电脑可以实时获得车主的扣费授权；

（5）汽车驶离时，汽车通过出口减速装置减速，触发地感、控制电脑通过出口摄像头识别汽车车牌、采集出信息；

（6）对于识别没有车牌的汽车，直接转入人工收费环节，进行现场刷卡收费；

（7）对于识别有车牌的汽车，通过与从服务器获得的扣费授权比对，控制电脑可以甄别该车是否需要现场付费，对于没有扣费授权的汽车则转入人工收费环节，根据进信息和出信息，进行现场收费，否则，直接将进信息、出信息和扣费实时上传服务器，通过服务器从车主在第三方的注册账号中实现自动扣费；

（8）相关扣费信息也将即刻被手机上运行的程序通过与服务器的定时信息交换获取；

（9）出口道闸开放，汽车驶离。"

驳回决定中所引用的对比文件如下：

对比文件 1：授权公告号为 CN201387625Y 的实用新型专利说明书，公开日期为 2010 年 1 月 20 日。

对比文件 1 公开了一种基于移动电子商务的停车行车缴费系统，并具体披露了以下技术特征（参见说明书第 2~3 页，第 5 页第 5 行至第 6 页倒数第 1 行，附图 1~4）：两个 480 线流明 SONY 摄像机，分别安装在入口和出口处（相当于进口摄像头、出口摄像头）；在进口和出口处分别设置有道闸和地感线圈（相当于进口道闸、进口地感和出口道闸、出口地感）；车辆驶入入口处时，道闸前地面设置的感应线圈检测到信号，发送触发信号至计算机（相当于控制电脑）；后台中心服务器（相当于服务器）负责对过往的车辆信息进行统一管理；停车时间和费用等信息会发送至用户的关联手机上。

车辆的自动缴费过程如下所述：当车辆驶入入口处时，道闸前地面设置的感应线圈检测到信号，发送触发信号至计算机，控制摄像机工作，进行拍摄，如果车牌不可识别，则采取人工收费，进行开闸放行；当车牌可识别，将该采集的车牌与数据库中的会员车牌进行匹配；当匹配成功，则实现会员模式，道闸的控制器控制道闸打开，开闸放行，当匹配失败时用户也可直接通过人工缴费，进入停车场（即公开了技术特征：汽车通过进口、触发地感、控制电脑通过进口摄像头识别汽车车牌、采集进信息，车牌识别后，进口道闸开放，汽车进入）。

停车场与后台中心服务器之间进行数据传输，如车牌号码、进出入时间、控制命令等，后台中心服务器对数据进行实时存储分析等（即公开了技术特征：对于汽车车牌识别成功的汽车，控制电脑将汽车车牌和进信息上传服务器，服务器实时更新含有汽车车牌和进信息的汽车信息表）。

短信平台模块主要完成用户车牌号码与手机号码的绑定，进出入停车场短信提示，下发相关活动信息，用户可以通过短信平台进行相关操作（即公开了技术特征：如果在服务器的实时汽车信息表里具有与车主注册账号绑定的汽车车牌，即通知车主）；用户也可选择人工缴费，缴费成功后，控制器控制道闸打开。

当车辆行驶到出口处时，道闸前地面设置的感应线圈检测到车辆信号，发送触发信号至计算机，控制摄像机工作，采集车牌信号，并将该车牌信号与数据库中的车牌信息进行匹配（即公开了技术特征：汽车驶离时，汽车触发地感、控制电脑通过出口摄像头识别汽车车牌、采集出信息）；对于匹配失败或车牌不可识别的车辆采取人工收费（即公开了技术特征：对于识别没有车牌的汽车，直接转入人工收费环节）；对于匹配成功的车辆，进行会员模式，将停车时间和费用信息发送至用户的关联手机上。后台服务器对缴费数据等信息进行存放、统计和管理（即公开了技术特征：对于有扣费授权的汽车直接将进信息、出信息和扣费实时上传服务器，通过服务器从车主在第三方的注册账号中实现自动扣费）；停车时间和费用等信息都会反馈至用户手机，用户也可通过交互式语音平台查询并获取相关信息（即公开了技术特征：相关扣费信息也将即刻被手机上运行的程序通过与服务器的定时信息交换获取）；缴费成功后，控制器控制道闸打开，汽车驶离。

张某义对上述驳回决定不服，于 2013 年 9 月 16 日向专利复审委员会提出了复审请求。专利复审委员会于 2013 年 9 月 27 日依法受理了该复审请求，并于 2014 年 9 月 29 日作出被诉决定，维持国家知识产权局于 2013 年 9 月 13 日对涉案申请作出的驳回决定。

北京知识产权法院于 2017 年 7 月 5 日作出（2014）京知行初字第 160 号行政判决：一、撤销被告国家知识产权局专利复审委员会作出的第 73531 号复审决定；二、被告国家知识产权局专利复审委员会重新作出复审决定。

一审宣判后，各方当事人均未提出上诉，判决已发生法律效力。

裁判理由

法院生效裁判认为：判断涉案申请权利要求 1 相对于对比文件 1 是否具备创造性，首先需确定涉案申请权利要求 1 相对于对比文件 1 所具有的区别技术特征。本案被诉决定中认定二者存在如下区别技术特征：（1）取卡装置，刷卡装置，进口减速装置，出口减速装置；（2）汽车触发地感前均通过减速装置减速；（3）对于汽车车牌识别失败的汽车则要求通过取卡装置取卡进入；（4）对于识别没有车牌的汽车，直接转入人工收费环节，进行现场刷卡收费；（5）车主开启手机程序后，如果在服务器的实时汽车信息表里具有与车主注册账号绑定的汽车车牌，即通知车主，车主据此决定是否进行扣费授权，此扣费授权将通过手机上运行的该程序反馈到服务器上；（6）在控制电脑与服务器定时进行的信息交换过程中，控制电脑可以实时获得车主的扣费授权；（7）对于识别有车牌的汽车，通过与从服务器获得的扣费授权比对，控制电脑可以甄别该车是否需要现场付费，对于没有扣费授权的汽车则转入人工收费环节。

在上述区别技术特征的认定中，被诉决定中仅指出涉案申请所具有的特征，却未提及对比文件1中相对应的特征，但因无论是对于技术问题的分析，还是非显而易见性的判断，均需要在对比二者相应技术特征的基础上作出判断，故在原告起诉理由之一是以区别技术特征（3）（即涉案申请对于汽车车牌识别失败的汽车要求通过取卡装置取卡进入）的认定为基础的情况下，法院首先对其在对比文件1中的相应技术特征进行认定。由对比文件1的记载可知，该技术方案中不仅需要识别车牌，亦需要将其与数据库中的信息进行匹配。因此，涉案申请与对比文件1的区别在于，涉案申请仅在一种情况下进行人工收费，即车牌识别失败。但对比文件1中在两种情况下需要进行人工收费：车牌识别失败；车牌识别成功，但与数据库信息匹配失败。

在确定区别技术特征的情况下，进一步确定区别技术特征所实际解决的技术问题。因原告的起诉理由与区别技术特征（1）、（2）、（4）无实质关联，故法院仅对其他区别技术特征实际解决的技术问题进行分析。

对于实际解决技术问题的认定，需要以整体技术方案为基础，并与对比文件的相关技术特征进行对比分析。如果各区别技术特征之间具有协同作用，则尤其注意不能割裂各技术特征之间的协同作用。本案中，被诉决定中对于区别技术特征实际解决技术问题的认定未考虑相应区别技术特征之间的协同作用，亦未将其与对比文件进行对照分析，故被诉决定中对实际解决技术问题的认定不够准确。

本案中，因在整体收费过程中，区别技术特征（3）、（5）~（7）相互协同，故对实际解决技术问题的确定需要综合考虑上述技术特征。具体而言，区别技术特征（3）的存在使得涉案申请相对于对比文件1缺少一个与数据库信息的匹配过程，因此，其在相当程度上解决了在停车场入口处的拥堵问题。但需要强调的是，涉案专利整体解决的是停车场收费问题，故在解决进口拥堵的同时，不能忽视后续的付费过程。亦即，涉案申请在解决入口拥堵的情况下，需要同时兼顾后续的缴费程序。为同时解决上述问题，需要区别技术特征（5）~（7）的配合，即车主需要开启手机程序完成缴费问题。当然，这一缴费过程亦存在绑定环节，只是这一绑定环节可以在进入停车场后完成，而非如对比文件1所限定的必须在进入停车场之前完成，从而使得在入口处涉案申请仅需识别车牌即可，使得区别特征（3）的采用成为可能。不仅如此，这一手机程序的使用，同时使得车主具有了缴费的选择权。综上可知，上述区别技术特征实际解决的技术问题是：在缓解停车场入口拥堵问题的同时兼顾后续缴费程序的顺利进行，且使车主具有是否缴费的选择权。

基于上述技术问题，进一步判断涉案申请权利要求 1 的技术方案对本领域技术人员而言是否显而易见。对这一问题的认定，同样应以整体技术方案为基础。将涉案申请权利要求 1 与对比文件 1 相比可以看出，二者之间之所以存在上述区别技术特征（3）、（5）～（7），原因在于二者采用了不同的技术构思。在涉案申请中，第三方手机程序的应用是技术方案的核心，且强调车主的主动选择性。但在对比文件 1 的整个收费过程中，并不涉及第三方手机程序的使用，其虽有短信平台的事先绑定，但车主在主动绑定之后的整个后续缴费程序中完全处于被动状态，并无选择权。正是上述技术构思的差别决定了区别技术特征（3）、（5）～（7）的存在。

具体而言，因涉案申请的核心在于第三方手机程序的应用，而车主虽需要将其程序账号与车牌匹配，但涉案申请无需在车库入口处即匹配车牌与账号，而是可以在进入车库后再进行相应操作完成缴费过程，从而使得涉案专利在入口处仅需识别车牌即可，此为涉案专利相对于对比文件的区别技术特征（3）。但对比文件 1 中则因并未采用第三方手机程序，从而需要车主在进入停车场之前便通过短信平台事先绑定车牌及手机号码，相应地，对比文件 1 在停车场入口处必须同时识别车牌并匹配数据库信息，而不能仅识别车牌。换言之，如果仅识别车牌，依据对比文件 1 的技术方案将无法实施后续的缴费程序。

此外，涉案申请中，车主可以在绑定车牌的情况下通过对该程序的操作选择是否同意通过该程序付费，在其同意付费的情况下，通过后台服务器与控制电脑之间的信息交换，在后台服务器端进行扣费。如不同意付费，则可进行现场付费。但对比文件中，只要在进入车库时车牌匹配成功，必然会在服务器端进行自动扣费，车主并无选择权。此即为区别技术特征（5）～（7）。

基于上述分析可知，因上述区别特征是基于两种技术构思的指导，故判断涉案申请权利要求 1 是否显而易见，不能回避两种技术构思之间的替换是否显而易见这一问题。本案中，因现有证据无法证明两种技术构思的替换对于本领域技术人员显而易见，故法院并不认为涉案申请权利要求 1

的技术方案对于本领域技术人员显而易见。据此，涉案申请权利要求 1 具备创造性。相应地，在权利要求 1 具备创造性的情况下，其从属权利要求 2 亦必然具备创造性。

裁判要旨

在创造性判断中，如果诉争技术方案与最接近的现有技术的整体技术构思明显不同，则在对创造性是否符合研发规律的判断环节，可以先行判断诉争技术方案的整体技术构思是否显而易见。如果该技术构思的获得已非显而易见，则可认定诉争技术方案具备创造性。但如果技术构思的获得显而易见，则需要再进一步判断实现该技术构思的技术手段是否显而易见。如果实现该技术构思的技术手段均属于惯用技术手段，则通常可以认定该技术方案显而易见，不具备创造性。反之则可认定其具备创造性。

关联索引

2008 年《中华人民共和国专利法》第二十二条第三款

一审： 北京知识产权法院（2014）京知行初字第 160 号（2017 年 7 月 5 日）

法官评析

本案涉及在整体技术构思明显不同的情况下，是否适用"三步法"进行创造性判断的问题。本案中，诉争技术方案与对比文件 1 均涉及停车缴费过程的描述，虽然步骤描述较为复杂，但将二者的整体技术构思进行概括可以看出，区别主要在于是否通过引入第三方手机程序使得车主在缴费时具有选择权。在诉争技术方案中，第三方手机程序的应用是技术方案的核心，强调车主的主动选择性。但在对比文件 1 的整个收费过程中，并不涉及第三方手机程序的使用，其虽有短信平台的事先绑定，但车主在主动绑定之后的整个后续缴费程序中完全处于被动状态，并无选择权。

考虑到上述整体技术构思的不同，法院在创造性认定中并未适用"三步法"，而是从整体技术构思着手，认为因现有证据无法证明诉争技术方案的技术构思（即通过引入第三方手机程序使得车主在缴费时具有选择权）对于本领域技术人员显而易见，故基于该技术构思而产生的具体技术方案必然非显而易见，诉争技术方案具备创造性。

这一做法引申出的问题在于"三步法"是否为判断创造性的唯一方法。对于这一问题，实践中存在不同观点。虽然不同的观点各有其依据，但对于该问题的分析需要回归创造性判断的实质。创造性的实质在于还原真实的研发过程，在于判断真实的研发过程中，本领域技术人员从特定的研发起点（即最接近的现有技术）出发是否可以到达特定的研发终点（即诉争技术方案）。基于此，只要能够反映客观研发规律的方法均可以作为创造性的判断方法。换言之，如果其他方法亦可以反映客观研发规律，则其同样可用于判断创造性。

发明创造的获得过程实质上是发现问题、分析问题、解决问题的过程。就客观规律而言，在解决问题的过程中，首先需要确定的是解决方案的整体方向，即确定整体技术构思，之后再将整体技术构思细化为具体的技术特征。这也就意味着，真实的研发过程中整体技术构思的获得环节不可或缺。而如果诉争技术方案与最接近现有技术的整体技术构思不同（比如空调与风扇），将意味着二者的技术特征大部分均不相同。

本案中，上述整体技术构思的不同贯穿整个技术方案，导致了二者在众多具体步骤上的区别。比如，第三方程序的引入使得诉争技术方案中的车主虽需要将其程序账号与车牌匹配，但无需在车库入口处便完成，而是可以在进入车库后再进行相应操作完成缴费过程，从而使得诉争技术方案在入口处仅需识别车牌即可。但对比文件1中则因并未采用第三方手机程序，而需要车主在进入停车场前便通过短信平台事先绑定车牌及手机号码，相应地，对比文件1在停车场入口处必须同时识别车牌并匹配数据库信息，而不能仅识别车牌。换言之，如果仅识别车牌，依据对比文件1的技术方案将无法实施后续的缴费程序。此外，诉争技术方案中，车主具有主动选择权，其可以在绑定车牌的情况下通过对该程序的操作，选择是否同意通过该程序付费，在其同意付费的情况下，通过后台服务器与控制电脑之间的信息交换，在后台服务器进行扣费。如不同意付费，则可进行现场付费。但对比文件1中，只要在进入车库时车牌匹配成功，必然会在服务器端进行自动扣费，车主并无选择权。

这一区别程度之大使得"三步法"中区别技术特征的确定这一环节较难进行或并无必要，相应地，较难以此为基础进行后续的非显而易见性的判断。可见，"三步法"虽然反映了真实研发过程的客观规律，但其存在一个隐含前提，即诉争技术方案与最接近现有技术具有基本相同的整体技术构思。这一隐含前提的存在使得当诉争技术方案与最接近现有技术的整体技术构思不同的情况下，不适于用"三步法"进行评述。

在真实的研发过程中，如果两技术方案的整体技术构思不同，则说明本领域技术人员并非着眼于解决最接近现有技术中的某一个或几个技术特征带来的技术缺陷，而是着眼于其整体技术方案，因此，此时已无需对具体的技术特征之间是否具有区别进行比较，而是需要首先进行整体技术构思的对比。

现以制冷空调与电风扇举例说明。二者的作用均在于在天气炎热时使人的体感更为舒适，但采用了完全不同的整体技术构思。其中，空调采用的是降低温度的方式，而电风扇则是通过空气流动的方式。基于上述不同的技术构思，两技术方案中各自采用了不同的技术特征。当电风扇是最接近的现有技术时，分析是否容易想到空调这一技术方案，符合研发规律的分析过程应该是：首先判断本领域技术人员在面对电风扇时是否会想到将空气流动的技术构思改变为降低温度的技术构思，如果可以想到这一技术构思，则进一步判断诉争技术方案空调中的各技术特征是否容易想到。在这一过程中，本领域技术人员通常不会跳过技术构思这一环节，而直接考虑是否将电风扇中的扇叶替换为空调中的格栅，或将电风扇的电机替换为压缩器，等等。而即便是在其已想到相应技术构思的情况下，在技术特征的具体化环节，本领域技术人员亦不会着眼于将电风扇中的具体技术特征进行替换，而是基于降低温度这一技术构思而寻找可完成相应功能的技术特征。基于上述分析可以看出，当二者的整体技术构思不同的情况下，"三步法"并不具有适用的前提。

在这一情形下，如果仍要刻意使用"三步法"进行评述，则会发现两技术方案之间的技术特征之间很难对应起来，即便可以对应起来，最终的结果亦是绝大部分技术特征均构成区别技术特征。本案即属于此种情形，诉争技术方案中的大部分技术特征均属于区别特征。而前例中，相对于电风扇，空调除外壳、电源以外的其他技术特征基本上均构成区别技术特征。尽管区别如此众多，依据"三步法"仍要逐一确定每个区别特征在诉争技术方案中所起作用从而确定实际解决的技术问题，并基于每一个技术问题分析区别技术特征是否容易想到。这一做法实际上割裂了技术构思与技术特征之间的关系，有违创造性判断是对研发过程的重构这一基本要求。

尽管整体技术构思的确定是研发过程的必经环节，但无论在诉争技术方案还是在对比文件中，其记载的均是技术方案，而非研发过程，因此，均不会有技术构思的直接记载，这也就意味着技术构思的获得需要审查员及法官在明确记载的内容基础上进行概括，正因如此，在创造性判断中其可能会被忽视。

当然，这也并不意味着在每个案件中均需首先概括整体技术构思并进行比对。绝大多数案件中，审查员或者无效请求人寻找的最接近现有技术与诉争技术方案均具有基本相同的整体技术构思，正因如此，实践中很少出现诉争技术方案与其最接近现有技术整体技术构思不同的案件。这也就意味着，基于效率考虑，无需在每个案件中均首先进行整体技术构思的比对，只需在发现诉争技术方案与最接近现有技术存在很多区别特征的情况下，意识到其可能属于整体技术构思不同的情形，从整体技术构思角度进行判断即可。

在整体技术构思不同的案件中，符合研发规律的判断环节应该是，首先判断诉争技术方案的整体技术构思是否显而易见，而非先对比区别技术特征并认定实际解决的技术问题。如果该技术构思的获得已非显而易见，则可认定诉争技术方案具备创造性。但如果技术构思的获得显而易见，则需要再进一步判断实现该技术构思的技术手段是否显而易见。如果实现该技术构思的技术手段均属于惯用技术手段，则通常可以认定该技术方案显而易见，不具备创造性。反之则可认定其具备创造性。

在整体技术构思不同的案件中，如果忽略整体技术构思的比较，而直接进入区别技术特征的认定阶段，很可能出现的结果是，因为技术特征本身属于惯用技术手段，从而使得发明人在技术构思上的贡献被忽视。实践中，一些发明创造的发明点只在于其技术构思，而非实现该技术构思的技术手段。一旦想到这一技术构思，则很容易想到实现该构思的技术手段。比如，通常的手表均为顺时针旋转，但诉争技术方案为逆向手表。该技术方案的发明点只在于将指针方向设置为逆时针旋转这一技术构思，一旦想到这一技术构思，实现该技术构思的手段均容易想到。此种情况下，如果仅仅考虑技术特征，而忽视技术构思，便很容易使得原本具备创造性的发明创造被认定为不具备创造性。

一审法院合议庭成员 芮松艳　彭文毅　仝连飞

编写人 芮松艳

24. 瓦某化学股份公司与国家知识产权局 发明专利驳回复审行政纠纷案

——最接近的现有技术在创造性判断中的作用

关键词 *最接近现有技术 创造性 三步法 预料不到的技术效果*

基本案情

涉案申请是申请号为 201010182156.8 号、名称为"防泡颗粒"的发明专利申请，涉案申请的申请日为 2010 年 5 月 18 日，优先权日为 2009 年 5 月 18 日，公开日为 2010 年 11 月 24 日。申请人为瓦某化学股份公司（以下简称瓦某公司）。

经实质审查，国家知识产权局原审查部门于 2013 年 3 月 15 日作出驳回决定，驳回了涉案申请。瓦某公司对上述驳回决定不服，于 2013 年 6 月 8 日向专利复审委员会提出了复审请求。经形式审查合格，专利复审委员会于 2013 年 6 月 28 日依法受理了该复审请求，并将其转送至原审查部门进行前置审查。原审查部门在前置审查意见书中坚持驳回决定。专利复审委员会于 2014 年 10 月 23 日作出被诉决定，维持国家知识产权局于 2013 年 3 月 15 日对涉案申请作出的驳回决定。原告瓦某公司不服被诉决定，向北京知识产权法院提起诉讼。

原告瓦某公司诉称：（1）涉案申请最接近的现有技术应为对比文件 2，但被诉决定中将对比文件 1 作为最接近现有技术，该做法有误。依据《专利审查指南》的规定，确定最接近现有技术应首先考虑技术领域相同或相近的现有技术。本案中，对比文件 1 无论是发明名称，还是说明书全篇均重点涉及了织物软化剂或者包含软化剂物质的洗涤组合物，据此，现有证据不足以说明对比文件 1 涉及除泡组合物的技术领域。因此，对比文件 1 不应作为涉案申请最接近的现有技术。而对比文件 2 与涉案申请属于相同的技术领域，且由于均采用了硅酮防泡组合物（B）作为主要活性成分因而在技术上密切相关，因此，对比文件 2 应为最接近的现有技术。在将对比文件 2 作为最接近现有技术的情况下，本领域技术人员基于对比文件 2 与对比文件 1 的结合无法得出涉案申请的技术方案，因此，涉案申请具备创造性，符合《专利法》第二十二条第三款的规定。

（2）即便将对比文件 1 作为最接近现有技术，相对于对比文件 1 与 2 的组合，涉案申请亦具备创造性。首先，虽然对比文件 2 中公开了硅酮防泡组合物（B），但在对比文件 1 系软化剂配方的情况下，本领域技术人员不会基于除泡目的而将二者相结合，故不存在结合启示。其次，从涉案申请说明书的记载以及在复审阶段提交的实验数据可以看出涉案申请具有预料不到的技术效果。因此，涉案申请权利要求 1 具备创造性。相应地，其他权利要求亦具备创造性，均符合《专利法》第二十二条第三款的规定。被诉决定认定有误，请求法院依法予以撤销。

被告专利复审委员会辩称：对比文件 1 与诉争专利权利要求 1 的区别特征在于组分（B）的结构不同。在对比文件 1 的基础上结合对比文件 2 和公知常识，得出权利要求 1 所要求保护的技术方案，对本领域的技术人员来说是显而易见的。因此，权利要求 1 不具有突出的实质性特点和显著的进步，因而不具备创造性。此外，权利要求 2~7 也不具备创造性。被诉决定认定事实清楚，适用法律正确，程序合法，请求法院驳回原告诉讼请求。

法院经审理查明，本案所针对的权利要求书如下：

"1. 防泡颗粒（P），含有

（A）脲或三聚氰胺、或它们的混合物与烷醛的多孔共聚物，以及

（B）在 0℃时为液体的硅酮防泡组合物，

其中硅酮防泡组合物（B）含有至少一种具有通式（2）的单元的有机硅化合物（C），

$$R_a(R1O)_bR_{2c}SiO_{(4-a-b-c)/2} \qquad (2)$$

其中

R 是氢原子，单价、SiC 键合的、可选地取代的脂肪族烃基，或通过脂肪族基团连接到硅原子的芳香族烃基，所述基含有 1 至 18 个 C 原子，

R1 是氢原子或单价、可选地取代的具有 1 至 30 个 C 原子的烃基，

R2 是单价、可选地取代的具有 6 至 18 个 C 原子的芳香族烃基并通过环碳原子连接到硅原子上，且

a、b、c 表示数值 0、1、2 或 3，条件是 a+b+c 的总和小于或等于 3，且每个分子，在通式（2）的所有单元的 1%~100%，优选地 10%~60%，更优选地 20%~40% 中 c 不是 0，且在所述有机硅化合物中通式（2）的所有单元的至少 50% 中 a+b+c 的总和是 2。"

驳回决定引用的对比文件如下：

对比文件 1 是公开号为 CN 1745167A 号发明专利申请公开说明书，其公开日为 2006 年 3 月 8 日。对比文件 1 涉及一种洗涤剂和/或织物软化剂配方，其包含（i）至少一种载体材料，和（ii）一种或多种液体（参见对比文件 1 说明书第 1 页第 3~5 段）。具体地，其说明书实施例 4 提供了以下具体技术方案：10 份纯硅氧烷油（Ultratex 7649 制造商 Ciba）和 5 份 Pergopak M（制造商 Martinswerk）的混合物在通过干燥去除残余水之后得到的一种具有硅氧烷油含量约 70% 的可储存的和可压实的粉末（参见对比文件 1 说明书第 25 页实施例 4）。

对比文件 2 是公开号为 CN 1950136A 号发明专利申请公开说明书，其公开日为 2007 年 4 月 18 日。对比文件 2 公开了一种除泡组合物，其包含（A）至少一种具有下述化学通式的单元的有机基硅化合物 Ra（R1O）bR2cSiO（4-a-b-c）/2（I），其中，R 可相同或不同且代表氢原子、单价、SiC-键结、任选取代的脂族烃或通过脂族烃基连接在硅原子上的芳烃基，R1 可相同或不同且代表氢原子或单价、任选取代的通过碳环原子连接在硅原子上的烃基，R2 可相同或不同且代表单价、任选取代的通过碳环原子连接在硅原子上的芳烃基，a 是 0、1、2 或 3，b 是 0、1、2 或 3 及 c 是 0、1、2 或 3，条件是 a+b+c 之和小于或等于 3，以及每个分子所有具有化学通式（I）单元的 1% 至 100%，优选 10% 至 60%，更优选 20% 至 40% 中 c 不是 0，及在有机基硅化合物内所有具有化学通式（I）单元的至少 50%

中 a+b+c 的和是 2；R 基最优选甲基，R1 基最优选甲基或乙基，R2 基优选为苯基（参见对比文件 2 说明书第 2 页第 11~27 行，第 3 页第 1~8 行）。对比文件 2 还记载了该组合物作为除（消）泡剂的用途（参见对比文件 2 说明书第 1 页第 6~7 行），该组合物的优点是作为除泡剂处理容易，而且以低添加量即可在许多不同介质内具有高度、持久效应（参见对比文件 2 说明书第 10 页第 26~28 行）。

专利复审委员会于 2014 年 10 月 23 日作出被诉决定，维持国家知识产权局于 2013 年 3 月 15 日对涉案申请作出的驳回决定。

北京知识产权法院于 2017 年 12 月 14 日作出（2015）京知行初字第 2527 号行政判决：驳回原告瓦某公司的诉讼请求。

一审宣判后，各方当事人均未提出上诉，判决已发生法律效力。

裁判理由

法院生效裁判认为：

一、原告有关对比文件 2 应作为涉案申请最接近的现有技术的主张是否成立

原告主张《专利审查指南》中规定确定最接近的现有技术应首先考虑相同或相近技术领域的现有技术，本案中对比文件 2 与涉案申请属于相同或相近技术领域，因此，本案中最接近现有技术应是对比文件 2 而非对比文件 1。

判断原告该主张是否成立，首先应对最接近现有技术在创造性判断中所起作用进行分析。"三步法"作为创造性的判断方法，其实质在于使案件中的创造性判断与实践中发明创造产生的客观规律相契合。现实情况下，发明创造之所以产生，通常是因为技术人员发现了现有技术的某些缺陷，产生了改进的动机，并在此基础上通过智力劳动得到发明创造的技术方案。创造性判断的"三步法"便是与上述过程相对应。其第一步中所确定的最接近现有技术，对应的便是实践中发明创造产生的起点。

《专利审查指南》之所以强调作为创造性判断起点的现有技术应是"最接近"的现有技术，亦即"与要求保护的发明最密切相关的一个技术

方案"，其根本原因在于创造性制度的目的在于尽可能确保只有对现有技术整体具有技术贡献的发明创造方可获得授权，而该制度目的的实现程度与作为创造性判断起点的现有技术的选取密切相关。通常情况下，选取的现有技术与诉争发明创造之间的关系越密切，技术人员从该现有技术出发将越容易获得该发明创造，相应地，其被认定不具备创造性的可能性越大，越有可能有效实现创造性的制度价值。正因如此，《专利审查指南》中依据密切程度可能涉及的情形对于最接近现有技术的确定规定了相关参考因素，其目的便在于为审查员及无效请求人提供有价值的指引，以尽可能确保只有真正对现有技术整体具有技术贡献的发明创造方可获得授权，从而提高授权质量。

但需要强调的是，尽管如此，"最接近的现有技术"仍仅是创造性判断的起点，其仅可能通过对创造性判断的结论产生影响而间接发挥作用，其本身并非单独的授权条件。换言之，最接近现有技术的确定并无对错之分。即便具体案件中所确定的最接近现有技术与诉争发明创造并不"最密切相关"，甚至并不"相关"，法院亦不会因此而撤销被诉决定。

原告之所以主张被诉决定中有关最接近现有技术的认定有误，其实质目的在于通过更换最接近现有技术，证明涉案申请具备创造性，从而获得授权。但实际上，正如前文中所提到的，创造性制度的目的在于确保诉争发明创造相对于现有技术的"整体"，而非某个或某几个特定的现有技术具有创造性。由此，即便如原告所称，涉案申请相对于对比文件2与1的结合确实具备创造性，但只要被诉决定中所认定的涉案申请相对于对比文件1与2的结合不具备创造性这一结论正确，则涉案申请仍不应被授权。基于此，本案中，法院并不关注对比文件1与2哪一个与涉案申请"最密切相关"，法院仅关注在以对比文件1为最接近现有技术的情况下，被诉决定中有关创造性的认定结论是否正确。

综上，原告的相关主张不能成立，法院不予支持。对于原告有关涉案申请相对于对比文件2和1的结合具备创造性的起诉理由，因被诉决定中并未涉及，其已超出本案审理范围，故法院不予评述。

二、涉案申请是否符合《专利法》第二十二条第三款的规定

原告认为涉案申请权利要求1相对于对比文件1与2的结合具备创造

性的理由之一为：对比文件 1 系软化剂，但对比文件 2 公开的是硅酮防泡组合物（B），因二者用途不同，故本领域技术人员不会基于除泡目的而将二者相结合，不存在结合启示。法院对此不予认同。法院认为，对于结合启示的认定，既应考虑对比文件中所明确记载的内容，亦应考虑本领域技术人员从该公开内容中可获得的信息。对比文件 1 实施例 4 公开了硅氧烷油及多孔共聚物（A）混合物，虽然其中并未明确提及硅氧烷油是作为消泡颗粒而发挥作用，且对比文件 1 的名称为"洗涤剂和织物软化剂配方"，但在硅氧烷油的常见用途之一是消泡剂的情况下，本领域技术人员当然可以认识到这一混合物具有消泡的作用。相应地，本领域技术人员基于前述认知有动机将该混合物中的消泡剂硅氧烷油替换为其他消泡剂，以达到预期技术效果，因此，原告认为本领域技术人员不会基于消泡的目的而将对比文件 1、2 相结合的主张不能成立。

原告认为涉案申请权利要求 1 相对于对比文件 1 与 2 的结合具备创造性的另一理由为权利要求 1 具有预料不到的技术效果。对此，法院认为，创造性判断的客体是技术方案，诉争专利是否具有预料不到的技术效果仅是用来分析技术方案是否显而易见的考虑因素。也就是说，如果诉争发明创造具有预料不到的技术效果，则可以反推该技术方案非显而易见。但需要强调的是，在这一过程中所考虑的技术效果是诉争发明创造相对于对比文件所具有的技术效果，而非诉争发明创造可能具有的任何技术效果。也就是说，该技术效果必须与区别技术特征相关联。基于此，专利权人或申请人如欲证明诉争发明创造具有预料不到的技术效果，需将采用该区别技术特征的诉争发明创造与未采用该区别技术特征的对比文件进行对比。

具体到本案，涉案申请权利要求 1 与对比文件 1 的区别特征仅在于采用的消泡剂不同，涉案申请中采用的是"硅酮防泡组合物（B）"，对比文件 1 中为"硅氧烷油"，因此，原告如欲证明权利要求 1 具备预料不到的技术效果，需要将上述两种消泡剂分别与同一载体材料多孔共聚物（A）相混合，比对两种混合物各自具有的技术效果，由此方可看出不同的消泡剂所带来的技术效果。但本案中，即便考虑涉案申请说明书中所记载的具体效果以及原告在复审阶段所提交的实验数据所记载的效果，原告所欲证明的技术效果均针对的是同一消泡剂"硅酮防泡组合物（B）"与不同载体材料相混合所形成的混合物具有的不同技术效果，而这些技术效果显然与区别技术特征无关，相应地，其与涉案申请权利要求 1 相对于对比文件 1 与 2 的结合是否具备创造性亦无关。

综上，原告认为涉案申请权利要求 1 具备创造性的理由均不能成立，相应地，其有关涉案申请其他各权利要求具备创造性的理由亦不能成立，法院不予支持。

裁判要旨

最接近的现有技术在创造性判断中仅具有研发起点的作用。研发起点的作用在于使本领域技术人员发现该现有技术存在的技术缺陷，从而进一步产生解决该缺陷的研发动机。如果选取的最接近现有技术不会使本领域技术人员产生进一步研发的动机，则可据此认定诉争专利具备创造性。但通常不能以最接近现有技术的选择错误为由，认定诉争专利具备创造性。

关联索引

2008 年《中华人民共和国专利法》第二十二条第三款

一审：北京知识产权法院（2015）京知行初字第 2527 号（2017 年 12 月 14 日）

法官评析

本案中，原告主要的起诉理由之一在于最接近现有技术的选择不符合《专利审查指南》的规定，故该最接近现有技术的选择有误，被诉决定应被撤销。本案涉及两个对比文件，其中对比文件 1 为最接近的现有技术，其发明名称为"洗涤剂和织物软化剂配方"，对比文件 2 的发明名称为"除泡组合物"，原告认为对比文件 1 无论是发明名称，还是说明书全篇均重点涉及了织物软化剂或者包含软化剂物质的洗涤组合物，其并不涉及除泡组合物的技术领域。而对比文件 2 的发明名称为"除泡组合物"，与涉案申请属于相同的技术领域，且由于均采用了硅酮防泡组合物（B）作为主要活性成分因而在技术上密切相关，因此，对比文件 2 应为最接近的现有技术。被诉决定将对比文件 1 作为最接近的现有技术，该做法有误。

法院对于原告这一主张未予认同。原告这一主张涉及对最接近的现有技术在创造性判断中所起作用的认定。《专利审查指南》第二部分第四章3.2.1.1中规定，"最接近的现有技术，是指现有技术中与要求保护的发明最密切相关的一个技术方案，它是判断发明是否具有突出的实质性特点的基础。最接近的现有技术，例如可以是，与要求保护的发明技术领域相同，所要解决的技术问题、技术效果或者用途最接近和/或公开了发明的技术特征最多的现有技术，或者虽然与要求保护的发明技术领域不同，但能够实现发明的功能，并且公开发明的技术特征最多的现有技术。应当注意的是，在确定最接近的现有技术时，应首先考虑技术领域相同或相近的现有技术"。

分析上述规定可知，最接近现有技术在创造性判断中仅具有研发起点的地位。因为创造性的判断与客观真实的研发过程相对应，而至少目前而言，所有客观的研发过程均非凭空产生，而是站在前人肩膀上进行的研发，因此，每个研发过程均必然存在"研发起点"，这一研发起点在创造性判断中即对应最接近的现有技术。

既然最接近的现有技术是发明创造的起点，而在真实的研发过程中，起点的作用在于使本领域技术人员发现该现有技术存在的技术缺陷，从而产生解决该缺陷的研发动机。因此，在创造性的判断中，最接近现有技术的作用亦在于判断本领域技术人员基于该现有技术"是否会产生研发动机"。

《专利审查指南》第二部分第四章3.2.1.1有关显而易见性判断部分亦指出，显而易见性判断的是本领域技术人员是否"有动机改进该最接近的现有技术并获得要求保护的发明"。这也就意味着，如果最接近的现有技术不会使本领域技术人员产生研发动机，则本领域技术人员从该起点出发必然不会得到诉争技术方案。此种情况下，相对于该现有技术，诉争技术方案具备创造性。反之，则不具备创造性。

以儿童用四轮自行车为例说明真实的研发过程与创造性判断过程的对应关系。在真实的研发过程中，本领域技术人员基于两轮自行车而研发产生了儿童用四轮自行车，其中两轮自行车是研发的起点，儿童用四轮自行车是研发的终点。其与具体案件的对应关系为，两轮自行车对应于创造性判断中的最接近现有技术，儿童用四轮自行车则对应于诉争技术方案。如果本领域技术人员基于两轮自行车可以产生研发动机，并在此基础上获得儿童用四轮自行车，则该技术方案不具备创造性。反之，则具备创造性。

因起点的不同仅是不同而已，与对错无关，故最接近现有技术作为研发起点，对其的选择不存在对错问题，只存在是否适合的问题。选择适合的最接近现有技术更有利于得出不具备创造性的结论。

以地理位置上的起点、终点进行类比说明。在将终点确定为 A 点（相当于诉争技术方案）时，人们可以选择不同的起点（相当于最接近现有技术），其中一些人选择了 B 点作为起点，另一些人则选择了 C 点。如果 B 点与 A 点之间有道路相通，而 C 点与 A 点之间无道路相通，则从 B 点出发的人可以到达 A 点，但从 C 点出发的人无法到达 A 点。此种情况下，起点的选择决定了是否可以到达终点这一结果。此外，还存在另一种可能，B 点与 A 点之间，以及 C 点与 A 点之间均有道路连接，因此，无论是从 B 点，还是从 C 点出发，均可以抵达 A 点，但在起点不同的情况下，两点之间的路径并不相同。

将上述道理置换到创造性的判断中则意味着，相对于诉争技术方案这一终点，选择不同的最接近现有技术作为起点，在一些情况下影响的是能否到达终点以获得诉争技术方案，另一些情况下则影响的是从起点到终点之间具体路径的选择。但无论属于上述哪种情形，最接近现有技术本身的选择均不存在对错。

仍以儿童用四轮自行车这一技术方案为例说明这一问题。如果选择汽车作为最接近现有技术，因基于汽车并不会产生以自行车为研发方向的研发动机，因此，本领域技术人员不会获得儿童用四轮自行车这一技术方案。但如果选择两轮自行车作为最接近现有技术，本领域技术人员基于这一起点，无需付出创造性劳动即可获得儿童用四轮自行车这一技术方案，因此，该技术方案会被认定不具备创造性。尽管判断结果存在上述不同，但无论是汽车还是两轮自行车均可以作为判断起点，不能因汽车与儿童用自行车不属于同一应用领域或技术领域，从而认为该最接近现有技术的选择错误。

本案中，法院亦是从研发动机的角度对最接近现有技术进行了分析。最接近的现有技术对比文件 1 实施例 4 公开的硅氧烷油及多孔共聚物（A）

混合物中虽并未明确提及硅氧烷油是作为消泡颗粒而发挥作用，但在硅氧烷油的常见用途之一是消泡剂的情况下，本领域技术人员当然可以认识到这一混合物具有消泡的作用，并据此针对消泡效果产生相应研发动机。在此基础上，本领域技术人员基于现有认知，有动机将该混合物中的消泡剂硅氧烷油替换为其他消泡剂，以达到预期技术效果，因此，原告认为本领域技术人员不会基于消泡的目的而将对比文件1、2相结合的主张不能成立。

一审法院合议庭成员 芮松艳 彭文毅 韩树华
编写人 芮松艳

25. 邓某与国家知识产权局、国某纺织品集团有限公司发明专利权无效行政纠纷案*

—— "预料不到的技术效果" 在专利创造性判断中的适用

关键词 专利权无效宣告 创造性 预料不到的技术效果

基本案情

涉案专利系专利号为第 201310086263.4 号、名称为 "阻燃织物及由其制造的服装" 的发明专利。其优先权日为 2012 年 3 月 30 日，申请日为 2013 年 3 月 18 日，专利权人为国某纺织品集团有限公司（以下简称国某公司）。针对涉案专利，邓某于 2017 年 7 月 12 日向国家知识产权局提出了无效宣告请求，其理由为：涉案专利权利要求 1~2、5~8、14~24 不符合《专利法》第二十二条第二款的规定，权利要求 1~25 不符合《专利法》第二十二条第三款的规定，权利要求 16~17 不符合《专利法》第二十六条第四款的规定，请求宣告涉案专利权利要求 1~25 全部无效。2018 年 1 月 15 日，国家知识产权局作出第 34525 号无效宣告请求审查决定（以下简称被诉决定），认为：权利要求 1 中由于在经向、纬向和织物整体上对于长丝纱和短纤纱的比例选择带来了明显高于预期的技术效果，在目前没有证据表明长丝纱与短纤纱配合比例能够显著提升阻燃织物强度和柔软性属于本领域公知常识的情况下，权利要求 1、20 相对于证据 2 和公知常识的结合具备创造性。最终，被诉决定以权利要求 1~24 均符合 2008 年《专利法》第二十二条第三款等规定为由，在 2017 年 11 月 24 日提交的权利要求

---

* 本案入选《人民法院案例选》2022 年第 11 辑。

1~24 的基础上，维持涉案专利权有效。邓某不服被诉决定，向北京知识产权法院提起诉讼。

邓某诉称：仅坚持以证据 2 结合公知常识的证据组合方式评价权利要求 1 的创造性；被诉决定基于此认定涉案专利权利要求 1、20 取得了预料不到的技术效果故具有创造性是错误的。

国家知识产权局辩称，坚持被诉决定中的认定意见。

国某公司未到庭参加诉讼亦未提交书面意见陈述。

法院经审理查明，涉案专利的独立权利要求 1 为：

"1. 一种阻燃服装，包含：

被成形为覆盖穿戴者的身体的至少一部分的织物，所述织物包括与短纤纱组合的长丝纱，所述长丝纱包含固有抗燃长丝纱，所述短纤纱含有固有抗燃纤维，并且其中所述织物包括经向和纬向，并且其中所述长丝纱和所述短纤纱以从大于 1：1 至 1：4 的比例布置在经向上，并且其中所述长丝纱和所述短纤纱也以从大于 1：1 至 1：4 的比例布置在纬向上，其中所述短纤纱不含 FR 纤维素纤维，所述长丝纱和所述短纤纱以从 2：3 至 1：3 的比例存在于所述织物中。"

涉案专利的另一个独立权利要求 20，请求保护"一种用于消防员战斗服外套的阻燃服装"，其在权利要求 1 的基础上，进一步限定了所述第一纱由对位芳纶聚合物制得，所述第二纱包括含有聚苯并咪唑纤维的短纤纱。

针对涉案专利，邓某于 2017 年 7 月 12 日向国家知识产权局提出了无效宣告请求，请求宣告涉案专利权全部无效，其理由包括：涉案专利权利要求均不具备创造性，不符合 2008 年《专利法》第二十二条第三款的规定。邓某引用的对比文件包括：

证据 2：公开号为 CN1723306A 的中国发明专利申请公开说明书，公开日为 2006 年 1 月 18 日。证据 2 公开了一种用于消防员服装的纺织织物，该织物为由短纤纱和复丝纱形成的针织物或者机织物，所述复丝纱被插入在所述机织材料中的经纱和纬纱中，复丝纱与短纤纱之比为 1：5 到 1：20。

邓某认为：涉案专利权利要求 1 与证据 2 的区别就在于，权利要求 1 中经向和纬向上长丝纱和短丝纱的比例是 1：1 至 1：4，而织物中长丝纱和短丝纱的比例是 2：3 至 1：3，证据 2 中长丝纱和短纤纱在经向和纬向上的比例则为 1∶5 到 1∶20。而上述比例上的区别是容易想到的，且涉案专利实施例中也无法看出具备优异的物理性能例如抗拉伸强度性能的织物是由于上述比例范围的选择带来的。

2018 年 1 月 15 日，国家知识产权局作出被诉决定。

北京知识产权法院于 2021 年 4 月 22 日作出（2018）京 73 行初 3826 号行政判决：驳回原告邓某的诉讼请求。

宣判后，各方均未提出上诉，判决已发生法律效力。

裁判理由

法院生效裁判认为：根据涉案专利说明书的记载，涉案专利旨在提供一种阻燃织物及其制造的阻燃服装，涉案专利实施例 1 验证了，当织物中长丝纱和短纤纱的比例落入涉案专利保护范围的样品 5，相对于该比例在证据 2 保护范围的样品 1，具有更好的圆形弯曲（柔软性）、拉伸强度和梯形撕裂强度方面的性能。可见，本发明权利要求 1 相对于证据 2 实际解决的技术问题是提高织物的柔软性能和强度性能。

判决书用比较大的篇幅分析了织物纱线的种类和细度、织物密度、织物组织、长丝纱和短纤纱的比例等因素，各自对织物的柔软性能、拉伸强度和撕裂强度性能所可能产生的正面或是负面的影响。进而得出如下结论：首先，通常情况下，在其他条件相同的情况下，对柔软性能呈正面影响时，对强度性能通常呈负面影响，即柔软性能和强度性能是此消彼长的。其次，本领域技术人员通常只能确定单因素变化时对织物性能的影响，在几个因素叠加的情况下难以预期织物性能的变化趋势，同时也难以预期其能够兼具较好的柔软性能和强度性能。

一、关于涉案专利是否取得了预料不到的技术效果

由于一项专利要解决的技术问题和要达到的技术效果可能有多个，并通过多个性能参数体现，在判断发明是否取得预料不到的技术效果时，只要发明与最接近的现有技术的区别特征使得涉案专利的技术方案在某一技术效果上达到了本领域技术人员预料不到的程度，即可认为发明取得了预料不到的技术效果，而无需在所有的技术效果上均达到"预料不到"的程度。

具体到本案，首先，从区别特征带来的技术效果的角度进行考虑。在实施例1的样品1和样品5的诸多差异中，只有长丝纱和短纤纱的比例这一手段特征是权利要求1技术方案与证据2的区别技术特征。根据前述分析，增大纱线中长丝纱的比例对织物柔软性能的影响是负面的，对强度性能的影响是正面的，因此如果仅考虑长丝纱和短纤纱的比例影响因素，根据本领域技术人员的预期，样品5的强度应大于样品1而柔软性能应小于样品1。然而实验结果证明，样品5的拉伸强度和撕裂强度性能以及柔软性能均大于样品1。因此，这样的技术效果是超出预期的。

其次，从整个技术方案的技术效果的角度进行考虑，即考虑多个因素的差异对织物强度性能和柔软性能的影响。如上所述，在几个因素叠加的情况下难以预期织物性能的变化趋势，同时也难以预期其能够兼具较好的柔软性能和强度性能。而涉案专利实施例1样品5通过选择其中的特定组成、特定的范围能够获得同时改善柔软性能和强度性能的技术效果，获得了优于样品1的效果，这也是超出预期的。

同样，以实施例2中样品1和样品2为例，二者也存在多个参数的区别，这多个因素对织物柔软性能和强度性能的影响也是难以预期的。而长丝纱和短纤纱的比例范围落入涉案专利权利要求1保护范围的样品2相对于该比例不在权利要求1保护范围样品1来说，整体上二者柔软性能相近；但是经向和纬向断裂强度增加了50%以上，经向和纬向的撕裂强度分别增加了2.07倍和4.23倍。上述实验结果也说明样品2相对于样品1在保持柔软性能变化不大的同时能大幅提高织物的强度性能，也证明了样品2能够取得预料不到的技术效果。

二、关于证据2和公知常识是否给出了技术启示

本案对比文件及公知常识性证据均未公开将织物中长丝纱和短纤纱的比例控制在涉案专利保护的范围内会同时改善织物的柔软性、拉伸强度和撕裂强度。即使本领域技术人员能够预期增大纱线中长丝纱的比例对织物柔软性能的影响是负面的，对强度性能的影响是正面的，然而这种预期仅是定性的，本领域技术人员仍无法预期长丝纱的比例对上述性能影响的具体数值范围，且无法预期在涉案专利限定的长丝纱和短纤纱的比例范围内能同时获得提高织物强度性能和柔软性能的技术效果。因此，证据2与公

知常识的结合并未给出采用上述技术特征以获得织物强度和柔软性同时提高的技术效果的技术启示。

三、关于涉案专利是否具备创造性

鉴于权利要求 1 中由于在经向纬向和织物整体上对于长丝纱和短纤纱的比例选择带来了明显高于预期的技术效果，在目前没有证据表明其属于本领域公知常识的情况下，权利要求 1 相对于证据 2 和公知常识的结合具备创造性，符合 2008 年《专利法》第二十二条第三款的规定。

独立权利要求 20 进一步限定了长丝纱和短纤纱的具体材料。参考以上对权利要求 1 的评述可知，权利要求 20 相对于目前邓某所主张的证据组合方式亦具备创造性。

在独立权利要求具备创造性的情况下，分别引用权利要求 1、20 的从属权利要求 2~19、21~24 也具备创造性。

裁判要旨

当发明同现有技术相比，其技术效果产生的量的变化，超出了人们预期的想象，事先无法预测或者推理出来，则应当认为发明取得了预料不到的技术效果。如果一项发明相对于现有技术取得了预料不到的技术效果，则该发明具有突出的实质性特点和显著的进步，具备创造性。由于一项专利要解决的技术问题和要达到的技术效果可能有多个，并通过多个性能参数体现，在判断发明是否取得预料不到的技术效果时，只要发明与最接近的现有技术的区别技术特征使得涉案专利的技术方案在某一技术效果上达到了本领域技术人员预料不到的程度，即可认为发明取得了预料不到的技术效果，而无须在所有的技术效果上均达到"预料不到"的程度。

关联索引

2008 年《中华人民共和国专利法》第二十二条第三款

一审：北京知识产权法院（2018）京 73 行初 3826 号（2021 年 4 月 22 日）

法官评析

本案是专利授权确权司法实践中为数不多的以取得"预料不到的技术

效果"进而主张创造性，并被人民法院支持的案例。

根据《专利审查指南》的相关规定，判断发明是否具有创造性，应当审查发明是否具有突出的实质性特点，同时还应当审查发明是否具有显著的进步。发明有突出的实质性特点，是指对所述技术领域的技术人员来说，发明相对于现有技术是非显而易见的。发明有显著的进步，是指发明与现有技术相比能够产生有益的技术效果。通常情况下，在上述两个要素中，突出的实质性特点占据判断的主导地位。

此外，《专利审查指南》也规定了创造性判断时的辅助考量因素，例如发明是否克服了技术偏见、是否取得了预料不到的技术效果、是否获得了商业上的成功等。

其中，发明取得了预料不到的技术效果，是指发明同现有技术相比，其技术效果产生"质"的变化，具有新的性能；或者产生"量"的变化，超出人们预期的想象。这种"质"的或者"量"的变化，对所属技术领域的技术人员来说，事先无法预测或者推理出来。当发明产生了预料不到的技术效果时，一方面说明发明具有显著的进步，同时也不必再怀疑其技术方案是否具有突出的实质性特点，即可以得出该发明是非显而易见的，具备创造性。正因为上述规定，在审查及司法实践中，对于如何认定"预料不到的技术效果"及其对创造性的影响尚存困惑和分歧。

为了准确定位"预料不到的技术效果"在创造性判断中的作用，应该明确：首先，判断的主体应当与创造性的判断主体保持一致，是所属领域技术人员，即所属领域技术人员根据现有技术以及本发明的技术效果作出的全面、客观的评判，而不是申请人自己所声称的结果。其次，比较对象不应仅仅是最接近的现有技术，而是应该比较本发明的技术效果是否超越了所属技术领域的技术人员能够预期的技术效果，其判断标准应是说明书中能够确认的技术效果相对于现有技术是否达到预料不到的程度，这需要结合发明的背景技术、所属技术领域的普通技术知识、申请人所提交的证据等综合判断。①

以往的案例中，大都仅是针对单一技术问题、单一技术效果判断是否

---

① 马文霞：《"预料不到的技术效果"在创造性判断中的考量》，载"软唐知识产权"微信公众号，访问时间：2018年7月19日。

产生的"质"变或者"量"变，是否超出所属技术领域技术人员的预期。如在"优化电场特征以增加电场在增殖细胞上的效果"（申请号为200680043421.6）发明专利申请驳回复审行政纠纷案①中，当施加在电极上的持续时间为1000ms及以上时，细胞控制增长率保持在75%左右，且变化趋势缓慢；当施加在电极上的持续时间缩短为500ms、50ms时，细胞控制增长率陡降至60%左右，继而缓慢下降直至最低值为50%左右。当施加时间继续缩短为20ms、10ms时，细胞控制增长率回升至60%左右，继而又陡升至75%左右。因此，在现有技术中并无施加时间与细胞增殖率之间关联性研究的情况下，本领域技术人员难以预测或推理出施加持续时间为20ms到500ms时能够取得最优的效果。故法院认定涉案专利的技术效果产生了量的变化，超出了预期的想象，涉案专利取得了预料不到的技术效果。

但本案的特别之处还在于，本发明权利要求1相对于最接近现有技术实际解决的技术问题是同时达到提高织物的柔软性能和强度性能两个效果。对此，法院认为：由于一项专利要解决的技术问题和要达到的技术效果可能有多个，并通过多个性能参数体现，在判断发明是否取得预料不到的技术效果时，只要发明与最接近的现有技术的区别特征使得涉案专利的技术方案在某一技术效果上达到了本领域技术人员预料不到的程度，即可认为发明取得了预料不到的技术效果，而无需在所有的技术效果上均达到"预料不到"的程度。

判决中，法院通过分析织物纱线的种类和细度、织物密度、织物组织、长丝纱和短纤纱的比例等因素对于柔软性能和强度性能的影响，得出结论：通常在其他条件相同的情况下，单一因素对织物柔软性能和强度性能的影响是此消彼长的；本领域技术人员通常在几个因素叠加的情况下难以预期织物性能的变化趋势，同时也难以预期其能够兼具较好的柔软性能和强度性能。但是实验数据显示，涉案专利通过对长丝纱和短纤纱比例的选择，在实施例1显示的其与最接近现有技术的方案进行比较时，无论在单一因素还是叠加因素的情况下，在柔软性能和强度性能两个方面均具有

---

① 参见北京知识产权法院（2015）京知行初字第3980号行政判决书。该判决因各方当事人均未上诉已生效。

显著优势，技术效果超出预期。在实施例 2 显示的涉案专利与其他现有技术的方案进行比较时，在保持柔软性能变化不大的同时，大幅提高了织物的强度性能，也取得了意料不到的技术效果。

但是，我们也应该注意到，本案与前述案件中"预料不到的技术效果"的认定是在对涉案专利技术方案的非显而易见性进行判断，在认定存在区别技术特征之后，将其作为一个辅助性考虑因素，从而加深了法官在创造性判断时的内心确认。而"预料不到的技术效果"是否可以单独作为创造性判断的考虑因素，目前还缺乏司法实践的确认。但在现有法律框架下，在判断创造性时，对非显而易见性和技术进步这两个方面的要求是综合起来考虑的，双因素共同支撑创造性高度，这样的标准符合专利制度鼓励创新、促进经济社会发展的宗旨。司法实践中，继续秉承"非显而易见性"与"预料不到的技术效果"有机结合、综合评价的原则，有助于修正单纯以"非显而易见性"或"预料不到的技术效果"得出判断结论的偏颇，使创造性判断结论更加客观合理，更加符合立法本意。①

一审法院合议庭成员 赵 明 虞雪梅 陈月英

编写人 赵 明

---

① 马文霞：《"预料不到的技术效果"在创造性判断中的考量》，载"软唐知识产权"微信公众号，访问时间：2018 年 7 月 19 日。

26. 深圳兆某科技股份有限公司与国家知识产权局发明专利申请驳回复审行政纠纷案*

——非相关技术领域公知常识的判断

关键词　创造性评判　公知常识　所属技术领域的技术人员
非相关技术领域

基本案情

涉案专利申请系申请号为 201110239817.0 号、名称为"一种利用物质自身物理特征识别的防伪方法和系统"的发明专利申请，其申请日为 2011 年 8 月 21 日，专利权人为深圳兆某科技股份有限公司。针对涉案专利申请，国家知识产权局实质审查部门于 2015 年 12 月 24 日作出驳回决定，以不具备创造性为由驳回了本申请。深圳兆某科技股份有限公司于 2016 年 3 月 11 日向国家知识产权局原专利复审委员会（以下简称专利复审委员会）提出了复审请求，再次被以不具备创造性为由驳回了本申请。深圳兆某科技股份有限公司不服被诉决定，向北京知识产权法院提起诉讼。

原告深圳兆某科技股份有限公司诉称：本申请权利要求 1 相对于对比文件 1，实际解决的技术问题是如何达到更好的防伪效果。对比文件 1 采集到的是纸张表面的特征信息，纹理为表面纹理，而本申请中包含的纹理包括表面纹理和内部纹理，反映物质的立体信息，二者并不相同。不具备创造能力的本领域技术人员不能显而易见地想到通过获取透射后光学采集

---

* 本案例入选最高人民法院评选的 2019 年全国法院技术类知识产权典型案例，入选 2019 北京知产法院年度典型案例。

到的、反映物质立体信息的物理特征图像来解决上述技术问题。公知常识性证据《中国公安大百科全书》属于公安侦查领域，本领域技术人员不可能去直接利用真伪鉴别技术的领域寻求解决技术问题的技术方案。本领域技术人员没有动机将作用不同的光学系统应用到对比文件1中以解决权利要求1所请求保护的技术方案所要解决的技术问题。综上，本申请权利要求均具备创造性，被诉决定认定有误，请求人民法院依法判决撤销被诉决定，判令被告重新作出决定。

被告国家知识产权局辩称：本领域技术人员知晓，纸张自身的物理特性包括反映表面信息的表面特性和反映立体信息的内部特性，相对于表面存在被磨损或被复制的可能，内部特性更为稳定和不易仿造，为达到更好的防伪效果，本领域技术人员经简单的逻辑分析即能够想到通过纸张内部物理特性进行防伪，由此进一步提高防伪的可靠性。而透射光照相技术是公知的可获取物质内部特征图像的光学图像采集方法，在公知常识性证据《中国公安大百科全书》中即记载了透射光照相技术的使用，虽然该证据本身不属于防伪领域，但其表明通过透射光照相技术可以获取物质例如纸张的内部信息是公知的技术。因此，被诉决定认定事实清楚、适用法律法规正确、审理程序合法、审查结论正确，原告的诉讼理由不能成立，请求人民法院驳回其诉讼请求。

法院经审理查明，被诉决定所针对的权利要求1如下：

"1. 一种利用物质自身物理特征识别的防伪方法，所述物质可透光；其方法包括以下步骤：

A. 在待鉴别的物质上预先确定采集物理特征的位置，将待鉴别物质放置在光源与采集图像的光学系统及光学传感器之间，获取透射后光学采集到的物理特征图像；

B. 对物理特征图像进行图像处理，提取物理特征数据，并记录到特征数据库或二维码中；

C. 在鉴别该物质真伪时，通过步骤A的光学系统采用同样的倍数，在同样的位置获取其物理特征图像，并进行同样的图像数据处理，提取图像中的物理特征数据；

D. 与特征数据库或二维码中记录存储的物理特征数据进行模式识别，判读是否一致，以判断该物质的真伪；所述物理特征包括纹理、密度、高度和/或颜色；所述物质为纸张、塑料膜、塑料卡片或布片；

所述步骤 A 中获取物理特征图像时，所述光学系统采用放大预定倍数、缩小预定倍数或保持与实物同等大小的倍数方式获取透射后光学采集到物理特征图像，并在所述物理特征数据中进行记录；

所述物理特征图像用于反映物质的立体信息。"

2015 年 12 月 24 日，国家知识产权局实质审查部门发出驳回决定，驳回了本申请，其理由是：权利要求 1~5 不具备《专利法》第二十二条第三款规定的创造性。

驳回决定中引用了以下对比文件和公知常识证据：

对比文件 1：CN 102073865A，公开日期：2011 年 5 月 25 日。

经查，对比文件 1 公开了一种利用纸张自身纤维纹理的防伪方法（参见说明书第 0006~0007 段、第 0017~0024 段），在该利用纸张自身纤维纹理的防伪方法中，在将纸张的预定位置放大到预定放大倍数后，即可形成一定的纤维纹理图像。该纤维纹理图像不会因为色笔的涂画而受影响，具有独特唯一的识别特征，且是纸张本身的物理特性，他人无法批量抄仿，也不可能通过荧光打印的方式进行克隆复制，保证了纸张的识别唯一性，尤其适合票据等价值证券以及重要身份证件如护照等的防伪。

对比文件 2：CN 1430175A，公开日期：2003 年 7 月 16 日。

公知常识证据《中国公安大百科全书》（宋占生等主编，吉林人民出版社 2000 年版）第 1059 页记载了有关透射光照相技术的使用方法。其上指出，该技术系"运用光的透过特性，利用物体本身的透光程序和在其物面存在痕迹的阻光程度来显示痕迹的一种照相方法"，而透射照相的对象包括"灰尘指纹、被消减的或增添的痕迹、字迹、信封口被拆开后重新封口的痕迹、内部存在的某种花纹和秘密的痕迹、玻璃上弹道射入口与射出口的区别"等等。

2016 年 3 月 11 日，深圳兆某科技股份有限公司向专利复审委员会提出了复审请求。经形式审查合格，专利复审委员会受理了上述复审请求，并成立合议组进行审查。2016 年 12 月 6 日，专利复审委员会作出被诉决定。

北京知识产权法院于 2019 年 3 月 29 日作出（2017）京 73 行初 1688 号行政判决：一、撤销被告国家知识产权局原专利复审委员会作出的第

117336 号驳回复审请求审查决定；二、被告国家知识产权局原专利复审委员会重新作出驳回复审请求审查决定。宣判后，各方当事人均服判息诉，本案一审判决已发生法律效力。

裁判理由

法院生效裁判认为：本案中，权利要求 1 与对比文件 1 均请求保护一种利用物质自身物理特征识别的防伪方法。权利要求 1 与对比文件 1 的区别之实质在于，在权利要求 1 所获取的被鉴别物质的图像信息中，既包括该被鉴别物质表面的物理特征，也包括该被鉴别物质内部的物理特征；而对比文件 1 所获取的被鉴别物质的图像信息中，仅包括该被鉴别物质表面的物理特征。由此可知，权利要求 1 所获取的图像信息包括了被鉴别物质的纹理、密度、高度和/或颜色之物理特征，而对比文件 1 所获取的图像信息仅包括有被鉴别物质的纹理之物理特征。

就物理特征而言，在被鉴别物质中存在源于其表面的物理特征和源于其内部的物理特征，此乃客观事实。显然，在被鉴别物质因发生磨损而导致其部分源于表面的物理特征遭到破坏的情况下，所获取的被鉴别物质的物理特征越多，则对其进行真伪鉴别的效果就越好，他人试图通过仿冒被鉴别物质而企图蒙混过关的难度也就越大。正如被告所言，在本领域中，提高鉴别真伪的准确性是普遍需求，为了达到更好的防伪效果，本领域技术人员有动机在对比文件 1 的基础上进一步改进。法院亦不否认，本领域技术人员应当知晓，相对于表面存在被磨损或被复制的可能，被鉴别物质的内部特性更为稳定和不易仿造。然而，由此并不能直接推出本领域技术人员只需简单的逻辑分析，就能想到汇总被鉴别物质表面及内部的包括纹理、密度、高度和/或颜色在内的物理特征，进而进行鉴别的具体方法，除非现有技术可以给出相应的技术启示或有证据可证明此乃本领域的公知常识。

对此，就作为公知常识证据的《中国公安大百科全书》第 1059 页有关透射光照相技术而言，根据其描述可知，上述透射光照相技术属于应用于刑事侦查领域的痕迹学鉴查技术，其目的在于通过透射光照相，对遗留在犯罪现场的痕迹载体的物理特征进行获取，从而基于这些蛛丝马迹、结合刑事侦查学的知识和技术而重构犯罪现场、解析犯罪方法、寻找可能嫌犯。这种方法所在之技术领域与防伪鉴别领域显然相距甚远，因此，不应由此认定通过透射光照相技术以获取物质内部信息是本领域的公知技术，也不能由此得出本领域技术人员只需简单的逻辑分析就能想到本申请的技术方案的结论。因此，被告有关权利要求 1 中的技术方案不具备《专利法》第二十二条第三款规定的创造性的观点，缺乏证据佐证，法院对此不予支持。在此基础上，法院亦无必要对被诉决定之其他认定再予评述。

综上，被诉决定主要证据不足，适用法律、法规错误，应予撤销。

裁判要旨

在结合公知常识评判权利要求的创造性时，应当首先评价所引用的公知常识是否属于本申请所在的技术领域，即"本领域"。与本申请分属不同技术领域的公知常识，即使该公知常识所指向的技术与本申请使用的技术具有相似性，也不应因此而认定该公知常识就属于"本领域"的公知常识，并借此认为本申请的权利要求不具备创造性。

关联索引

2008 年《中华人民共和国专利法》第二十二条第三款

一审：北京知识产权法院（2017）京 73 行初 1688 号（2019 年 3 月 29 日）

法官评析

在结合公知常识评判权利要求的创造性时，对于公知常识的引用是否恰当，一直是专利授权确权类案件中的审理难点。本案在公知常识的认定上，尝试通过区分"本领域公知常识""相关技术领域公知常识"和"非相关技术领域公知常识"三个概念的边界范畴，探索结合公知常识评判创造性是否恰当的判断规则。

首先，关于本申请的技术背景。本申请应用于防伪领域，用于甄别"可透光介质"是否来源于特定的生产者或提供者；纸币、商业票据、商品上的纸质标签，乃至塑料类、纺织品类材质的"可透光"介质，都是其鉴定对象。在防伪领域，传统的防伪技术往往采用在防伪对象上人为添加特殊标记的方式而使其难以被轻易复制。以纸币为例，其上使用有诸如水印、纹理、安全线、变色油墨等诸多防伪技术而避免被伪造；添加的特殊标记越多，则被伪造的难度就越高，以假乱真的可能性就越低，但是，其因添加防伪信息而导致的"附加成本"也随之水涨船高。纸币因其发行量巨大，此类"附加成本"相应被摊薄，而商业票据、商品标签等同样存在防伪、防假货需求的业务领域，则因此类"附加成本"过高而不得不减少传统防伪技术的应用，进而削弱其防伪水平。

对此，本申请及被诉决定所使用的现有技术（即对比文件1）均采用了另一种进行真伪识别的技术，即利用被鉴定材质本身所具有的物理特点进行鉴别。所谓天下没有两片完全相同的树叶，以纸张为例，纸是由植物纤维经处理后所构成的，而植物纤维又具有大小长短粗细等自身独有的物理特性。在光学系统中，将纸张放大到预定放大倍数后，获取光学采集到的反映纸张本身的物理特性的纤维纹理图像，就得到了类似于指纹的"纸纹"信息。简言之，这种防伪技术的原理是在上市流通前就采集原始票据、标签等介质的光学影像信息并形成基础的数据库，等需要鉴别流通中的票据、标签等的真伪时，则只需再一次进行光照，进而得到其光学影像信息，并与数据库中的原始光影信息相比对，即可确定后者是真是假。由此可见，这种防伪技术利用了普通纸张、塑料、纺织品等材质"与生俱来"的物理特点，使这些普通材料在不需要人为添加高成本的防伪手段的情况下，仅凭借其自然属性的识别，就能用于票据防伪、商品溯源和品牌保护。不但如此，也因为其自身的物理特点是在生产过程中天然形成的，所以除非造假者能完全复制其生产过程的每一环节，否则将无法仿制出与正品特点一致的材料。于是，一方面大幅降低了防伪成本，另一方面又大幅提高了造假难度，其技术含量和经济价值可见一斑。

其次，关于本申请对现有技术的改进。作为现有技术的对比文件1利用了光的反射现象，通过在强光下对被鉴定材料（例如纸张）表面进行拍照、放大，而采集此材料表面的物理特点，即其纤维纹理及反射率等信息。然而，纸张等材料在流通中难免会被磨损或污损，其表面的物理信息也随之损毁，故其防伪的稳定性较低；仅凭材料表面的物理特点，其信息组成单一，仍然存在被仿造的可能。因此，本申请利用了光的透射现象，通过强光对被鉴定材料进行照射而得到其投影，该投影不但包含有被鉴定材料表面的纤维纹理信息，而且包含了被鉴定材料立体的内部物理特征，如内部纹理、密度、高度和/或颜色等，这都是只有通过透射式照相才能获得的特征信息。由此带来的好处是，即使纸张等材料被磨损或污损，损失的特征仅为其表面的物理信息，其投影所包含的内部物理信息仍然得到保留，从而提高了防伪的稳定性；投影所包含的信息是纸张等材料的"立体特征"，其信息量远大于此类材质的平面特征，故信息组成复杂，更难以被仿造。

再次，关于本申请创造性的评判。如前所述，现有技术系利用光的反射、采集检材的表面/平面的特征信息，本申请系利用光的透射、采集检材的"表面+内部"后的叠加投影/立体的特征信息。从采集表面/平面的特征信息跨越到采集叠加投影/立体的特征信息，由此带来的技术效果方面的进步不谓不"显著"。然而，审查发明是否具备创造性，不仅要审查发明是否具有显著的进步，同样需要审查发明是否具有突出的实质性特点。发明有突出的实质性特点，是指对所属技术领域的技术人员来说，发明相对于现有技术是非显而易见的。如果发明是所属技术领域的技术人员在现有技术的基础上仅仅通过合乎逻辑的分析、推理或者有限的试验可以得到的，则该发明是显而易见的，也就不具备突出的实质性特点。

本案中，被告引入《中国公安大百科全书》中记载的透射光照相技术作为公知常识，认为在叠加"分析表面/平面特征信息"的现有技术和"利用透射光照相获取检材内部信息"的公知常识之后，本领域技术人员在其基础上仅通过逻辑分析推理即可得到的本申请的技术方案，所以本申请不具备突出的实质性特点。对此，如果"利用透射光照相获取检材内部信息"的技术确实属于本领域的公知常识，被告的上述推理则并无不当。对此，合议庭从技术原理和适用对象两方面详细考察了《中国公安大百科全书》对透射光照相技术的描述，由此发现刑侦领域的透射光照相技术所具有的高度目的性的特点，即对遗留在犯罪现场的"表面不可见"之"隐藏"痕迹的载体的物理特征进行获取，再基于这些蛛丝马迹、结合刑事侦查学的知识和技术而重构犯罪现场、解析犯罪方法、寻找可能嫌犯。例如，该书中列举了检测"当前被封口的信封口是否曾被拆开后又重新封口"这一情形可应用透射光照相技术，这显然是由于信封"被拆开后又重新封口"之后，其封口内部必然因为被拆开而存在局部纤维的破损，又被重新封口而存在破损纤维的重复叠加，导致该封口的透射投影呈现出阻光程度深浅不一的特征的情形。这种应用场合高度特异化、应用目的高度单一化的透射光照相技术，显然属于刑侦领域的痕迹学的一种技术侦查方法，其核心价值就在于搜寻并锁定通过常规手段难以发现的隐藏痕迹。我们不否认被《中国公安大百科全书》所记载的透射光照相技术属于刑侦痕迹学的公知常识，问题在于，这样的"公知常识"能否被视为防伪鉴别领域的公知常识或者与防伪鉴别领域相关的公知常识。

最后，非相关技术领域的公知常识的判断。在前文中，已经引出了"本领域""所属技术领域"乃至"所属技术领域的技术人员"这一系列概念。作为"虚拟人""假设人"，该技术人员一方面应当知晓申请日前发明所属技术领域所有的普通技术知识和所有的现有技术，另一方面在存在去其他技术领域寻找解决本领域技术问题手段的动机时，他也应具有从该其他技术领域获知该申请日前的其他现有技术、普通技术知识的能力。对这里的"该其他技术领域"的含义，应当进行限缩解释而非文意解释，即其实际指向的并非"本领域"之外的"其他一切领域"，而是与本领域"相关"的"技术领域"。毕竟，该技术人员只能在掌握本领域现有技术的基础上去"与本领域有关的"其他技术领域寻找解决手段，没有能力跑去"八竿子打不着"的其他专业领域挖掘解决问题的钥匙。

以本案为例，刑侦痕迹学领域与防伪鉴别领域在知识技术上相距甚远，这是生活常识；本申请所属的技术领域显然不包括刑侦痕迹学的知识技术，故刑侦痕迹学语境下的透射光照相技术既不可能为本领域技术人员所知，也并非容易想到；而"隔行如隔山"，即使本领域技术人员存在前往其他技术领域寻找"防伪稳定性低、信息组成单一"之技术问题的相应动机，也难以得出其具有从刑侦痕迹学领域获知透射光照相技术的能力。由此，我们即可得出判断某一"公知常识"可否用来评判某发明创造性的路径，即"该公知常识是否是本领域内为技术人员所公知的技术"→"该公知常识是否是本领域技术人员基于本领域现有技术而有可能前往其他技术领域去获取/借用的技术"；换言之，如果某一公知常识是本领域技术人员基于本领域现有技术不可能前往其他技术领域去获取/借用的，那么它一定不属于"该其他技术领域",而属于"非相关技术领域"。"非相关技术领域"的公知常识,不能被用于评判本申请的创造性,否则,就一定会低估发明的创造性高度,而犯"事后诸葛亮"的错误。

由此,本案在公知常识的认定上,区分了"本领域公知常识""相关技术领域公知常识"和"非相关技术领域公知常识"三个概念的边界范畴,初步明确了其判断规则,并对公知常识的引用进行了进一步明确和规范。

一审法院合议庭成员 陈锦川 李冰青 蒋莉莉

编写人 李冰青

四、说明书公开充分的相关问题

27. 洛阳智某石化工程有限公司与国家知识产权局、某催化蒸馏技术公司发明专利权无效行政纠纷案

——"本领域技术人员"在不同《专利法》条款中的判断标准一致性分析

关键词 专利授权确权　本领域技术人员　创造性　说明书公开充分

基本案情

涉案专利系专利号为03813341.5号、名称为"脉冲流反应"的发明专利，其优先权日为2002年8月19日，申请日为2003年8月11日，授权公告日为2010年1月20日，专利权人为某催化蒸馏技术公司。针对涉案专利，洛阳智某石化工程有限公司（以下简称智某公司）于2019年4月9日向国家知识产权局提出了无效宣告请求，其理由是涉案专利权利要求1~10不符合2000年的《专利法》第二十二条第三款规定的创造性以及涉案专利说明书公开不充分，不符合《专利法》第二十六条第三款的规定，请求宣告涉案专利权利要求全部无效。2019年8月14日，国家知识产权局作出被诉决定，认定：涉案专利符合《专利法》第二十六条第三款、第二十二条第三款的规定，故维持涉案专利权有效。

原告智某公司不服被诉决定，向北京知识产权法院提起诉讼，理由包括：涉案专利不符合《专利法》第二十二条第三款的规定，不具备创造性。被诉决定在判断说明书是否公开充分以及涉案专利是否具备创造性的过程中，对本领域技术人员的能力采用了不同的标准。请求撤销被诉决定，判令国家知识产权局重新作出审查决定。

被告国家知识产权局辩称：被诉决定认定事实清楚，适用法律法规正确，审理程序合法，审查结论正确，原告的诉讼理由不能成立，请求人民法院驳回其诉讼请求。

第三人某催化蒸馏技术公司述称：被诉决定认定事实清楚，适用法律法规正确，审理程序合法，审查结论正确，原告的诉讼理由不能成立，请求人民法院驳回其诉讼请求。

法院经审理查明，涉案专利共计 10 项权利要求，其中权利要求 1 的内容为："1. 一种在硫酸烷基化过程中生产烷基化物的方法，包括在以恒定速率进料的液体硫酸及包括具有反应区的垂直反应器与置于所述反应区中的分散混合器组合体的内部静态混合体系存在的情况下，将由烯烃、烯烃前体或其混合物及异烷烃组成的烃组分以至少部分气态方式进料至下流式反应器，其中增加所述烯烃、烯烃前体或混合物的进料速度，直至获得足以诱导出脉冲流的压降。"

智某公司针对涉案专利，于 2019 年 4 月 9 日向国家知识产权局提出了无效宣告请求，其理由是权利要求 1~10 不具备创造性，同时提交了相应的证据。

2019 年 8 月 14 日，国家知识产权局作出被诉决定。

北京知识产权法院于 2021 年 3 月 25 日作出（2019）京 73 行初 13266 号行政判决：驳回原告智某公司的诉讼请求。宣判后，智某公司未提出上诉，判决已发生法律效力。

裁判理由

法院生效裁判认为：

一、关于涉案专利是否符合 2000 年《专利法》第二十六条第三款的规定

关于涉案专利说明书是否需要记载试验数据以验证"诱导出脉冲流"的技术效果，法院认为：本案中的脉冲流是现有技术已知的一种流体流动

形式，并且脉冲流的特点以及诱导出脉冲流的方式也是已知的，这一事实在原告提交的证据3、证据7、公知常识证据2中均有记载。可见，脉冲流这一概念并非涉案专利首次提出的，现有技术已有记载，且根据现有技术也可以知晓脉冲流的获得通常与反应器中气相与液相的流速有关。气体和液体流动速度超出滴流的流动速度时，尤其是采用较高的气速，就可能诱导出现脉冲流。本领域技术人员根据其所掌握的知识和认知能力，可以在一定范围内调整工艺条件和参数，以获得脉冲流。

二、关于涉案专利是否符合 2000 年《专利法》第二十二条第三款的规定

权利要求1与证据1存在区别特征包括：二者涉及的反应不同、原料不同，使用的反应器和反应区不同，采用的催化剂不同，证据1也不涉及烯烃以哪种状态进料以及如何诱导出脉冲流的压降，即证据1未公开权利要求1的主题名称及所有技术特征。基于上述区别技术特征，涉案专利权利要求1相对于证据1实际解决的技术问题为如何在硫酸烷基化反应体系中提供可在脉冲流区域操作的多项并流反应器体系。

关于现有技术是否就区别技术特征给出技术启示的问题。证据2公开了一种在酸性催化剂环境下使用烯烃对异链烷烃或芳香族烃进行烷基化的工艺，催化剂可以使用硫酸，最好的做法是首先加入浓度在96%到100%之间的硫酸，直至其可滴定酸度下降到一个特定值。可见，证据2公开的是将硫酸的浓度控制在一个特定的值，其并未公开恒定进料速度。

公知常识证据1公开的是气液反应的常用反应器，与涉案专利权利要求1限定的反应器不同。证据4涉及异链烷烃与烯烃的烷基化反应，其用于混合原料的混合器可以是用于实现油和酸之间接触的任何合适的机械装置，例如机械混合器、孔板等，在混合器中能实现烷基化反应。但证据4并未公开"具有非机械搅拌的内部静态混合体系"，相反地，证据4还可以使用机械混合器，说明其中有可能不是静态混合体系。

公知常识证据3公开了烷基化反应器可以采用孔板或脉冲筛板塔，其并未涉及静态混合体系，也并未公开硫酸烷基化反应中如何诱发脉冲流。公知常识证据2中公开的"采用较高的气速，操作可能进入脉冲流区"仅是一个泛泛的指引，其并未具体公开在涉案专利的反应体系中，采用何种

具体的手段以诱导脉冲流的产生，即其并未公开恒定液体硫酸的进料速率和增加气相烯烃的进料速率的技术手段。

综上，证据 1~2 和 4 以及公知常识证据 1~3 均未涉及在"分散混合器组合体的内部静态混合体系"形成的反应区进行烯烃烷基化反应，更没有关注到将液体硫酸以恒定速率进料，以及增加至少部分以气态存在的烯烃、烯烃前体或混合物的进料速度，从而诱导出脉冲流的压降，即上述证据均未公开上述区别特征也不涉及其实际解决的技术问题，权利要求 1 的技术方案并非由上述证据简单拼凑即可获得的。因此，原告关于权利要求 1 相对于证据 1 结合公知常识，证据 1 结合证据 2 和公知常识以及证据 1 结合证据 4 和公知常识不具备创造性的主张缺乏依据，法院不予支持。

三、关于被告在判断说明书是否公开充分以及涉案专利是否具备创造性过程中对"本领域技术人员"的判断标准是否一致问题

原告主张，被告在判断说明书是否公开充分以及涉案专利是否具备创造性的过程中，对本领域技术人员的能力采用了不同的标准，对于"脉冲流"这一事实的认定标准存在前后矛盾之处。对此，法院认为：在判断说明书是否公开充分时所采用的本领域技术人员的标准及其所掌握的本领域公知常识，应当与在判断权利要求是否具备创造性时保持一致。但二者判断标准的一致性并不代表说明书是否公开充分及权利要求是否具备创造性的结论也应当是一致的。本领域技术人员能够理解说明书记载的技术方案并能够实现该技术方案，与该技术方案相比于现有技术对本领域技术人员而言是否非显而易见并能够取得有益效果是两个概念。本案中，关于说明书是否公开充分，尽管涉案专利说明书没有明确记载"液体硫酸的恒定进料，增加烯烃、烯烃前体或混合的进料速度"的具体数值范围，但本案中的脉冲流是现有技术已知的一种流体流动形式，并且脉冲流的特点以及诱导出脉冲流的方式也是已知的。此外，说明书明确记载了脉冲的诱导方法可以是：增加气体速率同时维持液体速率，直至达到足以诱导脉冲流动的压降。并且，说明书也公开了实施例的典型操作，其中公开了酸相再循环速率、新鲜酸的加入量、烯烃的进料速率、HC 相再循环速率和压降等具体工艺参数的数值范围。上述这些具体的技术手段并非涉案专利申请日之

前公开的内容，而是涉案专利的技术贡献所在，本领域技术人员结合申请日之前所掌握的本领域普通技术知识能够理解和实现涉案专利的技术方案。但这并不代表被告将本领域技术人员的认知能力和水平提高到了申请日之后的认知能力和水平。

同理，关于涉案专利是否具备创造性，尽管脉冲流是现有技术已知的一种流体流动形式，并且脉冲流的特点以及诱导出脉冲流的方式也是已知的，但原告提交的现有技术并未公开涉案专利所保护的诱导脉冲流的具体技术手段，即增加气体速率同时维持液体速率，直至达到足以诱导脉冲流动的压降。而上述具体技术手段恰恰是涉案专利的技术贡献所在，其对于本领域技术人员在申请日之前所掌握的现有技术而言并非显而易见。同理，这也并不代表被告将本领域技术人员的认知能力和水平降低到了申请日之前的认知能力和水平。

由此可见，国家知识产权局在判断涉案专利说明书是否公开充分以及涉案专利是否具备创造性过程中，对"本领域技术人员"的判断标准是一致的，智某公司的该项主张缺乏依据，法院不予支持。

裁判要旨

在判断说明书是否公开充分时所采用的本领域技术人员的标准及其所掌握的本领域公知常识，应当与在判断权利要求是否具备创造性时保持一致。但二者判断标准的一致性并不代表说明书是否公开充分及权利要求是否具备创造性的结论也应当是一致的。本领域技术人员能够理解说明书记载的技术方案并能够实现该技术方案，与该技术方案相比于现有技术对本领域技术人员而言是否非显而易见并能够取得有益效果是两个概念。《专利法》不同的条款具有不同的立法目的和判断方法，但这并不代表对"本领域技术人员"存在不同的判断标准。

关联索引

2008 年《中华人民共和国专利法》第二十二条第三款、第二十六条第三款

一审：北京知识产权法院（2019）京 73 行初 13266 号（2021 年 3 月 25 日）

法官评析

本案涉及化学领域技术方案是否必须提供实验数据，以及在创造性判断和说明书是否公开充分的判断中对本领域技术人员是否应当采用统一标准的问题。

一、化学领域技术方案的技术效果对提供实验数据的要求

化学领域专利技术方案的技术效果通常需要实验数据予以证实，但这并非普遍适用的规则。对于某些属于现有技术中的化学实验技术效果，专利说明书可以仅公开实验方法，而不再提供实验数据予以证实，本领域技术人员可以基于其所具备的现有技术认知水平和认知能力，根据专利说明书公开的实验方法和步骤，得到预期的技术效果。本案中，脉冲流是现有技术已知的一种流体流动形式，并且脉冲流的特点以及诱导出脉冲流的方式也是已知的，并非涉案专利首创。涉案专利说明书记载了诱导脉冲流的方法、条件和工艺参数，实施例中也给出了典型操作和具体实施方式。涉案专利说明书所述的方法并不违背现有技术公开的诱导脉冲流的方式，本领域技术人员可以预期，根据涉案专利上述方法操作，是可以诱导出脉冲流的，因此无需通过实验数据或谱图等方式验证其技术效果。本领域技术人员可以在说明书公开内容的基础上，通过控制液体和气体的速度，即恒定液体硫酸的进料速度，并增加烯烃进料速度以实现诱导出脉冲流。

二、"本领域技术人员"的判断标准在不同《专利法》条款中应当保持一致

在判断说明书是否充分公开时所站位的本领域技术人员的视角，往往还涉及与专利是否具备创造性所站位的"本领域技术人员"的判断标准是否一致的问题。该问题是在专利无效理由同时涉及《专利法》第二十六条第三款及第二十二条第三款时通常难以准确把握且争议较大的问题，其背后是《专利法》不同条款因规制行为的不同而导致的立法目的及判断方法的不同。

在判断说明书是否公开充分时所采用的本领域技术人员的标准及其所掌握的本领域公知常识，应当与在判断权利要求是否具备创造性时保持一

致。所谓本领域技术人员标准的一致性是指，在面对同一技术问题时，本领域技术人员所得出的结论应当是一致的，其所能掌握的现有技术及本领域公知常识也应当是一致的。需要强调的是，无论是判断说明书是否公开充分，还是判断权利要求是否具备创造性，均应当以本领域技术人员在申请日或优先权日之前所掌握的普通技术知识或所能获得的本领域现有技术为起点。但二者判断标准的一致性并不代表说明书是否公开充分及权利要求是否具备创造性的结论也应当是一致的。本领域技术人员能够理解说明书记载的技术方案并能够实现该技术方案，与该技术方案相比于现有技术对本领域技术人员而言是否非显而易见并能够取得有益效果是两个概念。在判断本领域技术人员能否理解说明书记载的技术方案并实现该技术方案时，其所了解和掌握的内容不仅包括申请日之前的现有技术和本领域公知常识，还包括专利说明书记载和公开的内容，即说明书记载和公开的内容并不都属于申请日之前公开的现有技术，因此，本领域技术人员是在了解了专利说明书记载的申请日之后的技术内容，并结合其已经掌握的申请日之前的现有技术的基础上理解和实现专利说明书公开的技术方案的。这也是专利说明书没有必要也不可能将所有的技术内容均予以详细阐述，而只是针对与专利发明点相关的技术内容予以阐述的原因。而在判断一项专利是否具备创造性时，应当假定本领域技术人员仅仅掌握申请日或优先权日之前的现有技术，并以此为起点判断一项专利相对于现有技术而言是否非显而易见并能够取得有益效果。对于专利说明书公开的申请日之后的技术方案，本领域技术人员并不知晓，这是与判断说明书是否公开充分的主要区别所在。这一区别并非因为对本领域技术人员的判断标准不一致，而是《专利法》不同条款的立法目的和判断方法的不同所致。

本案中，尽管涉案专利说明书没有明确记载"液体硫酸的恒定进料，增加烯烃、烯烃前体或混合的进料速度"的具体数值范围，但本案中的脉冲流是现有技术已知的一种流体流动形式，并且脉冲流的特点以及诱导出脉冲流的方式也是已知的。本领域技术人员结合申请日之前所掌握的本领域普通技术知识能够理解和实现涉案专利的技术方案。但这并不代表被告将本领域技术人员的认知能力和水平提高到了申请日之后的认知能力和水平。同理，尽管脉冲流是现有技术已知的一种流体流动形式，并且脉冲流的特点以及诱导出脉冲流的方式也是已知的，但原告提交的现有技术并未公开涉案专利所保护的诱导脉冲流的具体技术手段，即增加气体速率同时维持液体速率，直到达到足以诱导脉冲流动的压降。而上述具体技术手段恰恰是涉案专利的技术贡献所在，其对于本领域技术人员在申请日之前所掌握的现有技术而言并非显而易见。同理，这也并不代表被告将本领域技术人员的认知能力和水平降低到了申请日之前的认知能力和水平。即国家知识产权局在判断涉案专利说明书是否公开充分以及涉案专利是否具备创造性过程中，对"本领域技术人员"的判断标准是一致的。

准确把握"本领域技术人员"判断标准的一致性对于确保《专利法》不同条款立法目的的实现、统一司法裁判尺度具有重要意义，本案就该问题的详细论述对于此类案件的妥善处理具有一定借鉴意义。

一审法院合议庭成员 兰国红　王　晶　王若男

编写人 兰国红

28. 江苏奥某药业有限公司与国家知识产权局发明专利申请驳回复审行政纠纷案
——化合物新晶型说明书公开清楚完整的审查

关键词 专利授权确权　化合物晶型　说明书清楚完整　补充实验数据

基本案情

涉案申请系申请号为 201410449271.5、名称为 "艾普拉唑钠化合物及其药物组合物" 的发明专利申请，申请人系江苏奥某药业有限公司（以下简称奥某公司）。国家知识产权局以涉案申请不具备《专利法》第二十二条第三款规定的创造性为由作出第 241595 号复审请求审查决定（以下简称被诉决定），维持其作出的驳回决定。奥某公司不服被诉决定，向北京知识产权法院提起行政诉讼。

奥某公司诉称：被诉决定对于本发明公开的事实认定错误，被诉决定第 12/18 页第 1 段基于 "涉案申请说明书并未清楚提供实施例 2 的 10 种制备方法中任一种制得的艾普拉唑钠 C 型结晶的实际图谱和数据"，第 2 段 "涉案申请实施例 5、7 中没有说明其采用的 C 型结晶样品来源于实施例 2 中的哪种方法"，因此认定 "涉案申请原始说明书中记载的用于艾普拉唑钠 C 晶型确认的图谱和数据的真实性存疑" "对于上述稳定性实验和转变实验中的样品来源及其实验结果的客观真实性也存疑" "对于补充实验数据中用于比较的 C 型结晶的实验数据和结果也是存疑的"。该认定严重违背同一种晶体应具有基本相同的 XRD 谱图的公知常识，被诉决定对本发明公开的事实认定严重错误。

国家知识产权局辩称：涉案申请说明书并未清楚提供实施例 2 的 10 种

制备方法中任一种制得的艾普拉唑钠 C 型结晶的实际图谱和数据，因而，对于涉案申请原始说明书中记载的用于艾普拉唑钠 C 晶型确认的图谱和数据的客观真实性存疑。在此情况下，国家知识产权局对于实施例 5、7 中的样品来源及其实验结果以及补充实验数据的客观真实性也存疑。

法院经审理查明：

涉案申请的申请日为 2014 年 9 月 4 日，公开日为 2016 年 4 月 6 日。其中权利要求 1 为：

"1. 一种式 I 所示的艾普拉唑钠化合物，

其特征在于，所述艾普拉唑钠化合物为 C 型结晶形式，其使用 Cu-Kα 辐射，以 2θ 角度表示的 X-射线粉末衍射图谱在约 4.96±0.2、9.89±0.2、12.84±0.2、14.15±0.2、14.83±0.2、16.96±0.2、19.18±0.2、20.12±0.2、21.45±0.2、21.89±0.2、23.35±0.2、25.27±0.2、26.18±0.2、27.43±0.2、27.70±0.2、29.93±0.2 度处有特征峰。"

北京知识产权法院于 2022 年 11 月 10 日作出（2021）京 73 行初 7766 号行政判决：驳回原告奥某公司的诉讼请求。

宣判后，双方当事人均未上诉，判决已发生法律效力。

裁判理由

法院生效裁判认为：关于本发明公开事实以及补充实验数据的认定，首先，关于化合物的新晶型发明的公开要满足公开充分的要求。涉案申请要求保护的系艾普拉唑钠化合物 C 型结晶，其中艾普拉唑钠化合物系已知结构的化合物，涉案申请系针对已知化合物新晶型的发明创造。因此，针对化合物新晶型需要达到确认的程度，也即针对请求保护的晶型，说明书中需要记载晶型的至少一种获得方法，并给出具体操作条件说明和具体的制备实施例。

其次，化合物的新晶型发明的说明书关于制备方法的确认应当达到清楚的要求。具体而言，本领域技术人员知晓已知化合物的制备方法，采用不同的制备方法会对应不同的结晶型。因此，说明书中公开的制备方法和不同样品中的测试，应当体现物质与制备方法的对应性或一致性，以满足晶型类发明说明书清楚的要求。

本领域的公知常识，针对具有不同结晶型的已知的化合物，确认其晶型通常采用的方式包括晶体的 X-射线粉末衍射（以下简称 XRPD）图数据表征。XRPD 衍射数据具有指纹特征，也即同一种晶型的不同结晶样品经过一次或多次测试过程所获得的 XRPD 图谱中以 2θ 角度表示的特征峰位置不可能完全相同。同时，为了准确鉴别晶体，所述技术领域的技术人员通常会关注图谱中的特征峰，参考晶面间距、低角度数据、强度大小、特征线、杂质干扰等因素进行选取，这也进一步说明，实际的制备及检测中，同一种晶型的不同结晶样品多次测试过程所获得的 XRPD 图谱存在合理误差，图谱不应当完全相同。

当然，前述认定并不意味着对于化合物晶型存在多种制备方法或者实施例的情况下，需要穷尽列举。针对同样或不同制备方法的多组样品或者实施例，检测结构和数据可以概括归纳，但概括或者归纳的标准，在于本领域技术人员能够从专利申请公开的内容中得到。对于以多种方法制备得到同一晶型的申请而言，为了避免提交过多的图谱，申请文件的合理撰写方式应为：提供至少一种制备方法所得到的晶型的图谱，并说明按其他方法制备得到的晶型所测得的图谱与所提供的图谱基本一致。

具体到本案，涉案申请原申请文件中实施例 2 中描述，采用所有 10 种方法制得的均为 C 型结晶，且 C 型结晶的图谱都是基本如其所提供的图谱。虽然权利要求 1 中艾普拉唑钠化合物 C 型结晶形式的 X-射线粉末衍射图谱特征峰的 2θ 值限定了一个范围，而非一个点值。但本领域技术人员从上述公开内容，无法获知涉案申请原申请文件所提供的图谱是测试 10 种制备方法中哪种方法制得的图谱，也无法得知该图谱是否为所述 C 型结晶样品实际测得的图谱。因此，被诉决定认定，涉案申请说明书实施例 2 并未清楚提供的 10 种制备方法中任一种制得的艾普拉唑钠 C 型结晶的实际图谱和数据，因而，对于涉案申请原始说明书中记载的用于艾普拉唑钠 C 晶型确认的图谱和数据的客观真实性存疑，相关认定并无不当，法院予以支持。

最后，关于奥某公司补充的实施例和实验数据的认定。法院认为，补充实验数据的真实性的认定应当满足"所属领域的技术人员能够从专利申请公开的内容中得到"的要求。

涉案申请原申请文件中并没有说明实施例5、7中采用的C型结晶样品来源于实施例2中的哪种方法，奥某公司补充的实验数据对此也无法说明。基于前述认定，对于说明书中其样品来源及实验结果的客观真实性存疑，由此对于补充实验数据中用于比较的C型结晶的实验数据和相关实验结果的客观真实性也存疑。

裁判要旨

1. 针对已知化合物的新晶型发明的公开清楚的要求。针对化合物新晶型需要达到确认的程度，也即针对请求保护的晶型，说明书中需要记载晶型的至少一种获得方法，并给出具体操作条件说明和具体的制备实施例。说明书中公开的制备方法和不同样品中的测试，应当体现物质与制备方法的对应性或一致性，以满足晶型类发明说明书清楚的要求。

2. 关于补充的实施例和实验数据的认定。补充实验数据真实性的认定应当满足"所属领域的技术人员能够从专利申请公开的内容中得到"的要求。

关联索引

2020年《中华人民共和国专利法》第二十六条第三款

一审：北京知识产权法院（2021）京73行初7766号（2022年11月10日）

法官评析

一项请求获得专利保护的发明创造申请的说明书必须充分公开其请求保护的发明创造，以换取一定时期内的专利独占权，所获得的权利必须与其作出的技术贡献相匹配，以确保申请人和社会公众之间的利益平衡，这是专利制度"以公开换保护"的本质要求。

根据《专利法》第二十六条第三款的规定，说明书应当对发明作出清楚、完整的说明，以所属技术领域的技术人员能够实现为准。这一规定体现了"公开换保护"思想在专利技术方案撰写上的具体要求。具体而言，说明书公开充分，是指说明书应当满足"清楚""完整""能够实现"的要求。"清楚"，是指说明书应当描述发明创造想要做什么和如何去做，使所属领域技术人员能够准确理解发明创造。"完整"，是指说明书应当包括有关理解、实现发明所需的全部技术内容。换言之，凡是所属技术领域的技术人员不能够从现有技术中直接、唯一地导出的内容，在说明书中均应该有所描述。"能够实现"，是指所属技术领域的技术人员按照说明书记载的内容，就能够实现该发明的技术方案，解决其技术问题，并且产生预期的技术效果。

本案系针对化合物新晶型这一类特殊发明创造是否公开充分的审查，也需要满足"本领域技术人员能够实现"的根本标准。一种化合物被以固体形式制备得到时，其无外乎晶体或无定形两种形式。晶体是对已知化合物采用公知结晶方法得到的必然产物，某种化合物是否存在晶体形式、存在多少种晶体形式以及存在何种晶体形式都是客观的。因此，对于化合物发明，说明书中应当记载能够解决相应技术问题的相关的物理、化学参数，针对化合物新晶型发明而言，其能够获得专利保护的原因通常在于其晶型的特定微观结构，因而针对请求保护的晶型，说明书必须记载能够确认其晶型微观结构理化参数，比如 X-射线粉末衍射图、固相 NMR 数据图等。

本案的审理明确了化合物新晶型发明的说明书是否满足《专利法》关于公开充分要求的判断标准，并提出以下几方面的审判思路：

首先，化合物新晶型发明的公开要满足公开充分的要求，是指本领域技术人员通过说明书，针对特定化合物的新晶型需要达到确认的程度。具体来说，针对请求保护的晶型，说明书中至少需要记载晶型的一种获得方法，并给出具体操作条件说明和具体的制备实施例。

其次，化合物新晶型发明的说明书关于制备方法的确认是指其方法的公开应当达到清楚的要求。具体而言，本领域技术人员知晓已知化合物的制备方法，采用不同的制备方法会对应不同的结晶型。因此，说明书中公开的制备方法和不同样品中的测试，应当体现物质与制备方法的对应性或一致性，以满足晶型类发明说明书清楚的要求。

再次，化合物新晶型发明的说明书可以采取合理的方式撰写。针对同样或不同制备方法的多组样品或者实施例，检测结构和数据可以概括归纳，但其标准在于本领域技术人员能够从专利申请公开的内容中得到。对于以多种方法制备得到同一晶型的申请而言，为了避免提交过多的图谱，申请文件的合理撰写方式应为提供至少一种制备方法所得到的晶型的图谱，并说明按其他方法制备得到的晶型所测得的图谱与所提供图谱基本一致。

最后，化合物新晶型发明的审查中常常涉及是否允许发明人补充实施例和实验数据的认定问题。对补充实验数据的审查应结合说明书的公开内容判断其真实性与关联性，不宜笼统判断。化合物新晶型发明的说明书应当清楚记载了实验方法、实验条件、实验样品和实验结果，一方面能够满足公开充分要求；另一方面，当针对发明的技术效果或者创造性受到质疑，需要补充提交相关实验数据或证据时，仍然应当满足"所属领域的技术人员能够从专利申请公开的内容中得到"的原则性要求。

一审法院合议庭成员　卢爱媛　程治平　贾亚慧

编写人　卢爱媛　张　迁

五、权利要求得到说明书支持的相关问题

29. 新疆众某钒业科技有限公司与国家知识产权局、攀某集团钒钛资源股份有限公司、攀某集团有限公司发明专利权无效行政纠纷案

——如何判断权利要求的概括是否超出说明书的公开范围

关键词 数值区间 权利要求的概括 以说明书为依据

基本案情

涉案专利系专利号为第 01139886.8 号、名称为"氮化钒的生产方法"的发明专利（以下简称涉案专利），申请日为 2001 年 12 月 4 日，授权公告日为 2005 年 3 月 30 日，专利权人为攀某集团钒钛资源股份有限公司（以下简称攀某钒钛公司）、攀某集团有限公司（以下简称攀某公司）。针对涉案专利，新疆众某钒业科技有限公司（以下简称众某钒业公司）于 2020 年 11 月 24 日向国家知识产权局提出无效宣告请求，认为：权利要求 1~7 保护范围不清楚且得不到说明书支持、说明书对权利要求 1~7 请求保护的技术方案公开不充分，不符合《专利法实施细则》第二十条第一款和《专利法》第二十六条第三款、第四款的规定；权利要求 1~7 不具备创造性，不符合《专利法》第二十二条第三款的规定，请求宣告涉案专利权利要求 1~7 全部无效。2021 年 4 月 15 日，国家知识产权局作出第 49257 号无效宣告请求审查决定（以下简称被诉决定），认为：众某钒业公司关于涉案

专利不符合《专利法》第二十二条第三款，第二十六条第三款、第四款以及《专利法实施细则》第二十条第一款规定的无效理由均不成立，据此，维持涉案专利有效。众某钒业公司不服，向北京知识产权法院提起诉讼。

众某钒业公司诉称：（1）涉案专利权利要求1限定的温度区域为1000℃~1800℃，涉案专利说明书所附四个实施例的反应温度分别为1530℃、1480℃、1450℃、1600℃，本领域技术人员根据上述实施例不能确定在 1000℃~1450℃、1450℃~1480℃、1480℃~1530℃、1530℃~1600℃、1600℃~1800℃五个温度区域内可以实现该方案，并达到同样的效果。（2）权利要求1限定的"反应的持续时间为2h~6h"，涉案专利说明书所附四个实施例的反应的持续时间分别为3h、3.5h、5.5h、3h，本领域技术人员根据上述实施例不能确定在2h~3h、3h~3.5h、3.5h~5.5h、5.5h~6h四个时间段内可以实现该方案，并达到同样的效果。（3）权利要求1限定的"炉内压力始终保持为101335Pa~101425Pa"，涉案专利说明书所附四个实施例的炉内压力分别为101335Pa~101355Pa、101345Pa~101365Pa、101355Pa~101375Pa、101355Pa~101375Pa，本领域技术人员根据上述实施例不能确定炉内压力在101375Pa~101425Pa区间内可以实现该方案，并达到同样的效果。综上，涉案专利权利要求1中的"制备炉需加热到1000℃~1800℃的温度区域""反应的持续时间为2h~6h""炉内压力始终保持为101335Pa~101425Pa"等技术特征不能得到说明书的支持。权利要求2~7也不能得到说明书的支持。被诉决定关于涉案专利权利要求1~7符合《专利法》第二十六条第四款的规定的认定事实不清，适用法律有误，请求法院撤销被诉决定，责令被告重新作出决定。

国家知识产权局辩称：被诉决定认定事实清楚，适用法律正确，审理程序合法，审查结论正确，请求驳回原告的诉讼请求。

攀某钒钛公司、攀某公司述称：被诉决定认定事实清楚，适用法律正确，审理程序合法，审查结论正确，请求驳回原告的诉讼请求。

法院经审理查明：涉案专利专利号为01139886.8、名称为"氮化钒的生产方法"的发明专利，申请日为2001年12月4日，授权公告日为2005年3月30日，专利权人为攀某钒钛公司、攀某公司。

涉案专利授权公告的权利要求书共7项权利要求，其中权利要求1如下：

"1. 氮化钒的生产方法，是先将粉末状的钒氧化物、碳粉和粘结剂混合均匀后压块、成型，再将成型后的物料加入制备炉中，同时制备炉通入保护和反应气体，制备炉需加热到1000℃~1800℃的温度区域，物料在该温度区域发生碳化和氮化反应，最终生成氮化钒的方法，其特征在于：

（1）物料是连续式进出制备炉的；

（2）制备炉内部是用含 N_2 或 NH_3 或是它们的混合气作为反应和保护气体，并使该炉内压力始终保持为101335Pa~101425Pa；

（3）所述物料在此温度区域反应的持续时间为 2~6h，随后冷却到100℃~250℃自动出炉。"

涉案专利说明书记载：本发明的技术领域属于钒合金技术领域。现有技术的缺点是：需要真空系统、间歇式生产。本发明的目的是物料能连续进入制备炉中，连续生产氮化钒。

北京知识产权法院于 2022 年 1 月 24 日作出（2021）京 73 行初 11343号行政判决：驳回原告众某钒业公司的诉讼请求。

一审判决作出后，各方当事人在上诉期限内未上诉，一审判决已生效。

裁判理由

法院生效裁判认为：本案争议焦点为涉案专利权利要求 1 是否符合《专利法》第二十六条第四款的规定。涉案专利属于钒合金技术领域，其发明目的在于提供一种能够连续生产氮化钒的方法。在钒合金技术领域，氮化钒生产过程需要高温、高压并需要一定的时间。对于本领域技术人员而言，金属合金生产过程中对温度、压力、时间等生产条件的变化并非苛刻。温度偏低可以延长反应时间，温度偏高则可以缩短反应时间，上述生产条件的调整均属于本领域技术人员可以合理预测的范围。涉案专利权利要求 1 所限定的"制备炉需加热到1000℃~1800℃的温度区域""反应的持续时间为2h~6h""炉内压力始终保持为101335Pa~101425Pa"技术特征在说明书中均有相应记载，且本发明四个实施例的对于温度、反应时间、反应压力分别给出了具体参数，例如"1530℃、1480℃、1450℃和1600℃的反应温度""3h、3.5h、5.5h 和 3h 的反应时间"以及"101335Pa~101355Pa、101345Pa~101365Pa、101355Pa~101375Pa 和 101355Pa~101375Pa 的反应压力区间"。

本领域技术人员基于说明书中记载的技术信息，结合钒合金技术领域的现有技术，能够合理预测涉案专利实施例所记载反应温度、时间、压力最高值和最低值之外的环境下能够取得相同或等同的技术效果，即本领域技术人员能够将发明由实施例中反应温度、时间、压力的具体参数扩展到权利要求 1 的保护范围，故权利要求 1 能够得到说明书的支持。因此，众某钒业公司关于涉案专利权利要求 1 及其从属权利要求 2～7 不符合《专利法》第二十六条第四款规定的理由不能成立。

裁判要旨

权利要求的概括应当不超出说明书公开的范围，在判断权利要求是否得到说明书支持时，应当参照与之相关的现有技术，考虑说明书的全部内容，而不是局限于说明书具体实施方式部分的内容。如果本领域技术人员可以合理预测说明书给出的实施方式所有等同替代方式具备相同或等同的技术效果，则通常允许将权利要求的保护范围概括至上述方式。

关联索引

2000 年《中华人民共和国专利法》第二十六条第四款

一审：北京知识产权法院（2021）京 73 行初 11343 号（2022 年 1 月 24 日）

法官评析

《专利法》第二十六条第四款规定，权利要求书应当以说明书为依据，清楚、简要地限定要求专利保护的范围。该条规定明确权利要求要清楚、简要、得到说明书的支持。一般而言，说明书包括了具体实施方式，权利要求需要对说明书实施方式进行上位概括。如果权利要求上位概括过大，其保护范围超出了说明书公开的内容，这样的权利要求是不能得到说明书支持的。从另一个角度而言，权利要求的保护范围也是专利权人的专有权利与社会公共利益的边界划分。如果权利要求将专利权人没有作出贡献的技术内容纳入保护范围，则该情形不当地扩大了专利权保护范围，导致社会公共利益受到损害。因此，概括权利要求应以说明书公开的内容为限，权利人不应扩大其保护范围。

判断权利要求是否得到说明书支持，应当站在本领域技术人员角度。根据涉案专利说明书的记载，现有技术存在的技术缺陷，涉案专利要解决上述技术问题并实现其声称的技术效果，说明书会公开其采用的技术手段及具体实施方式。而如果权利要求存在不能解决上述技术问题的技术内容，则该权利要求得不到说明书支持。同时，权利要求的概括应当不超出说明书公开的范围，在判断权利要求是否得到说明书支持时，应当参照与之相关的现有技术，考虑说明书的全部内容，而不是局限于说明书具体实施方式部分的内容。

数值或数值范围限定特征指的是以数值或者连续变化的数值范围限定的技术特征，例如部件的尺寸、温度、压力以及组合物的组分含量。数值范围特征常使用在化学类权利要求中。当权利要求涉及数值范围时，说明书通常应给出两端值附近（最好是两端值）的实施例，当数值范围较宽时，还应当给出至少一个中间值的实施例。但是，缺少相应的实施例并不意味着采用所述数值范围限定的权利要求必然得不到说明书的支持，能否得到支持应当结合申请文件的教导和所属领域的技术水平进行综合判断。① 因此，关于数值范围特征能否得到说明书的支持，该数值范围两端值的实施例并不必然要求记载于说明书中。

涉案专利说明书虽然未给出权利要求 1 所保护的数值范围端点处的实施例，但权利要求 1 所保护的数值范围属于本领域技术人员可以合理预测的范围。适用《专利法》第二十六条第四款时，应站在本领域技术人员的角度，权利要求 1 所保护数值范围属于本领域技术人员合理概括的范围。

一审法院合议庭成员　王坤　吴元龙　杨　青
编写人　王　坤

---

① 国家知识产权局专利复审委员会编著：《以案说法——专利复审、无效典型案例指引》，知识产权出版社 2018 年版，第 288 页。

30. 刘某与国家知识产权局、盐某制药株式会社发明专利权无效行政纠纷案*

——马库什化合物权利要求得到说明书支持的判断

关键词 专利权无效宣告 马库什化合物 权利要求得到说明书支持

基本案情

涉案专利系专利号为第 201180056716.8 号、名称为"被取代的多环性氨基甲酰基吡啶酮衍生物的前药"的发明专利。其优先权日为 2010 年 9 月 24 日，申请日为 2011 年 9 月 21 日，授权公告日为 2016 年 3 月 16 日，专利权人为盐某制药株式会社。针对涉案专利，刘某于 2019 年 10 月 30 日向国家知识产权局提出无效宣告请求，请求宣告涉案专利权全部无效，其理由包括：涉案专利权利要求 1~9 得不到说明书支持，不符合 2008 年《专利法》第二十六条第四款的规定。刘某认为：（1）权利要求 1 的"三环"结构的化合物药物活性得不到说明书的支持。权利要求 1 中涵盖了大量骨架结构差异巨大的三环化合物，但说明书中仅仅公开 6 个三环化合物制备

---

* 本案一审裁判文书获评 2022 年全国法院技术类知识产权和垄断案件优秀裁判文书二等奖。

例以及 1 个三环化合物效果例。本领域技术人员无法预期其他三环化合物也都能够解决发明所要解决的技术问题。(2) 权利要求 1 的"三环"结构化合物的制备方法得不到说明书的支持。通过单一的合成路径不可能制备获得权利要求 1 所涵盖的所有三环化合物。案外人上海某公司的评估报告就显示，有两个化合物无法根据涉案专利说明书中给出的合成路径制备得到。2021 年 1 月 7 日，国家知识产权局作出第 47328 号无效宣告请求审查决定（以下简称被诉决定），认为：涉案专利的发明目的是将在先发明中的化合物作为母体化合物，对其进行前药化，从而达到在向生物体施与后，在体内被吸收而转化为母体化合物。首先，关于药理活性。基于涉案专利的发明目的，本前药化合物与母体化合物的结构差别仅在于 $-P^R$ 基团和 $-OH$，在没有证据的基础上，本领域技术人员没有理由怀疑权利要求 1 所定义的前药基团 $-P^R$ 存在无法经体内转化为 $-OH$ 的困难。其次，关于化合物的制备。基于涉案专利说明书中公开的内容，本领域技术人员完全能够设计出三环化合物的合理制备方案，并进行结构确认。案外人上海某公司本身是一家为其他企业或机构提供技术服务的企业，刘某委托其合成并测试化合物本系正常的商业行为，但该公司委派员工作为刘某在无效阶段的代理人参与口头审理使得其出具报告的中立性受到质疑，在没有其他证据加以佐证的前提下，被诉决定未接受评估报告并无不当。因此，涉案专利权利要求 1~9 得到了说明书的支持。在刘某所提其他无效理由均不能成立的基础上，国家知识产权局作出被诉决定，维持涉案专利权有效。刘某不服，向北京知识产权法院提起诉讼。

刘某诉称：(1) 涉案专利权利要求 1 的"三环"结构的化合物药物活性得不到说明书的支持，不符合 2008 年《专利法》第二十六条第四款的规定。(2) 涉案专利权利要求 1 的"三环"结构化合物的制备方法得不到说明书的支持，不符合 2008 年《专利法》第二十六条第四款的规定。

国家知识产权局辩称：被诉裁定认定事实清楚，适用法律正确，作出程序合法，请求人民法院依法驳回原告的诉讼请求。

盐某制药株式会社述称：被诉裁定认定事实清楚，适用法律正确，作出程序合法，请求人民法院依法驳回原告的诉讼请求。

法院经审理查明：涉案专利包括 9 项权利要求，其中独立权利要求 1 涉及式（Ⅰ）所示的通式化合物，或其制药上可接受的盐，其中，P^R 为选自–C（=O）–P^{R0}、–C（=O）–P^{R1}……的前药基团；R^{1a} 为氢；R^{2a} 为氢；R^{3a} 为氢、可被取代基组 C 取代的低级烷基；B^1 为 NR^{7a}，以及 B^2 为 CR^{5a}R^{6a}；R^{5a} 为氢；R^{6a} 为氢；……R^{3a} 和 R^{6a} 可与相邻的原子一起形成 5～7 元的杂环……

针对涉案专利，刘某于 2019 年 10 月 30 日向国家知识产权局提出无效宣告请求，请求宣告涉案专利权全部无效，其理由包括：涉案专利权利要求 1～9 得不到说明书支持，不符合 2008 年《专利法》第二十六条第四款的规定。

2021 年 1 月 7 日，国家知识产权局作出被诉决定。

北京知识产权法院于 2022 年 10 月 28 日作出（2021）京 73 行初 5028 号行政判决：驳回原告刘某的诉讼请求。宣判后，各方均未提出上诉，判决已发生法律效力。

裁判理由

法院生效裁判认为：涉案专利的发明目的是在在先发明的基础上，将在先发明中的化合物作为母体化合物，对其进行前药化，从而达到在向生物体施与后，所述前药化合物在体内被吸收而转化为母体化合物，发挥其帽依赖性核酸内切酶抑制活性的技术效果，以实现对流感病毒的抑制。根据说明书的记载，涉案专利前药化合物与母体化合物的结构差别仅在于–PR 基团和–OH 基，涉案专利–PR 基团通过在生物体内的生理条件下由药物代谢酶、水解酶、胃酸、肠内细菌等引起的分解反应而转换为–OH 基，进而以母体化合物形式在体内发挥药理活性。

本案中，请求人主张权利要求得不到说明书支持的具体理由主要集中于涉案专利保护的前药化合物能否制备，以及是否具有声称的帽依赖性核酸内切酶抑制活性，而这两点在很大程度上依赖于母体化合物的制备和活性结果。

权利要求1中通过"R^{3a}和R^{6a}可与相邻的原子一起形成5~7元的杂环"的方式，限定出了两组并列的技术方案：二环化合物和三环化合物。各方当事人争议焦点集中在三环结构的概括能否得到说明书的支持。

一、权利要求1的三环结构的化合物药物活性是否得到说明书的支持

本案中使用的"二环""三环"指代涉案专利中具有二环或三环结构同时包含其他相关基团的通式化合物。

首先，三环能否称为二环的取代，需要在特定条件下来考虑。原告在起诉状中列举的反证中吲哚和咔唑、喹啉和吖啶等二环和三环化合物属于小分子化合物，其由于分子本身空间结构较小，环数会对其化学性质存在影响。而涉案专利中涉及的化合物分子结构相对较大，其取代基对其母核结构性质的影响相对较小。通常情况下，在通过马库什权利要求表示的较大的化合物分子中，位置相近的取代基可以通过成环形成特定的化合物，由于成环后的化合物还保留了母体化合物的结构和主要性质，因此通常可将该成环的部分视为一种取代的方式。此外，不能仅以其结构中包含的环数不同，就认定其为不同类型的化合物，主要还是需要考虑其是否都能够解决涉案专利的技术问题。

其次，涉案专利说明书记载了775个参考例化合物的制备和确认，并测定了其中392个化合物以证明其具有帽依赖性核酸内切酶抑制活性和CPE抑制效果。上述化合物对应的前药落入涉案专利权利要求1保护范围的制备例有312个、效果例有214个。说明书还记载了241个前药化合物的制备和确认，均为二环化合物。纵观涉案专利说明书所提供的效果实施例，从其数量的分布和种类的分布，能够确认二环结构是基本核结构，是使得化合物实现帽依赖性核酸内切酶抑制作用所必需的药效基团。

最后，对于权利要求1中还涉及的三环化合物，涉案专利说明书同样记载了6个制备例和1个效果例，也进一步证明了在上述二环结构作为基本核结构的基础上，上述三环结构同样能够具有帽依赖性核酸内切酶抑制作用。故涉案专利说明书提供的参考例化合物能够作为权利要求1涉及的前药化合物的活性依据。

综上，每一种化合物都有自身独特的化学性质，但并不意味着不能归纳成马库什权利要求的形式。本案中，由于说明书中验证了二环结构是基本核结构，且验证了一定数量的三环结构也具有声称的活性，权利要求 1 概括的三环结构也并非庞大数量的集合，因此这样的概括是合理的，在没有相反证据的情况下，不能断言其无法实现帽依赖性核酸内切酶抑制作用。

二、权利要求 1 的三环结构化合物的制备方法是否得到说明书的支持

首先，涉案专利要解决的技术问题是将帽依赖性核酸内切酶抑制活性的化合物前药化。如前所述，涉案专利说明书中验证了二环结构是基本核结构，且验证了一定数量的三环结构也具有声称的活性。涉案专利说明书提供的 6 个三环化合物的制备例，给出了特定的制备方法，本领域技术人员可以根据上述方法或在此基础上替换特定原料实施。此外本领域技术人员具备化学合成的基本知识，基于涉案专利公开的内容，本领域技术人员应当能够设计出三环化合物的合理制备方案，涉案专利的化合物不限于使用说明书公开的合成路径，同样可以根据本领域常规的制备方法来进行化合物的制备。

其次，本领域技术人员面对化学领域常见的马库什权利要求时，有能力将一些明显超出本领域常规认知的情形排除在权利要求之外，会考虑环的结构和电子排布的整个环系的关系，不会刻意选择那些极限推导的不可能存在的化合物，会排除掉那些不符合基本常识而不能稳定存在或根部无法制得的"虚拟"化合物。

原告在起诉状中提出两个特定的药化分子化合物无法制备获得，但用于证明上述观点的反证是案外人出具的，由于其出具报告的中立性受到质疑，在没有其他证据加以佐证的前提下，对该反证不应予以采信。而且，化合物不能被制备出来的因素很多，有可能是化合物结构不符合常理所导致，也有可能是制备工艺、制备条件等因素未达到合理范围所导致，因此不能仅以一方当事人提出相反意见就得出结论。

综上，权利要求 1 中的三环结构化合物无论是其药物活性还是制备方法，均得到了说明书的支持，符合 2008 年《专利法》第二十六条第四款

的规定。基于此，权利要求 2~9 亦符合第二十六条第四款的规定。

裁判要旨

站位本领域技术人员的角度，如果马库什权利要求限定的化合物可以解决涉案专利要解决的技术问题，且没有相反证据证明权利要求保护范围内的某些化合物不能达到所述的技术效果或不能制备，则权利要求得到了说明书的支持。

关联索引

2008 年《中华人民共和国专利法》第二十二条第三款、第二十六条第四款

一审：北京知识产权法院（2021）京 73 行初 5028 号（2022 年 10 月 28 日）

法官评析

本案是 2021 年国家知识产权局评出的专利复审无效十大案件之一，针对药物化合物领域的难点问题之一，马库什化合物权利要求能否得到说明书支持的问题，进行了探讨。本案中的前体药物玛巴洛沙韦是盐某制药株式会社首创的新作用机制的抗流感病毒新药，是经国家药品监督管理局批准的治疗流感的首个也是唯一单剂量口服药物，在整个治疗周期只需服药一次。

诉讼中各方当事人的争议焦点为权利要求是否得到说明书支持，特别是权利要求 1 中定义的有关 R^{3a} 与 B^2 位置上的取代基 R^{6a} 可与相邻的原子一起形成 5~7 元的杂环进而形成三环结构的化合物，无论是其药物活性还是制备方法，是否得到了说明书的支持。

本案的典型意义在于，深入分析了应当基于说明书公开的整体内容，尤其是效果实施例的分布，在厘清前药与母体化合物及各自效果实验等一系列关系的基础上，准确评价了从说明书中能够得到的技术效果，从而认定马库什权利要求能否得到说明书的支持。

首先，判决对于马库什权利要求的性质进行了界定，指出其是化学发明专利申请中一种特殊的权利要求撰写方式，即在一个权利要求中限定多

个并列的可选择要素概括的权利要求，其产生是为了解决化学领域中多个取代基基团没有共同上位概念可概括的问题，其本身一直被视为结构式的表达方式，而非功能性的表达方式。马库什权利要求限定的是并列的可选要素而非权利要求，其所有可选择化合物具有共同的性能和作用，并且具有共同的结构或者所有可选择要素属于该发明所属领域公认的同一化合物。

其次，判决回应了刘某主张的马库什权利要求与其他类型权利要求在得到说明书支持的问题上，其判断标准是否具有差异。判决指出：马库什权利要求的是否得到说明书的支持与其他类型权利要求的判断标准无异，主要是将权利要求保护的技术方案与说明书公开的技术内容进行比较，结合专利文件记载的内容、现有技术的整体状况、发明的技术贡献、对技术效果的预先确定和评价等，站位本领域技术人员的角度判断权利要求的保护范围是否与说明书公开的内容相适应。如果权利要求保护的化合物能够解决发明要解决的技术问题并达到相应的技术效果，则该权利要求保护的化合物能得到说明书的支持。如果不能否定权利要求保护的化合物可以解决涉案专利要解决的技术问题，且没有相反证据证明权利要求保护范围内的某些化合物不能达到所述的技术效果，则不能断言权利要求未得到说明书的支持。

具体到本案中，判决从权利要求 1 的"三环"结构的化合物药物活性、制备方法两个方面对是否得到说明书的支持进行了判断。

在药物活性方面。纵观涉案专利说明书所提供的效果实施例，从其数量的分布和种类的分布，能够确认二环结构是基本核结构，是使得化合物实现帽依赖性核酸内切酶抑制作用所必需的药效基团。权利要求 1 中涉及的三环化合物，涉案专利说明书同样记载了 6 个制备例和 1 个效果例，也进一步证明了在上述二环结构作为基本核结构的基础上，上述三环结构同样能够具有帽依赖性核酸内切酶抑制作用。故涉案专利说明书提供的参考例化合物能够作为权利要求 1 涉及的前药化合物的活性依据。同时，进一步明确，每一种化合物都有自身独特的化学性质，但并不意味着不能归纳成马库什权利要求的形式。本案中，权利要求 1 概括的三环结构也并非庞大数量的集合，因此这样的概括是合理的，在没有相反证据的情况下，不能断言其无法实现帽依赖性核酸内切酶抑制作用。

在制备方法方面。涉案专利要解决的技术问题是将帽依赖性核酸内切酶抑制活性的化合物前药化。涉案专利说明书提供的 6 个三环化合物的制备例，给出了特定的制备方法，本领域技术人员可以根据上述方法进行或在此基础上替换特定原料实施，也应当能够设计出三环化合物的合理制备方案。同时，本领域技术人员面对化学领域常见的马库什权利要求时，有能力将一些明显超出本领域常规认知的情形排除在权利要求之外，会考虑环的结构和电子排布的整个环系的关系，不会刻意选择那些极限推导的不可能存在的化合物，会排除掉那些不符合基本常识而不能稳定存在或根本无法制得的"虚拟"化合物。虽然起诉状中提出了两个无法制备获得的药化分子化合物，但化合物不能被制备出来的因素很多，有可能是化合物结构不符合常理所导致，也有可能是制备工艺、制备条件等因素未达到合理范围所导致，因此不能仅以一方当事人提出相反意见就得出结论。

因此，一审判决认定，权利要求 1~9 得到了说明书的支持。

一审法院合议庭成员 赵 明 李 淼 赵海涛

编写人 赵 明

六、专利文件修改的相关问题

31. 高某股份有限公司与国家知识产权局、苹某电脑贸易（上海）有限公司发明专利权无效行政纠纷案

——专利无效宣告程序中权利要求的修改规则

关键词　专利授权确权　无效宣告程序　权利要求的修改
权利要求的进一步限定　明显错误的修正

基本案情

涉案专利系专利号为第 200480041803.6、名称为"多天线通信系统中的空间扩频"的发明专利（以下简称涉案专利），申请日为 2004 年 12 月 15 日，授权公告日为 2012 年 5 月 2 日，专利权人为高某股份有限公司（以下简称高某公司）。针对涉案专利，苹某电脑贸易（上海）有限公司（以下简称苹某公司）于 2004 年 12 月 15 日向原国家知识产权局专利复审委员会（以下简称原专利复审委员会）提出无效宣告请求，其理由是：（1）权利要求 1~43 保护范围不清楚，不符合《专利法实施细则》第二十条第一款的规定；（2）权利要求 1、2、10~14、17~24、25~27、33、35~37、38、40~43 得不到说明书的支持，不符合《专利法》第二十六条第四款的规定；（3）权利要求 1~53 不符合《专利法实施细则》第二十一条第二款的规定；（4）权利要求 1~3、7、10~12、14~15、17、22~40、42~

53 不符合《专利法》第二十二条第二款的规定；（5）权利要求 1~53 不符合《专利法》第二十二条第三款的规定。2019 年 3 月 26 日，原专利复审委员会作出第 38646 号无效宣告请求审查决定（以下简称被诉决定），认为：涉案专利权利要求 1、2、10~14、17~23、25~27、33、35~38、40~53 不具备《专利法》第二十二条第三款规定的创造性，在权利要求 3~9、15~16、24、28~32、34、39 的基础上维持专利权有效。高某公司不服，向北京知识产权法院提起诉讼。

原告高某公司诉称：（1）被诉决定所审查的基础错误。依据《专利审查指南》在第四部分第三章 4.6.2 的规定，涉案专利授权文本的权利要求 41 涉及 MISO（多输入单输出）通信系统，因此，在该权利要求 41 中仅记载了"导引向量"。而授权文本的权利要求 13 是权利要求 1 的 MIMO（多输入多输出）通信系统的一个从属权利要求，因此，该权利要求 13 中记载的技术特征是对 MIMO 系统中的"导引矩阵"的进一步限定。尽管本领域技术人员很容易理解，对应于 MISO 系统的导引向量可以理解为 MIMO 系统的导引矩阵的特殊表现形式，但是，在按照《专利审查指南》上述规定，将授权文本的权利要求 13 记载的关于"导引矩阵"的进一步限定的技术特征补入专利授权文本的权利要求 41 中时，容易显得缺乏引用基础，因而，原告将权利要求 13 记载的"导引矩阵"适应性地修改为"导引向量"以对专利授权文本的权利要求 41 中记载的技术特征"导引向量"进行进一步限定。该修改完全是对于"导引矩阵"和"导引向量"之间这种明显的"缺乏引用基础"的适应性修改。因此，即使该修改不属于"权利要求的进一步限定"的适应性修改，也应当属于在"权利要求的进一步限定"的基础上，对明显错误进行修正。而对"明显错误的修正"亦属于符合《专利审查指南》第四部分第三章 4.6.2 的修改方式。类似地，对授权文本中的权利要求 53 的修改，也符合《专利审查指南》第四部分第三章 4.6.2 的"修改方式"的规定。（2）被诉决定有关创造性的认定存在事实和法律错误。对于数据符号块、引导矩阵、空间处理，说明书都作出了特别的限定，对于涉案专利技术方案的理解应当遵循上述特别限定。权利要求 44、48、50、52 也具备创造性。在此基础上，权利要求 2、10~14、17~23、26~27、35~37、40~43、45~47、49、51、53 均具备创造性。请求法院判令：撤销被诉决定，责令被告重新作出审查决定。

被告国家知识产权局辩称：被诉决定认定事实清楚，适用法律法规正确，审理程序合法，审查结论正确，请求法院驳回原告诉讼请求。

第三人上海某公司述称：同意被告意见，被诉决定认定事实清楚，适用法律法规正确，审理程序合法，审查结论正确，请求法院判决驳回原告诉讼请求。

法院经审理查明，涉案专利系专利号为 200480041803.6 号、名称为"多天线通信系统中的空间扩频"的发明专利，申请日为 2004 年 12 月 15 日，授权公告日为 2012 年 5 月 2 日，专利权人为高某公司。涉案专利授权公告的权利要求书（部分）内容如下：

"1. 一种在无线多输入多输出 MIMO 通信系统中处理发射数据的方法，包括：

处理数据以得到至少一个数据符号块；以及

利用多个导引矩阵对所述至少一个数据符号块执行空间处理，以得到用于多个发射天线的多个发射符号序列，其中对于所述至少一个数据符号块，所述多个导引矩阵使得接收实体观测到的有效 MIMO 信道随机化。

41. 如权利要求 38 所述的方法，还包括：

利用基础矩阵和至少一个标量产生所述多个导引向量。

53. 如权利要求 52 所述的方法，还包括：

从包括 L 个导引向量的集合中为每个发射间距选择导引向量，其中 L 是大于一的整数，并且其中基于为每个发射间距选择的导引向量，得到对每个发射间距的所述信道响应估计。"

对比文件 1 为 "A Random Beamforming Technique in MIMO Systems Exploiting Multiuser Diversity" 文章及其中文译文，刊登在 IEEE JOURNAL ON SELETEC AREAS IN COMMUNICATIONS，VOL. 21，NO. 5，JUNE 2003。

对比文件 4 为公开号为 US2003/0072382A1 的美国发明专利申请说明书及其中文译文，公开日为 2003 年 4 月 17 日。

对比文件 5 为授权公告号为 US6377632B1 的美国发明专利说明书及其中文译文，授权公告日为 2002 年 4 月 23 日。

2018 年 7 月 20 日，上海某公司针对涉案专利提出无效宣告请求。经形式审查合格，原专利复审委员会于 2018 年 8 月 1 日受理了上述无效宣告请求并将无效宣告请求书及附件转给高某公司，同时成立合议组对本案进行审查。

2018 年 8 月 20 日，上海某公司提交了意见陈述书，并补充无效理由如下：（1）权利要求 3~9、15~16、28~29、34、39 的附加技术特征还被对比文件 6 公开，上述权利要求不具备《专利法》第二十二条第三款规定的创造性。（2）权利要求 19~21、41 属于智力活动规则和方法的范畴，不构成技术方案，属于《专利法》第二十五条第一款第二项规定的不应被授予专利权的情形，并且不符合《专利法实施细则》第二条第一款的规定。

原专利复审委员会于 2018 年 8 月 30 日向高某公司发出转送文件通知书，将上海某公司于 2018 年 8 月 20 日提交的意见陈述书和所附附件的副本转送给高某公司。原专利复审委员会于 2018 年 9 月 5 日向双方当事人发出口头审理通知书，定于 2018 年 11 月 15 日举行口头审理。

2018 年 9 月 17 日，高某公司提交了意见陈述书、修改后的权利要求共计 85 项，其中权利要求 50 和 85 内容如下：

"50. 如权利要求 47 所述的方法，还包括：

利用基础矩阵和至少一个标量产生所述多个导引向量，并且其中，所述选择多个导引向量包括通过以顺序次序从头至尾地循环所述 L 个导引向量，从包括所述 L 个导引向量的集合中选择所述多个导引向量。"

"85. 如权利要求 83 所述的方法，还包括：

从包括 L 个导引向量的集合中为每个发射间距选择导引向量，并且其中基于为每个发射间距选择的导引向量，得到对每个发射间距的所述信道响应估计；

其中，对于所述数据符号块，所述多个导引向量使接收实体观测的有效 MISO 信道随机化。"

针对高某公司于 2018 年 9 月 17 日提交的意见陈述，上海某公司于 2018 年 11 月 5 日提交了意见陈述书，认为高某公司对权利要求的修改不符合《专利审查指南》第四部分第三章关于"权利要求的进一步限定"的规定，该修改文本不应被接受。

2018 年 11 月 13 日，高某公司提交了意见陈述书并再次提交了权利要求书修改替换页。在其于 2018 年 9 月 17 日提交的修改文本（权利要求第 1~85 项）的基础上，删除部分独立权利要求和从属权利要求，形成修改后的权利要求第 1~52 项。

2018 年 11 月 14 日，高某公司再次提交了意见陈述书，认为涉案专利符合《专利法》及《专利法实施细则》的规定，上海某公司提出的无效理由不能成立。

口头审理如期举行，双方当事人均出席了本次口头审理。

2019 年 3 月 26 日，原专利复审委员会作出被诉决定。

另查，根据中央机构改革部署，原专利复审委员会的相关职责由国家知识产权局统一行使。

北京知识产权法院于 2021 年 11 月 26 日作出（2019）京 73 行初 7916 号行政判决：驳回原告高某公司的诉讼请求。一审宣判后，高某公司向最高人民法院提出上诉。最高人民法院于 2022 年 11 月 8 日作出（2022）最高法知行终 314 号行政判决：驳回上诉，维持原判。

裁判理由

一审法院生效裁判认为：

一、关于审查基础

2017 年版《专利审查指南》第四部分第三章 4.6.1 规定，发明或者实用新型专利文件的修改仅限于权利要求书，其原则是：（1）不得改变原权利要求的主题名称。（2）与授权的权利要求相比，不得扩大原专利的保护范围。（3）不得超出原说明书和权利要求书记载的范围。（4）一般不得增加未包含在授权的权利要求书中的技术特征。4.6.2 规定，在满足上述修改原则的前提下，修改权利要求书的具体方式一般限于权利要求的删除、技术方案的删除、权利要求的进一步限定、明显错误的修正。权利要求的删除是指从权利要求书中去掉某项或者某些项权利要求，例如独立权利要求或者从属权利要求。技术方案的删除是指从同一权利要求中并列的两种以上技术方案中删除一种或者一种以上技术方案。权利要求的进一步限定是指在权利要求中补入其他权利要求中记载的一个或者多个技术特征，以缩小保护范围。4.6.3 规定，在专利复审委员会作出审查决定之前，专利权人可以删除权利要求或者权利要求中包括的技术方案。仅在下列三种情形的答复期限内，专利权人可以以删除以外的方式修改权利要求书：（1）针对无效宣告请求书。（2）针对请求人增加的无效宣告理由或者补充的证据。（3）针对专利复审委员会引入的请求人未提及的无效宣告理由或者证据。

专利权作为国家授予专利权人的一项垄断性权利，一经授权并公告，即具有较强的对世效力，除专利法另有规定以外，任何单位或者个人未经专利权人许可，都不得实施其专利。经授权公告后，社会公众可根据所公告的发明或实用新型专利文件产生对该专利权保护范围的预期，进而合理安排生产经营活动以避免自己实施的技术方案侵犯他人专利权。在此基础之上，专利权人在无效宣告程序中对其已经授权公告的专利文件所作的修改，不应超出社会公众此前对于该专利权保护范围的合理预期，否则社会公众的利益将难以得到保障。有鉴于此，无效宣告程序中专利文件的修改仅限于权利要求书。并且，在满足修改原则的前提下，修改权利要求书的具体方式一般限于权利要求的删除、技术方案的删除、权利要求的进一步限定、明显错误的修正。

具体到本案中，涉案专利授权公告文本具有 53 项权利要求，包括 8 项独立权利要求（权利要求 1、25、33、38、44、48、50、52）和 45 项从属权利要求。

第三人提起无效宣告请求后，原告分别于 2018 年 9 月 17 日和 2018 年 11 月 13 日两次对权利要求进行了修改。

在 2018 年 9 月 17 日所提交的修改版本（第一次修改）中，原告将授权公告文本的 53 项权利要求修改为 85 项权利要求，包括 32 项独立权利要求（权利要求 1、22、28、33、39、40、41、45、46、47、51、58、59、60、61、62、63、64、67、68、69、70、71、72、73、77、78、79、80、81、82、83）和 53 个从属权利要求。该版本修改后的权利要求 50、84 分别对应于授权公告文本的权利要求 41、53，并在原有的权利要求内容上补入了特征"所述选择多个导引向量包括通过以顺序次序从头至尾地循环所述 L 个导引向量，从包括所述 L 个导引向量的集合中选择所述多个导引向量"。

在 2018 年 11 月 13 日所提交的修改版本（第二次修改）中，原告删除了 2018 年 9 月 17 日修改版本中的权利要求 22~32、39~40、45~46、58~63、67~72、77~82。

对于第二次修改，由查明事实可知，该版本系在第一次修改版本的基础上进行的修改，包含了以删除以外的方式修改的权利要求。根据 2017 年

《专利审查指南》第四部分第三章第 4.6.3 节的规定，仅在三种情形的答复期限内可以适用此种修改方式，而原告提交该版本的时机并不符合前述规定。被告在此基础上对 2018 年 11 月 13 日提交的修改文本不予接受，并无不当。

对于第一次修改，由查明事实可知，修改后的权利要求 50、84 所补入的特征"所述选择多个导引向量包括通过以顺序次序从头至尾地循环所述 L 个导引向量，从包括所述 L 个导引向量的集合中选择所述多个导引向量"在涉案专利授权公告文本的权利要求及说明书中均没有原文记载。

原告主张，修改后的权利要求 50 是对原权利要求的进一步限定及对明显错误的修正。其逻辑在于：原权利要求 41 引用权利要求 38，而原权利要求 38 涉及 MISO 系统并对应"引导向量"。第一次修改系通过将原权利要求 13 的技术特征补入原权利要求 41 来作"进一步限定"，而原权利要求 13 涉及 MIMO 系统并对应"引导矩阵"。此时，需要将"导引矩阵"更正为"导引向量"，这是对缺乏引用关系的适应性修改。同时，即使被告认为权利要求 50、84 不应接受，亦不应影响其他权利要求的修改。

对此法院认为：首先，从现行规定来看，原告所称的"在权利要求的进一步限定基础上对缺乏引用关系的适应性修改"并不属于 2017 年《专利审查指南》规定的四种无效宣告程序中权利要求的修改方式，即权利要求的删除、技术方案的删除、权利要求的进一步限定、明显错误的修正。

其次，从技术方案本身来看，原权利要求 41 系对适用于多输入单输出通信系统（MISO 系统）处理发射数据的方法中关于导引向量的进一步限定，而原权利要求 13 则是对适用于多输入多输出通信系统（MIMO 系统）处理发射数据的方法中关于导引矩阵的进一步限定。根据涉案专利说明书的记载，多输入多输出系统与多输入单输出系统属于两个不同的实施例，涉案专利授权公告文本亦将二者分别列为独立权利要求进行保护。对于本领域技术人员而言，上述两种系统也属于不同的产品应用系统，与多输入多输出系统对应的导引矩阵以及与多输入单输出系统对应的导引向量在实际的工作过程中需要与其他关联的特征进行配合，完成各自系统所要求的信号传输的功能，实现各自系统的信号传输性能。由此可见，导引矩阵与导引向量属于不同的技术特征。在此基础上，"所述选择多个导引向量包括通过以顺序次序从头至尾地循环所述 L 个导引向量，从包括所述 L 个导引向量的集合中选择所述多个导引向量"这一特征的引入，并非原告所称的"适应性修改""明显错误的修正"。

再次，从利益平衡的角度来看，第一次修改后的权利要求50、84引入了新的技术特征，产生了新的技术方案，导致修改后的权利要求对社会公众而言不可预见。即，根据涉案专利授权公告的文本，社会公众并不能预见到权利要求还要保护"所述选择多个导引向量包括通过以顺序次序从头至尾地循环所述 L 个导引向量，从包括所述 L 个导引向量的集合中选择所述多个导引向量"特征的技术方案。因此，上述修改会损害社会公众的信赖利益，不符合"权利要求的进一步限定"的价值目标。

最后，在无效宣告程序中允许专利权人修改权利要求的出发点应是：将发明对现有技术作出贡献的技术特征限定到权利要求中，增加权利的稳定性，从而更好地保护发明创造，而不能借此机会对权利要求的保护范围进行重新布局，重新构建出新的权利要求的层次体系。本案中，涉案专利授权公告文本具有 53 项权利要求，包括 8 项独立权利要求，而在第一次修改中，原告将授权公告文本的 53 项权利要求修改为 85 项权利要求，包括 32 项独立权利要求，且存在补入授权公告权利要求并未记载的技术特征的情况。原告此种修改方式，不仅难谓缩小原权利要求的保护范围，还对原权利要求之间的层次体系关系产生了影响，这显然不符合相关规定赋予专利权人在无效宣告程序中对权利要求进行修改的本意，也超出了社会公众对于授权公告的权利要求保护范围的信赖。并且，前述缺陷并不能因原告删除部分权利要求而克服。因此，原告关于即使修改后权利要求50、84不被接受，亦不影响其他修改后权利要求的主张，缺乏事实和法律依据。

此外需要指出的是，行政审查的标准固然以统一为宜，但仍需考虑个案中具体不同的情况。原告所提交的案外决定，并非涉案专利修改文本应予接受的当然理由。

综上所述，本案的审查基础应为涉案专利授权公告的权利要求。

二、关于涉案专利的创造性

原告所称的"解释"，实质上是在用说明书中的具体或优选的实施例中的内容来对"数据符号块""引导矩阵""空间处理"这些特征作出"限定"，进而对权利要求进行限定，此举显然缺乏事实和法律依据。被诉决定对于权利要求 1 同对比文件 5 区别特征认定正确。在此基础上，本领域技术人员可以想到利用多个导引矩阵对至少一个数据符号块执行空间处理，就可以使接收实体观测到的有效 MIMO 信道随机化。

因此，权利要求 1 不具备创造性。

权利要求 44、48、50、52、26、46、12 ~ 14、27、35、47、49、19 ~ 21、23、45 及其他权利要求也不具备创造性。

裁判要旨

2017 年《专利审查指南》增加了专利无效宣告程序中"权利要求的进一步限定""明显错误的修正"的修改方式。如果专利权人于无效阶段，作出在授权公告文本的基础上增加独立权利要求数量，并且补入授权公告文本权利要求及说明书中均没有原文记载的技术特征的修改，则此种修改明显产生了新的技术方案，构建了新的权利要求保护层次体系。这种修改会导致修改后的权利要求对社会公众而言不可预见，损害社会公众的信赖利益，不符合前述"权利要求的进一步限定""明显错误的修正"修改方式。

关联索引

2000 年《中华人民共和国专利法》第三十三条

一审：北京知识产权法院（2019）京 73 行初 7916 号（2021 年 11 月 26 日）

二审：最高人民法院（2022）最高法知行终 314 号（2022 年 11 月 8 日）

法官评析

本案的意义在于从司法实践层面对专利无效宣告程序中权利要求的具体修改方式"权利要求的进一步限定""明显错误的修正"进行了解读。

根据《专利法实施细则》第六十九条的规定，专利无效宣告程序中允许专利权人对发明或者实用新型专利文件进行修改，但这种修改仅限于权利要求书，且不得扩大原专利的保护范围。同时，《专利审查指南》第四部分第三章 4.6.1 "修改原则"规定，修改不得改变原权利要求的主题名称；与授权的权利要求相比，不得扩大原专利的保护范围；不得超出原说明书和权利要求书记载的范围；一般不得增加未包含在授权的权利要求书中的技术特征。

对于权利要求的具体修改方式，《专利法》及其实施细则并未作出规定，只有《专利审查指南》对此进行了规范。2010年《专利审查指南》第四部分第三章4.6.2"修改方式"规定，在满足上述修改原则的前提下，修改权利要求书的具体方式一般限于权利要求的删除、合并和技术方案的删除。2017年《专利审查指南》则进一步放宽，在维持原有权利要求的删除、技术方案的删除两种修改方式的基础上，将"权利要求的合并"修改为"权利要求的进一步限定"，增加了"明显错误的修正"。同时，删除了"权利要求的合并"的定义，对"权利要求的进一步限定"进行定义，即权利要求的进一步限定是指在权利要求中补入其他权利要求中记载的一个或者多个技术特征，以缩小保护范围。显然，《专利审查指南》此次修改适度放开了专利文件的修改方式，对其要求呈现出了由严格趋于宽松的态势，这是专利行政机关在听取行业需求和业界呼声背景下作出的积极回应，也是进一步完善授权后专利文件修改制度的必然要求。

上述变化带来的直接后果是专利权人在针对无效宣告请求对权利要求进行修改时有了更大的自由度，但同时也产生了无效宣告程序的各方参与者对于如何具体理解、适用"权利要求的进一步限定""明显错误的修正"存在分歧的问题。司法实践中，为了有效利用有限的修改时机修改权利要求以尽最大可能维护权益，专利权人往往会对于上述修改方式作出自己的解读，据此主张其修改符合《专利审查指南》的规定。

例如本案中，原告在无效程序中将授权公告文本的53项权利要求（8项独立权利要求）修改为85项权利要求（32项独立权利要求），增加了独立权利要求，并在原有的权利要求内容上补入了特征"所述选择多个导引向量包括通过以顺序次序从头至尾地循环所述L个导引向量，从包括所述L个导引向量的集合中选择所述多个导引向量"，形成了修改后的权利要求50、84。原告认为，上述修改符合《专利审查指南》的规定，权利要求50、84就是对原权利要求的进一步限定及对明显错误的修正。

对此，笔者认为，专利权作为国家授予专利权人的一项垄断性权利，授权后的权利要求具有公示专利权保护范围的作用，社会公众可以根据授权后的权利要求，明确权利边界、预判侵权可能性以及评估专利权效力的稳定性。有鉴于此，专利权人在无效宣告程序中对其已经授权公告的专利文件所作的修改，不应超出社会公众此前对于该专利权保护范围的合理预期，否则社会公众的利益将难以得到保障。因此，无论是"权利要求的进一步限定"还是"明显错误的修正"，其含义不仅应以文义解释，还应以体系解释来解读，即将其放置在整个法律的目的或价值体系中来进行解释，以保证法律体系的融贯性。进一步，在探讨"补入其他权利要求中记载的一个或者多个技术特征，以缩小保护范围"之前，首先要明确的是这种修改"不得扩大原专利的保护范围"。

以本案为例，修改后的权利要求50、84所补入的特征"所述选择多个导引向量包括通过以顺序次序从头至尾地循环所述L个导引向量，从包括所述L个导引向量的集合中选择所述多个导引向量"在涉案专利授权公告文本的权利要求及说明书中均没有原文记载。并且，从原权利要求及说明书的内容来看，导引矩阵与导引向量属于不同的技术特征，修改后的权利要求50、84引入了新的技术特征，产生了新的技术方案，并非原告所称的"在权利要求的进一步限定基础上对缺乏引用关系的适应性修改""明显错误的修正"。这种修改会导致修改后的权利要求对社会公众而言不可预见，会损害社会公众的信赖利益。

进一步，权利要求的公示作用、社会公众的信赖利益的根基是权利要求所确定的保护范围及全部权利要求形成的保护层次体系。"权利要求的进一步限定"的修改方式以在所要修改的权利要求中补入原权利要求书中其他权利要求的一个或多个技术特征为形式，并以缩小权利要求的保护范围为结果。通常应以修改后的权利要求代替原来的权利要求，以形成一个新的保护范围更小的权利要求，而不是增加权利要求，以构建新的权利要求保护层次体系。事实上，美国和日本的实践中也均明确了无效程序中的修改原则上是权利要求"一换一"式的修改，但是可以有例外。因此，在无效宣告程序中允许专利权人修改权利要求的出发点应是：将发明对现有技术作出贡献的技术特征限定到权利要求中，增加权利的稳定性，从而更好地保护发明创造，而不能借此机会对权利要求的保护范围进行重新布局，重新构建出新的权利要求的层次体系。即，在无效宣告程序中修改权利要求显然应当受到已授权公告权利要求布局的限制，这样不仅符合"公开换保护"的原则，也有助于引导专利申请人对权利要求谨慎布局。本案中，涉案专利授权公告文本具有 53 项权利要求（8 项独立权利要求），原告在修改中不仅将其增加为 85 项权利要求（32 项独立权利要求），且存在补入授权公告权利要求并未记载的技术特征的情况。此种修改方式不仅难谓缩小原权利要求的保护范围，还对原权利要求之间的层次体系关系产生了影响，这显然不符合相关规定赋予专利权人在无效宣告程序中对权利要求进行修改的本意，也超出了社会公众对于授权公告的权利要求保护范围的信赖。

此外需要指出的是，专利权人（或申请人）在实质审查程序、复审程序以及无效宣告程序中都可以修改专利文件，但是可以修改专利文件的自由度不同，修改的自由度会随着程序推进而降低，在前期程序中不允许的修改方式也不应在后续程序中被认可，否则会造成前、后程序之间无法有效衔接。在复审程序中，对于增加权利要求尚有严格的限制，那么在无效宣告程序中显然也不应通过增加权利要求的方式来构建新的保护层次体系，否则会造成两个程序无法有效衔接。

一审法院合议庭成员　宋　晖　林东姝　景海亮
二审法院合议庭成员　冯　卓　张新锋　徐　飞
编写人　宋　晖　栾　羚

32. 王某安防科技股份有限公司与国家知识产权局 发明专利申请驳回复审行政纠纷案

——权利要求修改超范围的认定

关键词 专利授权确权　驳回复审　权利要求　修改超范围

基本案情

涉案申请系申请号为 201610687559.5、名称为"多向调节暗铰链"的发明专利申请，申请人为王某安防科技股份有限公司（以下简称王某公司）。国家知识产权局以涉案申请不具备《专利法》第三十三条的规定为由作出第 190701 号复审请求审查决定（以下简称被诉决定），维持其作出的驳回决定。王某公司不服被诉决定，向北京知识产权法院提起行政诉讼。

王某公司诉称：（1）涉案申请说明书记载了所引证文件 CN203175234U 和 CN201850889U 的整体内容，必然记载了特征"在所述门窗扇闭合状态，所述铰链臂（2）主体处于所述框体内的空腔中"；（2）将特征"在所述门窗扇闭合状态，所述铰链臂（2）主体处于所述框体内的空腔中"增加到权利要求 1 中和说明书中并未超出原说明书和权利要求书记载的范围。综上，请求法院依法判决撤销被诉决定，并判令国家知识产权局重新作出决定。

国家知识产权局辩称：被诉决定认定事实清楚，适用法律法规正确，审理程序合法，审查结论正确，王某公司的诉讼理由不能成立，请求法院驳回其诉讼请求。

法院经审理查明，涉案申请的申请日为 2016 年 8 月 17 日，公开日为 2016 年 11 月 30 日。王某公司于 2018 年 3 月 9 日提交的权利要求 1 为：

"一种多向调节暗铰链，包括扇铰轴（1），轴线垂直于门窗扇转动面安装在门窗扇上；框铰轴（3），平行于所述扇铰轴（1）设置在门窗框的框体内；铰链臂（2），一端连接在所述扇铰轴（1）上，可相对所述门窗扇绕所述扇铰轴（1）转动；另一端连接在所述框铰轴（3）上，可相对所述门窗框绕所述框铰轴（3）转动；并在所述门窗扇闭合状态，所述铰链臂（2）主体处于所述框体内的空腔中；其特征在于：还包括扇调节机构，具有设置在所述门窗扇与所述扇铰轴（1）之间的扇调节装置；臂调节机构，设置在构成所述铰链臂（2）的扇侧臂（21）和框侧臂（22）之间，可将所述扇侧臂（21）和所述框侧臂（22）固连为一整体；所述扇调节机构与所述臂调节机构的调节方向相互垂直。"

王某公司主张，涉案申请说明书在"背景技术"部分，提及了现有技术 CN203175234U 及 CN201850889U，上述专利均具有"铰链臂主体处于所述框体内的空腔中"这一技术特征，故其在 2018 年 3 月 9 日对权利要求进行修改时添加"铰链臂主体处于所述框体内的空腔中"这一技术特征没有超出原申请文件记载的范围。

北京知识产权法院于 2021 年 6 月 25 日作出（2019）京 73 行初 15729号行政判决：驳回原告王某公司的诉讼请求。一审判决后，各方均未上诉，该判决已发生法律效力。

裁判理由

法院生效裁判认为：《专利法》第三十三条规定，申请人可以对其专利申请文件进行修改，但是，对发明专利申请文件的修改不得超出原说明书和权利要求书记载的范围。如果申请的内容通过增加、改变和/或删除其中的一部分，致使所属技术领域的技术人员看到的信息与原申请记载的信息不同，而且又不能从原申请记载的信息中直接地、毫无疑义地确定，那么，这种修改就是不允许的。

一般来说，专利申请说明书中的"发明内容"部分是记载该专利申请完整技术方案的主体部分，说明书中的"背景技术"部分用以说明该专利申请所在技术领域的现有背景技术情况，以及该专利若在"发明内容"部分对某一技术特征并未明确记载，但通过阅读说明书"背景技术"部分或是说明书其他内容，本领域技术人员能够得出涉案申请的技术方案必然具备上述技术特征的结论，那么申请文件作出相应修改时，也是可以允许的。若说明书中"发明内容"部分并无相应记载，通过阅读说明书的其他内容，均无法直接地、毫无疑义地确定涉案申请的技术方案具有上述技术特征，那么在修改原始申请文件时添加上述技术特征，则不符合《专利法》第三十三条的规定。

本案中，王某公司在 2017 年 10 月 18 日提交的修改文件中，在说明书第 10 段增加新的技术特征"并在所述门窗扇闭合状态，所述铰链臂（2）主体处于所述框体内的空腔中"。王某公司在 2018 年 3 月 9 日提交的修改文本中，在原权利要求 1 中增加新的技术特征"并在所述门窗扇闭合状态，所述铰链臂（2）主体处于所述框体内的空腔中"。

王某公司主张，在涉案申请的"背景技术"提及了现有技术 CN203175234U 及 CN201850889U，通过检索上述专利文献的内容，可发现上述专利均具有"铰链臂主体处于所述框体内的空腔中"这一技术特征，根据《专利审查指南》第二部分第二章 2.2.3 之规定，应视为涉案申请说明书中记载了上述文献的全部内容，因此，王某公司在对原始文件进行修改时添加"铰链臂主体处于所述框体内的空腔中"这一技术特征没有超出原申请文件记载的范围。

对此，法院认为：在作出上述修改之前，说明书中的"发明内容"部分以及权利要求部分对"铰链臂（2）主体处于所述框体内的空腔中"这一技术特征并无任何记载。当然，如前所述，说明书"背景技术"记载的内容并非不能用以理解涉案申请技术方案的内容，虽然上述技术特征在涉案申请"发明内容"中没有明确记载，但若通过阅读说明书"背景技术"部分有关涉案申请对于现有技术的改进以及发明目的等内容，本领域技术人员能够直接、毫无疑义地得出涉案申请具备"铰链臂（2）主体处于所述框体内的空腔中"这一技术特征的结论，则可以认为涉案申请的发明内容具有上述技术特征。但是，根据王某公司提交的原始申请文件，涉案申请说明书"背景技术"部分所提及的现有技术为 CN203175234U 及 CN201850889U，涉案申请是针对上述现有技术所涉及的"单轴暗铰链通过两段铰链间设有调节孔，其通过调整紧固件在调节孔中的位置对铰链宽度进行调整，从而导致调节需要有足够经验才能调整到所需要求问题"而进行的改进，即涉案申请的发明点在于通过扇调节机构和臂调节机构的分别调整并结合相互垂直的调节方向，解决多轴暗铰链因误差所带来的门扇与门框密闭不严的技术问题，并不是针对铰链臂主体处于框体内的空腔中而进行的改进。不管铰链臂主体是否处于框体内的空腔中，均可以通过扇调节机构和臂调节机构的分别调整并结合相互垂直的调节方向，解决多轴暗铰链因误差所带来的门扇与门框密闭不严的技术问题，实现涉案申请的发明目的。因此，通过阅读涉案申请说明书的全部内容，本领域技术人员仍然无法直接、无疑义地得出涉案申请的技术方案具有"铰链臂（2）主体处于所述框体内的空腔中"这一限定特征。鉴于此，王某公司对原始申请文件所作修改超出了原权利要求书和说明书的记载范围，不符合《专利法》第三十三条之规定。

裁判要旨

若在"发明内容"部分对某一技术特征并未明确记载，但通过阅读说明书"背景技术"部分或是说明书其他内容，本领域技术人员能够得出专利申请的技术方案必然具备上述技术特征的结论，那么申请文件作出相应修改时，可以认定符合《专利法》第三十三条的规定。但是，若说明书中"发明内容"部分并无相应记载，通过阅读说明书的其他内容，均无法直接地、毫无疑义地确定专利申请的技术方案具有上述技术特征，那么，即便在"背景技术"部分提及的现有技术具有专利申请人修改权利要求时所增加的技术特征，则仍应当认定上述修改不符合《专利法》第三十三条的规定。

关联索引

2008 年《中华人民共和国专利法》第三十三条
一审：北京知识产权法院（2019）京 73 行初 15729 号（2021 年 6 月 25 日）

法官评析

对于如何理解《专利法》第三十三条"不得超出原说明书和权利要求书记载的范围"，实践中常有以下误区：如果通过添加技术特征的方式修改权利要求的范围，修改后权利要求有所限缩，并且所添加的技术特征在说明书中有记载，则该修改符合《专利法》第三十三条之规定。

《专利法》第三十三条对申请人修改权利要求作出了限制，其宗旨在于平衡专利申请人与社会公众之间的利益。由于我国《专利法》采取的是先申请制，如果允许申请人在申请日之后修改权利要求超出原始申请文件的范围，却享受申请日在先的时间利益，是不公平的。对于如何判断权利要求修改是否超范围这一问题，2019 年《专利审查指南》第二部分 5.2.3 规定："如果申请的内容通过增加、改变和/或删除其中的一部分，致使所属技术领域的技术人员看到的信息与原申请记载的信息不同，而且又不能从原申请记载的信息中直接地、毫无疑义地确定，那么，这种修改就是不允许的。"其实质在于，通过阅读原始申请文件，如果申请人修改后的权利要求属于其所申请技术方案的应有内容，这样的修改才可以是被准许的，而如何判断"属于所申请技术方案的应有内容"，应当通过原始申请文件记载的发明目的、具体内容、发明点综合考虑。

具体来说，专利申请说明书中的"发明内容"部分是记载该专利申请完整技术方案的主体部分，说明书中的"背景技术"部分用以说明该专利申请所在技术领域的现有背景技术情况，以及该专利申请针对现有技术的改进，便于审查员了解其发明内容和发明点。若说明书"发明内容"部分对某一技术特征有所记载，那么在修改原始申请文件中添加该技术特征，则通常可以认定符合《专利法》第三十三条的规定。若在"发明内容"部分对某一技术特征并未明确记载，但通过阅读说明书"背景技术"部分或是说明书其他内容，本领域技术人员能够得出专利申请的技术方案必然具备上述技术特征的结论，那么申请文件作出相应修改时，也可以认定符合《专利法》第三十三条的规定。若说明书中"发明内容"部分并无相应记载，通过阅读说明书的其他内容，均无法直接地、毫无疑义地确定专利申请的技术方案具有上述技术特征，那么，即便在"背景技术"部分提及的现有技术具有专利申请人修改权利要求时所增加的技术特征，则仍应当认定上述修改不符合《专利法》第三十三条的规定。

本案中，涉案申请的发明点在于通过扇调节机构和臂调节机构的分别调整并结合相互垂直的调节方向，解决多轴暗铰链因误差所带来的门扇与门框密闭不严的技术问题，并不是针对铰链臂主体处于框体内的空腔中而进行的改进。不管铰链臂主体是否处于框体内的空腔中，均可以通过扇调节机构和臂调节机构的分别调整并结合相互垂直的调节方向，解决多轴暗铰链因误差所带来的门扇与门框密闭不严的技术问题，实现涉案申请的发明目的。因此，即便涉案申请说明书的背景技术部分提到的CN203175234U及CN201850889U专利具有"铰链臂主体处于所述框体内的空腔中"这一技术特征，但通过阅读涉案申请说明书，考虑涉案申请的发明点、发明目的等内容，本领域技术人员仍无法得出涉案申请必然具备"铰链臂主体处于所述框体内的空腔中"这一技术特征的结论。因此，王某公司对原始申请文件所作修改超出了权利要求书和说明书的记载范围，不符合《专利法》第三十三条之规定。

一审法院合议庭成员 张　宁　贾亚慧　秦　岭

编写人 张　宁

33. 丁某岭与国家知识产权局专利行政纠纷案

——基于明显错误的审查意见进行修改获得的
专利授权文本中的错误应予更正

关键词 专利行政复议决定 说明书 明显错误 删除数据 更正通知

基本案情

2004 年 8 月 13 日，杨某和王某向国家知识产权局提交第 200410059140.2 号"一种从文冠果壳和柄中提取的化合物及提取方法和应用"的发明创造申请（以下简称涉案申请），原始申请文件的说明书共 9 页，其中第 9 页表 5 "文冠果壳苷核磁数据归属表"有 30 行数据。

2004 年 10 月 29 日，国家知识产权局发出《补正通知书》，通知杨某和王某说明书附图存在缺陷，需要补正。

2004 年 12 月 1 日，杨某和王某提交了说明书全文替换页第 1~9 页以及修改后的说明书附图。

2005 年 9 月 30 日，经实质审查，国家知识产权局发出《第一次审查意见通知书》，指出杨某和王某于 2004 年 12 月 1 日提交的说明书附图和说明书第 6、7 页以及表 5 的修改超出原说明书和权利要求书的范围。

2005 年 11 月 5 日，杨某和王某提交修改后的说明书第 2~8 页，以替换 2004 年 12 月 1 日提交的说明书第 2~9 页。

2006 年 3 月 10 日，国家知识产权局发出《第二次审查意见通知书》，指出杨某和王某新提交的说明书中"表 5 中的 No.30"的修改超出了原说明书和权利要求书的范围，应当删除。

2006 年 3 月 31 日，杨某和王某提交了说明书第 8 页的修改替换页，将表 5 中的 No. 30 数据删除。

2006 年 8 月 11 日，国家知识产权局发出《授予发明专利权通知书》，通知书确认的说明书授权文本为：2004 年 12 月 1 日提交的说明书第 1 页；2005 年 11 月 5 日提交的说明书第 2~7 页；2006 年 3 月 31 日提交的说明书第 8 页。

2017 年 5 月 5 日，原告丁某岭针对第 200410059140. 2 号 "一种从文冠果壳和柄中提取的化合物及提取方法和应用" 发明专利（以下简称涉案专利）向原国家知识产权局专利复审委员会（以下简称专利复审委员会）提出无效宣告请求。

2017 年 6 月 30 日，杨某和王某向国家知识产权局提交《意见陈述书》，称原始申请文件的说明书表 5 中含有 30 个数据，但授权文本中缺少第 30 个数据，请求给予更正。

2017 年 9 月 18 日，国家知识产权局作出第 200410059140. 2 号授予发明专利权通知书更正通知书（以下简称涉案通知），根据 2010 年《专利法实施细则》第五十八条的规定，对国家知识产权局 2006 年 8 月 11 日发出的《授予发明专利权通知书》所确认的文本进行更正，将 2006 年 3 月 31 日提交的说明书第 8 页更正为 2005 年 11 月 5 日提交的说明书第 8 页。

丁某岭对涉案通知不服，于 2017 年 10 月 23 日向国家知识产权局提出行政复议申请，称 2006 年 8 月 11 日发出的《授予发明专利权通知书》不存在错误，国家知识产权局对此作出的更正违法。

国家知识产权局受理上述行政复议申请后，于 2018 年 1 月 22 日作出复议决定。

原告丁某岭不服上述复议决定，向北京知识产权法院提起行政诉讼，诉称：（1）授权文本本身不存在错误。授权时所认定的文本是经专利权人以书面形式最后确认的文本，因此授权通知书和专利公告文本都不存在错误。专利权人未选择针对可能存在错误的审查意见进行意见陈述，而是选择了删除该数据以尽快获得授权，这是专利权人的自主意思表达。（2）更正授权通知书的行政行为缺乏法律依据。更正授权通知书的法律依据是 2010 年《专利法实施细则》第五十八条（应为 2002 年《专利法实施细则》第五十七条，内容相同），然而 2002 年《专利法实施细则》第五十七条规定中的更正指的是对专利公告、专利文件中出现的错误的更正，本案中专利公告、专利文本的内容与授予发明专利权通知书确定的内容一致，并不存在错误。且原行政行为是对授予发明专利权通知书的更正，并非对专利公告、专利文件中出现的错误的更正。因此适用 2002 年《专利法实施细则》第五十七条作出更正是不适当的。（3）审查意见明显错误并不能成为允许在授权后修改授权文本的理由，允许此类行政行为会造成严重后果，对公众来说也是不公平的。综上，请求依法判令撤销复议决定，并判令被告对涉案申请继续进行审查。

被告国家知识产权局辩称：（1）涉案专利的原始纸质申请文件中说明书表 5 "文冠果壳苷核磁数据归属表" 共 30 行数据，第 1~29 行数据位于说明书第 8 页末端，第 30 行数据位于说明书第 9 页顶端，在对纸质申请文件进行电子代码转化时，遗漏了表 5 中的第 30 行数据，其后的公布文本、审查意见、授权文本均基于该电子化文本，遗漏第 30 行数据与涉案专利的专利权人无关。（2）基于遗漏数据的电子化文本，国家知识产权局在审查意见通知书中指出表 5 中的第 30 行数据未记载在原说明书中，应当删除。鉴于专利权人如不删除，则涉案申请可能被驳回，专利权人基于对行政机关的信赖，放弃对说明书的修改，相关信赖利益应当得到保护。（3）涉案专利的说明书已经详细给出了涉案专利请求保护的文冠果壳苷的原始核磁图谱，本领域技术人员在该图谱基础上即能确认文冠果壳苷的结构，国家知识产权局对授权文本的更正不会对权利要求的保护范围造成影响，对公众不存在不公平之处。

北京知识产权法院于 2020 年 3 月 20 日作出（2018）京 73 行初 1842 号行政判决：驳回原告丁某岭的诉讼请求。宣判后，丁某岭向最高人民法院提起上诉。最高人民法院于 2020 年 11 月 17 日作出（2020）最高法知行终 314 号行政判决：驳回上诉，维持原判。

裁判理由

法院生效裁判认为：涉案专利的原始申请文件并不存在修改超范围的问题，但是国家知识产权局在 2006 年 3 月 10 日发出的《第二次审查意见通知书》中明确指出 "表 5 中的 No.30" 的修改超出了原说明书和权利要求书的范围，应当删除。涉案专利申请人杨某和王某据此将表 5 中的 No.30 数据删除。虽然上述删除是申请人自行提交的修改文本，但系基于国家知识产权局发出的错误的审查意见通知书。国家知识产权局发现后对此予以及时更正，符合依法行政的基本原则，也符合利益平衡的合理要求，并无不当。

裁判要旨

如果专利权人基于国家知识产权局明显错误的审查意见对专利文本进行修改，导致实际授权专利文本出现明显错误，即使专利权人也可能存在一定过错，但在专利获得授权后，在不影响社会公众利益的情况下，国家知识产权局应当及时予以更正，确保专利权不因授权过程中非技术方案本身的原因而无法获得保护。

关联索引

2000 年《中华人民共和国专利法》第三十三条

2002 年《中华人民共和国专利法实施细则》第五十七条

一审：北京知识产权法院（2018）京 73 行初 1842 号（2020 年 3 月 20 日）

二审：最高人民法院（2020）最高法知行终 314 号（2020 年 11 月 17 日）

法官评析

《专利法实施细则》中规定，国务院专利行政部门对专利公告、专利文件中出现的错误，一经发现，应当及时更正，并对所作更正予以公告。但对于前述"错误"的范围应当如何理解，实践中并不明确，也鲜见案例对此予以阐述。本案明确了专利申请人基于明显错误的审查意见进行修改获得的专利授权文本中的错误，有权申请国家知识产权局对该错误予以更正，对类似案例的裁判具有参考意义。具体理由论述如下：

一、本案所涉法律适用

本案的争议焦点系被诉复议决定是否具有合法性。《施行修改后的专利法的过渡办法》（国家知识产权局令第 53 号）第二条第一款规定："修改前的专利法的规定适用于申请日在 2009 年 10 月 1 日前（不含该日，下同）的专利申请以及根据该专利申请授予的专利权；修改后的专利法的规定适用于申请日在 2009 年 10 月 1 日以后（含该日，下同）的专利申请以及根据该专利申请授予的专利权；但本办法以下各条对申请日在 2009 年 10 月 1 日前的专利申请以及根据该申请授予的专利权的特殊规定除外。"《施行修改后的专利法实施细则的过渡办法》（国家知识产权局令第 54 号）第二条规定："修改前的专利法实施细则的规定适用于申请日在 2010 年 2 月 1 日前（不含该日）的专利申请以及根据该专利申请授予的专利权；修改后的专利法实施细则的规定适用于申请日在 2010 年 2 月 1 日以后（含该日，下同）的专利申请以及根据该专利申请授予的专利权；但本办法以下各条对申请日在 2010 年 2 月 1 日前的专利申请以及根据该申请授予的专利权的特殊规定除外。"

2000 年《专利法》第三十三条规定，申请人可以对其专利申请文件进行修改，但是，对发明和实用新型专利申请文件的修改不得超出原说明书和权利要求书记载的范围，对外观设计专利申请文件的修改不得超出原图片或者照片表示的范围。2002 年《专利法实施细则》第五十七条规定，国务院专利行政部门对专利公告、专利文件中出现的错误，一经发现，应当及时更正，并对所作更正予以公告。因此，如果专利权人基于国家知识产权局明显错误的审查意见对专利文本进行修改，导致实际授权专利文本出现错误的，在专利获得授权后，一经发现，国家知识产权局应当及时予以更正。

二、基于明显错误的审查意见进行修改获得的专利授权文本中的错误，国家知识产权局应予更正

本案中，涉案专利的原始申请文件在说明书表 5 中记载了第 30 行（No. 30）数据，涉案专利申请人于 2005 年 11 月 5 日提交的说明书第 8 页表 5 中的 No. 30 数据也与之相符，故涉案专利的原始申请文件并不存在修改超范围的问题。但是国家知识产权局在 2006 年 3 月 10 日发出的《第二次审查意见通知书》中明确指出"表 5 中的 No. 30"的修改超出了原说明书和权利要求书的范围，应当删除。涉案专利申请人杨某和王某据此将表 5 中的 No. 30 数据删除。虽然上述删除是申请人自行提交的修改文本，但系基于国家知识产权局发出的错误的审查意见通知书。国家知识产权局发现后对此予以及时更正，符合依法行政的基本原则，也符合利益平衡的合理要求，并无不当。

首先，允许更正符合严格保护知识产权的基本精神，确保本应受到专利权保护的发明创造，不因行政审查过程中的明显失误而丧失专利权。本案中，如果不允许国家知识产权局进行更正，涉案专利仅仅因为明显的错误而可能被宣告无效。这明显不利于专利权人的利益，也不利于对创新成果的严格保护。

其次，允许更正并不会损害社会公众的利益。本案中，需要补正的仅仅是说明书"表5中的 No. 30"的数据，并不涉及专利技术方案本身内容的变化，也不影响社会公众对专利技术方案的理解和实施。国家知识产权局的更正行为并不会对公示的技术方案造成影响，也不会影响社会公众的利益。

再次，允许更正亦不会损害丁某岭的利益。丁某岭请求宣告涉案专利无效的理由并不包括涉案专利说明书存在的错误，并不是仅仅因为说明书缺少"表5中的 No. 30"数据进而提出无效宣告请求，而是基于其他理由提出无效宣告请求。故国家知识产权局的更正行为并不会损害丁某岭针对涉案专利无效宣告请求中的利益。

三、专利授权后应允许专利权人对专利文件中存在的明显错误申请修改

根据我国《专利法》相关规定，在专利申请阶段的实质审查中，对于申请文件中个别文字、标记的修改或者增删及对发明名称或者摘要的明显错误，审查员可以依职权进行修改，并通知专利申请人，而对于其他的文字错误，专利申请人可以通过答复审查意见通知书或者以主动补正的方式进行修改。在复审程序中，对不是针对驳回决定所作的明显文字错误修改也是被接受的。而在专利授权后阶段，现行的无效宣告程序从修改方式方面排除了专利权人修正笔误、澄清不明确描述的可能性，专利权人仅可以在专利文件原权利要求和说明书记载的范围内，以发明专利申请本身为基础，对该权利要求进行正确的解释。这一限制虽然保护了公众的信赖利益，但极大地限制了专利权人修改的自由。2014 年《专利审查指南》第四部分第三章4.6.2对修改方式进行阐述时指出，"在满足上述修改原则的前提下，修改权利要求书的具体方式一般限于权利要求的删除、合并和技术方案的删除"。该规定中使用"一般"一词，在一定程度上说明了例外

情况存在的可能性。应当允许专利权人在专利授权后对专利文件的明显缺陷进行修改，至少包括修改明显笔误这种方式，如存在"拼写、抄写、印刷或微小错误"等明显文字错误的情形，且对该错误进行修改不会扩大专利权保护范围的情况下，一方面，可以使专利权人的权利要求的技术方案更加清晰，对现有技术的实际贡献率也会更高；另一方面，可以避免在无效宣告程序中出现不必要的语词之争，节省专利无效宣告程序的行政资源，提高行政效率。

就域外立法实践而言，例如美国专利法就规定权利人可以通过更正证书程序或者在其余修改程序中向美国专利商标局（USPTO）提交错误修改声明的方式进行修改，[①] 订正此类错误，一旦专利申请人（或其专利律师或代理人）收到官方的授权证书，发现专利文件中存在较小的印刷错误时，可以通过修改程序对其中的错误进行订正。所谓的较小印刷错误的修改即包括对拼错的单词、遗漏转让人名字或者错将修改后的权利要求印刷成了修改前的权利要求等。该类错误的订正须基于失误和非欺骗的意图。但无论错误是由 USPTO 还是专利权人所引起的，专利权人均不得通过修改文字错误增加新的内容（new matter），不应当导致专利权要求保护范围的改变。[②]

本案中，专利权人申请对专利授权文本说明书中存在的明显错误申请更正的情形虽与上文中论述的对权利要求书中明显错误进行修改的情形不同，但二者体现的依法行政、充分尊重权利要求的公示功能、平衡专利权人和社会公众利益等法律理念和精神是一致的，即对专利授权文本存在的明显错误应当允许专利权人申请更正，国家知识产权局在必要时也有权依职权进行更正，只要此种更正符合严格保护知识产权的基本精神，确保本应受到专利权保护的发明创造，不因行政审查过程中的明显失误而丧失专利权；也不会因此而损害专利权的公示功能，从而损害社会公众利益。在此基础上，我们对专利授权文本中明显错误的理解不应过于狭隘，如果本应授权的文本和实际授权的文本出现不一致，也应视为授权文本存在错

---

① 苏毅：《美国专利授权后的修改方式及其应用》，载《中国发明与专利》2011 年第 3 期。

② See In re Arnott, 19 USPQ2d 1049, 1053（Commr. Pat. 1991）。转引自李旭颖：《浅析我国专利授权后修改制度构建》，载《中国发明与专利》2017 年第 3 期。

误，这种错误既可以是文本本身存在的错误，也可以是审查过程中代表国家行使专利审查职责的审查机关存在的失误而导致的授权文本存在错误。如果系审查机关自身的错误而影响专利权人的权益或者使得专利权因此得不到有效保护，即使专利权人也可能存在一定的过错，例如本案中专利申请人基于第二次审查意见通知书进行了修改，但主要原因在于审查意见通知书的失误。这种失误不应由专利权人承担。国家知识产权局应当予以更正。这种更正不会对涉案专利的保护范围造成影响，并不会对社会公众造成不公，也无证据证明会造成严重的后果，故应当被允许。

一审法院合议庭成员　刘义军　仝连飞　熊文秀

二审法院合议庭成员　刘晓军　凌宗亮　唐小妹

编写人　刘义军　麦　芽

七、外观设计专利的相关问题

34. 潮州市潮安区祥某发电子科技有限公司 与国家知识产权局、第三人刘某生 外观设计专利权无效行政纠纷案*

——"为公众所知"的司法认定标准

关键词 专利授权确权　外观设计　为公众所知　现有设计

基本案情

刘某生拥有 2015 年 12 月 4 日申请、2016 年 5 月 4 日授权公告的 201530515149.9 号"电源支架"外观设计专利（以下简称涉案专利）。针对涉案专利，潮州市潮安区祥某发电子科技有限公司（以下简称祥某发公司）于 2017 年 12 月 11 日以涉案专利不符合《专利法》第二十三条第二款的规定为由，向国家知识产权局专利复审委员会（以下简称专利复审委员会）提出无效宣告请求。专利复审委员会以证据 1 不能作为现有设计来评述涉案专利是否符合《专利法》第二十三条第二款的规定为由，作出被诉决定，维持涉案专利权有效。

祥某发公司不服被诉决定，于法定期限内提起行政诉讼，主张网络空间好友并不属于"特定人群"，且涉案网络空间是以扩展业务为目的而建

---

*　本案例入选最高人民法院知识产权法庭裁判要旨（2020）摘要。

立，不存在预设具有保密义务的"特定人群"的证据，因此涉案网络空间中的照片可以作为现有设计。

国家知识产权局辩称：（1）对于证据1所示的涉案QQ空间的所有人、其添加好友的标准、该空间的公开程度以及所示图片相关信息等均无从核实。（2）祥某发公司于诉讼阶段提交的证据3为无效阶段证据1的补强证据，为新增证据，并非本案无效审查阶段中的证据，应当不予考虑，祥某发公司可以提出新的无效请求。（3）如被诉决定所述，涉案QQ空间中的"相册"需要特定账号和密码进行登录浏览，祥某发公司没有提交任何证据表明该QQ密码在申请日前已经被公开；且根据其陈述，该QQ照片只是针对QQ好友，因此照片只是针对特定人群进行的公开，并不处于公众想得知就能得知的状态，同时祥某发公司亦无其他证据佐证上述相册图片在上传后一直处于公开状态。综上，原告的诉讼理由不能成立，请求驳回原告的诉讼请求。

第三人刘某生述称：QQ空间不具备公开属性，认可被诉决定，同意被告的答辩意见，请求驳回原告的诉讼请求。

法院经审理查明：

证据1：广东省广州市海珠公证处出具的（2017）粤广海珠第42915号公证书（以下简称第42915号公证书）复印件。该公证书记载了祥某发公司代理人进入周某兴五金的空间取证的过程。"周某兴五金的空间"的网址为 http：//user. qzone. qq. com/1523476925，最新动态中显示有"受环保严查影响04银05银 钢球配件 断货 断货 断货 建议用塑料绝缘球或铝球代替……详情订货咨询"等内容，该空间中存在《1258S 海康同款》《对射支架》《防水盒》《ZSX-607》《ZSX-708》等大量商品相册，其中《ZSX-708》相册的上传时间为2015年1月3日，显示权限为对"所有人可见"，并有网友询问"这个支架多少钱"。

诉讼过程中，祥某发公司补充提交了第08019号公证书，该公证书记载了祥某发公司的委托代理人刘某登录金泉网（http：//jqw.com），搜索"监控支架"，在"揭阳市周某兴五金制品厂"内查看、打印有关网页及产品信息；登录其本人的QQ号，加"周某兴监控支架"为好友，查看、打印其QQ空间的有关内容。其中金泉网中揭阳市周某兴五金制品厂所留联系邮箱为 1523476925@qq.com；而QQ号为1523476925的用户名称为周某兴监控支架，通过添加好友进入该用户的 QQ 空间，其中《ZSX-708》相册共有 10 张照片，描述为铁质仿海康支架 240 高，权限为所有人可见/允许转载、分享、圈人/显示相机型号、拍摄时间，时间为 2015 年 1 月 3 日创建—2015 年 1 月 3 日更新，该相册下有两条评论，"鑫某达电源厂—张某领于 2015 年 1 月 3 日询问这个是新产品吗？"和"甘肃某邦智能科技—毛某于 2015 年 1 月 3 日询问这个支架多少钱"。

北京知识产权法院于 2020 年 4 月 28 日作出（2018）京 73 行初 7134 号行政判决：一、撤销原国家知识产权局专利复审委员会作出的被诉决定；二、被告国家知识产权局针对祥某发公司就涉案专利提出的无效宣告请求重新作出审查决定。最高人民法院于 2020 年 11 月 12 日作出（2020）最高法知行终 422 号行政判决：驳回上诉，维持原判。

裁判理由

法院生效裁判认为：根据各方当事人的主张，本案的争议焦点为涉案 QQ 空间《ZSX-708》相册中的内容是否构成涉案专利的现有设计。

现有设计包括申请日以前在国内外出版物上公开发表过、公开使用过或者以其他方式为公众所知的设计。"为公众所知"的主体是公众，一般指不受特定条件限制的人，但是人的数量、地域范围等因素不足以对专利法意义上的公众构成限制；而对相应技术或设计内容负有保密义务的人非专利法意义上的公众，属于特定人。公开方式包括公开发表、公开使用或以其他方式公开。其中使用公开包括放置在展台上、橱窗内公众可以直观阅读的信息资料及直观资料。对于 QQ 空间中的内容是否构成现有设计的问题不可一概而论，应综合考虑用户使用 QQ 空间的目的、具体方式等因素判断公众能否获得该信息，以及该信息何时处于为公众所知的状态。

首先，根据证据 1 的记载，"周某兴五金的空间"中存在《1258S 海康同款》《对射支架》《防水盒》《ZSX-607》《ZSX-708》等大量相册，全部属于商品展示，最新动态中记载有"受环保严查影响 04 银 05 银 钢球配件 断货 断货 断货 建议用塑料绝缘球或铝球代替……详情订货咨询"等内容，而且祥某发公司所主张的《ZSX-708》相册的上传时间为 2015 年 1 月 3 日，其权限明确显示为对"所有人可见"，并有网友询问"这个支架多少钱"。综合考虑涉案 QQ 空间的名称、最新动态中的意思表示、可见相册的内容全部为商品展示、网友的询价行为以及"所有人可见"的权限设置等事实，可知QQ号为"1523476925"的用户将QQ空间作为一种对外推销商品的平台展示其商品，目的是让更多人知悉其商品，从这个角度而言，将商品照片上传到涉案QQ空间与在展会展示及橱窗陈列商品的本质无异。虽然涉案QQ空间需要添加为好友才能查看，但这并非针对特定人的限制，公众也完全可以通过添加好友等方式获知商品照片，让更多人获知其商品显然更符合该用户推销商品的本意，没有证据显示该用户会拒绝特定人添加好友的请求，亦没有证据显示其"好友"需要遵守保密义务，故该QQ账号中的"好友"并非特定人，而是属于专利法意义上的公众。因此，涉案QQ空间中相关商品照片为公众所知的设计。其次，《ZSX-708》相册的上传时间为2015年1月3日，权限显示为对"所有人可见"，如上所述，用户上传商品的主要目的是推销，让公众尽早获知其商品与上述目的更为契合，因此，在没有相反证据的情况下，法院认定上述上传时间即为公开时间。此外，证据1对于取证过程已经进行了充分的记载，即使在口头审理中不能当庭演示，亦不足以否定公证书记载内容的真实性。

综上，在没有相反证据的情况下，法院认定涉案QQ空间中《ZSX-708》相册所示的外观设计在申请日前处于公众想获得就能够获得的状态，可以作为评价涉案专利是否符合《专利法》第二十三条第二款之规定的现有设计。被诉决定中的相关认定错误，法院予以纠正。

如上所述，即使不采纳祥某发公司于诉讼中提交的补强证据，也足以得出被诉决定对证据1的认定错误的结论。考虑到祥某发公司提交的第08019号公证书主要是对证据1公开性的补充证明，而且查明案件事实是本案审理的基本需求，法院对祥某发公司提交的第08019号公证书予以采纳。第08019号公证书中显示金泉网揭阳市周某兴五金制品厂所留联系邮箱为1523476925@qq.com，而QQ号为1523476925的用户名称为周某兴监控支架，通过添加好友进入涉案QQ空间，其中《ZSX-708》相册共有10张照片，描述为铁质仿海康支架240高，权限为所有人可见/允许转载、分享、圈人，时间为2015年1月3日创建—2015年1月3日更新，该相册下有两条评论，评论时间均为2015年1月3日，内容均是询问该商品的信息。金泉网的企业联系方式、QQ用户名称、网友对相关商品信息的询问进一步佐证了该QQ号的商业用途，相册权限还允许转载、分享，进一步佐证了该相册所针对的主体为公众,网友的评论时间则进一步佐证了《ZSX-708》的上传时间即为公开时间。

国家知识产权局应当在证据1所示图片构成涉案专利现有设计的前提下评价涉案专利是否符合《专利法》第二十三条第二款之规定。

裁判要旨

QQ空间、微信朋友圈等需授权访问的网络空间中的信息是否构成现有设计或者现有技术,应当综合分析该网络空间的主要用途、信息的上传时间及公开情况等因素,以专利申请日前该信息是否处于公众想获得就能够获得的状态为标准作出判断。需授权访问的网络空间以商业用途为主的,可以推定其对所有人公开,但有相反证据证明该网络空间未公开或者仅针对特定人公开的除外。

关联索引

2008年《中华人民共和国专利法》第二十三条第二款、第四款

一审:北京知识产权法院(2018)京73行初7134号(2020年4月28日)

二审:最高人民法院(2020)最高法知行终422号(2020年11月12日)

法官评析

随着网络应用的发展,微信朋友圈、QQ空间等是否可以作为现有技术①的载体越来越多地出现在案件中。上述社交平台兼具公开性和秘密性,此处所谓的秘密性是相对概念,与现有技术中"公开"的判断无关。此类社交平台记载的内容是否构成专利法意义上的现有技术在审查和司法实践中均存在较大分歧,本文将就这一问题进行分析。涉案的QQ空间被设置为仅好友可见,这与微信朋友圈的表现形式非常接近,故将二者一并讨论。如无特别注明,本文所涉社交平台均属于上述兼具公开性和秘密性的社交平台,如仅好友可见的QQ空间、微信朋友圈。

本案中,专利复审委员会不认可涉案QQ空间具有公开性的主要理由为:第一,证据1的QQ空间中的"相册"需要特定账号和密码进行登录

---

① 如无特别说明,本案例所涉现有技术公开性的判断同样适用于现有设计。

浏览，祥某发公司没有提交任何证据表明该 QQ 密码为申请日前已经被公开；第二，该 QQ 空间照片只是针对 QQ 好友，因此照片只是针对特定人群进行的公开，并不处于公众想得知就能得知的状态；第三，祥某发公司亦无其他证据佐证上述相册图片在上传后一直处于公开状态。

法院的认定思路如下：首先，涉案 QQ 空间的名称为"周某兴五金的空间"，该名称与企业名称的组成要素近似，具有明显的商用属性。其次，该空间中存在《1258S 海康同款》《对射支架》《防水盒》《ZSX-607》《ZSX-708》等大量相册，全部属于商品展示。最新动态中记载有"受环保严查影响 04 银 05 银 钢球配件 断货 断货 断货 建议用塑料绝缘球或铝球代替……详情订货咨询"等内容，明确传达了其寻求商业合作的意思表示。再次，本案中，祥某发公司所主张的《ZSX-708》相册的上传时间为 2015 年 1 月 3 日，其权限明确显示为对"所有人可见"，并有网友询问"这个支架多少钱"，初步证明该相册内容已在 2015 年 1 月 3 日公布。综合考虑涉案 QQ 空间的名称、最新动态中的意思表示、可见相册的内容全部为商品展示、网友的询价行为以及"所有人可见"的权限设置等事实，可知涉案 QQ 号用户将 QQ 空间作为一种对外推销商品的平台展示其商品，目的是让更多人知悉其商品，从这个角度而言，将商品照片上传到涉案 QQ 空间与在展会展示及橱窗陈列商品的本质无异。虽然涉案 QQ 空间需要添加为好友才能查看，但这并非针对特定人的限制，公众也完全可以通过添加好友等方式获知商品照片，让更多人获知其商品显然更符合该用户推销商品本意，没有证据显示该用户会拒绝特定人添加好友的请求，亦没有证据显示其"好友"需要遵守保密义务，故该 QQ 账号中的"好友"并非特定人，而是属于专利法意义上的公众。

本案的社交平台具有一定的特殊性，其用户更多地将社交平台作为商品展示、商业洽谈的工具，追求让更广泛人群知晓其产品以寻求更多的交易机会。基于此，在没有相反证据的情况下，通常可以认定该类用户不会对试图添加好友的其他用户进行筛选，也不会将相册内容隐藏，可以推定相关内容的上传时间即为公开时间。

需要说明的是，公开是一种不可逆转的事实状态。涉案 QQ 空间中的内容并不需要持续处于开放状态才满足公开性的要求。以展会为例，相关内容在展会上一经展出便已经公开。

实践中，更具争议的是不具有上述特征的社交平台，如更接近于人们日常使用的社交平台所记载的内容是否具有公开性的问题。要回答这一问题，就必须明确公众的含义。第一种观点认为，所谓公众，是指不负有保密义务的人。因为专利法上所说的公开，就是指有关技术信息脱离了保密状态。① 第二种观点认为，负有保密义务的人必然不属于公众，但公众不是"负有保密义务的人"的反义词。② 笔者赞同第一种观点，即公众就是指不负有保密义务的人，分析如下。

从相关法律规定着手进行分析。《专利法》第二十二条第五款规定，本法所称现有技术，是指申请日以前在国内外为公众所知的技术。该款规定是《专利法》对现有技术的定义，提出了"为公众所知"的要件，但是何为"为公众所知"并没有进一步的解释。参照 2017 年《专利审查指南》第二部分第三章 2.1 的相关规定可知，现有技术应当在申请日以前处于能够为公众获得的状态，该状态是指公众想得知就能够得知的状态，不取决于是否有公众得知，而处于保密状态的技术内容不属于现有技术。严格来讲，《专利审查指南》并没有将公众与不负有保密义务的人直接对应，但需要注意的是《专利审查指南》并没有给出其他不属于公众的情形。

当无法从法律规定层面得出确定解释时，可以从设置现有技术概念的目的和其在专利法体系中的作用入手，分析其构成要件的准确含义。专利制度的核心在于专利权人以向社会公开前所未有的发明创造为代价，换取一定期限内的独占权，期望获得授权的专利当然不能属于公有领域的技术。专利法中与现有技术（包括现有设计）相关的规定主要体现在《专利法》第二十二条、第二十三条和第六十二条规定之中，涉及新颖性、创造性以及现有技术抗辩。可见现有技术在专利法中的主要作用在于划分专利技术与公有领域技术的界限，防止公有领域的技术被授予专利权，同时保护公众自由实施已经进入公有领域的技术。在审查和司法实践中，不负有相应保密义务的当事人依据上述条款提出无效宣告请求或者现有技术抗辩，该当事人显然属于公众的范畴或者一部分，而且既然其能够在案件中提出该现有技术，通常说明其已实际获得了该现有技术，此时由获知的可

① 汤宗舜：《专利法解说》（修订版），知识产权出版社 2002 年版，第 174 页。
② 尹新天：《中国专利法详解》，知识产权出版社 2011 年版，第 318 页。

能性转变为获知的事实。公开时间暂且不论，若以不满足"公众所知"为由否定其主张，实际上是将该部分公众排除在公众的范围之外，使提出该主张的当事人无法实施已经进入公有领域的技术方案，与设立现有技术概念的初衷相矛盾。而且不负有保密义务的人的存在本身就代表了一种技术获得路径，满足了公众想得知就能够得知的状态。否则，其作为技术信息的接收者，无法选择现有技术的公开方式，却需要为此承担不利后果，并不合理。还有观点认为，如因专利权人的一时疏忽，导致一个不负有保密义务的人获知，便认定公开，对专利权人而言过于严苛。笔者认为，实践中，这种极端情况极为少见，举证也相对困难，但是否对专利权人过于严苛，不是定性问题所需要考虑的因素，而且任何谨慎对待自己权利的主体也不应出现这样的问题，其应为自己的行为负责。相反，若在公众与不负有保密义务的人之间再设置判断条件，既无依据也会导致社会公众无法预判自己行为的后果。

此外，域外实践对这一问题的观点具有一定参考价值。针对"公众"欧洲专利局上诉委员会已经得出了一个明确的定义。就任何信息而言，只要某一位公众成员有机会访问它并理解它，并且该等公众成员没有任何保密义务，那么，它便可以说成是被公众"获得"（T1081/01、T229/06）。①由于法律体系存在差异，不再展开，仅供参考。

目前，对于社交平台所载内容是否具有公开性持否定态度的不在少数，主要理由是社交平台具有私密属性，公众不能通过正当公开搜索途径获得社交平台的信息、社交平台信息的转发并不意味着信息接收者即为专利法意义上的"公众"、社交平台公开范围的权限可以设定且不留任何修改痕迹等方面进行考虑。②

笔者认为上述观点值得商榷。首先，社交平台仅对"好友"开放是由社交平台技术设置和用户使用习惯所决定的，以此为由否定证据的公开性是缺乏依据的。负有保密义务的人一般分为以下两种，基于法律规定或者合同约定负有保密义务的人，根据社会观念或者商业习惯负有保密义务的

---

① 欧洲专利局上诉委员会编：《欧洲专利局上诉委员会判例法（第6版）》，知识产权出版社2016年版，第71页。

② 刘萌、杨凤云、吕晓：《关于微信朋友圈公开性认定机制的探讨》，载知产力微信公众号，2018年4月12日。

人。在没有相反证据的情况下，社交平台的"好友"并不负有上述保密义务。其他公众可以从不负有保密义务的人处获知技术信息。若将好友等同于特定人，排除在公众之外，其实是不恰当地提高了公众的认定标准。其次，通过正当公开搜索获得是判断公开性的充分非必要条件。如果某实质性技术内容能够通过正当公开搜索获得，一般可以得出该内容已经公开的结论，但是无法通过搜索获得并不能得出不具有公开性的结论。对于依托于互联网存在的技术内容而言，搜索只是获得的一种手段，但并非唯一手段。而且对于社交平台而言，其内容是否可被搜索主要取决于社交平台自身的政策。当然，如果特定内容既不能通过搜索，也不能通过其他途径获得，则可以认定该内容不具有公开性。再次，转发并不意味着信息接收者即为专利法意义上的"公众"实际上是对"公众"的概念存在误解，在此不再赘述。最后，社交平台公开范围的权限确实可以设定且不留任何修改痕迹。但不能忽略其他在案证据，直接以此否定社交平台的公开性，毕竟当事人已经无法还原公开时的状态。如何看待这一问题，需要结合案件的具体情况、生活常识以及当事人证明事实的难易程度等因素综合判断。

一审法院合议庭成员　刘炫孜　蒋莉莉　梁　京
二审法院合议庭成员　张晓阳　傅　蕾　何　隽
编写人　刘炫孜

35. 浙江高某电子设备有限公司与国家知识产权局、浙江高某信息工程有限公司外观设计专利权无效行政纠纷案

——外观设计与著作权权利冲突的认定

关键词 外观设计 摄影作品 产品实物 著作权

基本案情

涉案专利系专利号为 202030107470.4、名称为"传感器实验箱"的外观设计专利，申请日为 2020 年 3 月 26 日，授权公告日为 2020 年 9 月 29 日，专利权人为浙江高某电子设备有限公司（以下简称高某电子公司）高某。针对涉案专利，浙江高某信息工程有限公司（以下简称高某信息公司）于 2021 年 1 月 8 日向国家知识产权局提出无效宣告请求，理由是涉案专利已经在申请日前公开销售，属于现有设计，且著作权属于高某信息公司，构成权利冲突，请求宣告本权利无效。2021 年 7 月 23 日，国家知识产权局作出被诉决定，认定：涉案专利不符合《专利法》第二十三条第三款的规定，宣告涉案专利权全部无效。高某电子公司不服被诉决定，向北京知识产权法院提起诉讼。

高某电子公司诉称：高某信息公司对 GL-XS-01 传感器实验箱（以下简称涉案产品实物）不具有在先著作权，认可涉案产品实物已经在涉案专利申请日之前公开销售，属于现有设计。被诉决定的结论虽然正确，但国家知识产权局认定的具体理由错误。请求法院撤销被诉决定，判令国家知识产权局重新作出决定。

国家知识产权局辩称：被诉决定认定事实清楚，适用法律正确，作出程序合法，请求法院判决驳回高某电子公司的诉讼请求。

高某信息公司述称：被诉决定认定事实清楚，适用法律法规正确，审理程序合法，审查结论正确，高某电子公司的诉讼理由不能成立，请求人民法院驳回其诉讼请求。

法院经审理查明：涉案专利由六面正投影视图和立体图所示，整体形状为长方体，正面有"GL-XS-01""传感器实验箱"等文字，侧面有扣锁件、散热孔、长方形凹槽、插孔，底面有四个垫脚。

针对涉案专利，高某信息公司于2021年1月8日向国家知识产权局提出无效宣告请求，并提交了7幅照片，照片显示了涉案产品实物，其箱体形状为长方体，正面有"GL-XS-01""传感器实验箱"等文字，侧面有扣锁件、散热孔、长方形凹槽、插孔。箱体内部有传感器系统。

经形式审查合格，国家知识产权局于2021年3月5日受理了该无效宣告请求。国家知识产权局成立合议组对本案进行审查。

国家知识产权局于2021年6月8日举行了口头审理。

2021年7月23日，国家知识产权局作出被诉决定。

诉讼中，高某电子公司明确表示涉案产品实物在涉案专利申请日之前已公开销售，属于现有设计，同意被诉决定的结论，但不同意被诉决定的理由；高某电子公司申请涉案专利所使用的外观设计六面视图及立体图系其自行对高某信息公司的涉案产品实物重新进行拍照后的照片。

国家知识产权局明确表示，在无效宣告行政审查阶段，高某信息公司并未明确其主张的在先著作权属于著作权法上的何种作品类型，国家知识产权局在审查过程中亦未要求高某信息公司予以明确；国家知识产权局在庭审过程中认为高某信息公司提交的照片反映了高某信息公司对涉案产品的设计，故属于产品设计图，高某电子公司对涉案产品进行拍照的行为构成对产品设计图的复制，此外，照片里的涉案产品实物构成模型作品。

高某信息公司明确表示，涉案产品实物构成实用艺术作品，但其该项主张在此前的著作权侵权案件中已经被其他法院驳回，且该在先判决已经生效；认可其在提起本案无效宣告请求时，并未以涉案产品的设计图纸构成产品设计图作为提起无效请求的理由之一；认可涉案产品实物在涉案专利申请日之前已经公开销售。

另查，高某信息公司在无效阶段中提出无效请求的理由为"涉案专利已经在申请日前公开销售，属于现有设计，且著作权属于高某信息公司，构成权利冲突"；被诉决定未就涉案专利是否属于现有设计进行评述。

北京知识产权法院于 2021 年 12 月 20 日作出（2021）京 73 行初13362 号行政判决：驳回高某电子公司的诉讼请求。宣判后，高某电子公司未上诉，判决已发生法律效力。

裁判理由

法院生效裁判认为：

一、关于被诉决定就涉案专利与高某信息公司对涉案产品实物享有的著作权相冲突的认定是否正确

《专利法》第二十三条第三款规定，授予专利权的外观设计不得与他人在申请日以前已经取得的合法权利相冲突。

高某信息公司主张涉案专利与其在先著作权相冲突，并提交了在履行涉案协议书过程中向高某电子公司提供的涉案产品照片作为证据，因此，本案首先需要明确涉案产品实物或者照片是否构成著作权法上的作品。在明确涉案产品实物或者照片是否构成著作权法上的作品时，应当首先明确其属于哪种作品类型，不同的作品类型，其保护的客体及其权利可以控制的行为是不同的。高某信息公司对涉案产品实物进行拍照，其付出的独创性劳动在于角度的选择、聚焦和光圈的设定、快门如何曝光的选择等，所获得的照片可能属于摄影作品；涉案产品如果存在产品设计图纸等平面图纸，该图纸可能构成图形作品中的产品设计图；涉案产品实物如果在具有实用性的同时还具有一定的艺术美感，则可能构成美术作品中的实用艺术作品。具体而言：

关于涉案专利是否存在与产品设计图作品相冲突的情形，由于高某信息公司在提起专利无效宣告请求时未提供产品设计图，故本案不存在涉案专利与产品设计图作品相冲突的情形。

关于涉案专利是否存在与实用艺术作品相冲突的情形，法院认为：尽

管工业品的外观设计专利和著作权法上的实用艺术作品所保护的客体均包括艺术性部分的设计和独创性劳动，但由于高某信息公司在提起专利无效宣告请求时并未明确主张涉案产品实物构成实用艺术作品，且其自认关于涉案产品实物构成实用艺术作品的主张已被在先生效判决驳回，故本案不存在涉案专利与实用艺术作品相冲突的情形。

关于涉案专利是否存在与摄影作品相冲突的情形。本案中，高某信息公司提供了涉案产品实物的照片，即证据2，在无相反证据的情况下，可以认定高某信息公司对证据2的照片享有著作权。但根据本案查明的事实，高某电子公司并未使用证据2的照片申请涉案专利，而是自行对涉案产品实物进行了拍照，故涉案专利亦不存在与上述摄影作品相冲突的情形。国家知识产权局在庭审过程中认为高某信息公司提交的照片反映了高某信息公司对涉案产品的设计，故属于产品设计图，高某电子公司对涉案产品进行拍照的行为构成了对产品设计图的复制。对此，法院认为：首先，如前所述，摄影作品保护的是作者在角度的选择、聚焦和光圈的设定、快门如何曝光的选择等方面所付出的独创性劳动，作者对涉案产品实物进行拍照的行为并不当然表明其对涉案产品实物所承载的富有美感的设计特征亦享有权利；其次，摄影作品与产品设计图不同，产品设计图是为生产、制造为目的，以线条或色彩等方式绘制的图形作品，属于平面作品；摄影作品是借助器械在感光材料或者其他介质上记录客观物体形象，二者的创作方式及所体现的独创性劳动是不同的，因此二者所保护的客体及权利所能控制的行为类型也有所不同；再次，高某电子公司对涉案产品实物进行重新拍照的行为如果体现了其在拍照过程中的独创性的角度选择，则可能构成新的摄影作品，故重新拍照的行为可能构成摄影作品的创作行为，而并非复制行为，更不属于对产品设计图的复制。此外，按照产品设计图生产不受著作权法保护的工业产品不属于著作权法上的复制行为，国家知识产权局的上述认定混淆了作品的表达与作品所承载的信息，法院予以纠正。

关于涉案专利是否存在与模型作品相冲突的情形。模型作品是指为展示、实验或者观测等用途，根据物体的形状和结构按照一定比例制成的立体作品。可见，模型作品与涉案产品实物本身不同，国家知识产权局在庭审中认为涉案产品实物即为模型作品的辩称有误，法院不予采信。由于高某信息公司在提起专利无效宣告请求时未提供涉案产品实物的模型作品，故本案不存在涉案专利与模型作品相冲突的情形。

综上所述，涉案专利并不存在与高某信息公司的在先著作权相冲突的情形，被诉决定未区分作品类型，而笼统认定高某信息公司拥有"GL-XS-01传感器试验箱"的著作权，可能导致权利保护客体和保护范围不清，进而造成变相扩大权利人的权利保护范围或者权利人无法具体行使其权利的情形，法院对其上述认定予以纠正。

二、关于涉案专利是否属于现有设计或者与现有设计相比是否具有明显区别

《专利法》第二十三条第二款规定，授予专利的外观设计与现有设计或者现有设计特征的组合相比，应当具有明显区别。

本案中，高某信息公司及高某电子公司在庭审中均明确表示，涉案产品实物在涉案专利申请日之前已公开销售，故涉案产品实物构成现有设计。

将涉案专利与证据2中的7幅照片所示的涉案产品实物外观相比，二者箱体的整体形状相同，扣锁、散热孔、长方形凹槽的形状和位置相同，产品名称和型号相同，二者的区别点仅在于：涉案专利为实验箱的关闭状态，底部有四垫脚，证据2则为实验箱的打开状态，底部无垫脚。上述区别点对于一般消费者而言整体视觉效果的影响较小，故涉案专利与证据2相比不具有明显区别，涉案专利不符合《专利法》第二十三条第二款的规定。

裁判要旨

摄影作品的作者对产品实物进行拍照的行为并不当然表明其对产品实物所承载的富有美感的设计特征亦享有权利。判断涉案外观设计专利是否与涉案产品实物或者照片的在先著作权相冲突，首先需要明确据以主张著作权的涉案产品实物或者照片是否构成著作权法上的作品。在明确涉案产品实物或者照片是否构成著作权法上的作品时，应当首先明确其属于哪种作品类型，不同的作品类型，其保护的客体及其权利可以控制的行为是不同的。

关联索引

2008 年《中华人民共和国专利法》第二十三条第二款、第三款

一审：北京知识产权法院（2018）京 73 行初 13362 号（2021 年 12 月 20 日）

法官评析

一、外观设计与在先著作权权利冲突的分析思路

外观设计，是指对产品的整体或者局部的形状、图案或者其结合以及色彩与形状、图案的结合所作出的富有美感并适于工业应用的新设计。外观设计富有美感的部分可能同时构成著作权法保护的客体，比如实用艺术作品。对富有美感部分进行拍照、设计形成的载体如照片、产品设计图、模型也可能构成作品，如摄影作品、图形作品、模型作品等。因此，在判断外观设计是否与在先著作权存在冲突时，需要首先对主张权利的作品类型进行区分。不同的作品类型，其保护的客体及其权利可以控制的行为是不同的。比如，美术作品保护的是作者通过线条、颜色、造型等手法付出的创造性劳动；摄影作品保护的是作者在拍摄过程中对角度、聚焦、光圈等参数的选择。在判断是否存在权利冲突时，首先必须明确作品所保护的独创性劳动的具体体现。

二、摄影作品保护内容不延及被拍摄的实物

摄影作品的作者对产品实物进行拍照的行为并不当然表明其对产品实物所承载的富有美感的设计特征亦享有权利。如前所述，对涉案产品实物进行拍照，作者付出的独创性劳动在于角度的选择、聚焦和光圈的设定、快门如何曝光的选择等，所获得的照片构成摄影作品，但并不表明作者对所拍摄的实物同样享有著作权，否则将不当扩大摄影作品的保护范围。同理，产品设计图纸作为平面图纸，可能构成图形作品。图形作品的保护范围仅限于作品中以线条、颜色、图案呈现的内容，并不延及图形作品中承载的技术方案。技术方案如果具有新颖性、创造性和实用性，应由专利法

进行保护。本案中，国家知识产权局基于高某信息公司提交的产品实物照片而笼统地认定高某信息公司拥有产品实物"GL-XS-01 传感器试验箱"的著作权，并未就产品实物是否构成实用艺术作品进行实质审查，该结论可能导致权利保护客体和保护范围不清，变相扩大了高某信息公司基于摄影作品所享有的权利，混淆了摄影作品的保护范围和权利内容。

本案就专利权与在先著作权权利冲突的审理思路进行了明确，明晰了摄影作品与所拍摄实物之间权利的区别。本案的情况具有一定典型性，对于同类案件的审理具有借鉴意义。

一审法院合议庭成员 兰国红　张凤勤　张　扬
编写人 兰国红

36. 追某科技（苏州）有限公司与国家知识产权局、戴某技术有限公司外观设计专利权无效行政纠纷案[*]

——外观设计附图清楚显示的主体判断标准及考虑因素

关键词 外观设计 清楚显示产品 主体判断标准 一般消费者

基本案情

涉案专利系专利号为 201430047146.2、名称为"吹风机"的外观设计专利（以下简称涉案专利）的外观设计专利，其申请日为 2014 年 3 月 11 日，授权公告日为 2014 年 7 月 16 日，专利权人为戴某技术有限公司（以下简称戴某公司）。针对涉案专利，追某科技（苏州）有限公司（以下简称追某公司）于 2020 年 2 月 5 日提出无效宣告请求。2020 年 10 月 27 日，国家知识产权局作出第 46678 号无效宣告请求审查决定（以下简称被诉决定），维持涉案专利权有效。追某公司不服被诉决定，向北京知识产权法院提起诉讼。

追某公司诉称：（1）涉案专利未能清楚显示要求保护产品的外观设计，不符合《专利法》第二十七条第二款的规定。涉案专利提交的六面正投影视图和立体图未能清楚显示要求保护的产品的外观设计，涉案专利机头的出风口和进风口具体形状、机头是否中空、机头是否有按钮、手柄底部和端部是镂空还是表面图案、手柄是否有按钮均不清楚，不符合《专利法》第二十七条第二款的规定。（2）涉案专利与证据 2.1 属于实质相同的

---

* 本案例入选北京知识产权法院 2022 年第四季度优秀裁判文书。

外观设计，不符合《专利法》第九条第一款的规定。（3）被诉决定关于涉案专利符合《专利法》第二十三条第一款、第二款规定的认定有误。综上，被诉决定认定事实错误，适用法律不当，请求法院依法予以撤销并判令国家知识产权局重新作出无效宣告请求审查决定。

国家知识产权局与戴某公司均认为：被诉决定认定事实清楚，适用法律正确，审理程序合法，审查结论正确，追某公司的诉讼理由不能成立。

法院经审理查明：涉案专利保护一种吹风机的外观设计，由主视图、后视图、右视图、俯视图、仰视图、立体图 1 和立体图 2 表示，简要说明载明左视图与右视图对称。涉案专利的机头部分和手柄部分主体均大致呈圆柱状，两部分纵横呈直角相接，侧面近似"T"字形，机头圆柱较为短粗，手柄圆柱较为细长，二者长度比约为 1∶2，直径比约为 2∶1，从右视图看手柄垂直连接于机头长度比约为 1∶2 的位置。机头部分一端呈圆台状，端面为细圆环平面、内部一圈向内凹，另一端侧面靠近端面有一圈结构线，其端面略呈斜面向内凹，机头最中间有前后相同的圆形结构。手柄部分为完整的圆柱体，侧面近下端有密集圆孔组成的环带，手柄底面有密集圆孔组成的圆环。

针对涉案专利，追某公司于 2020 年 2 月 5 日向国家知识产权局提出无效宣告请求，并提交证据 1；追某公司于 2020 年 3 月 5 日提交了意见陈述书，重新提交了证据 1 及其部分内容的中文译文，同时提交了证据，其中：证据 2.1 是专利号为 201430047014.X 的中国外观设计专利授权公告文本打印件。

经形式审查合格，国家知识产权局于 2020 年 4 月 16 日受理了该无效宣告请求，并依法成立合议组，对本案进行审理。

国家知识产权局于 2020 年 6 月 24 日进行口头审理，并于 2020 年 10 月 27 日作出被诉决定：维持涉案专利权有效。

北京知识产权法院于 2022 年 8 月 23 日作出（2021）京 73 行初 1961 号行政判决：驳回追某公司诉讼请求。宣判后，追某公司不服一审判决，提出上诉。最高人民法院于 2023 年 9 月 15 日作出（2022）最高法知行终 842 号行政判决：驳回上诉，维持原判。

裁判理由

法院生效判决认为：首先，外观设计专利权的保护范围以表示在图片或照片中的该产品的外观设计为准，因此要求权利人在提出专利申请时，所提交的图片或照片应该能够清楚、确定地表达出设计特征，不应存在表达不清楚而使设计特征出现多种可能性的情况。本案中，涉案专利所涉产品是吹风机，从涉案专利视图显示的内容看，涉案专利各视图清晰，视图间能够相互对应，各个部分形状能够清楚表示。关于涉案专利机头部分是否为中空结构，从立体图 1 和立体图 2 来看，通过机头部分数个圆圈之间的位置关系，结合机械制图标准，并基于识图的通常理解，立体图 1 可见机头进风口部分端面呈斜面向内凹的结构，立体图 2 可见机头出风口部分端面外凸、中间部分呈层层内凹的结构，结合主视图与后视图以及一般消费者的常识性认知，机头部分中空的结构是清楚的。

其次，涉案专利与证据 2.1 均是戴某公司同日申请的外观设计专利，所涉产品均为吹风机。二者在整体外观轮廓形状上相同，区别点主要在于：涉案专利手柄侧面近下端有密集圆孔组成的环带，手柄底面有密集圆孔组成的圆环，证据 2.1 相应部分均为光面。由于涉案专利手柄下端密集圆孔组成的环带较宽，对整体视觉效果可以产生较为明显的影响，且因手柄较长，使用时环带部分也不会被手遮挡，能够被一般消费者注意到，因此该部分区别不属于一般消费者施以一般注意力不易察觉的局部细微差别。

最后，涉案专利分别与证据 1、证据 3 相比，二者在机头和手柄的比例、机头和手柄的具体形状等方面均存在明显差异，上述区别点均足以对整体视觉效果产生显著影响，故涉案专利与证据 1、证据 3 相比均具有明显区别。即使将证据 1 与证据 3 进行组合，组合后的设计与涉案专利相比依然存在上述明显区别。

裁判要旨

当外观设计专利视图以机械制图的角度存在不同理解的情况下，判断其是否符合《专利法》第二十七条第二款的规定时，应援引《专利法》第二十三条第二款的主体判断标准，以一般消费者的视角，基于涉案专利产品的一般消费者的知识水平和认知能力，判断外观设计视图所表达的局部特征是否存在歧义，即专利附图的各个视图所表达的产品各部分设计特征能否确定，是否因表达不清楚导致产品设计特征出现多种可能性。与此同时，还应结合涉案专利申请日之前相同种类或者相近种类产品的外观设计常用设计手法及涉案外观设计产品的机械原理进行具体分析。

关联索引

2008 年《中华人民共和国专利法》第二十七条第二款

一审：北京知识产权法院（2021）京 73 行初 1961 号行政判决（2022 年 8 月 23 日）

二审：最高人民法院（2022）最高法知行终 842 号行政判决（2023 年 9 月 15 日）

法官评析

本案的焦点问题为当外观设计专利视图以机械制图的角度存在不同理解的情况下，如何判断是否符合《专利法》第二十七条第二款的规定。承办人在检索和分析了涉及该条款的 50 篇在先裁判文书后发现，对该条款进行准确法律适用的关键在于如何厘清"清楚地显示"应考虑的条件，进而确定判断的主体标准。

《专利法》第二十七条第二款是我国专利法第三次修改时新增加的无效条款，明晰了外观设计关于清楚表达的实质性要求，该条款既属于驳回条款，也属于无效宣告条款，但是在两个程序中，要求稍有差异。在授权程序中，"清楚地显示"除了具有实质性要求外，还用于规范专利申请文本的形式要求，以及更好地为确权程序或侵权程序提供审理基础，各视图是否充分公开了请求保护的外观设计以及是否清楚地显示了保护范围等，均是审核重点，因此，初步审查要求更为严格，可以让社会公众更好地理解外观设计的保护范围，避免后续的确权或侵权纠纷。进入无效阶段后，"清楚地显示"的审查重点集中在是否可以通过各视图的对应关系得到确定的外观设计产品，是否能够清晰地界定保护范围。本案涉及无效程序，对外观设计清楚表达的判断中，需要重点立足于视图存在的问题是否会影响涉案外观设计专利保护范围的确定。为了减少判断过程中的主观因素影响，从而使得判断结果更为客观、可预见，是否清楚的判断应参照《专利法》第二十三条的判断主体，引入一般消费者的概念。《最高人民法院关于审理专利授权确权行政案件适用法律若干问题的规定（一）》第十五条规定，外观设计的图片、照片存在矛盾、缺失或者模糊不清等情形，导致一般消费者无法根据图片、照片及简要说明确定所要保护的外观设计的，人民法院应当认定其不符合《专利法》第二十七条第二款关于"清楚地显示要求专利保护的产品的外观设计"的规定。该条款亦将"一般消费者"作为主体判断标准，并且从视图数量充足性、视图清晰度、视图正确性三个角度列举了外观设计的图片照片存在矛盾、缺失或者模糊不清的典型情况。在法律适用中，关键是要区分外观设计视图瑕疵和视图错误，实务中的关键在于判断外观设计的附图是否满足视图正确性和申请一致性的要求，只有达到"一般消费者无法根据图片、照片及简要说明确定所要保护的外观设计"的程度才构成视图错误。如果存在视图错误，导致保护范围不清晰，那么就一般认为不符合《专利法》第二十七条第二款的规定；如果存在视图瑕疵，对保护范围不产生实质性影响，那么就一般认为符合上述规定。

具体到本案中，合议庭在综合全案后认为，对于立体产品的外观设计，有关图片或者照片满足"清楚地显示"应当符合以下条件：一是产品整体三维形状能够根据申请人提交的视图清楚确定；二是应当基于涉案专利产品的一般消费者的知识水平和认知能力，视图所表达的局部特征不存在歧义，即申请人提交的视图所表达的产品各部分设计特征能够确定，不存在因表达不清楚而导致产品设计特征出现多种可能性。

最终，合议庭综合本案全部案情判断，合议庭认定涉案专利视图虽然从机械制图的角度看，存在机头中间部分确可表示"实心"和"中空"两种形态，但是，结合戴某公司在行政阶段明确其机头中间部分为中空、一般消费者看待视图瑕疵的标准并没有相关领域设计者的注意义务那么高的情况下，可以推定，机头部分同心圆中孔是空的，也就是说，涉案专利附图可以清楚地显示其要求专利保护的产品的外观设计，符合《专利法》第二十七条第二款的规定。根据禁止反悔原则，戴某公司在行政阶段对于外观设计保护范围的限缩，可以作为侵权案件中确定涉案专利保护范围的依据。

综上，本案对外观设计专利视图常用的机械制图模式存在不同理解的情况下，是否符合《专利法》第二十七条第二款的规定要区分视图瑕疵和视图错误，结合一般消费者的角度进行了分析，重点论述了《专利法》第二十七条第二款的判断也应援引第二十三条第二款的主体判断标准，即以一般消费者的视角进行判断，对今后外观设计专利行政授权确权案件中适用《专利法》第二十七条第二款，具有一定参考意义。

一审法院合议庭成员 朱　蕾　李淑云　纪燕飞
二审法院合议庭成员 邓　卓　张新锋　刘雪峰
编写人 朱　蕾　吴　桐

八、专利授权确权案件的相关程序问题

37. 惠某有限责任公司与国家知识产权局、乔某发明专利权无效行政纠纷案

——专利权无效行政纠纷中请求原则的适用

关键词 专利权无效宣告　创造性　请求原则　听证原则

基本案情

涉案专利系专利号为 200680017776.8 号、名称为"多价肺炎球菌多糖—蛋白质缀合物组合物"的发明专利，其优先权日为 2005 年 4 月 8 日，申请日为 2006 年 3 月 31 日，授权公告日为 2012 年 7 月 18 日，专利权人为惠某有限责任公司。针对涉案专利，乔某于 2015 年 1 月 14 日向国家知识产权局提出了无效宣告请求，请求宣告涉案专利权全部无效，其理由是：涉案专利说明书公开不充分，不符合 2000 年《专利法》第二十六条第三款的规定；权利要求 1~8 不具备创造性，不符合 2000 年《专利法》第二十二条第三款的规定。2015 年 7 月 15 日，国家知识产权局作出第 26458 号无效宣告请求审查决定（以下简称被诉决定），以 PD 作为单一蛋白载体的 13 价疫苗组合物为最接近的现有技术，权利要求 1 相对于证据 1 和证据 2、3 或 4 的组合不具备创造性，权利要求 2~8 亦不具备创造性，不符合 2000 年《专利法》第二十二条第三款的规定为由，宣告涉案专利权全部无效。惠某有限责任公司不服被诉决定，向北京知识产权法院提起诉讼。

惠某有限责任公司诉称：被诉决定违反法定程序。首先，在对涉案专利权利要求 1 的创造性进行评判时，国家知识产权局引用了证据 1 说明书第 8 页第 12~27 行，第 10 页第 17~30 行，第 5 页第 2~32 行的内容，但其中第 8 页第 12~18 行，第 10 页第 24~30 行，第 5 页第 2~4、8~32 行的内容是乔某从来没有请求过的，因此不应属于无效程序的审查范围，国家知识产权局直接依此作出被诉决定，违反请求原则。其次，国家知识产权局在依据上述内容作出被诉决定前，没有给予惠某有限责任公司答辩的机会，违反听证原则。因此，请求人民法院撤销被诉决定。

　　国家知识产权局辩称：证据 1 本身就是乔某依据的证据，被诉决定所引用的证据 1 的内容都与乔某提出的用于比对创造性的技术方案密切相关，属于双方当事人争议的焦点，也是国家知识产权局在口头审理调查中应当查明的内容，且双方当事人也就此充分发表了意见，因此不存在违反请求原则和听证原则的情况。

　　乔某述称：国家知识产权局在对涉案专利权利要求 1 的创造性进行评判时，并没有引用新的证据，而是在其所请求的范围内针对已经形成的观点、结论进行的进一步辅助解释。而个别在形式上没有明确记载的内容，实质上已经被隐含公开。被诉决定未违反法定程序。

　　法院经审理查明：

　　涉案专利授权公告的权利要求 1 如下：

　　"1. 多价免疫原性组合物，其包含：13 种不同的多糖—蛋白质缀合物，以及生理学上可接受的载体，其中每种缀合物包含缀合到载体蛋白的来自不同血清型的肺炎链球菌的夹膜多糖，并且所述夹膜多糖从血清型 1、3、4、5、6A、6B、7F、9V、14、18C、19A、19F 和 23F 制备，其中所述载体蛋白是 CRM197。"

　　针对涉案专利，乔某于 2015 年 1 月 14 日向专利复审委员会提出了无效宣告请求，请求宣告涉案专利权全部无效，其理由包括：涉案专利权利要求 1~8 不具备创造性，不符合《专利法》第二十二条第三款的规定。同时，乔某提交了 7 份证据，其中证据 1：公开号为 CN1351501A 的发明专利申请公开说明书，公开日为 2002 年 5 月 29 日，共 59 页。

　　在无效宣告请求书的第 3 页 "请求宣告争议专利 ZL200680017776.8 专利权无效的事实和理由" 一节记载：当单独使用证据 1（或分别结合证据

2 或证据 3 或证据 4 或证据 5）评价权利要求 1 的创造性时，证据 1 权利要求 14 公开了含有血清型 1、3、4、5、6A、6B、7F、9V、14、18C、19A、19F 和 23F 的肺炎链球菌荚膜多糖结合物，权利要求 1 与证据 1 的区别特征在于，每种多糖—蛋白缀合物缀合的载体蛋白是 CRM197。由此可见，权利要求 1 相对于证据 1 实质解决的技术问题为：为所述多价免疫原性组合物确定一种合适载体。

北京知识产权法院于 2018 年 9 月 28 日作出（2016）京 73 行初 100 号行政判决：一、撤销被告国家知识产权局作出的第 26458 号无效宣告请求审查决定；二、被告国家知识产权局针对第三人乔某就第 200680017776. 8 号、名称为"多价肺炎球菌多糖—蛋白质缀合物组合物"的发明专利所提无效宣告请求重新作出审查决定。宣判后，国家知识产权局、乔某均不服，提起上诉。北京市高级人民法院于 2021 年 9 月 18 日作出（2019）京行初 3211 号行政判决：驳回上诉，维持原判。

裁判理由

法院生效裁判认为：第一，关于被诉决定是否违反请求原则。根据被诉决定可知，"证据 1 公开了以 PD 作为单一蛋白载体的 13 价疫苗组合物"，这一事实认定是国家知识产权局作出被诉决定的决定性依据，需要判断其针对这一事实进行的创造性审查是否符合请求原则。本案中，证据 1 说明书公开了三类发明，每类发明内部均包含多种技术方案，三类发明之间也存在很多交叉指引关系。但在本案的无效请求理由中，乔某基于证据 1 提出相关无效请求，针对的是证据 1 中公开的某一特定技术方案或其结合，并非证据 1 公开的全部内容。就此点而言，证据 1 的全部公开内容与无效请求理由之间并不是等价关系，不能仅以"证据 1 的内容都与乔某提出的用于比对创造性的技术方案密切相关，属于双方当事人的争议焦点"而混淆二者之间的界限。根据无效理由可以看出，乔某所请求的与权利要求 1 对比的证据 1 的技术方案是权利要求 14 的方案，并据此认定区别技术特征和实际解决的技术问题，且亦是在此基础上，相应进行后续的创造性评述说理。乔某在主张证据 1 公开的最接近的现有技术的技术方案时，并不涉及以 PD 作为载体的技术方案，更未涉及以 PD 作为单一蛋白载体的 13 价疫苗组合物的技术方案。因此，被诉决定以乔某在其无效请求书中没有提及的证据 1 的说明书第 8 页第 12~18 行，说明书第 10 页第 24~30 行，说明书第 5 页第 2~4 行、第 8~32 行为依据认定"证据 1 公开了以 PD 作为单一蛋白载体的 13 价疫苗组合物"，并以此为基础评价涉案专利权利要求 1 的创造性，确实脱离或偏离了乔某的无效请求理由。实际上，证据 1 权利要求 14 与"以 PD 作为单一蛋白载体的 13 价疫苗组合物"两个方案之间的区别是明显的，无法将其解释为上述认定的内容仅为针对乔某提出的无效理由涉及的核心技术内容的辅助性解释，或者属于无效请求理由虽未明确请求但属于其隐含公开的内容。因此，国家知识产权局并未依据乔某所主张的证据 1 中的技术方案进行审查，且不属于《专利审查指南》中所列举的可以依职权审查的 7 种情况，违反了请求原则。

第二，关于被诉决定是否违反听证原则。根据国家知识产权局提交的口头审理记录表可知，无论是以证据 1 作为最接近的现有技术，还是针对证据 1 结合证据 2、证据 3 或证据 4，均未涉及以该 PD 载体的 13 价疫苗组合物的技术方案为基础进行审查，由此无法得出国家知识产权局给予了惠某有限责任公司针对审查决定所依据的对其不利的理由、证据和认定的事实陈述意见的机会，亦违反了听证原则。

裁判要旨

虽然专利权无效行政纠纷案件的争议焦点绝大部分集中在新颖性、创造性等实体条款上，但无效程序中的请求原则、听证原则、依职权审查原则各有其独立的程序价值，应该在无效案件中得到充分的尊重。上述三大程序性原则的关系应当是，以请求原则为基本原则，以依职权审查的 7 种情形作为有限的例外，同时审查过程中要兼顾听证原则，这样才能促进行政审查程序最终实现实体与程序的公正。在判断是否符合请求原则时，请求人主张的最接近的现有技术应该为一项具体的技术方案，若同一篇对比文件公开了多项技术方案，且本领域技术人员可以直接地、毫无疑义地确定相应技术方案时，被诉决定不宜将对比文件公开的整体内容作为最接近的现有技术而混淆最接近现有技术与对比文件公开内容的内涵。否则，有可能超出请求范围，违反请求原则。

关联索引

2000 年《中华人民共和国专利法》第二十二条第三款
一审：北京知识产权法院（2016）京 73 行初 100 号（2018 年 9 月 28 日）
二审：北京市高级人民法院（2019）京行初 3211 号（2021 年 9 月 18 日）

法官评析

近年来，专利权无效行政纠纷案件（以下简称无效案件）的受理数量呈逐年上升态势。司法实践中，虽然这类案件的争议焦点绝大部分集中在新颖性、创造性、说明书公开充分等实体条款上，但部分案件中仍会涉及违反请求原则、听证原则等程序性事由，而且在一些案件中违反上述法定程序还会成为人民法院撤销被诉决定的直接原因。

参照《专利审查指南》的规定，无效宣告请求审查程序中（以下简称无效程序）普遍适用的程序性原则包括请求原则、听证原则和依职权审查原则。请求原则是指，无效宣告程序应当基于当事人的请求而启动。听证原则，是指在作出审查决定之前，行政机关应当给予审查决定对其不利的当事人针对审查决定所依据的理由、证据和认定的事实陈述意见的机会。依职权审查原则是指行政机关可以对所审查的案件依职权进行审查，而不受当事人请求的范围和提出的理由、证据的限制，同时《专利审查指南》中列明了可以依职权进行审查的 7 种情形。请求原则、听证原则和依职权审查原则各有其独立的程序价值，应该在无效案件中得到充分的尊重。

虽然专利权权利产生必须要经过国家的审查和授予，从专利权具有存续时限、地域性以及权利存续需要缴纳费用等方面来看，有着一定的公权属性，[①] 但专利权作为一类知识产权，其在本质上仍然属于私权。在无效阶段，相关权利的相对方已经出现，行政机关所作出的裁决并非典型的依职权审查的行政行为，而是基于请求人提出请求而启动审查的居间裁决，其解决的争议本质是请求人与权利人之间就专利权效力问题而产生的私权争议。因此，请求原则应是专利无效宣告审查的基本原则。而且，根据专利法的相关规定，专利权自公告授予之日起，任何单位或者个人认为该专

---

① 张汉国：《专利行政确权制度存在的问题及其解决思路》，载《知识产权》2016 年第 3 期。

利权的授予不符合专利法有关规定的，可以请求行政机关宣告该专利权无效，也即无效程序的提起是不受主体和时间限制的。因此，在每一个独立的无效程序中，坚持请求原则更符合立法本意。请求原则要求无效宣告审查程序必须由请求人启动，而且在无效宣告审查程序中，通常仅针对当事人提交的无效宣告请求的范围、理由和提交的证据进行审查，行政机关不承担全面审查专利有效性的义务。

此外，虽然《专利审查指南》还规定了依职权审查原则，并对行政机关可以依职权审查的 7 种情形作了列举规定，①但是这些依职权审查的情形应是请求原则的例外，其所规定的 7 种情形仅限于依据请求人的请求进行审查会导致审查无法进行下去或者审查结论明显不合理，从而审查员不得不予以矫正的情况，但均不涉及自行引入证据或证据中未被请求人提及部分的情形。究其原因，无效程序实际上是专利授权后的确权程序，从整个法律体系的制度安排来看，其设立的初衷在于过滤问题专利，弥补行政机关自身审查工作的错误或疏漏，平衡社会公众与权利人之间的利益，②其目的还是在于提高专利权的稳定性，避免不当授权的专利损害社会公众的利益，而并非对专利进行全面审查。因此，为了保护当事人对行政程序的信赖利益，保证其对于无效请求范围的合理预期，行政机关在对无效宣

---

① 参照《专利审查指南》第四部分第三章 4.1 的规定，在无效宣告程序中，专利复审委员会通常仅针对当事人提出的无效宣告请求的范围、理由和提交的证据进行审查，不承担全面审查专利有效性的义务。专利复审委员会在下列情形可以依职权进行审查：（1）请求人提出的无效宣告理由明显与其提交的证据不相对应的，专利复审委员会可以告知其有关法律规定的含义，允许其变更或者依职权变更为相对应的无效宣告理由。（2）专利权存在请求人未提及的明显不属于专利保护客体的缺陷，专利复审委员会可以引入相关的无效宣告理由进行审查。（3）专利权存在请求人未提及的缺陷而导致无法针对请求人提出的无效宣告理由进行审查的，专利复审委员会可以依职权针对专利权的上述缺陷引入相关无效宣告理由并进行审查。（4）请求人请求宣告权利要求之间存在引用关系的某些权利要求无效，而未以同样的理由请求宣告其他权利要求无效，不引入该无效宣告理由将会得出不合理的审查结论的，专利复审委员会可以依职权引入该无效宣告理由对其他权利要求进行审查。（5）请求人以权利要求之间存在引用关系的某些权利要求存在缺陷为由请求宣告其无效，而未指出其他权利要求也存在相同性质的缺陷，专利复审委员会可以引入与该缺陷相对应的无效宣告理由对其他权利要求进行审查。（6）请求人以不符合《专利法》第三十三条或者《专利法实施细则》第四十三条第一款的规定为由请求宣告专利权无效，且对修改超出原申请文件记载范围的事实进行了具体的分析和说明，但未提交原申请文件的，专利复审委员会可以引入该专利的原申请文件作为证据。（7）专利复审委员会可以依职权认定技术手段是否为公知常识，并可以引入技术词典、技术手册、教科书等所属技术领域中的公知常识性证据。

② 郭建强：《专利确权机制研究》，载《科技与法律》2015 年第 5 期。

告请求进行审查时应遵循请求原则，并严格在依职权原则所列举的 7 种特殊情况下主动依职权对专利进行审查，在现有法律框架下，不能对依职权审查原则任意作扩大解释。

因此，在无效程序中，请求原则、听证原则和依职权审查原则这三大程序性原则的关系应当是，以请求原则为基本原则，以依职权审查的 7 种情形作为有限的例外，同时审查过程中要兼顾听证原则。

在以往的案例中，主张行政机关违反请求原则多见于其不适当地引入请求人未主张的对比文件，[①] 其结论不言而喻。而本案则是行政机关主动引入同一篇对比文件的不同部分，并作为最接近的现有技术，这是否必然违反请求原则，需要视不同情况而定。如果对比文件技术内容相对单一，根据本领域技术人员对技术内容通常的阅读理解规律，引入部分与请求部分属于同一技术方案，对引入部分的审查不会超出当事人对卷内证据技术内容的了解与预期，且有利于通过更加全面、深入地了解该现有技术获得更为客观、公正的审理结论，则此时针对引入部分的审查不违反请求原则，但审查过程中要履行听证程序。可是，如果对比文件技术内容相对复杂，引入部分与请求部分分属不同的技术方案，对引入部分的审查则可能不符合本领域技术人员对技术内容的阅读理解规律，超出了当事人的合理预期，此时的审查会违反请求原则。而上述两种情况中，程序是否违法的界限究竟应该划定在哪里，笔者认为从更加合理的角度讲，应以技术方案为限，这更符合本领域技术人员对技术内容的认知。

因此，最接近的现有技术应该为一项具体的技术方案。若同一篇对比文件公开了多项技术方案，且本领域技术人员在该多项技术方案基础上可以直接地、毫无疑义地确定相应的技术方案时，务必做到作为最接近的现有技术予以援引的技术方案的具体化，而不宜将对比文件公开的整体内容作为最接近的现有技术而混淆最接近现有技术与对比文件公开内容的内涵。

本案中，证据 1 说明书公开了三类发明，每类发明内部均包含多种技术方案，三类发明之间也存在很多交叉指引关系。而根据无效理由可以看出，乔某所请求的与权利要求 1 对比的证据 1 的技术方案是权利要求 14 的

---

① 参见北京知识产权法院（2016）京 73 行初 755 号行政判决，该判决已生效。

方案，并据此认定区别技术特征和实际解决的技术问题，且亦是在此基础上，相应进行后续的创造性评述说理。但是，被诉决定以乔某在其无效请求书中没有提及的证据1中"以 PD 作为单一蛋白载体的 13 价疫苗组合物"这一技术方案作为最接近的现有技术，并以此为基础评价涉案专利权利要求 1 的创造性，超出了乔某的无效请求理由。而且，这两个方案之间的区别是明显的，无法将引入的技术方案解释为仅系针对乔某提出的核心技术内容的辅助性解释，或者属于无效请求理由虽未明确提及但已隐含公开的内容。因此，被诉决定的作出违反了请求原则。

在此基础上，国家知识产权局提交的证据显示，无论是以证据1作为最接近的现有技术，还是针对证据1结合证据2、证据3或证据4，均未涉及以该 PD 载体的 13 价疫苗组合物的技术方案为基础进行审查，由此无法得出国家知识产权局给予了惠某有限责任公司针对审查决定所依据的对其不利的理由、证据和认定的事实陈述意见的机会，被诉决定的作出亦违反了听证原则。

本案的审理结论进一步厘清了无效程序中请求原则的适用标准，目的在于在充分尊重请求原则、依职权审查原则、听证原则各自的独立程序价值的基础上，促进行政审查程序最终实现实体与程序的公正。

一审法院合议庭成员 赵　明　蒋莉莉　陶　轩
二审法院合议庭成员 王东勇　吴　斌　郭　伟
编写人 赵　明

九、植物新品种权案件的相关问题

38. 黑龙江阳某种业有限公司与农业农村部植物新品种复审委员会植物新品种申请驳回复审行政纠纷案
——植物新品种特异性判定中已知品种的认定

关键词 植物新品种　特异性　已知品种　近似品种

基本案情

涉案申请是名称为"哈育189"的植物新品种申请，植物种类为玉米。2015年6月29日，黑龙江阳某种业有限公司（以下简称黑龙江某种业公司）和黑龙江省农业科学院某研究所（以下简称黑龙江某研究所）针对"哈育189"向品种保护办公室提出品种权申请。2017年11月20日，品种保护办公室认为"哈育189"相较于"利合228"，不符合《植物新品种保护条例》第十五条关于特异性的规定，驳回了该品种权申请。2018年3月24日，黑龙江某种业公司和黑龙江某研究所以品种保护办公室选错近似品种为由，向植物新品种复审委员会提出复审请求。2019年1月17日，植物新品种复审委员会作出被诉决定，认为"哈育189"于2015年6月29日提交品种权申请时，"利合228"已公告初步审查合格，选择"利合228"作为"哈育189"的近似品种符合规定，故驳回黑龙江某种业公司和黑龙江某研究所的复审请求。黑龙江某种业公司不服被诉决定，向北京知识产权法院提起诉讼。

原告黑龙江某种业公司诉称：根据《种子法》第九十二条第十项的规

定,"哈育189"是已知的植物品种,"利合228"在国内首次申请品种审定或品种权保护的时间均晚于"哈育189",不能作为评价"哈育189"特异性的近似品种。因此,请求法院判决撤销被诉决定,并判令被告重新作出决定。

被告植物新品种复审委员会答辩称:"利合228"品种权初步审查合格公告时间早于"哈育189"提出品种权申请时间和通过品种审定时间,故选取"利合228"作为近似品种符合法律规定。被诉决定认定事实清楚,适用法律法规正确,审理程序合法,审查结论正确,原告的诉讼理由不能成立,请求法院驳回其诉讼请求。

法院经审理查明:

一、"哈育189"基本情况

(一)本申请相关情况

本申请是名称为"哈育189"的植物新品种申请,植物种类为玉米,申请人为黑龙江某种业公司和黑龙江某研究所,申请日为2015年6月29日,申请号为20150963.4。

(二)品种审定相关情况

2015年3月30日,黑龙江某种业公司和黑龙江某研究所提交了《黑龙江省农作物品种审定玉米品种申报书》,品种代号为"黑450",建议推广名称为"哈育189",品种来源(母本×父本)为HR0252×HRK110,申报单位为黑龙江某种业公司、黑龙江某研究所。

2015年5月13日,黑龙江省农业委员会印发《黑龙江省农业委员会通告》(2015第005号),其中品种审定目录和介绍中包含有"哈育189",审定意见为该品种符合黑龙江省玉米品种审定标准,通过审定,适宜黑龙江省第三积温带上限种植。

2015年5月14日,黑龙江省农作品种审定委员会针对"哈育189"颁发了证书编号为2015037的《黑龙江农作物品种审定证书》,据该审定证书记载,审定编号为黑审玉2015037,品种名称为"哈育189",原代号为"黑450",品种来源为HR0252×HRK110,申请者及育种者为黑龙江某种业公司、黑龙江某研究所。

二、"利合228"基本情况

被诉决定中所述的本申请近似品种是名称为"利合228"的植物新品种，植物种类为玉米，申请人为利某格兰欧洲，申请日为2015年1月22日，申请号为20150095.5，申请公告日为2015年5月1日，授权日为2018年1月2日，授权号为CNA20150095.5，品种权人为利某格兰欧洲。

三、本申请的相关审查情况

2015年6月29日，黑龙江某种业公司和黑龙江某研究所针对"哈育189"向品种保护办公室提出品种权申请。

2017年11月20日，品种保护办公室认为本申请不符合《植物新品种保护条例》第十五条规定，作出《实质审查驳回决定》，驳回了该品种权申请。该驳回决定附有《植物品种特异性鉴定报告》，报告系由品种保护办公室委托的农业部植物新品种测试（哈尔滨）分中心作出，其中载明："2015-1499A（哈育189）与近似品种2015-1499C（利合228），在性状17、22、29.2上分别存在一个代码的差异，经t检验差异不显著；性状27.2差值小于一个代码级差。因此判定该品种不具备特异性。"

2018年3月24日，黑龙江某种业公司和黑龙江某研究所以品种保护办公室选错近似品种为由，向植物新品种复审委员会提出复审请求。

2019年1月17日，植物新品种复审委员会作出被诉决定，驳回黑龙江某种业公司和黑龙江某研究所的复审请求。

四、"哈育189"和"利合228"所涉民事纠纷情况

2017年，利某格兰欧洲以黑龙江某种业公司、黑龙江某研究所、甘肃某种业有限责任公司未经许可在追偿期内为商业经营目的以"哈育189"的名义生产、销售"利合228"玉米新品种权的种子为由，向甘肃省张掖市中级人民法院提起民事诉讼。甘肃省张掖市中级人民法院经审理作出（2017）甘07民初94号民事判决，利某格兰欧洲、黑龙江某种业公司和黑龙江某研究所不服，向甘肃省高级人民法院提起上诉。

2018年11月28日，甘肃省高级人民法院经审理作出（2018）甘民终

695 号民事判决，该判决认定：一、黑龙江某种业公司与黑龙江某研究所认为农业部授予"利合 228"玉米新品种权不具有合法性的主张不能成立。理由如下：（1）"利合 228"玉米新品种权权利取得合法有效，对该权利，目前无证据证明植物新品种复审委员会正在或已经宣告无效的情形，因此，该权利状态稳定；（2）"利合 228"玉米新品种权的法律效力应当维护；（3）"哈育 189"通过品种审定不会影响"利合 228"玉米新品种权的合法性。利某格兰欧洲取得新品种权的"利合 228"与黑龙江某种业公司、黑龙江某研究院所取得审定通过的"哈育 189"玉米品种，相互不具有特异性，属于同一玉米品种。二、在"利合 228"已被授权的情况下，黑龙江某种业公司与黑龙江某研究所提交的证据均不足以证明该品种权属其所有，根据证据规则，应确认涉案品种权归利某格兰欧洲所有。三、由于"利合 228"与"哈育 189"是同一玉米品种，"哈育 189"已通过黑龙江省的品种审定，因此，在该审定未经更正或撤销的情况下，利某格兰欧洲不能通过"利合 228"品种审定，也无法在黑龙江省适宜区域推广、生产、销售"利合 228"品种。利某格兰欧洲要求将审定品种"哈育 189"名称变更为"利合 228"、将"哈育 189"审定公告中的育种单位由黑龙江某种业公司与黑龙江某研究院变更为利某格兰欧洲的诉请应当予以支持。

2019 年 2 月 14 日，黑龙江省农业农村厅发布《黑龙江省农业农村厅公告》（2019 第 004 号），决定将原黑龙江省农业委员会发布的《黑龙江省农业委员会通告》（2015 第 005 号）中的玉米品种"哈育 189"更名为"利合 228"，育种者由"黑龙江某研究所、黑龙江某种业公司"变更为"利某格兰欧洲"。

五、法院查明的其他相关事实

在本案审理过程中，黑龙江某种业公司向法院提交了植物新品种复审委员会复审秘字［2018］76 号《受理通知书》、被诉决定、参加 2011 年黑龙江省农作物品种试验汇总表、《黑龙江省农业委员会通告》（2015 第 005 号）、《黑龙江省农作物品种审定玉米品种申报书》《黑龙江省农作物品种审定证书》《实质审查驳回决定》等材料的复印件。植物新品种复审委员会对前述材料的真实性、合法性、关联性均不持异议。

植物新品种复审委员会向法院提交了复审请求申请书、中国种业大数据平台相关查询信息、植物品种特异性鉴定报告、（2018）甘民终 695 号民事判决等材料的复印件。黑龙江某种业公司对前述材料的真实性、合法性、关联性均不持异议。

北京知识产权法院于 2020 年 8 月 12 日作出（2019）京 73 行初 1401 号行政判决：驳回原告黑龙江某种业公司的诉讼请求。宣判后，黑龙江某种业公司以"哈育 189"具备特异性为由提起上诉。最高人民法院于 2021 年 8 月 10 日作出（2021）最高法知行终 453 号行政判决：驳回上诉，维持原判。

裁判理由

法院生效裁判认为：本案的争议焦点在于被诉决定关于本申请不具备特异性的认定是否正确，其中，选择"利合 228"作为本申请的近似品种是否适当是审理该焦点问题的核心。

《植物新品种保护条例》第十五条规定，授予品种权的植物新品种应当具备特异性。特异性，是指申请品种权的植物新品种应当明显区别于在递交申请以前已知的植物品种。《植物新品种保护条例实施细则（农业部分）》[以下简称《植物新品种实施细则（农业部分）》] 第二十一条第二款规定，近似品种是指在所有已知植物品种中相关特征或者特性与申请品种最为相似的品种。

原告的核心理由在于，被诉决定作出于《种子法》实施之后，根据该法规定，"哈育 189"自 2011 年参加黑龙江省农作物品种试验起属于已经受理申请品种审定的植物品种，即为已知品种，故"利合 228"作为公开在后的品种，不能作为本申请的近似品种。对此，法院认为：在认定"利合 228"能否作为本申请近似品种时，应当明晰《种子法》与《植物新品种实施细则（农业部分）》的法律适用问题，并在此基础上进一步考量"利合 228"相对于本申请是否为已知的植物品种。

一、关于《种子法》与《植物新品种实施细则（农业部分）》的法律适用问题

法院认为："法不溯及既往"是一项基本的法律适用原则。《立法法》第九十三条规定，法律、行政法规、地方性法规、自治条例和单行条例、

规章不溯及既往，但为了更好地保护公民、法人和其他组织的权利和利益而作的特别规定除外。该条款是关于法的时间效力的规定，在无特别规定的情况下，要求法律只能适用于其颁布生效以后发生的行为或事件，不能溯及至其颁布生效以前发生的行为或事件。

本案中，首先，黑龙江某种业公司主张适用的《种子法》是全国人民代表大会常务委员会修订的自2016年1月1日起正式实施的法律，虽然其设立专章规定"新品种保护"，但本案系植物新品种授权行政纠纷，涉及的是对本申请是否符合植物新品种授权条件的审查，应当审查本申请在递交品种权申请时是否符合当时法律法规所规定的授权条件。本申请递交品种权申请时间为2015年6月29日，发生于《种子法》施行之前，故依据法不溯及既往原则，在无特别规定的情况下，植物新品种复审委员会未依据《种子法》作出被诉决定并无不当。

其次，就"已知的植物品种"的界定问题而言，《种子法》第九十二条第十项规定，已知品种是指已受理申请或者已通过品种审定、品种登记、新品种保护，或者已经销售、推广的植物品种；《植物新品种实施细则（农业部分）》第十六条规定，《植物新品种保护条例》第十五条所称"已知的植物品种"，包括品种权申请初审合格公告、通过品种审定或者已推广应用的品种。《种子法》规定的范围实质上涵盖了《植物新品种实施细则（农业部分）》的范围，除了品种权申请初审合格公告、通过品种审定、已推广应用的品种之外，还增加了已经受理申请品种审定、品种登记、新品种保护等情形，即《种子法》关于已知品种的定义范围相较于《植物新品种实施细则（农业部分）》更为广泛。就申请品种权的植物新品种而言，其应当明显区别于在递交申请以前已知的植物品种，因此，已知的植物品种范围越为宽泛，对于申请品种权的植物新品种特异性的认定则越为不利，故在本案相关事实背景下，《种子法》关于已知品种的条款对原告而言，并不属于"更好地保护公民、法人和其他组织的权利和利益而作的特别规定"。

另外，退一步而言，即便本案可以适用《种子法》，但如果依据《植物新品种实施细则（农业部分）》的规定已属已知的植物品种，则举轻以明重，该种情形依据《种子法》的规定，同样属于已知品种，故本案实际上也无适用《种子法》的必要。

综上，植物新品种复审委员会作出被诉决定适用法律法规并无不当，关于黑龙江某种业公司提出适用《种子法》的诉讼主张，法院不予支持。

二、关于"利合228"相对于本申请是否为已知的植物品种的问题

法院认为：首先，本申请递交品种权申请时间是判断本案已知植物品种所需考虑的时间节点。根据《植物新品种保护条例》的规定，申请品种权的植物新品种是否具备特异性，是相对于递交申请以前的已知植物品种而言的，本案中，"哈育189"递交品种权申请时间为2015年6月29日，各方当事人对此均不持异议。"利合228"品种权初审合格公告时间为2015年5月1日，被诉决定认定为2015年4月14日有误，法院在此予以纠正。"利合228"品种权初审合格公告时间在"哈育189"递交品种权申请之前，故依据《植物新品种保护条例》和《植物新品种实施细则（农业部分）》的相关规定，"利合228"可以作为本申请递交前已知的植物品种。

其次，本申请提交品种审定时间并非判断本案已知植物品种应予考虑的时间因素。植物新品种保护与品种审定系两种不同的制度。植物新品种权是指完成育种的单位或个人对其授权的品种依法享有的排他性使用权，属于知识产权范畴，其目的在于通过授予育种者权利形成一种激励机制；品种审定是对新育成或引进品种进行评审从而确定其生产价值及适宜推广范围的审查行为，属于行政许可事项，其本质是为了保护农业生产安全等对生产秩序采取的一种行政管理。在两个相互独立的体系背景下，针对同一品种，递交品种权保护和申请品种审定在时间上没有必然联系，因此，本申请针对的品种"哈育189"何时申请品种审定对本案已知植物品种的判断不产生影响。

另外，本申请是针对"哈育189"的植物新品种申请，本案审查的是"利合228"相对于"哈育189"是否为已知植物品种的问题，而非"哈育189"相对于"利合228"是否为已知植物品种的问题，故黑龙江某种业公司提出的"哈育189"应为"利合228"已知的植物品种的诉讼主张并非本案的审理范畴；且根据甘肃省高级人民法院（2018）甘民终695号民事判决的认定，"利合228"与"哈育189"是同一玉米品种，后黑龙江省农

业农村厅通告"哈育189"的品种审定已更名为"利合228",故依据在案证据,黑龙江某种业公司关于"哈育189"受理申请品种审定在先的主张亦缺乏事实依据。

综上,被诉决定选择"利合228"作为本申请的近似品种符合法律规定。在此基础上,各方当事人对"哈育189"的特异性测试并无争议,法院经审查亦予以确认。因此,本申请并未明显区别于在递交申请以前已知的植物品种"利合228",被诉决定关于本申请不具备特异性的认定结论正确,应予确认。

裁判要旨

植物新品种应当具备特异性,即该品种应当明显区别于递交申请以前的已知品种。作为特异性判断的已知品种,不能是申请授权品种自身;同时,考虑到植物新品种保护与品种审定系两种不同的制度,在判断某一品种是否符合植物新品种的特异性要求时,应以该品种递交品种权申请时间而非该品种提交品种审定时间,作为判断已知品种的基准时间。

关联索引

2016 年《中华人民共和国种子法》第九十二条第十项

2014 年《中华人民共和国植物新品种保护条例》第十五条

2008 年《中华人民共和国植物新品种保护条例实施细则(农业部分)》第二十一条第二款

一审: 北京知识产权法院(2019)京 73 行初 1401 号(2020 年 8 月 12 日)

二审: 最高人民法院(2021)最高法知行终 453 号(2021 年 8 月 10 日)

法官评析

习近平总书记指出:"种源安全关系到国家安全,必须下决心把我国种业搞上去,实现种业科技自立自强、种源自主可控。"① 在知识产权领域,为激发育种者创新意识、授予育种者权利,植物新品种权应运而生。

---

① 《把提高农业综合生产能力放在更加突出的位置 在推动社会保障事业高质量发展上持续用力》,载《人民日报》2022 年 3 月 7 日。

作为知识产权的客体之一，《植物新品种保护条例》第十五条规定，授予品种权的植物新品种应当具备特异性。特异性，是指申请品种权的植物新品种应当明显区别于在递交申请以前已知的植物品种。何为"已知的植物品种"，《植物新品种实施细则（农业部分）》第十六条规定，《植物新品种保护条例》第十五条所称"已知的植物品种"，包括品种权申请初审合格公告、通过品种审定或者已推广应用的品种。但《种子法》第九十二条第十项规定，已知品种是指已受理申请或者已通过品种审定、品种登记、新品种保护，或者已经销售、推广的植物品种。可见，上述二者规定并不统一。本案系植物新品种申请驳回复审行政纠纷典型案例，对于已知品种的法律适用问题、已知品种的司法认定确立了相应的裁判规则。

一、关于已知品种的法律适用

《植物新品种实施细则（农业部分）》和《种子法》对于已知品种分别进行了明确的规定。《植物新品种实施细则（农业部分）》规定已知品种包括"品种权申请初审合格公告、通过品种审定或者已推广应用的品种"，2016年1月1日起实施的《种子法》在此基础上对已知品种范围有所拓宽，扩大至"已经受理申请或者已经通过品种审定、品种登记、品种保护，或已经销售、推广的植物品种"。有学者指出，《种子法》相对于《植物新品种实施细则（农业部分）》是上位法也是新法，为了遵循《立法法》的相关规则，依据《种子法》认定已知品种的范围更为适宜。但就本案涉及的植物新品种申请驳回复审行政纠纷而言，由于涉案品种的申请时间发生于《种子法》实施之前，所涉申请是否符合植物新品种的授权条件，应当审查递交品种权申请时法律法规所规定的授权条件，即遵循法不溯及既往原则。

需要说明的是，《植物新品种实施细则（农业部分）》和《种子法》关于已知品种范围规定不一的问题，可能会影响品种审查的结果，但随着时间的发展和种业立法的日臻完善，类似于本案的争议将不再是问题。

二、关于已知品种的司法认定

植物新品种中的特异性和专利法中的创造性有异曲同工之处，特异性判定中的"已知品种"也相当于创造性判断中的"现有技术"，但相较于较为成熟的专利制度，特异性判定中已知品种的认定，在司法实践中尚无相关案例，亦无统一规则。笔者认为结合本案，可以明确以下三点：

首先，作为特异性判断的已知品种，不能是申请授权品种自身。在特异性的判定中，确定在先的已知品种的目的是固定比对对象，即比较该申请品种与递交申请日以前的已知品种是否存在明显的性状区别。因无法将所有的已知品种与申请品种进行种植比对，故选择所有已知品种中相关特征或者特性最为接近的品种即近似品种，进行种植比对。因此，申请植物新品种权保护的品种在申请日之前存在的审定、推广的时间，与选择确定作为特异性判断的已知品种并无关联。

其次，以递交品种权保护的时间作为判断已知品种的时间。植物新品种保护与品种审定系两种不同的制度。植物新品种权是指完成育种的单位或个人对其授权的品种依法享有的排他使用权，属于知识产权范畴，其目的在于通过授予育种者权利形成一种激励机制；品种审定是对新育成或引进品种进行评审从而确定其生产价值及适宜推广范围的审查行为，属于行政许可事项，其本质是为了保护农业生产安全等对生产秩序采取的一种行政管理。以往，育种者知识产权意识普遍较弱，混淆了品种审定与植物新品种保护的概念，误以为申请了品种申请就相当于对品种进行了保护，进而造成植物新品种申请和维权的困境。具体到判断已知品种问题上，应以该品种递交品种权申请时间而非该品种提交品种审定时间，作为判断已知品种的基准时间。

最后，虽然品种审定与选择确定作为特异性判断的已知品种并无关联，但对于是否具备新颖性具有重要意义。新颖性是以申请植物新品种保护的品种自身作为基准，判断其销售推广的时间是否超过了规定的时间。《植物新品种权保护条例》第十四条规定，新颖性是指申请品种权的植物新品种在申请日前该品种繁殖材料未被销售，或者经育种者许可，在中国境内销售该品种繁殖材料未超过 1 年；在中国境外销售藤本植物、林木、果树和观赏树木品种繁殖材料未超过 6 年，销售其他植物品种繁殖材料未超过 4 年。因此，申请植物新品种权保护的品种在申请日之前存在的审定、推广的时间，对判断其是否具备新颖性具有重要意义。

植物新品种申请驳回复审行政纠纷在目前的司法实践中较为少见，但实际上属于典型的知识产权授权纠纷的一种。本案较为特殊的是，"哈育

189"和"利合228"实际上为同一品种,本案背后交织着民事权属纠纷,先前通过品种审定的"哈育189"已被生效判决判令更名为"利合228"。不难看出,在加强种业知识产权司法保护、推动种业振兴的大背景下,植物新品种权属、侵权民事纠纷是保护种业知识产权成果的有效途径,植物新品种授权行政纠纷也将逐渐成为种业知识产权全链条保护中的重要环节。随着《种子法》等一系列法律法规及配套的植物新品种司法解释出台,植物新品种保护制度将日臻完善,明确该类案件中的法律适用和特异性判定中已知品种的认定,对于激发植物新品种产权保护意识、提高植物新品种授权质量、促进种业自主创新具有重要意义。

一审法院合议庭成员　仪　军　殷冬冬　刘　辰
二审法院合议庭成员　罗　霞　潘才敏　邓　卓
编写人　时　欣

39. 云南滇某种业有限公司与农业农村部植物新品种复审委员会、云南大某种业有限公司植物新品种权无效行政纠纷案

——新证据采信规则及销售行为的认定

关键词 新证据采信规则 新颖性 销售行为

基本案情

涉案新品种系品种权号为 CNA20130919.1、名称为"T4312"的玉米品种权，其申请日为 2013 年 10 月 16 日，授权公告日为 2017 年 5 月 1 日，品种权人为云南大某种业有限公司（以下简称大某公司）。2017 年 9 月，云南滇某种业有限公司（以下简称滇某公司）针对涉案新品种的品种权向农业农村部植物新品种复审委员会（以下简称植物新品种复审委员会）提出无效宣告请求，其理由是涉案新品种丧失新颖性且不具备特异性。2021 年 6 月 16 日，植物新品种复审委员会作出被诉决定，认定：滇某公司提交的现有证据不能证明涉案新品种不具备特异性和新颖性，维持涉案新品种的品种权有效。滇某公司不服被诉决定，向北京知识产权法院提起诉讼。

原告滇某公司诉称：涉案新品种系由西某公司选育，在申请日之前的 1 年以前，西某公司就已实施了销售涉案新品种繁殖材料等行为，故涉案新品种不具备新颖性。现有证据足以证明涉案新品种与已知品种西山 121 的亲本（92 选 16-2-1×西 04）属于同一品种，故涉案新品种不具备特异性。综上，被诉决定认定有误，请求法院依法判决撤销被诉决定，并责令被告重新作出决定。

被告植物新品种复审委员会辩称：被诉决定认定事实清楚，适用法律正确，审理程序合法，请求法院依法驳回原告的诉讼请求。

第三人大某公司述称：同意被告意见，被诉决定审查结论正确，请求法院判决驳回原告的诉讼请求。

法院经审理查明：

2017年9月，滇某公司针对涉案新品种的品种权向植物新品种复审委员会提出无效宣告请求。

2017年9月15日、2017年12月12日、2018年1月18日、2018年2月27日，滇某公司分四次提交了涉案新品种无效宣告请求书、涉案新品种的品种权授权公告打印件等证据。

2018年6月19日、2019年4月18日、2021年4月2日，大某公司分三次提交了答辩书、玉米自交系涉案新品种材料来源及选育过程、选育人证言等证据。

2021年6月16日，植物新品种复审委员会作出被诉决定。

在本案审理过程中，滇某公司提交了永德县种子管理站备案准许经营的品种目录表；恒某公司汇款凭证、货物运输协议、入库单、调拨单；民某公司货物运输协议书、入库单、运费支付凭证、调拨单等证据。

另查，2009年6月9日，湖北省农作物品种审定委员会颁发的《湖北省农作物品种审定证书》显示，审定编号：鄂审玉2009008；作物种类：玉米；品种名称：西山121；选育单位：西某公司；品种来源：西某公司用自交系"92选16-2-1"作母本，自交系"西04"作父本配组育成的杂交玉米品种。相关审定申请材料显示，该品种第一选育人为田某某。

2011年11月9日，云南省农作物品种审定委员会颁发的《品种审定证书》显示，由西某公司申请的玉米新品种"西抗18"，经2011年云南省第六届农作物品种审定委员会主任委员第二次会议审定通过，云南省农业厅2011年第16号公告。其中还注明，编号：滇特（临沧）审玉米2011053号；品种名称：西抗18；亲本及组合：西白43-12×热抗白67；选育单位：西某公司；选育完成人为田某某。

2012年1月1日，西某公司（甲方）与仲某公司（乙方）签订的《杂交玉米种代制合同》，其中约定："甲方委托乙方2012年为甲方代制：……3.杂交玉米组合西抗18，面积150亩；预计产种3万公斤。二、亲本种子由甲方提供，具体数量由乙方根据制种面积通知。亲本种子价格按父本每公斤8.00元，母本每公斤8.00元计算，待杂交一代种生产出来后由甲方开销售票给乙方结算……四、亲本种子供种方式：甲方于2012年2月25日前包装包衣后将亲本种子由甲方运至乙方生产基地四川省西昌市制种基地……如因甲方提供的亲本纯度不达标，对乙方和制种农户所造成的去杂损失和减产损失，甲方应根据实际情况酌情承担补偿。亲本用种量母本按2.5公斤/亩，父本按0.6公斤/亩计算面积。乙方在种子播种结束后，将制种农户分村社的花名册交与甲方存档。五、亲本材料及组合的知识产权属甲方。对该品种的权属问题如有其他单位或个人提出异议，其解释权或法律责任、经济责任均由甲方承担，与乙方无关。乙方不能擅自扩散或流失亲本材料，有义务为此组合的亲本材料保密，同时不能流失杂交一代种子，所产合格种子须全部收购交售给甲方。乙方如恶意流失扩散甲方的亲本材料或未经甲方同意用甲方材料进行组配研究，乙方将赔偿甲方损失100万元，该条款不受合同有效期限制……七、种子价格的制定及结算方式……八、乙方为甲方代制的种子……合格种子甲方须全部调运。如因甲方的原因造成该批种子积压在乙方，由甲方应按9.00元/公斤赔偿乙方的损失。种子收购期间，乙方应采取措施避免种子流失，若发生种子流失现象，乙方应按甲方种子销售价格进行补偿。"

2012年1月2日，西某公司出具《生产授权书》，其中载明："我公司授权仲某公司2012年至2014年在四川生产西山70、西山99、西山66、西山68、西山121、西抗18、西山黄糯玉米杂交种，并承诺将所制种子全部按合同调回，未审定品种不在四川区域销售。"

2012年3月2日，西某公司依约向仲某公司支付"代制的生产定金"20万元。

2012年11月29日，西某公司（甲方）与大某公司（乙方）签订《玉米品种品种权转让协议》，其中载有"甲方将独自选育的玉米品种西山121、西抗18、西山黄糯的品种权转让给乙方""转让后西山121、西山黄糯、西抗18等三个品种的品种权人、品种的亲本归乙方所有"。

2017年，大某公司申请审定的玉米新品种"西抗18"（T4321×热抗白67）通过四川省、贵州省玉米品种审定。

2017年4月10日，农业部植物新品种测试中心出具《DNA指纹鉴定结果》，其中记载："受滇某公司委托，我中心对玉米样品云优 19、西山 121、西抗 18 进行了 DNA 指纹鉴定，结果如下：……二、样品来源 云优 19、西山 121 样品来源于农业部征集的审定品种标准样品，保藏编号分别为 SIG05328、SIG01655。西抗 18 样品来源为申请品种权提交的样品，保藏编号为 XIN17310。三、检测结果……1. 云优 19 与西山 121 的差异位点数为 0，2. 西山 121 与西抗 18 的差异位点数为 0，3. 云优 19 与西抗 18 的差异位点数为 0。"

2017 年 12 月 28 日，农业部植物新品种测试中心应滇某公司委托，出具《农业部植物新品种测试中心植物品种田间对比鉴定报告》（测试编号：2017JD0003），其中包括：（1）测试样品（品种）名称为云优 19，对比样品（品种）名称为西抗 18（备注：西抗 18 有两个品种，保藏号为 SIG02909 和 XIN17310），样品来源为测试样品和对比样品由农业部植物新品种测试中心从标准样品库提取，鉴定结论为测试样品与对比样品无明显差异。（2）测试样品（品种）名称为云优 19，对比样品（品种）名称为西山 121，样品来源为测试样品和对比样品由农业部植物新品种测试中心从标准样品库提取，鉴定结论为测试样品与对比样品无明显差异。

2017 年 12 月 5 日，上述西山 121 和西抗 18 的选育完成人田某某出具《杂交玉米新品种"西山 121"的选育情况说明》和《杂交玉米品种"西抗 18"选育情况说明》，其中载明西山 121 与西抗 18 在品种来源、产量表现、品种及其亲本特征特性等方面存在不同。

2018 年 5 月 23 日，西某公司向大某公司出具《关于西抗 18 和西山 121 标准样品的回复》，其中载有"我公司合法转让给贵公司的西抗 18 和西山 121 是两个不同时期、不同地点审定的，两个不同遗传来源和特征特性的白粒型杂交玉米品种，有审定证书和审定材料为证""关于交给农业农村部（农业部）的标准样品问题，根据大家回忆，我公司针对西山 121 上交过两次标准样品，因为第一次标准样品不合格，所以第二次补交过标准样品。根据原生产科负责人马某某回忆，当时生产西抗 18 和西山 121 等西山系列试验示范种子收获季节阴雨天气多，统一晾晒在同一场地，完全有可能是在取样时错误判断，出现差错。这是在当时环境条件下造成标准样品送错的最大可能性和直接原因，只是不知道被检测西山 121 标准样品属于哪一个批次"。

2019 年，云南省昆明市中级人民法院作出（2017）云 01 民初 2493 号民事判决书（以下简称 2493 号民事判决），其中查明事实部分记载有：2003 年 1 月 13 日，云南省农业厅向云南省农业科学院粮食作物研究所颁发《品种审定证书》，载明"云南省农业科学院粮食作物研究所选育的'云优 19'玉米品种经云南省农作物品种审定委员会五届一次会议于 2002 年 7 月 30 日审定合格"。2017 年 2 月 15 日，云南省农业厅办公室发出云农办种植（2017）24 号《云南省农业厅办公室关于责成曲靖市农业局依法查处有关种子案件的通知》，载明："云优 19"系云南省农业科学院粮食作物研究所选育并于 2002 年经过云南省品种审定委员会通过的玉米杂交品种（审定编号：DS010-2002），根据农业部农作物种子标准样品征集规定，2014 年 11 月 3 日，云南省农业科学院粮食作物研究所向农业部及云南省种子管理站提交了"云优 19"（检测条码号为 YA5001）标准样品，根据农业部种子管理局要求，2015 年 12 月 28 日，云南省农业科学院粮食作物研究所再次向农业部提交了"云优 19"（检测条码号为 YA5002）标准样品，后经查证，该标准样品及《品种真实性承诺函》为滇某公司提供，不符合农业部关于标准样品必须由品种选育单位提供的要求，目前该样品（在农业部种子管理局标准样品库中的标准样品编号为 SIG05328）已从农业部种子管理局的标准样品库撤出，云南省种子管理站征集的"云优 19"标准样品由云南省农业科学院粮食作物研究所于 2014 年 11 月 3 日提交，该样品已依法提供陆良县种子管理站用于真实性鉴定。2017 年 3 月 23 日，云南省农业厅向农业部种子局出具云农种植函（2017）39 号《云南省农业厅关于撤销玉米品种"云优 19"标准样品的申请函》，载明"鉴于滇某公司对云优 19 进行包装封缄并提交真实性承诺书不符合农业部有关规定，向贵局申请撤销玉米品种云优 19 标准样品及 DNA 指纹检验报告"。2017 年 5 月 1 日，农业部种子管理局向中国农业科学院作物科学研究所、北京市农林科学院玉米研究中心发出农种品函（2017）25 号《关于撤销云南省审定品种"云优 19"标准样品的函》，载明"同意撤销玉米品种云优 19 的标准样品（标准样品编号 SIG05328）及对应的 DNA 指纹数据"。

北京知识产权法院于 2022 年 6 月 27 日作出（2021）京 73 行初 12702 号行政判决：驳回原告滇某公司的诉讼请求。宣判后，滇某公司以适用法律错误以及涉案品种不具有新颖性、特异性为由提起上诉。最高人民法院于 2023 年 11 月 9 日作出（2022）最高法知行终 612 号行政判决：驳回上诉，维持原判。

裁判理由

法院生效裁判认为：

一、涉案新品种是否符合 2013 年《植物新品种保护条例》第十五条的规定

首先，根据西山 121 与西抗 18 的品种审定证书、品种审定申请材料的记载以及选育完成人的陈述等，二者在亲本来源、品种及其亲本特征特性等方面均不同，现有证据无法认定二者为同一品种。其次，对于农业部植物新品种测试中心于 2017 年出具的《DNA 指纹鉴定结果》《农业部植物新品种测试中心植物品种田间对比鉴定报告》，云南省昆明市中级人民法院作出的 2493 号民事判决中已经查明，鉴于"云优 19"存在多次提交及不符合相关规定的情形，农业部种子管理局于 2017 年 5 月 1 日已发出农种品函（2017）25 号《关于撤销云南省审定品种"云优 19"标准样品的函》，其中载有"同意撤销玉米品种云优 19 的标准样品（标准样品编号 SIG05328）及对应的 DNA 指纹数据"；而其中所涉西山 121，西某公司于 2018 年 5 月 23 日明确表示"西抗 18 和西山 121 是两个不同时期、不同地点审定的，两个不同遗传来源和特征特性的白粒型杂交玉米品种""针对西山 121 上交过两次标准样品，因为第一次标准样品不合格，所以第二次补交过标准样品。根据原生产科负责人马某某回忆，当时生产西抗 18 和西山 121 等西山系列试验示范种子收获季节阴雨天气多，统一晾晒在同一场地，完全有可能是在取样时错误判断，出现差错"，可见，不仅云优 19 的标准样品的提交存在不符合相关规定的情形，而且西山 121 的标准样品仍可能存在将西抗 18 错误作为西山 121 进行取样提交的情形。综上，在西山 121 与西抗 18 的品种审定材料等已经能够明确二者为不同品种，而农业部植物新品种测试中心出具的《DNA 指纹鉴定结果》《农业部植物新品种测试中心植物品种田间对比鉴定报告》中所涉云优 19、西山 121 的标准样品存在不符合规定或准确性存疑的情况下，滇某公司所依据的上述二鉴定内容尚不足以证明西山 121 与西抗 18 为同一品种。被诉决定认定西山 121 与

西抗 18 为不同品种，涉案新品种与西山 121 的母本 92 选 16-2-1 为不同品种，并据此认定滇某公司关于涉案新品种不具备特异性的理由不成立，结论正确，依法应予支持。

二、涉案新品种是否符合 2013 年《植物新品种保护条例》第十四条的规定

首先，关于证据认定。第一，当事人在行政诉讼程序中提出的新证据。法院对行政行为遵循合法性审查原则，即对行政行为是否符合法定程序、适用法律法规是否正确等进行审查。在此基础上，考虑当事人有无救济渠道，在品种权无效宣告请求审查程序之后的行政诉讼程序中，无效宣告请求人提出的新证据，一般不应接受并认定，但补强在品种权无效宣告请求审查程序中已被采信证据的证明力的、反驳其他当事人在诉讼中提供的证据的除外；同时，品种权被宣告或判定无效后，品种权人在后续程序中提出的并有可能导致案件改判的新证据，应予接受并认定。本案中，滇某公司在诉讼程序中提交的涉民某公司相关证据等均未在行政程序中提交，并非行政机关作出行政行为的事实依据，亦不属本案应予审查认定的例外情形，故法院对滇某公司提交的该部分证据不予认定，滇某公司可以重新向行政机关提出无效宣告请求。第二，审查新颖性的证据。对于滇某公司在行政程序中提交的有关西山 121 的证据，如上文所述，现有证据尚不足以证明西山 121 与西抗 18 为同一品种，又由于涉案新品种并非西山 121 的亲本，因此，该部分证据与涉案新品种是否具备新颖性的审查无关。对于滇某公司提交的西某公司与仲某公司签订的《杂交玉米种代制合同》等相关证据，该部分证据涉及杂交种西抗 18，而涉案新品种为西抗 18 的亲本，故法院在该部分证据的基础上对涉案新品种是否具备新颖性进行审查。

其次，新颖性。在植物新品种案件中，对销售行为的认定，不仅要审查作为标的物的涉案新品种的所有权是否转移，还要审查是否存在商业销售的真实意图，避免与使用行为相混淆。第一，对于上述代制合同等证据。本案中，尽管上述代制合同中约定有"亲本种子价格按父本每公斤 8.00 元，母本每公斤 8.00 元计算，待杂交一代种生产出来后由甲方开销售票给乙方结算"，但是，纵观上述代制合同全文，从其中约定的"对乙

方和制种农户所造成的去杂损失和减产损失，甲方应根据实际情况酌情承担补偿""乙方在种子播种结束后，将制种农户分村社的花名册交与甲方存档""乙方不能擅自扩散或流失亲本材料，有义务为此组合的亲本材料保密，同时不能流失杂交一代种子，所产合格种子须全部收购交售给甲方。乙方如恶意流失扩散甲方的亲本材料或未经甲方同意用甲方材料进行组配研究，乙方将赔偿甲方损失""合格种子甲方须全部调运……""种子收购期间，乙方应采取措施避免种子流失，若发生种子流失现象，乙方应按甲方种子销售价格进行补偿"等内容可见，西某公司系将涉案新品种作为亲本委托仲某公司制种（即生产西抗 18），同时明确约定所制种子由西某公司全部调回并禁止扩散或流失包括涉案新品种在内的亲本材料以及杂交一代种子（西抗 18），故从上述代制合同本身来看，西某公司并不存在对涉案新品种及将其作为亲本生产的杂交种进行商业销售的意图，该代制合同不属于 2011 年《植物新品种保护条例实施细则（农业部分）》第十五条规定的以涉案新品种的繁殖材料签订的生产协议，而合同约定的亲本价格应是对生产西抗 18 的成本分担并可预期在种子回购时实现折抵，上述代制合同本质上是对涉案新品种的使用行为而非销售行为。因此，上述代制合同等证据不足以证明西某公司存在销售涉案新品种的繁殖材料的行为，亦不足以证明该公司实施了以涉案新品种的繁殖材料签订生产协议的销售行为。第二，对于滇某公司提交的涉恒某公司相关证据等，现有证据尚不足以证明滇某公司在行政程序中确定提交了上述证据，且该部分证据也并未涉及涉案新品种的销售，故该部分证据不足以证明相关公司在申请日前实施了销售涉案新品种的繁殖材料的行为。综上，被诉决定认为现有证据只能证明有西抗 18 的委托代制种行为，不能证明有涉案新品种繁殖材料的销售行为，不能据此判定涉案新品种不具备新颖性，理由充分，结论正确，依法应予支持。

综上所述，被诉决定关于现有证据不能证明涉案新品种不具备新颖性和特异性的认定，结论正确，法院予以支持。

裁判要旨

1. 考虑当事人有无救济渠道，在品种权无效宣告请求审查程序之后的行政诉讼程序中，无效宣告请求人提出的新证据，一般不应接受并认定，但补强在品种权无效宣告请求审查程序中已被采信证据的证明力的、反驳其他当事人在诉讼中提供的证据的除外；同时，品种权被宣告或判定无效后，品种权人在后续程序中提出的并有可能导致案件改判的新证据，应予接受并认定。

2. 在植物新品种案件中，对销售行为的认定，不仅要审查作为标的物的涉案新品种的所有权是否转移，还要审查是否存在商业销售的真实意图，避免与使用行为相混淆。本案所涉代制合同不属于 2011 年《植物新品种保护条例实施细则（农业部分）》第十五条规定的以涉案新品种的繁殖材料签订的生产协议，该代制合同本质上是对涉案新品种的使用行为而非销售行为。

关联索引

2017 年《中华人民共和国行政诉讼法》第六条

2013 年《中华人民共和国植物新品种保护条例》第十四条、第十五条

2011 年《中华人民共和国植物新品种保护条例实施细则（农业部分）》第十五条、第十六条

一审：北京知识产权法院（2021）京 73 行初 12702 号（2022 年 6 月 27 日）

二审：最高人民法院（2022）最高法知行终 612 号（2023 年 11 月 9 日）

法官评析

本案主要涉及植物新品种行政纠纷中对新证据的采信规则以及《植物新品种保护条例》第十四条新颖性审查中销售行为的认定。

一、植物新品种行政纠纷中对新证据的采信规则

行政诉讼的目的是维护和监督行政机关依法行政，保护当事人的合法权益。法院对行政行为遵循的是合法性审查原则，应以被诉具体行政行为作为审查对象，以被诉具体行政行为是否合法作为庭审所要解决的中心问题。

行政诉讼中被告负举证责任，法院应当通过开庭审理和必要的调查，对证据进行核实，准确地判明被诉具体行政行为是否有足够的事实依据。

因此，诉讼程序中，一方面，法院不宜代替行政机关去收集调查证据；另一方面，对于行政阶段并未出现的，并非被诉具体行政行为作出依据的新证据，法院对其能否采信应谨慎考虑。

本案中，对于当事人在品种权无效宣告请求审查程序之后的行政诉讼程序中提出的新证据的采信问题，考虑到专利授权确权行政案件和植物新品种权无效行政案件的相似性，专利授权确权行政案件中对于该类问题的态度应有一定的参考价值。

1. 在专利授权确权行政案件中，通常认为，无效请求人提出的新证据，原则上不应接受并认定，无效请求人可以依据新证据重新向专利复审委提出无效宣告请求。但专利权被宣告或判定无效后，专利权人在后续程序中提出的并有可能导致案件改判的新证据，应予接受并认定，此时应撤销专利行政部门的决定并责令其重新审理。

2. 2020 年《最高人民法院关于审理专利授权确权行政案件适用法律若干问题的规定（一）》第三十条规定："无效宣告请求人在专利确权行政案件中提供新的证据，人民法院一般不予审查，但下列证据除外：（一）证明在专利无效宣告请求审查程序中已主张的公知常识或者惯常设计的；（二）证明所属技术领域的技术人员或者一般消费者的知识水平和认知能力的；（三）证明外观设计专利产品的设计空间或者现有设计的整体状况的；（四）补强在专利无效宣告请求审查程序中已被采信证据的证明力的；（五）反驳其他当事人在诉讼中提供的证据的。"

由此，依据合法性审查原则，结合考虑当事人有无救济渠道，本案指出，其一，对于无效宣告请求人提出的新证据，一般不应接受并认定，但用于补强在品种权无效宣告请求审查程序中已被采信证据的证明力的，或反驳其他当事人在诉讼中提供的证据的除外；其二，品种权被宣告或判定无效的，对于品种权人在后续程序中提出的并有可能导致案件改判的新证据，应予接受并认定。

二、2013 年《植物新品种保护条例》第十四条新颖性审查中销售行为的认定

根据 2011 年《植物新品种保护条例实施细则（农业部分）》第十五条的规定，属于 2013 年《植物新品种保护条例》第十四条规定的"销售"

的情形包括：（1）以买卖方式将申请品种的繁殖材料转移他人；（2）以易货方式将申请品种的繁殖材料转移他人；（3）以入股方式将申请品种的繁殖材料转移他人；（4）以申请品种的繁殖材料签订生产协议；（5）以其他方式销售的情形。视为《植物新品种保护条例》第十四条规定的"育种者许可销售"的情形包括：（1）育种者自己销售；（2）育种者内部机构销售；（3）育种者的全资或者参股企业销售；（4）农业部规定的其他情形。

应当注意，对于销售行为的认定，不仅要审查作为标的物的涉案新品种的所有权是否转移，还要审查是否存在商业销售的真实意图，避免与使用行为相混淆。

本案所涉《杂交玉米种代制合同》，虽然合同履行包含亲本材料的交付，但合同中多处明确约定"不能擅自扩散或流失""避免种子流失""有义务……保密""全部收购交售给甲方""甲方须全部调运"等内容，其合同目的在于委托繁育杂交种子，并不存在对亲本材料及所生产的杂交种进行商业销售的意图，而合同中约定的亲本价格应是对生产杂交种子的成本分担并可预期在种子回购时实现折抵。由此，本案认定，上述代制合同本质上是对涉案新品种的使用行为而非销售行为，该代制合同不属于2011年《植物新品种保护条例实施细则（农业部分）》第十五条规定的以涉案新品种的繁殖材料签订的生产协议。

一审法院合议庭成员 张　剑　陈　勇　郑　波
二审法院合议庭成员 罗　霞　雷艳珍　杜丽霞
编写人 张　剑

40. 大连致某种业有限公司与农业农村部 植物新品种复审委员会、衣某龙植物 新品种权无效行政纠纷案

——委托制种回购行为不属于品种丧失新颖性的销售行为

关键词 *植物新品种权 新颖性 委托制种回购*

基本案情

原告（上诉人）大连致某种业有限公司（以下简称大连某公司）诉称："强硕68"已于 2008 年 6 月 24 日丧失"新颖性"，不能取得授权。甘肃某公司持有（甘）农种生许字（2006）第 0026 号种子生产许可证，于 2008 年 6 月 24 日增加了玉米品种"强硕68"的生产许可，2008 年至 2015 年，甘肃某公司接受衣某龙的委托，为衣某龙培育"强硕68"玉米种子，根据生产经营实际，以每公斤 6.3 元的价格将"强硕68"玉米种子卖给衣某龙。甘肃省种子管理局增加生产许可需以双方签订生产协议为必备条件，增加生产许可和委托生产，完全可以证明双方已于 2008 年 6 月 24 日前签订委托生产协议的事实。根据《植物新品种保护条例》第十四条和《植物新品种保护条例实施细则（农业部分）》的相关规定，"强硕68"已于 2008 年 6 月 24 日经育种者许可，在中国境内销售该品种繁殖材料，到申请日 2009 年 12 月 9 日，已销售该品种繁殖材料 1 年 5 个月，超过 1 年，丧失"新颖性"，不能取得品种权。因此，被诉决定缺乏事实和法律依据，请求法院判决撤销被诉决定，并判令被告重新作出决定。

被告（被上诉人）植物新品种复审委员会辩称：（1）植物新品种复审

委员会具有受理无效宣告请求复审案件的法定职权。（2）被诉决定符合法律法规的程序性规定。（3）大连某公司提交的证据无法证明衣某龙存在销售"强硕68"或签署相关生产协议的行为，无法证明"强硕68"丧失新颖性。（4）根据被告的调查情况，亦未查询到"强硕68"的生产协议或销售证明，大连某公司的主张缺乏事实依据。因此，被诉决定认定事实清楚，适用法律法规正确，大连某公司的诉讼理由不能成立，请求法院驳回其诉讼请求。

第三人（被上诉人）衣某龙述称："强硕68"并没有丧失新颖性。大连某公司的诉讼请求应当予以驳回。

法院经审理查明：涉案品种系品种权号为 CNA20090802.7、名称为"强硕68"的植物新品种，植物种类为玉米，品种权人为衣某龙，品种权号为 CNA20090802.7，申请日为 2009 年 12 月 9 日，授权日为 2014 年 3 月 1 日。大连某公司明确其主张"强硕68"不具备新颖性的理由为"强硕68"繁殖材料经育种者许可在申请日前在中国境内销售已超过 1 年。具体来说，属于《植物新品种保护条例实施细则（农业部分）》第十五条第二款第一项"育种者自己销售"的情形，具体的销售行为包括《植物新品种保护条例实施细则（农业部分）》第十五条第一款第一项、第二项、第四项规定的情形。大连某公司表示其在无效宣告程序中提交的证据 2，即甘肃某公司于 2015 年 10 月 20 日向沈阳市中级人民法院出具的《证明函》中记载了甘肃某公司以每公斤 6.3 元的价格将强硕 68 号玉米种子交付衣某龙。大连某公司在行政诉讼中提交的证据 4，即第 240 号判决使用了《证明函》中的 6.3 元作为单位成本，就意味着认定《证明函》中记载的内容涉及销售行为。故上述两份证明能够证明"强硕68"的繁殖材料在申请日前在中国境内销售已超过 1 年。此外，法院应大连某公司的申请调取的《主要农作物种子生产许可证申请表》显示甘肃某公司于 2008 年 5 月 9 日已申请包含"强硕68"的生产许可证，该申请表说明衣某龙及甘肃某公司实施了生产行为。且被调取单位承认其他材料已经销毁。根据《农作物种子生产经营许可证管理办法》第七条第八项的规定，还应该有例如生产协议等其他材料，这部分内容应该包含在被销毁的材料中。

北京知识产权法院于 2022 年 8 月 17 日作出（2021）京 73 行初 3144 号行政判决：驳回原告大连某公司的诉讼请求。宣判后，大连某公司提起上诉。最高人民法院于 2023 年 3 月 21 日作出（2022）最高法知行终 809 号行政判决：驳回上诉，维持原判。

裁判理由

法院生效裁判认为：第一，关于申请品种是否具备新颖性的判断标准。判断申请植物新品种权的品种是否具备新颖性应当重点审查该植物品种的繁殖材料在申请日前是否由育种者本人或者经育种者许可在中国境内销售超过 1 年，在中国境外藤本和木本植物销售超过 6 年，其他植物销售超过 4 年。据此，本案的核心在于判断衣某龙是否在申请"强硕 68"植物新品种权的 2009 年 12 月 9 日前一年即 2008 年 12 月 9 日前，在中国境内销售了"强硕 68"种子。第二，关于甘肃某公司在种子生产许可证上变更增加"强硕 68"品种的相关证据及其证明力。大连某公司上诉主张，"强硕 68"在 2008 年 2 月 21 日通过辽宁省品种审定即为授权品种，甘肃某公司在种子生产许可证上变更增加该品种需要得到育种者衣某龙的授权，因此必然存在衣某龙与甘肃某公司签署生产协议以及交付"强硕 68"种子的行为。对此，法院认为：审定品种是通过行政管理程序获得审定证书，其与获得作为一项民事权利的植物新品种权不同，通过品种审定并不意味着申请人获得排他性的民事权利。《农作物种子生产经营许可证管理办法》第七条第八项规定所涉及的"品种为授权品种的，申请领取种子生产许可证还应向审核机关提供品种权人同意的书面证明或品种转让合同"，其中的"授权品种"应当是指获得植物新品种权的品种。"强硕 68"品种的授权时间在 2014 年 3 月 1 日，甘肃某公司于 2008 年 6 月 24 日在其原种子生产许可证上变更增加"强硕 68"时，"强硕 68"尚不属于授权品种，显然不属于前述《农作物种子生产经营许可证管理办法》规定的办理种子生产许可证时需要提交品种权人同意的书面证明的情形。大连某公司仅以甘肃某公司在其原种子生产许可证变更增加了"强硕 68"为由，主张衣某龙与甘肃某公司必然签署了生产协议，尚缺乏有效证据予以佐证，不足以证明衣某龙存在销售"强硕 68"繁殖材料的事实。第三，关于甘肃某公司出具的《证明函》及其证明力。大连某公司上诉主张，《证明函》记载甘肃某公司从 2008 年生产"强硕 68"玉米种子，该公司接受衣某龙的委托，从 2008 年起为衣某龙培育"强硕 68"玉米种子，说明衣某龙于 2008 年将

"强硕 68"繁殖材料交付甘肃某公司，即便是试制种行为也属于生产行为，该《证明函》的内容就是生产协议的内容。对此，法院认为：销售行为是否存在是判断申请品种具备新颖性的重要事实。根据《植物新品种保护条例》第十四条的规定，导致申请植物新品种权保护的品种丧失新颖性的销售是指行为人为交易目的将品种繁殖材料交由他人处置，放弃自身对该繁殖材料的处置权的行为。育种者为委托他人制种而交付申请品种繁殖材料，同时约定制成的品种繁殖材料返归育种者，因育种者实质上保留了对该品种繁殖材料的处置权，除非法律另有规定，不会导致申请品种丧失新颖性。本案中，根据《证明函》的记载内容，甘肃某公司生产的"强硕 68"种子要交付给衣某龙，衣某龙系委托该公司制种并有义务支付制种款回购甘肃某公司生产的"强硕 68"种子，双方对委托制种并回购的意思表示明确。大连某公司对该委托制种并回购的事实并未提出相反证据予以推翻。甘肃某公司虽然在一定时期内持有、使用了"强硕 68"繁殖材料，但其无权对"强硕 68"繁殖材料进行处置，作出不符合委托生产合同约定的其他行为。衣某龙作为委托人并没有放弃对申请品种繁殖材料的处置权。因此，衣某龙委托甘肃某公司生产"强硕 68"并回购的行为不属于销售"强硕 68"繁殖材料的行为。大连某公司在本案中提交的现有证据不足以证明"强硕 68"丧失新颖性。被诉决定以及一审判决对此认定并无不当，法院予以维持。大连某公司关于"强硕 68"不具备新颖性的上诉主张均不能成立，法院不予支持。

裁判要旨

品种权人、品种申请人为培育、生产植物新品种委托他人制种并回购属于品种权人、品种申请人培育、生产植物新品种过程中的一个环节，该回购行为不属于导致品种丧失新颖性的销售行为。

关联索引

2004 年《中华人民共和国种子法》第十二条

1997 年《中华人民共和国植物新品种保护条例》第十四条

2007 年《中华人民共和国植物新品种保护条例实施细则（农业部分）》

一审：北京知识产权法院（2021）京 73 行初 3144 号（2022 年 8 月 17 日）

二审：最高人民法院（2022）最高法知行终809号（2023年3月21日）

法官评析

新颖性是植物品种获得植物新品种权所必须具备的条件之一。

《植物新品种保护条例》第十四条对新颖性进行了定义，即"授予品种权的植物新品种应当具备新颖性。新颖性是指申请品种权的植物新品种在申请日前该品种繁殖材料未被销售，或者经育种者许可，在中国境内销售该品种繁殖材料未超过1年；在中国境外销售藤本植物、林木、果树和观赏树木品种繁殖材料未超过6年，销售其他植物品种繁殖材料未超过4年"。

《植物新品种保护条例实施细则（农业部分）》第十五条规定："具有下列情形之一的，属于《条例》第十四条规定的销售：（一）以买卖方式将申请品种的繁殖材料转移他人；（二）以易货方式将申请品种的繁殖材料转移他人；（三）以入股方式将申请品种的繁殖材料转移他人；（四）以申请品种的繁殖材料签订生产协议；（五）以其他方式销售的情形。具有下列情形之一的，视为《条例》第十四条规定的育种者许可销售：（一）育种者自己销售；（二）育种者内部机构销售；（三）育种者的全资或者参股企业销售；（四）农业部规定的其他情形。"

从上述规定内容来看，首先，植物新品种的新颖性强调的是一个"新"字，新颖性判断的核心在于申请品种繁殖材料的销售情况，即在申请日前申请品种的繁殖材料是否被销售，实质是申请品种的繁殖材料是否进入公有领域为社会公众所获取。其次，根据《植物新品种保护条例》第十四条的规定，在申请日之前未被销售的申请品种显然具备新颖性。同时，出于最大限度地维护申请人权益的考虑，对于经育种者许可的销售规定了宽限期，给予育种者一定的优惠待遇。这意味着如果在申请日前申请品种的繁殖材料已经被销售，也不必定丧失新颖性，这时还需进一步审查销售行为出现的时间。最后，就申请品种是在中国境内销售，还是在中国境外销售及申请品种的生物学特性，宽限期有所不同。此外，针对什么行为属于销售行为、什么情形视为经育种者许可的情形，《植物新品种保护条例实施细则（农业部分）》第十五条第一款及第二款分别予以规定。

本案中，品种权人为培育、生产涉案品种委托他人制种并回购的行为仍属于品种权人、品种申请人培育、生产涉案品种过程中的一个环节。回购的目的系将制得的种子收归自己所有，主观上未放弃自身对该繁殖材料的处置权，客观上也并未将品种繁殖材料交由他人处置，亦未导致品种繁殖材料进入公有领域能够为社会公众所获取。因此，品种权人委托他人制种并进行回购的行为，不属于导致新颖性丧失的销售行为，不能因品种申请日距离该回购行为已经超过1年而判定涉案品种丧失新颖性。

本案判决澄清了申请品种权保护的品种因销售丧失新颖性的判断标准，明确育种者为委托制种并约定回购的行为不属于导致品种丧失新颖性的销售行为。判决为育种者在研发过程及委托制种过程构筑了法律保护屏障，消除了育种者的后顾之忧，有效激励育种创新。

一审法院合议庭成员　杜长辉　张晰昕　肖玲玲
二审法院合议庭成员　罗　霞　胡晓晖　李　艳
编写人　张晰昕　李春锦

十、集成电路布图设计案件的相关问题

41. 深圳市芯某电子有限公司与国家知识产权局、上海飞某电子科技有限公司集成电路布图设计撤销行政纠纷案

——集成电路布图设计独创性的判断基础及判断规则

关键词 集成电路布图设计 执行某种电子功能 独创性 常规设计

基本案情

涉案布图设计系登记号为 BS14500182.2、名称为"BCT001"的集成电路布图设计，申请日为 2014 年 3 月 12 日，公告日为 2014 年 5 月 28 日，首次商业利用日为 2013 年 9 月 10 日，专有权人为上海飞某电子科技有限公司（以下简称飞某公司）。针对涉案布图设计，深圳市芯某电子有限公司（以下简称芯某公司）于 2015 年 9 月 17 日向国家知识产权局原专利复审委员会（以下简称原专利复审委员会）提出了撤销意见，其理由是：（1）涉案布图设计的结构不能构成任何功能的集成电路，不能"执行某种电子功能"，不符合《集成电路布图设计保护条例》第二条第一项、第二项的规定；（2）涉案布图设计因不能"执行某种电子功能"而不具有独创性，不符合《集成电路布图设计保护条例》第四条的规定，故请求撤销涉案布图设计。2017 年 12 月 27 日，原专利复审委员会作出被诉决定，认定涉案布图设计可以实现"执行某种电子功能"且涉案布图设计具有独创

性，维持涉案布图设计专有权。芯某公司不服被诉决定，向北京知识产权法院提起诉讼。

芯某公司诉称：（1）布图设计创作者和集成电路制造者在排除 CONT 层模块显示框的干扰后，不能看出 CONT 层的任何图形，由于 CONT 层信息的缺失，模块二不能实现 ESD（静电放电）保护的功能，模块三不能执行修整电路输出的精度和频率的功能，因此，涉案布图设计不能"执行某种电子功能"，不符合《集成电路布图设计保护条例》第二条第一项、第二项的规定；（2）由于 CONT 层信息的缺失，不能实现相应的电子功能，故不能作为判断涉案布图设计是否具有独创性的基础，且实际上，在集成电路中设置 ESD 的保护结构以及采用铝线修整的形式本就属于本领域的基本常识，因此，涉案布图设计不具有独创性，不符合《集成电路布图设计保护条例》第四条的规定。综上，芯某公司请求法院撤销被诉决定，并判令国家知识产权局重新作出决定。

国家知识产权局辩称：被诉决定认定事实清楚，适用法律正确，审理程序合法，审查结论正确，芯某公司的诉讼理由不能成立，故请求法院驳回其诉讼请求。

飞某公司述称：被诉决定认定事实清楚，适用法律正确，审理程序合法，审查结论正确，芯某公司的诉讼理由不能成立，故请求法院驳回其诉讼请求。

法院经审理查明：涉案布图设计包括总图及 NW、Pbase、ACTIVE、PFLD、HRPS、POLY、NPLUS、PPLUS、CONT、M1、PAD 图层。涉案布图设计"版图说明"部分记载："BCT001 芯片由 START_ UP、REFER-ENCE、VDD_ LDD、CS、CC_ BIAS、DRIVER、OSC、CLK、CC_ LOOP 等功能模块组成，采用 Bi_ CMOS 工艺。该版图具有周围电路简单、带有专利的线补偿技术，可以实现可调补偿。该版图还具有增强 ESD 的功能以及抗干扰能力。"

针对涉案布图设计，芯某公司于 2015 年 9 月 17 日向原专利复审委员会提出了撤销意见，其主要理由是：（1）涉案布图设计使用 Bi_ CMOS 工艺中，共有图层 11 层，其中，包括 NW（N 型阱层）、Pbase（P 型基区注入层）、HRPS（高值电阻层）、NPLUS（N 型高掺杂注入层）、PPLUS（P 型高掺杂注入层）、CONT（接触孔层）和 PAD（钝化层开窗层）的图层中存在明显的错误，涉案布图设计的结构不能构成任何功能的集成电路，不能"执行某种电子功能"，不符合《集成电路布图设计保护条例》第二条第一项、第二项的规定；（2）涉案布图设计因不能"执行某种电子功能"而不具有独创性，不符合《集成电路布图设计保护条例》第四条的规定。针对上述撤销意见，芯某公司在撤销程序中未提交证据材料。

2017年9月12日，原专利复审委员会进行了口头审理，在口头审理过程中，芯某公司确认针对撤销意见未提交证据材料，并认可本案的布图设计具有至少一个有源元件的两个以上元件，并且认可部分互联线路可以识别，但是不认可涉案布图设计可以"执行某种电子功能"，且基于涉案布图设计不能执行电子功能而认为其不具有独创性。

在本案审理过程中，芯某公司向法院补充提交了如下证据：涉案布图设计登记文本及被诉决定、《ESD电路与器件》一书部分内容、集成电路布图设计专有权公告、百度搜索引擎中关于AP3771的检索结果、实用新型专利授权公告文本、期刊文章、AP3771芯片实物。在本案庭审过程中，芯某公司向法院进一步补充提交了5份在先判决。

在本案审理过程中，飞某公司向法院补充提交了关于BCT001低能耗离线式恒压恒流PSR控制芯片的产品规格书以及3份测试报告。

北京知识产权法院于2020年3月24日作出（2018）京73行初2060号行政判决：驳回原告芯某公司的诉讼请求。宣判后，各方当事人均未提起上诉，判决已发生法律效力。

裁判理由

法院生效裁判认为：

一、关于涉案布图设计是否可以"执行某种电子功能"

根据《集成电路布图设计保护条例》第二条第一项、第二项的规定，集成电路是指半导体集成电路，即以半导体材料为基片，将至少有一个是有源元件的两个以上元件和部分或者全部互连线路集成在基片之中或者基片之上，以执行某种电子功能的中间产品或者最终产品；集成电路布图设计是指集成电路中至少有一个是有源元件的两个以上元件和部分或者全部互连线路的三维配置，或者为制造集成电路而准备的上述三维配置。

法院认为:《集成电路布图设计保护条例》的立法本意是保护集成电路布图设计专有权,鼓励集成电路技术的创新,促进科学技术的发展。虽然"执行某种电子功能"是《集成电路布图设计保护条例》关于集成电路而非布图设计本身的要求,但布图设计承载了集成电路中的元件和部分或者全部互连线路的三维配置信息,故"执行某种电子功能"亦是其应有之义,旨在使得布图设计创作者和集成电路制造者基于布图设计登记的内容,能够执行集成电路整体的电子功能或其中部分相对独立的电子功能。首先,判断能否"执行某种电子功能"应当基于布图设计创作者和集成电路制造者所具有的知识和能力,包括布图设计和集成电路制造领域的普通设计知识和技术知识,以及获知所有的现有设计和现有技术的能力;其次,判断能否"执行某种电子功能"应以布图设计登记时提交的复制件或图样所载内容为判断客体,必要时样品可以作为辅助参考,但不得忽略复制件或图样,直接依据样品作出评价;再次,布图设计本质上是关于电路图或逻辑图中每个元件或功能单元在版图中的位置排布、压焊点、电源线、地线及信号走向等的一种技术方案,"执行某种电子功能"可以是布图设计中的集成电路在元件和全部或部分线路互联的基础上,实现其整体的电子功能,亦可以是在布图设计中的集成电路具有多个电子功能时,其中部分相对独立的模块实现其相应的电子功能。

本案中,由于各方当事人对排除显示框干扰后 CONT 层信息的缺失并无争议,故涉案布图设计是否可以"执行某种电子功能"的争议主要体现在由于 CONT 层信息的缺失,模块二能否实现 ESD(静电放电)保护的功能,模块三能否实现修整电路输出的精度和频率的功能。

关于模块二能否实现 ESD(静电放电)保护的功能,法院认为:CONT 层是表明连接关系的电路层,对于模块一而言,CONT 层是表达电容与辅助电路连接的必要信息载体,缺失 CONT 层将无法实现该模块的功能,但对于模块二而言,其具有相对独立的有源元件和元件与互连线路的三维配置,模块二布局结构和功能的实现与其他模块三维配置的清楚与否或者电子功能的实现与否没有必然联系。进一步而言,ESD 电路设置的目的是防止瞬间高压静电对电子器件造成的破坏和损伤。ESD 电路一般设置在被保护电子器件的输入端,当输入端受到高电压的静电冲击时,ESD 电路通过内部的电子元件击穿把过多的电能量导回大地,从而快速地将静电经由

ESD 电路释放，使得高压静电不会对所保护的电子器件造成损伤，因此，ESD 电路是一个可以独立进行静电放电的工作模块。由于在每一层都具有构成 ESD 模块的电子元件的结构设计，多层设计结合起来即构成了电子元件的整体结构布局，而本案中该模块的结构布局在其他图层已经明示，布图设计创作者和集成电路制造者可以基于已经给出的结构布局进一步确定 ESD 模块内部器件的连接方式，故 ESD 模块静电放电的功能并不会因为要保护的电子器件的部分 CONT 层缺失而导致其本身放电功能不能实现。因此，芯某公司主张模块二不能实现 ESD（静电放电）保护功能缺乏依据，法院不予支持。

关于模块三能否实现修整电路输出的精度和频率的功能，法院认为：由于电阻阻值的变化会对电路的输出造成影响，因此阻值修整实质上是对电路的输出精度进行调整以使其更符合布图设计要求。铝线修整是一种熔断型修调技术，通过修调 PAD 施加电压或电流，改变熔丝的开关状态以实现实际生产出的电路电阻达到设计要求的精确阻值之目的。在已给出修调 PAD 和熔丝布局结构的基础上，通过在修调 PAD 上施加修整电压源或电流源，即可对要调整的熔丝进行熔断从而实现对于电阻阻值的调整，而 CONT 对于调整电阻阻值的铝线修整并没有实质性影响，故即便 CONT 层未显示相关信息，布图设计创作者和集成电路制造者根据涉案布图设计的图样信息也可以知晓模块三如何实现修整电路输出精度和频率的功能。因此，芯某公司主张模块三不能实现修整电路输出精度和频率的功能缺乏依据，法院不予支持。

综上所述，根据涉案布图设计的图样，模块二、模块三可以分别实现其相应的电子功能，因此，涉案布图设计可以"执行某种电子功能"，符合《集成电路布图设计保护条例》第二条第一项、第二项的规定。被诉决定的相关认定正确，法院予以确认。

二、关于涉案布图设计是否具有独创性

根据《集成电路布图设计保护条例》第四条的规定，受保护的布图设计应当具有独创性，即该布图设计是创作者自己的智力劳动成果，并且在其创作时该布图设计在布图设计创作者和集成电路制造者中不是公认的常规设计；受保护的由常规设计组成的布图设计，其组合作为整体应当符合

前款规定的条件。

本案中，芯某公司在撤销程序中基于涉案布图设计不能"执行某种电子功能"而主张其不具有独创性且针对其撤销意见未提交证据，在诉讼阶段提出在集成电路中设置 ESD 保护结构以及采用铝线修整形式属于本领域常规设计并补充提交了新证据 2~8。

关于芯某公司提出的涉案布图设计不能"执行某种电子功能"进而不具有独创性的主张，法院认为："执行某种电子功能"是布图设计满足其定义的基本要求，独创性是布图设计受法律保护的前提条件。如果布图设计无法"执行某种电子功能"，则其不具有判断独创性的基础；如果布图设计中包含多个相对独立的模块，而其中部分模块能够执行其相应的电子功能，则该部分模块可以作为判断布图设计是否具有独创性的基础。鉴于上文已对涉案布图设计模块二、模块三能够执行其相应的电子功能作出相关认定，故模块二、模块三可以作为判断涉案布图设计是否具有独创性的基础。芯某公司的该项诉讼理由不能成立，法院不予支持。

关于芯某公司提出的在集成电路中设置 ESD 保护结构以及采用铝线修整形式属于本领域常规设计的主张及新证据 2~8，法院认为：本案的撤销程序是依据芯某公司的撤销意见而启动的，其在撤销程序中系基于不能"执行某种电子功能"而主张涉案布图设计不具有独创性，而并未提出涉案布图设计非独立创作或属于常规设计的撤销理由，故该项诉讼主张并非本案的审理范畴，否则将有可能损害布图设计专有权人飞某公司的审级利益，有失公允。至于其在诉讼阶段提交的新证据 2~8，在撤销程序中未予提交，并非被诉决定作出的依据，且该新证据实质上并非对撤销程序中相关意见或证据的补强，而是属于增加撤销理由的新证据，对于撤销意见提出人芯某公司而言，其仍可以依据新的撤销证据重新向国家知识产权局提出撤销意见，而不会就此丧失救济机会，故法院不予采纳。

关于涉案布图设计是否具有独创性，法院认为：根据《集成电路布图设计保护条例》第四条规定，判断一项布图设计是否具有独创性，应当考虑布图设计是否是创作者自己的劳动成果或是否属于公认的常规设计，撤销意见提出人依据该条规定提出撤销意见时，应当提交撤销意见，说明理由，并对其主张承担举证责任，如果撤销意见提出人未能举证证明布图设计非独立创作，也未能举证证明或充分说明布图设计属于公认的常规设计，将承担不利后果。本案中，鉴于芯某公司在撤销程序中仅基于不能"执行某种电子功能"而主张涉案布图设计不具有独创性，未举证证明涉案布图设计模块二、模块三部分不是创作者自己的智力劳动成果，更未举证证明在其创作涉案布图设计时模块二、模块三在布图设计创作者和集成电路制造者中是公认的常规设计，故被诉决定认定涉案布图设计具有独创性并无不当，法院予以确认。

另，芯某公司认为被诉决定采用了不同的判断标准，即在判断"执行某种电子功能"时站位于布图设计创作者和集成电路制造者，而在判断是否为常规设计时认为应由芯某公司承担举证责任。对此，法院认为：无论是判断涉案布图设计是否可以"执行某种电子功能"，还是审查涉案布图设计是否属于常规设计，均应基于布图设计创作者和集成电路制造者所具有的知识和能力进行评价，但是在依撤销意见提出人提出意见而启动的撤销程序中，国家知识产权局不具有主动引入撤销意见提出人未提及的理由或证据进行审查的法律义务。本案中，芯某公司在撤销程序中仅依据涉案布图设计无法"执行某种电子功能"主张其不具有独创性，故而国家知识产权局不具有主动站位于布图设计创作者和集成电路制造者就涉案布图设计是否属于常规设计等其他问题进行实体审查的当然责任。芯某公司的该项诉讼理由不能成立，法院不予支持。

裁判要旨

1. 关于布图设计独创性的判断基础。"执行某种电子功能"是布图设计具有独创性的判断基础。在认定布图设计能否"执行某种电子功能"时，首先，应当基于布图设计创作者和集成电路制造者所具有的知识和能力进行评价；其次，应以布图设计登记时提交的复制件或图样所载内容为判断客体，必要时样品可以作为辅助参考，但不得忽略复制件或图样，直接依据样品作出评价；再次，"执行某种电子功能"可以是布图设计中的集成电路在元件和全部或部分线路互联的基础上，实现其整体的电子功能，亦可以是在布图设计中的集成电路具有多个电子功能时，其中部分相对独立的模块实现其相应的电子功能。如果布图设计中包含多个相对独立的模块，而其中部分模块能够执行其相应的电子功能，则该部分模块可以作为判断布图设计是否具有独创性的基础。

2. 关于布图设计独创性的判断规则。判断布图设计是否具有独创性，应当考虑布图设计是否是创作者自己的劳动成果或是否属于公认的常规设计，撤销意见提出人依据该条规定提出撤销意见时，应当提交撤销意见，说明理由，并对其主张承担举证责任。如果撤销意见提出人未能举证证明布图设计非独立创作，也未能举证证明或充分说明布图设计属于公认的常规设计，将承担不利后果。如果撤销意见提出人在诉讼程序中增加了新的撤销理由及相应新证据，则不属于诉讼案件审理范畴，否则将有可能损害布图设计专有权人的审级利益，有失公允。

关联索引

2001 年《集成电路布图设计保护条例》第二条第一项、第二项和第四条

一审：北京知识产权法院（2018）京 73 行初 2060 号（2020 年 3 月 24 日）

法官评析

集成电路布图设计专有权是我国一项重要的类型化知识产权，该制度的设计旨在鼓励集成电路技术的创新，促进科学技术的发展。近 5 年来，集成电路布图设计登记申请量和发证量均明显增多。国家知识产权局官网显示，2023 年集成电路布图设计申请量高达 12503 件，登记量高达 11316 件。集成电路布图设计的核心价值之一在于其独创性，只有具有独创性的布图设计才受集成电路布图设计专有权保护，不具有独创性的布图设计不受专有权保护。本案是北京知识产权法院成立以来受理的首例集成电路布图设计撤销行政纠纷案，对布图设计独创性的判断基础和判断规则作了详细的阐述。

一、关于布图设计独创性的判断基础

虽然"执行某种电子功能"是《集成电路布图设计保护条例》关于集成电路而非布图设计本身的要求，但布图设计承载了集成电路中的元件和部分或者全部互连线路的三维配置信息，故"执行某种电子功能"亦是其应有之义，旨在使得布图设计创作者和集成电路制造者基于布图设计登记的内容，能够执行集成电路整体的电子功能或其中部分相对独立的电子

功能。

首先，认定布图设计能否"执行某种电子功能"的主体是布图设计创作者和集成电路制造者中具有一般技术人员的知识水平和认知能力的抽象的人。该抽象的人具有布图设计和集成电路制造领域的普通设计知识和技术知识，以及获知所有的现有设计和现有技术的能力。本案中，在判断模块二能否实现ESD（静电放电）保护功能时，该模块的结构布局在其他图层已经明示，站位于布图设计创作者和集成电路制造者，可以基于已经给出的结构布局进一步确定ESD模块内部器件的连接方式，故ESD模块静电放电的功能并不会因为要保护的电子器件的部分CONT层缺失而导致其本身放电功能不能实现。同样，缺失的CONT对于调整电阻阻值的铝线修整并没有实质性影响，故即便CONT层未显示相关信息，布图设计创作者和集成电路制造者根据涉案布图设计的图样信息也可以知晓模块三如何实现修整电路输出精度和频率的功能。

其次，认定布图设计能否"执行某种电子功能"的客体是布图设计登记时提交的复制件或图样所载内容，必要时样品可以作为辅助参考，但不得忽略复制件或图样，直接依据样品作出评价。目前实践中的困境在于，《集成电路布图设计实施细则》第十四条规定，复制件或者图样的纸件至少放大到用改布图设计生产的集成电路的20倍，但实际上集成电路布图设计更新速度非常快，当前的布图设计尺寸已经进入纳米级，这就意味着布图设计的复制件或图样细节模糊不清可能影响布图设计独创性的判断。本案中，涉案布图设计的复制件或图样即由于放大倍数不够在排除CONT层模块显示框的干扰后，不能看出CONT层的任何图形，进而引发了模块二和模块三能否执行电子功能的争议。

最后，"执行某种电子功能"可以是布图设计中的集成电路在元件和全部或部分线路互联的基础上，实现其整体的电子功能，亦可以是在布图设计中的集成电路具有多个电子功能时，其中部分相对独立的模块实现其相应的电子功能。如果布图设计中包含多个相对独立的模块，而其中部分模块能够执行其相应的电子功能，则该部分模块可以作为判断布图设计是否具有独创性的基础。本案即是对涉案布图设计模块二、模块三能够执行其相应的电子功能作出相关分析的基础上，认定模块二、模块三可以作为判断涉案布图设计是否具有独创性的基础。

二、关于布图设计独创性的判断规则

布图设计的独创性包含两层含义：一是自己设计完成，即独创性的"独"。2019 年《集成电路布图设计审查与执法指南》规定：将剥离分析后的布图设计与现有布图设计进行对比分析。如果一项布图设计与现有布图设计相同，创作者存在接触他人现有布图设计的可能性，专有权人又不能提交证据证明该布图设计是创作者独立创作，那么应认定涉案布图设计不会是创作者独立创作的，不具有独创性。二是不属于创作时公认的常规设计，即独创性的"创"。2019 年《集成电路布图设计审查与执法指南》规定：所谓公认的常规设计是指在创作布图设计时布图设计创作者和集成电路制造者能够从布图设计领域的教科书、技术词典、技术手册、通用标准、通用模块等资料中获得的设计以及根据基本的设计原理容易想到的设计。上述关于独创性规定的意义即在于避免将他人或者已经进入公有领域的布图设计，被不适当地作为布图设计专有权保护对象而予以保护，从而达到鼓励集成电路产业不断进行创新，促进芯片技术持续进步之目的。

布图设计独创性的判断规则在民事案件和行政案件中均可能涉及，不同领域的侧重点有可能存在差异。本文以此撤销行政纠纷案为切入点，从以下三个角度进行分析：

首先，从举证责任角度而言，在集成电路布图设计撤销行政纠纷中，判断一项布图设计是否具有独创性，应当考虑布图设计是否是创作者自己的劳动成果或是否属于公认的常规设计，撤销意见提出人依据该条规定提出撤销意见时，应当提交撤销意见，说明理由，并对其主张承担举证责任，如果撤销意见提出人未能举证证明布图设计非独立创作，也未能举证证明或充分说明布图设计属于公认的常规设计，将承担不利后果。从本案中可以看出，芯某公司在撤销程序中未举证证明涉案布图设计模块二、模块三不是创作者自己的智力成果，也未能证明涉案布图设计在创作时属于公认的常规设计，故而承担了举证不利的法律后果。

其次，从审查主体角度而言，在判断布图设计是否属于常规设计时，由撤销意见提出人承担举证责任并不意味着与站位于集成电路制造者和布图设计创作者角度相悖。无论是判断涉案布图设计是否可以"执行某种电子功能"，还是审查涉案布图设计是否属于常规设计，均应基于布图设计创作者和集成电路制造者所具有的知识和能力进行评价，但是在依撤销意见提出人提出意见而启动的撤销程序中，国家知识产权局不具有主动引入撤销意见提出人未提及的理由或证据进行审查的法律义务。所以，在本案中，芯某公司在撤销程序中仅依据涉案布图设计无法"执行某种电子功能"主张其不具有独创性，故而国家知识产权局不具有主动站位于布图设计创作者和集成电路制造者就涉案布图设计是否属于常规设计等其他问题进行实体审查的当然责任。

最后，从公平正义角度而言，如果撤销意见提出人在诉讼程序中增加了新的撤销理由及相应新证据，则不属于诉讼案件审理范畴，否则将有可能损害布图设计专有权人的审级利益，有失公允。例如本案中，芯某公司在撤销程序中仅依据不能"执行某种电子功能"而主张涉案布图设计不具有独创性，在诉讼程序中增加了非独立创作或不属于常规设计的撤销理由，但集成电路布图设计撤销行政纠纷审查的对象是被诉决定，考虑到双方并未在撤销程序中就是否属于独立创作或常规设计发表意见，如在诉讼程序中直接予以审查将有可能损害飞某公司的审级利益，故该新增撤销理由不属于本案的审理范畴，并且芯某公司可以依据新的撤销理由和证据重新提出撤销意见，并不会就此丧失救济机会。

科技创新离不开知识产权的保护，对集成电路布图设计智力成果给予专有权保护，是我国集成电路布图设计产业发展的重要保障。本案系集成电路布图设计撤销行政纠纷，在目前的司法实践中较为少见，但实际上属于典型的知识产权行政纠纷的一种。本案对集成电路布图设计独创性的判断基础即是否可以"执行某种电子功能"，以及对集成电路布图设计独创性的判断规则进行了详细阐述，本案确立的规则对于今后此类案件的审理具有借鉴意义。

一审法院合议庭成员 仪 军 宋巧丽 周 莉

编写人 仪 军 时 欣

民事案件

一、专利侵权类案件的相关问题

42. 安某制药有限公司、安某制药(中国)有限公司与浙江海某药业股份有限公司、仁某(北京)医药科技有限公司诉前行为保全案*

——药品专利权诉前行为保全的适用要件

关键词 药品 专利权 诉前行为保全

基本案情

安某制药有限公司(以下简称安某公司)、安某制药(中国)有限公司〔以下简称安某(中国)公司〕诉称：申请人系专利号 ZL00801216.4、名称为"冻干形式的稳定的药用组合物"的发明专利(以下简称涉案专利)的专利权人，涉案专利申请日为 2000 年 6 月 29 日。该"冻干形式的稳定的药用组合物"对应的药物名称为"注射用米卡芬净钠"，其中活性成分为"米卡芬净钠"(Micafungin Sodium)，主要用于治疗真菌感染。浙江海某药业股份有限公司(以下简称海某公司)对上述药品进行仿制，于 2013 年向原国家食品药品监督管理总局提出申请，并于 2018 年 4 月获得原国家食品药品监督管理总局核准签发的注射用米卡芬净钠的药品注册批件，规格为 50mg 和 100mg 两种。2018 年 10 月，安某公司、安某(中国)

---

* 本案例入选第二届全国知识产权优秀调研成果及 2019 中国法院技术类知识产权典型案例。

公司发现海某公司制造的 50mg 规格的"盈特®"牌注射用米卡芬净钠（以下简称被控侵权产品）已在药店销售，随即委托代理人前往仁某（北京）医药科技有限公司（以下简称仁某公司）经营的药店公证购买。此外，海某公司制造的"盈特®"牌注射用米卡芬净钠已经在全国多个省份中标挂网。安某公司、安某（中国）公司认为海某公司的上述行为侵犯其涉案专利权，遂向法院提出请求：（1）责令海某公司立即停止侵犯申请人第 ZL00801216.4 号发明专利权的行为，即立即停止制造、许诺销售、销售注射用米卡芬净钠，至该专利保护期满为止；（2）责令仁某公司立即停止侵犯申请人第 ZL00801216.4 号发明专利权的行为，即立即停止许诺销售、销售由海某公司制造的注射用米卡芬净钠，至该专利保护期满为止。

海某公司辩称：安某公司、安某（中国）公司的请求不符合《民事诉讼法》第一百零一条第一款及《最高人民法院关于审查知识产权纠纷行为保全案件适用法律若干问题的规定》（以下简称《知识产权保全行为规定》）第七条规定，应予驳回。

仁某公司辩称：被控侵权产品系在仁某公司旗下一个门店销售，已审核了海某公司资质，现已不再销售。

法院经审理查明：安某公司、安某（中国）公司系涉案专利的合法权利人，涉案专利现为有效法律状态；海某公司在涉案专利保护期内制造、销售了被控侵权产品，仁某公司在涉案专利保护期内销售了被控侵权产品。

北京知识产权法院于 2019 年 12 月 27 日作出（2019）京 73 行保 1 号民事裁定，责令浙江某公司、北京某公司立即停止侵权行为，至该专利保护期满为止。该裁定作出后，当事人迅速达成和解。

裁判理由

法院生效裁判认为：《民事诉讼法》第一百零一条第一款规定，利害关系人因情况紧急，不立即申请保全将会使其合法权益受到难以弥补的损害的，可以在提起诉讼或者申请仲裁前向被保全财产所在地、被申请人住所地或者对案件有管辖权的人民法院申请采取保全措施。申请人应当提供担保，不提供担保的，裁定驳回申请。

《知识产权行为保全规定》第七条规定，人民法院审查行为保全申请，应当综合考量下列因素：（1）申请人的请求是否具有事实基础和法律依据，包括请求保护的知识产权效力是否稳定；（2）不采取行为保全措施是否会使申请人的合法权益受到难以弥补的损害或者造成案件裁决难以执行等损害；（3）不采取行为保全措施对申请人造成的损害是否超过采取行为保全措施对被申请人造成的损害；（4）采取行为保全措施是否损害社会公共利益；（5）其他应当考量的因素。

根据上述规定，结合本案案情，法院认为应当从以下几方面对申请人的请求是否符合法律法规的规定进行审查：

一、申请人的请求是否具有事实基础和法律依据

（一）涉案专利是否有效和稳定

《知识产权行为保全规定》第八条规定，人民法院审查判断申请人请求保护的知识产权效力是否稳定，应当综合考量下列因素：（1）所涉权利的类型或者属性；（2）所涉权利是否经过实质审查；（3）所涉权利是否处于宣告无效或者撤销程序中以及被宣告无效或者撤销的可能性；（4）所涉权利是否存在权属争议；（5）其他可能导致所涉权利效力不稳定的因素。

根据申请人提交的证据，涉案专利系经过实质审查而授权的发明专利。涉案专利权保护期限从 2000 年 6 月 29 日开始至 2020 年 6 月 28 日止，申请人已缴纳 2019 年年费。涉案专利现为有效法律状态。关于涉案专利的稳定性，海某公司主张涉案专利不符合《专利法》第二十六条第三款、第四款和第二十二条第三款等规定，会导致涉案专利无效或部分无效，并就此提交了邦信阳公司出具的《专利稳定性分析报告》。但该报告系邦信阳公司受海某公司委托而作出的，仅此报告不足以表明涉案专利不具有稳定性。因此，在没有其他有说服力的证据予以佐证的情况下，法院对上述报告内容及海某公司的该点意见不予采信。另外，没有证据证明涉案专利可能存在权属争议或其他纠纷。因此，基于现有证据，法院认为涉案专利是有效、稳定的。

（二）申请人在本案中是否有胜诉可能性

本案中，申请人主张被诉侵权产品的技术方案完全落入了涉案专利权

利要求 1、3、4、6 的保护范围。对此，法院认为：涉案专利独立权利要求 1 描述为含有 3.4 重量%或更低的含水量的冻干形式的稳定的药用组合物，所述组合物包含式（I）的环状多肽化合物或其药学上可接受的盐，作为活性成分；以及乳糖作为稳定剂。根据申请人提供的被诉侵权产品"盈特®"注射用米卡芬净钠说明书和标签所载内容，其活性成分为米卡芬净钠，化学结构式与涉案专利式（I）的环状多肽化合物相同，辅料包括乳糖等，性状为白色冻干块状物或粉末，有效期为 12 个月。对比被诉侵权产品上述技术特征与涉案专利权利要求 1，仅含水量未明确载明，其余技术特征均落入涉案专利权利要求 1 保护范围。根据申请人提交的北京市理化分析测试中心的检验报告，被诉侵权产品的含水量实测为 1.04%，小于3.4%。同时，根据仁某公司出具的被诉侵权产品的质量标准，标准里列出水分检测项，限度值 1.5%，落入了涉案专利权利要求 1 保护范围。此外，海某公司涉案药品注册批件公告载明"米卡芬净由日本安斯泰来制药公司研制开发……海某公司为国内首家获得注射用米卡芬净钠生产批件的企业，目前国内暂无其他同品种国产仿制产品获批"等。另外，根据海某公司《2018 年半年度报告》披露的内容，被诉侵权产品已开展一致性评价工作。上述内容亦可推断被诉侵权产品与涉案专利在关键属性方面具有一致性。综合上述分析，被诉侵权产品技术方案落入涉案专利权利要求保护范围的可能性较大，故申请人在本案中具有胜诉可能性。

二、本案是否具有紧迫性，以及不立即采取措施是否可能使申请人的合法权益受到难以弥补的损害

《知识产权行为保全规定》第六条规定，有下列情况之一，不立即采取行为保全措施即足以损害申请人利益的，应当认定属于《民事诉讼法》第一百条、第一百零一条规定的"情况紧急"：（1）申请人的商业秘密即将被非法披露；（2）申请人的发表权、隐私权等人身权利即将受到侵害；（3）诉争的知识产权即将被非法处分；（4）申请人的知识产权在展销会等时效性较强的场合正在或者即将受到侵害；（5）时效性较强的热播节目正在或者即将受到侵害；（6）其他需要立即采取行为保全措施的情况。

法院认为：提出诉前保全申请，缘由在于情况紧急，且这种紧迫性表现为不立即采取保全措施将会使申请人合法权益受到难以弥补的损害。具

体到本案中，首先，如不采取行为保全措施，可能会导致被申请人在剩余的专利保护期内继续实施侵权行为，进一步扩大损害后果。而另一方面，根据申请人提交的海某公司2018年年度业绩预亏公告，被申请人海某公司可能存在亏损的情况。如果被诉侵权行为成立，上述两方面情况可能导致海某公司无能力赔偿因侵权行为而造成的损失。其次，由在案证据可知，被诉侵权产品已在包括仁某公司在内的一些药店直接销售，如果不立即采取行为保全措施，该产品可能进入更多药店销售或引起其他厂家的效仿，会引发更多侵权行为的发生，增加申请人损害以及维权成本。最后，因被诉侵权产品具有明显价格优势，被诉侵权行为可能导致申请人的相关市场份额明显减少或导致申请人产品降价，由此给申请人造成的损害是难以弥补的。综上，法院认为，如不责令海某公司和仁某公司立即停止涉案行为，将可能对安某公司、安某（中国）公司的权益造成难以弥补的损害。

三、被申请人不停止相关行为对申请人造成的损害是否大于被申请人停止相关行为对被申请人造成的损害

《知识产权行为保全规定》第十条规定，在知识产权与不正当竞争纠纷行为保全案件中，有下列情形之一的，应当认定属于《民事诉讼法》第一百零一条规定的"难以弥补的损害"：（1）被申请人的行为将会侵害申请人享有的商誉或者发表权、隐私权等人身性质的权利且造成无法挽回的损害；（2）被申请人的行为将会导致侵权行为难以控制且显著增加申请人损害；（3）被申请人的侵害行为将会导致申请人的相关市场份额明显减少；（4）对申请人造成其他难以弥补的损害。

本案中，涉案专利保护期限截至2020年6月28日。责令海某公司和仁某公司停止涉案行为，仅涉及在涉案专利剩余保护期内的暂停生产、销售，保护期过后仍可恢复，其损失是可以预见的。而且，如不责令海某公司、仁某公司停止涉案行为，如前所述，对安某公司、安某（中国）公司造成的损失将难以计算。因此，法院认为，海某公司、仁某公司不停止涉案行为对安某公司、安某（中国）公司造成的损害大于海某公司、仁某公司停止涉案行为对其造成的损害。

四、责令被申请人停止被诉侵权行为是否损害社会公共利益

对于是否损害社会公共利益的考量，主要考虑是否对消费者利益和社会经济秩序造成损害。本案中，禁止被申请人提供被诉侵权产品，消费者仍可以购买到申请人的对应产品，且亦有其他相似治疗功能的药品可以选择，不会损害社会公共利益。另外，没有证据表明责令被申请人停止被诉侵权行为可能会对社会经济秩序造成损害。

五、申请人是否提供了相应的担保

《知识产权行为保全规定》第十一条规定，申请人申请行为保全的，应当依法提供担保。申请人提供的担保数额，应当相当于被申请人可能因执行行为保全措施所遭受的损失，包括责令停止侵权行为所涉产品的销售收益、保管费用等合理损失。在执行行为保全措施过程中，被申请人可能因此遭受的损失超过申请人担保数额的，人民法院可以责令申请人追加相应的担保。申请人拒不追加的，可以裁定解除或者部分解除保全措施。

申请人应当提供相应的担保，对于担保金额和担保形式的确定，需要综合考虑申请人胜诉可能性的大小及被申请人停止相关行为可能遭受的损失等因素进行判断。2019 年 12 月 9 日，申请人向法院提交了中国人民财产保险股份有限公司北京市分公司出具的人民币 1500 万元的诉讼保全责任保险担保书。保函有效期自行为保全申请人向法院提出行为保全申请之日起至行为保全之诉全部结案且申请执行时效届满之日终止，包括因诉讼行为保全错误引发诉讼全部结案且申请执行时效届满之日。法院经审查认为：申请人在本案中提出的上述担保金额和担保形式符合相关法律规定。同时，在本裁定执行的过程中，如有证据证明海某公司和仁某公司因停止涉案行为造成更大损失的，法院将责令安某公司、安某（中国）公司追加相应的担保。安某公司、安某（中国）公司不追加担保的，法院将解除保全。

综合考虑以上情况，海某公司应当停止被诉侵权行为。另，仁某公司虽然主张其已停止销售被诉侵权产品，但并未就此提交任何证据以支持其意见，法院不予采信。

裁判要旨

涉及专利侵权纠纷的诉前行为保全应当综合考虑以下几个因素：（1）行为保全请求是否具有事实基础和法律依据；（2）申请是否具有紧迫性；（3）被申请人不停止相关行为对申请人造成的损害是否大于被申请人停止相关行为对被申请人造成的损害；（4）责令被申请人停止被控侵权行为是否损害社会公共利益；（5）申请人是否提供了相应的担保。

关联索引

2008 年《中华人民共和国专利法》第六十六条

《最高人民法院关于审查知识产权纠纷行为保全案件适用法律若干问题的规定》第六条、第七条、第八条、第十条、第十一条

2017 年《中华人民共和国民事诉讼法》第一百零一条

一审：北京知识产权法院（2019）京 73 行保 1 号（2019 年 12 月 27 日）

法官评析

本案的典型意义主要有两点：其一在于对诉前行为保全的适用要件进行了较为详细的阐述，对于厘清诉前行为保全的适用要件有重要意义；其二在于本案是首例在制药行业专利纠纷中采取诉前行为保全措施的案件。

诉前行为保全制度又称"诉前禁令"，《与贸易有关的知识产权协定》（TRIPS 协定）第三章第三节有所涉及。为履行承诺，在加入世界贸易组织前，2000 年修改的《专利法》及 2012 年修改的《民事诉讼法》引入了诉前行为保全制度，随后最高人民法院于 2018 年出台了《关于审查知识产权纠纷行为保全案件适用法律若干问题的规定》，提供了较为详细的指引。

专利权作为一项合法垄断性权利，是权利人获得市场竞争优势的重要工具。由于专利权时效性较强，只能在专利权的有效期内行使，"诉前禁令的及时性可以很好解决传统诉讼救济的滞后性问题，及时有效地保护权利人合法权益，实现诉前禁令程序的效率价值，避免出现'迟到的正义即

非正义'的司法困境"。① 因此，相较于其他法律救济手段，诉前行为保全可以说是最为有效的法律措施之一。但对于涉案被申请人而言，诉前行为保全往往涉及要求其停止生产或销售被控侵权产品，这可能会引起所涉领域较为重大的市场竞争格局变化。对法院而言，"法院所进行的实质性审查可能为随后进行的知识产权侵权诉讼埋下了未审先判的陷阱"②。有鉴于此，法院在审查是否实施诉前行为保全措施时，往往采取十分审慎的态度。因此，如何根据案情作出妥善的处理，既保护权利人的合法权益，又不至于使司法机关过分干预市场竞争是一个重大的课题。

本案在这方面作出了一些探索和尝试，认为是否采取诉前行为保全措施应当全面考虑以下几点：（1）行为保全请求是否具有事实基础和法律依据；（2）申请是否具有紧迫性；（3）被申请人不停止相关行为对申请人造成的损害是否大于被申请人停止相关行为对被申请人造成的损害；（4）责令被申请人停止被控侵权行为是否损害社会公共利益；（5）申请人是否提供了相应的担保。

关于行为保全请求是否具有事实基础和法律依据，本案主要审查两点：其一，涉案专利是否有效和稳定；其二，申请人在本案中是否有胜诉可能性。第一点的审查必要性是显而易见的，对其审查常考虑以下因素：（1）所涉权利的类型或者属性；（2）所涉权利是否经过实质审查；（3）所涉权利是否处于宣告无效或者撤销程序中以及被宣告无效或者撤销的可能性；（4）所涉权利是否存在权属争议；（5）其他可能导致所涉权利效力不稳定的因素。对于第二点的审查，是诉前行为保全制度中较受争议的一点。我们认为，行为保全作为一种特别的救济手段，其实质条件中"难以弥补的损害"与胜诉可能性是密不可分的。从审慎的角度出发，为避免适用条件过于简单而导致权利滥用，审查胜诉可能性是必要的。又因胜诉可能性在经实体审判前判断有一定难度，故而一般应召集双方当事人进行谈话和询问，充分听取双方当事人意见，充分保障当事人的程序性权利。本案中，北京知识产权法院曾三次就相关事宜向申请人进行询问，两次组织双方当事人到庭参与询问，充分听取了各方意见。至于"胜诉可能性"需

---

① 彭向阳：《知识产权诉前禁令研究》，华南理工大学 2017 年博士论文。

② 张晓薇：《知识产权诉前禁令探析》，载《知识产权》2008 年第 3 期。

达到何种程度，不同国家和地区的法律实践有所不同，但"都通过'表面良好论据案情''清楚显示'和'释明'等条件在不同程度上间接地表达对胜诉可能性原则的要求"①，即一般要求申请人初步提交的证据能够较为清楚且完整地证明被申请人确实存在侵权情况。本案中，申请人所提交的被控侵权产品的说明书表明其化学结构式、性状、辅料等同涉案专利相同。另，鉴定报告与仁某公司出具的被控侵权产品的质量标准表明被控侵权产品的含水量也在涉案专利权利要求所请求保护范围之内。至此，申请人所提交的证据已经形成清晰且完整的证据链条，表明被控侵权产品极有可能落入涉案专利相关权利要求的保护范围。

关于申请是否具有紧迫性，《知识产权行为保全规定》第六条所明确列举的5种情形中并未包含本案情形。《关于当前经济形势下知识产权审判服务大局若干问题的意见》第十四条规定，在认定是否会对申请人造成难以弥补的损害时，应当重点考虑有关损害是否可以通过金钱赔偿予以弥补以及是否有可执行的合理预期等。北京知识产权法院综合考虑以下情况：首先，如不采取行为保全措施可能导致侵权损害后果进一步扩大，且制造、销售、许诺销售被控侵权产品的海某公司存在经营不善的状况。这些都可能导致损害赔偿无法及时履行。其次，被控侵权产品价格较低，对申请人专利产品易造成价格侵蚀的后果并难以恢复，且专利产品市场也可能会受到冲击，这些损失是难以精确计算的，进而也难以通过金钱来补偿。综合以上因素，北京知识产权法院认为本案情形属于具有紧迫性，不立即采取措施可能使申请人的合法权益受到难以弥补的损害。

关于被申请人停止相关行为对申请人造成的损害是否大于被申请人停止相关行为对被申请人造成的损害，由于涉案专利保护期限截至2020年6月28日，责令海某公司和仁某公司停止涉案行为，仅限于在涉案专利剩余保护期内的暂停生产、销售、许诺销售，保护期过后仍可恢复，其损失是可以预见的。而如果不责令海某公司、仁某公司停止涉案行为，如前所述，对安某公司、安某（中国）公司造成的损失将难以计算。

关于责令被申请人停止被控侵权行为是否损害社会公共利益，本案中没有证据显示对社会公共利益及社会经济秩序等造成损害。

---

① 彭向阳：《知识产权诉前禁令研究》，华南理工大学2017年博士论文。

关于申请人是否提供了相应的担保，"担保首先应当作为防止被申请人因被错误地采取民事保全措施而遭受的损失。这是保全担保的本义"①。申请人所提供的担保的形式和数额应当同案情相适应。本案中，关于担保形式是否符合要求争议不大，而对于担保数额是否同案情相适应还需综合考虑。从担保的内涵及《知识产权行为保全规定》第十一条之规定看，担保的金额大致应当等于因保全错误可能给被申请人所带来的损失。而诉前行为保全制度中，由于尚处诉前阶段，并无相应的标的额予以参照。同时，对于被申请人可能因保全错误而遭受的损失的计算也并非易事。在这种情况下，还需要综合考虑申请人胜诉可能性的大小。另外，随着案件的进展，在必要情况下，法院可令申请人追加相应的担保，否则将裁定解除或者部分解除保全措施。这也是我国诉前行为保全制度中的一种变通和创新。

另外，值得注意的一点是，在制药行业中诉前行为保全制度所具有的价值。涉案专利保护期截至 2020 年 6 月 28 日，而根据申请人初步提交的证据，海某公司于 2019 年 1 月 18 日就其获批制造的注射用米卡芬净钠向国家药品监督管理局药品审评中心提出一致性评价申请。这表明，在涉案专利权保护末期，相关企业就已经开始了相关市场的争夺。2008 年修改的《专利法》第六十九条第五项创设了 Bolar 例外制度，其规定：有下列情形之一的，不视为侵犯专利权：……（5）为提供行政审批所需要的信息，制造、使用、进口专利药品或者专利医疗器械的，以及专门为其制造、进口专利药品或者专利医疗器械的。即以获取行政审批为目的，在药品专利保护期限内，便可制造、使用、进口专利药品，在药品专利保护期届满便可上市。美国专利法第 271 条（e）（1）②也规定了 Bolar 例外，但第 271

---

① 李仕春：《民事保全程序基本问题研究》，载《中外法学》2005 年第 1 期。

② United States Code Title 35 - Patents 271（e）（1）It shall not be an act of infringement to make, use, offer to sell, or sell within the United States or import into the United States a patented invention（other than a new animal drug or veterinary biological product（as those terms are used in the Federal Food, Drug, and Cosmetic Act and the Act of March 4, 1913）which is primarily manufactured using recombinant DNA, recombinant RNA, hybridoma technology, or other processes involving site specific genetic manipulation techniques）solely for uses reasonably related to the development and submission of information under a Federal law which regulates the manufacture, use, or sale of drugs or eterinarybiological products.

条（e）（2）①又规定在专利权保护期内，不得就受他人专利权保护的药品向 FDA 发起药物上市审批程序。考虑到专利药品的市场培育和相关消费者对某种药品的接受是一个渐进的过程，药品专利权保护的尾期往往是一种专利药品在各方面最成熟的阶段。在此期间，专利药品的市场争夺也可能是较为激烈的。因此，从鼓励创新及平衡药品专利权人与其他市场主体的利益的角度来看，在本案中对被申请人采取诉前行为保全措施也是必要的、正当的。

另外，在本案裁定作出后，安某公司、安某（中国）公司与海某公司迅速达成和解，并申请解除保全。这表明，合法、合理的诉前行为保全措施既能防止权利人维权成本进一步扩大，也能有效避免权利人陷入"赢了官司，输了市场"的困局，对于解决制药行业专利纠纷，提升知识产权保护的司法保障具有正面的积极意义。

一审法院合议庭成员 宋　晖　刘义军　刘仁婧

编写人 宋　晖　王仲阳

---

① United States Code Title 35 – Patents 271 （e）（2）It shall be an act of infringement to submit —（A）an application under section 505 （j）ofthe Federal Food, Drug, and Cosmetic Act or described in section 505 （b）（2）of such Act for a drug claimed in a patent or the use of which is claimed in a patent.

43. 江苏豪某药业集团有限公司与上海诺某贸易有限公司因申请诉前停止侵害专利权损害责任纠纷案

——专利无效属于保全错误情形及相关赔偿数额的认定

关键词 保全错误　损害赔偿　专利无效　药品

基本案情

原告江苏豪某药业集团有限公司（以下简称江苏某公司）诉称：上海诺某贸易有限公司（以下简称上海某公司）为涉案专利的被许可人，根据相关协议有权独立就侵害涉案专利的行为提起诉讼。江苏某公司为涉案药品的生产者。上海某公司于 2014 年 5 月 14 日向北京市第二中级人民法院提起关于诉前停止侵犯专利权行为的申请，请求法院责令江苏某公司在制造、销售、许诺销售涉案药品过程中，停止使用在"药代动力学"部分含有 GIST 相关表述的药品说明书。北京市第二中级人民法院对该申请予以支持。后涉案专利被原国家知识产权局专利复审委员会（以下简称专利复审委员会）宣告全部无效，无效决定历经一审、二审诉讼程序被予以维持。涉案专利被宣告无效，上海某公司的行为属于申请错误，应当赔偿江苏某公司因此遭受的损失。故诉至法院，请求判令上海某公司向江苏某公司赔偿因其诉前行为保全所遭受的经济损失 3550 万元及合理支出律师费 5 万元。

被告上海某公司辩称：（1）江苏某公司从无效决定作出之日的 2015 年 10 月 23 日，就知道其可针对上海某公司的诉前行为保全提起赔偿诉讼，但江苏某公司于 2020 年才提起本案诉讼，已超过三年诉讼时效。（2）江苏某公司早于 2013 年 7 月就自愿删除了涉案药品说明书适应证部分与 GIST 相关的表述，该时间点远早于上海某公司提起诉前行为保全的时间。行为保全民事裁定仅涉及涉案药品说明书"药代动力学"部分，且江苏某公司从涉案药品说明书中删除"药代动力学"相关部分的时间是 2014 年 6 月 23 日，早于民事裁定作出时间。同时，江苏某公司在涉案专利无效行政诉讼二审判决作出之前即对涉案药品说明书进行了再次修改，并未等待终审判决。（3）根据《侵权责任法》第六条①的规定，应当考虑上海某公司是否具有过错等因素，上海某公司申请诉前行为保全并没有过错。且在江苏某公司主张的涉案过程中，涉案药品有关 GIST 适应证项目并未在药监局获得审批备案，此种情况下的销售行为违反药品销售监管规定，故江苏某公司不可能通过在 GIST 适应证上销售涉案药品获得利益。因此，上海某公司申请诉前行为保全与江苏某公司主张的在 GIST 适应证上减少的销售利润之间没有因果关系。（4）江苏某公司主张本案合理支出没有依据。综上，请求法院依法驳回江苏某公司的诉讼请求。

法院经审理查明：涉案专利系专利号为"01817895.2"、名称为"胃肠基质肿瘤的治疗"的发明专利。

2014 年 5 月 14 日，上海某公司向北京市第二中级人民法院提起关于诉前停止侵犯专利权行为的申请，请求法院责令江苏某公司停止在制造、销售、许诺销售涉案药品过程中使用在"药代动力学"部分含有"给予同样的剂量（400mg/天），GIST 患者其稳态时的药物暴露量是 CML 患者的 1.5 倍。依据初步的 GIST 患者的群体药代动力学研究，伊马替尼的药代动力学有 3 项指标的变化（白蛋白、WBC、胆红素）在统计学上有显著性影响。低白蛋白水平降低清除，正如较高的 WBC 水平。但这些影响并不足以断定剂量需要调整"表述的说明书。

对于上述申请，上海某公司提供了花旗银行（中国）有限公司上海分行出具的最高担保总额不超过 1000 万元的《银行保函》。

2014 年 7 月 10 日，北京市第二中级人民法院作出（2014）二中民保字第 7639 号民事裁定书（以下简称第 7639 号民事裁定），对上海某公司

---

① 对应《民法典》第一千一百六十五条。

的申请予以支持。

2014年8月7日，上海某公司就其所主张的侵权行为，向北京市第二中级人民法院提起侵犯发明专利权纠纷诉讼。

2014年9月5日，江苏某公司针对涉案专利向专利复审委员会提起无效宣告请求。2015年10月23日，专利复审委员会作出第27371号无效宣告请求审查决定书（以下简称第27371号决定），宣告涉案专利权全部无效。第27371号决定先后被北京知识产权法院作出的（2016）京73行初985号行政判决书（以下简称第985号行政判决）和2017年12月20日北京市高级人民法院作出的（2017）京行终2871号行政判决书（以下简称第2871号行政判决）予以维持。

2018年6月8日，国家知识产权局发布针对涉案专利的无效公告。

江苏某公司为证实其所主张的损失及本案合理支出提交了证据，其中包括：

2014年6月27日备案的涉案药品《药品说明书标签备案情况承诺书》（以下简称2014年承诺书）及修改后的涉案药品包装盒、涉案药品说明书。相关证据显示，修改之前，涉案药品说明书"药代动力学"部分包含有与GIST相关的表述，并明确记载了GIST患者用药剂量。修改后的涉案药品说明书已经删除了"药代动力学"部分与GIST相关的表述。

2017年12月13日备案的涉案药品《药品说明书标签备案情况承诺书》（以下简称2017年承诺书）及修改后的涉案药品包装盒、涉案药品说明书。与2014年承诺书所附修改后的涉案药品说明书相比，此次修改后的涉案药品说明书"药代动力学"部分增加了第7639号民事裁定中裁定停止使用的内容。"适应证"部分增加了"用于治疗不能切除和/或发生转移的恶性胃肠道间质瘤（GIST）的成人患者"。

北京知识产权法院于2023年3月27日作出（2020）京73民初1194号民事判决：被告赔偿原告经济损失800万元及合理开支5万元。宣判后，双方当事人均未上诉。

裁判理由

法院生效裁判认为：本案争议焦点为：（1）江苏某公司提起本案诉讼是否超过诉讼时效期间；（2）上海某公司应否就申请诉前行为保全对江苏

某公司予以赔偿；（3）应予赔偿的情况下，赔偿数额的确定。

一、江苏某公司提起本案诉讼是否超过诉讼时效期间

关于诉讼时效何时起算的问题，江苏某公司主张应从其签收第2871号行政判决之日起算，或从国家知识产权局针对涉案专利予以无效公告的时间，即2018年6月8日起算；上海某公司主张应从江苏某公司签收第27371号决定之日，即2015年10月23日起算。

法院认为：江苏某公司、上海某公司双方主张的诉讼时效起算点位于2009年《民法通则》和《民法总则》施行期间。《民法总则》与2009年《民法通则》关于诉讼时效制度的规定虽然存在不同，但二者在诉讼时效起算点的确定上并无差别，均规定应当从知道或者应当知道权利被义务人侵害时起算。本案中，虽然专利复审委员会于2015年10月23日作出第27371号决定，宣告涉案专利权无效。但根据《专利法》的相关规定，当事人仍可针对第27371号决定提起行政诉讼，这意味着第27371号决定作出后其效力是待定的，只有在当事人未于法定期限内提起行政诉讼的情况下，才视为生效。实际上，专利权人针对第27371号决定提起了行政诉讼，且历经一审、二审程序。因此，上海某公司关于诉讼时效应以江苏某公司签收第27371号决定之日起算的主张不成立，法院不予支持。

法院认为：第2871号行政判决终审维持第985号行政判决，即维持了第27371号决定的审查结论，江苏某公司签收第2871号行政判决之时，应当视为其知道涉案专利已最终被宣告无效、其权利因上海某公司提出诉前行为保全而受到损害，故诉讼时效期间应从此时开始计算。国家知识产权局于2018年6月8日针对涉案专利予以无效公告，该公告系面向不特定的社会公众，虽然江苏某公司亦属于该公告的受众范围，但在考量江苏某公司提起本案诉讼是否超过诉讼时效期间的问题时，显然以江苏某公司签收第2871号行政判决的时间作为诉讼时效起算点更为客观、公正。

虽然江苏某公司未能提交证据证明其签收第2871号行政判决的具体时间，但根据已查明的事实，第2871号行政判决的作出时间为2017年12月20日，而江苏某公司签收该判决的时间显然要晚于2017年12月20日，即使从2017年12月20日起算，彼时《民法总则》已经施行，故根据《民法总则》的相关规定可确定本案的诉讼时效期间为3年，江苏某公司

于 2020 年 11 月 27 日向法院提起本案诉讼，未超过法定的 3 年诉讼时效期间。综上，上海某公司关于诉讼时效的抗辩不成立，法院不予支持。

二、上海某公司应否就申请诉前行为保全对江苏某公司予以赔偿

本案中，上海某公司于 2014 年 5 月 14 日针对江苏某公司提起诉前行为保全，应根据当时的法律、法规及司法解释对上海某公司的行为是否属于申请错误、上海某公司是否应当赔偿江苏某公司损失予以判断。根据 2008 年《专利法》第六十六条、2013 年《民事诉讼法》第一百零五条及《最高人民法院关于对诉前停止侵犯专利权行为适用法律问题的若干规定》第十三条的规定，专利侵权之诉的诉前行为保全的申请人对被申请人予以赔偿需要同时具备以下两个条件：一是申请人申请诉前行为保全错误；二是申请人申请诉前行为保全造成被申请人损失。

（一）上海某公司申请诉前行为保全是否属于申请错误

法院认为：上述条款中的"申请错误"应当包括请求保护的专利权被宣告无效的情形，具体理由如下：

首先，从诉前行为保全的性质来看，诉前行为保全系在未经实体审理的前提下，责令被申请人作出一定行为或者禁止其作出一定行为，具有生效裁判提前强制执行功能，属于对申请人保护力度最大的保全措施。相应地，对申请人的风险预估能力及注意义务亦应当有更高的要求，将专利权被宣告无效视为诉前行为保全申请有误的情形，这符合通常理解的公平观念。其次，从申请诉前行为保全的前提条件来看，申请诉前行为保全应当依法提供担保，这表明申请诉前行为保全具有一定风险，申请人理应考量权利稳定性等因素，客观评估申请的必要性、合理性，将专利权被宣告无效视为诉前行为保全申请有误的情形，未超出申请人可预期的风险自担的范围。再次，从专利权的效力来看，专利权被宣告无效视为自始无效。相应地，基于自始无效的专利权而提出的诉前行为保全申请应视为自始不当。此外，从法律、司法解释规定的延续性来看，于 2019 年 1 月 1 日起施行的《最高人民法院关于审查知识产权纠纷行为保全案件适用法律若干问题的规定》（以下简称《知识产权行为保全规定》）第十六条规定了属于

《民事诉讼法》第一百零五条规定的"申请有错误"的情形，其中包括"行为保全措施因请求保护的知识产权被宣告无效等原因自始不当"的情形。有别于普通民事侵权中适用的过错归责原则，该规定对申请有错误的认定采取了客观归责原则。虽然，《知识产权行为保全规定》施行之时，2017 年《民事诉讼法》已经施行，但鉴于 2013 年《民事诉讼法》与 2017 年《民事诉讼法》在第一百零五条规定内容上并无差异，《知识产权行为保全规定》第十六条的内容亦应视为对 2013 年《民事诉讼法》第一百零五条规定的"申请有错误"情形的解释，相关内容并未超出申请人可预期的范围。

综上，鉴于涉案专利最终被宣告无效，上海某公司基于涉案专利申请诉前行为保全，属于申请有错误的情形。

（二）上海某公司申请诉前行为保全是否给江苏某公司造成损失

本案中，江苏某公司主张的损失包括涉案药品在 GIST 适应证上的预期可得利益、取证费、公证费、代理费等。

江苏某公司主张，因上海某公司申请诉前行为保全，其失去了将涉案药品用于治疗 GIST 适应证而获取的利润，故江苏某公司的损失应当包括涉案药品在 GIST 适应证上的预期可得利益。

对此法院认为：首先，根据已查明的事实，在上海某公司提出诉前行为保全申请后，江苏某公司出具的 2014 年承诺书已于 2014 年 6 月 27 日在行政机关备案，修改后的涉案药品说明书已经删除了"药代动力学"部分与 GIST 相关的表述。虽然上述修改行为发生在第 7639 号民事裁定作出之前，但江苏某公司关于"鉴于上海某公司已提出诉前行为保全，为防止产生更大风险先行修改药品说明书"的解释具备合理性，上海某公司亦未提交证据证明江苏某公司此次修改涉案药品说明书有其他原因。故江苏某公司 2014 年对涉案药品说明书的修改客观上履行了第 7639 号民事裁定的裁定事项。

其次，根据已查明的事实，江苏某公司 2014 年对涉案药品说明书修改之前，涉案药品说明书"药代动力学"部分包含有与 GIST 相关的表述，并明确记载了 GIST 患者用药剂量，这显然对于医师针对 GIST 适应证选择用药给出了明确、具体的指导，此时涉案药品在 GIST 适应证上仍可获取利润。上海某公司在诉前行为保全程序的陈述中，亦认为即使在江苏某公司自行删除涉案药品说明书"适应证"部分与 GIST 相关的表述后，涉案药品说明书中"药代动力学"部分因含有与 GIST 相关的表述，仍能够指导医师将涉案药品用于治疗 GIST。上海某公司在本案中也未提供相反证据推翻其在诉前行为保全程序中的相关陈述。江苏某公司实际履行第 7639 号民事裁定的裁定事项后，因涉案药品说明书"药代动力学"部分缺乏用药剂量等明确、具体的指导，医师无法将涉案药品用于治疗 GIST 适应证，使得涉案药品失去了用于治疗 GIST 适应证部分的利润。故江苏某公司履行第 7639 号民事裁定的裁定事项导致涉案药品失去了用于治疗 GIST 适应证部分的利润。

上海某公司主张超适应证用药产生的利润不应纳入江苏某公司损失计算范围。对此法院认为：超适应证用药在现实中客观存在，虽然目前多将"超适应证用药"解释为"医师超出药品说明书适应证范围用药"，但相关法律、法规及部门规章并未对"超适应证用药"予以明确定义，尚无法在法律层面对其性质进行界定。此外，本案中，无论超适应证用药性质为何，在涉案专利最终被宣告无效的情况下，江苏某公司因所谓超适应证用药而获得的利润属于本应由江苏某公司获得的利润，这部分收益理应纳入江苏某公司损失计算的范围。故上海某公司的上述主张，法院不予支持。

上海某公司还主张修改后的说明书中的"不良反应""注意事项"部分内容仍足以指导医师选择将涉案药品用于治疗 GIST。对此法院认为：就药品说明书而言，其中"药代动力学"内容包括药物在体内吸收、分布、代谢和排泄的全过程及其药代动力学参数；"不良反应"内容包括合格药品在正常用法用量下出现的与用药目的无关的或者以外的有害反应；"注意事项"内容包括对患者的提醒与警告。药品说明书中"药代动力学""不良反应"等项目包含不同的内容，各自的作用亦不相同。如前所述，江苏某公司 2014 年对涉案药品说明书修改之前，涉案药品说明书"药代动力学"部分明确记载了 GIST 患者用药剂量，对于医师选择用药给出了明确、具体的指导，而"不良反应""注意事项"部分仅提及 GIST 患者，但并未给出明确、具体的用药指导。故应认定修改后的涉案药品说明书中"不良反应""注意事项"部分关于 GIST 的表述并不能指导医师选择将涉案药品用于治疗 GIST。上海某公司申请诉前行为保全仅针对涉案药品说明书"药代动力学"部分内容，未涉及"不良反应""注意事项"部分内容的客观事实，亦能够予以佐证。故上海某公司的上述主张，法院不予支持。

综上，上海某公司申请诉前行为保全造成了涉案药品在 GIST 适应证上的预期可得利益方面的损失。

关于江苏某公司主张的取证费、公证费、翻译费及代理费等，法院对其中与本案相关代理费 20 万元及药品说明书印制费 15000 元予以支持。

三、赔偿数额的确定

关于涉案药品在 GIST 适应证上的预期可得利益的具体计算，江苏某公司提出了两种方案。方案一中，江苏某公司利用 Excel 表格函数预估涉案药品销售增长趋势，但实际上药品的销售利润受多种因素影响，江苏某公司未举证证明 Excel 表格函数能够大致模拟各种因素影响下的涉案药品销售利润的增长趋势，故方案一缺乏事实依据。方案二中，江苏某公司利用白血病发病率与 GIST 发病率的比率来计算预期可得利益，但根据查明的事实，涉案药品可用于治疗多种疾病，白血病仅为其中一种，且白血病患者显然并不一定都选用涉案药品，故方案二亦缺乏事实依据。

虽然江苏某公司提出的计算方法均因缺乏事实依据而无法采信，但从主观上来看，江苏某公司对于可得利益损失计算已提交多份证据并提出两种损失计算方法，已积极履行了作为原告的举证责任。从客观上来看，药品销售利润受多种因素影响，其变化趋势难以科学估算，特别是涉案药品可用于治疗多种疾病，销售利润还要受各类疾病患者的数量、其他相应治疗各类疾病的药品的上市或价格的浮动等多种因素影响，难以大致确定涉案药品销售利润的变化趋势。江苏某公司销售出涉案药品后亦无法获悉涉案药品用于治疗各种疾病所占的比例，导致无法剥离出涉案药品用于治疗 GIST 适应证所获得的大致利润，进而无法估算在"药代动力学"部分删除 GIST 相关表述后丧失的利润。在此情况下，法院综合考量以下情况，在整体上酌情确定上海某公司申请诉前行为保全给江苏某公司造成的经济损失：

首先，药品伊马替尼早在 2010 年即被列入《新疆维吾尔自治区基本医疗保险、工伤保险和生育保险药品目录（2010年版）》《福建省基本医疗保险、工伤保险和生育保险药品目录（2010年版）》，说明药品伊马替尼市场需求量较大，加之涉案药品的销售单价较高，说明涉案药品的利润较为可观。但是，涉案药品不仅可用于治疗GIST，还可以治疗白血病、骨髓增生异常综合征等多种疾病，涉案药品在GIST适应证上的利润仅是涉案药品利润的一部分。

其次，从诉前行为保全措施持续时间来看，不论以第7639号民事裁定作出时间至第2871号行政判决作出时间计算，还是以江苏某公司出具2014年承诺书时间至江苏某公司出具2017年承诺书时间计算，均为大约三年半的时间，持续时间较长，对涉案药品的销售影响较大，且导致涉案药品在GIST治疗方面丧失竞争力，被排除在GIST治疗药品市场格局之外。即使恢复"药代动力学"部分GIST的相关表述后，涉案药品在GIST治疗方面想要恢复到之前的市场状况，显然仍需假以时日。

再次，根据2008年《专利法》第六十六条第一款、第二款的规定，专利权人或者利害关系人有证据证明他人正在实施或者即将实施侵犯专利权的行为，如不及时制止将会使其合法权益受到难以弥补的损害的，可以在起诉前向人民法院申请采取责令停止有关行为的措施。申请人提出申请时，应当提供担保；不提供担保的，驳回申请。上述规定说明提供担保是申请诉前行为保全的前提条件，而要求申请人提供担保的目的就是确保在申请人申请诉前行为保全错误的情况下，被申请人因停止有关行为所遭受的损失能够得到赔偿。根据已查明的事实，第7639号民事裁定作出之前，作为申请人的上海某公司提供了最高担保总额不超过1000万元的《银行保函》。这显然是第7639号民事裁定作出的前提条件，同时，江苏某公司可能因执行诉前行为保全措施所遭受的损失显然在该担保金额范围内，在确定本案中损失赔偿数额时，可以作为参考。

因此，综合考量药品伊马替尼的市场需求量、涉案药品的治疗范围及售价、诉前行为保全措施持续时间及诉前行为保全程序中上海某公司提交的担保金额等情况，法院认为可酌情确定本案经济损失赔偿数额为800万元。

鉴于法院已在整体上酌情确定上海某公司申请诉前行为保全给江苏某公司造成的经济损失，江苏某公司在代理费、药品说明书印制费方面的损失显然已包含在上述酌定赔偿数额之中，不再重复计算。对于江苏某公司主张的 5 万元合理支出法院亦予以支持。

裁判要旨

法院应专利权人的申请而采取临时措施后，因涉案专利被宣告无效，被申请人提起因申请诉前停止侵害专利权损害责任之诉，如果被申请人即为专利无效程序中的请求人，则应以宣告涉案专利无效的终局裁决送达被申请人的时间作为诉讼时效起算点。

2019 年 1 月 1 日施行的《知识产权行为保全规定》第十六条规定了"行为保全措施因请求保护的知识产权被宣告无效等原因自始不当"的情形属于《民事诉讼法》规定的"申请有错误"。虽然法不溯及既往，但综合考量诉前行为保全的性质、申请诉前行为保全的前提条件、专利权的效力及法律、司法解释规定的延续性，对于在 2019 年 1 月 1 日之前提起的诉前行为保全，如涉案专利最终被宣告无效，亦应认定属于申请有错误的情形。

在申请诉前停止侵害专利权损害责任纠纷案件中，经济损失赔偿数额可综合考量涉案产品的市场需求量、涉案产品的销售范围及售价、诉前行为保全措施持续时间及诉前行为保全程序中申请人提交的担保金额等情况酌情予以确定。

关联索引

2008 年《中华人民共和国专利法》第六十六条

2013 年《中华人民共和国民事诉讼法》第一百零五条

2001 年《最高人民法院关于对诉前停止侵犯专利权行为适用法律问题的若干规定》第十三条

一审：北京知识产权法院（2020）京 73 民初 1194 号（2023 年 3 月 27 日）

法官评析

一、专利被宣告无效是否属于申请诉前行为保全错误的情形

本案中的被诉行为是被告于 2014 年 5 月 14 日在另案中向法院申请诉

前行为保全的行为。依据该行为发生时的法律规定，诉前行为保全申请有误的，申请人应当赔偿被申请人因保全所遭受的损失，此即为原告提起本案诉讼的法律依据。然而，对于何为"申请错误"，彼时的法律并未予以规定，故判决针对本案所涉的"涉案专利被无效"这一特定情形进行了具体分析。

值得关注的是，关于何为"申请错误"，2019年1月1日起施行的《知识产权行为保全规定》第十六条明确将"行为保全措施因请求保护的知识产权被宣告无效等原因自始不当"规定为"应当"属于《民事诉讼法》"申请有错误"的情形之一。虽法不溯及既往，但法院认为该解释亦可适用于本案被诉行为发生之时，理由有两点。首先，2008年《专利法》第四十七条对专利被无效的追溯力问题作出了规定。其中第一款为原则性规定，即"宣告无效的专利权视为自始即不存在"。第二款、第三款为例外规定，即"宣告专利权无效的决定，对在宣告专利权无效前人民法院作出并已执行的专利侵权的判决、调解书，已经履行或者强制执行的专利侵权纠纷处理决定，以及已经履行的专利实施许可合同和专利权转让合同，不具有追溯力。但是因专利权人的恶意给他人造成的损失，应当给予赔偿。依照前款规定不返还专利侵权赔偿金、专利使用费、专利权转让费，明显违反公平原则的，应当全部或者部分返还"。可见，例外规定中仅列明了"判决、调解书"，并未涵盖裁定书，故保全裁定不属于不具有追溯力的例外情形，理应适用第一款的"专利自始无效"的原则性规定。其次，《知识产权行为保全规定》施行之时适用的2017年《民事诉讼法》与被诉行为发生时适用的2013年《民事诉讼法》在第一百零五条规定内容上并无差异，故《知识产权行为保全规定》第十六条的内容亦应视为对2013年《民事诉讼法》第一百零五条规定的"申请有错误"情形的解释。

《立法法》第九十三条规定，法律、行政法规、地方性法规、自治条例和单行条例、规章不溯及既往，但为了更好地保护公民、法人和其他组织的权利和利益而作的特别规定除外。因此，在确定前述法律依据能否最终适用于本案情形之前，仍需依据一般法律观念，判断相关适用是否公平合理，是否超出案涉当事人的正常预期。关于这点，本案判决从"诉前行为保全的性质"和"申请诉前行为保全的前提条件"进行了分析，认为将专利无效视为保全错误情形符合通常理解的公平观念，亦未超出申请人可预期的风险自担范围。

二、涉药品专利行为保全申请错误后确定赔偿额的考量因素

本案原告主张的损失赔偿数额包括涉案药品在 GIST 适应证上的预期可得利益、取证费、公证费、代理费等。其中，预期可得利益的部分具有特殊性，此处仅对此加以分析。

"预期可得利益"实为合同法框架下的概念，但鉴于知识产权的无形性等特点，预期利润损失的主张在侵权法律关系的诉讼中亦可予以支持。然而，正是由于其无形性和难以预期性，给相关损失的判断带来障碍，尤其在本案仅涉及一款药的适应证之一的情况下更是如此。因此，本案在原告已尽其所能进行举证说明的情况下，从涉案药品的市场需求量、涉案药品的治疗范围及售价、诉前行为保全措施持续时间及诉前行为保全程序中的担保金额等角度，结合药品领域市场占有规律的特殊性，对赔偿数额予以酌定。

本案判决作出后，双方当事人均未提起上诉，原告方通过 12368 平台表示对判决结果非常满意，被告方也主动支付了赔偿金，实现了法律效果与社会效果的有机统一。

一审法院合议庭成员 张晰昕 盛 昭 王瑞东
编写人 张晰昕

44. 皇某公司与惠州 T ∗ 移动通信有限公司、北京京某信息技术有限公司、北京京某电子商务有限公司侵犯发明专利权纠纷

——专利侵权纠纷中权利要求的解释及禁止反悔原则的适用

关键词 权利要求的解释 隐含限定 说明书及附图 禁止反悔原则

基本案情

皇某公司认为，涉案专利的权利要求 23 已被纳入 3GPP51.010-1 标准中，具体对应的内容是其引用的 ［134］3GPP TS 44.065（2004 年版）。而根据我国信息产业部电信管理局公布的《实行进网许可制度的电信设备目录具体设备名称及检验标准》的规定，GSM 数字蜂窝移动台（手持机和其他终端设备）的进网检验标准之一是 3GPP51.010-1。这意味着，所有上市销售的符合前述标准的手机均会使用原告涉案专利权权利要求 23 被纳入标准中的非可选的技术特征。皇某公司通过对所购得型号的 TCL 手机进行比对，认为由惠州 T ∗ 移动通信有限公司（以下简称惠州某公司）自 2010 年 8 月开始制造、销售的所有符合 GSM/GPRS 标准的手机均具有压缩功能，均落入涉案专利的保护范围。而惠州某公司的前述行为未经皇某公司许可，其行为已侵犯了皇某公司所享有的专利权。皇某公司以此为由，向北京知识产权法院提起诉讼。

惠州某公司辩称被诉行为并未构成对皇某公司涉案专利权的侵犯，其主要理由是涉案专利权利要求 23 的技术方案与 3GPP TS 44.065（2004 年版）中相应部分的技术方案并不完全相同，涉案专利并未被纳入标准。

被告北京京某信息技术有限公司（以下简称北京某甲公司）、北京京

某电子商务有限公司（以下简称北京某乙公司）共同辩称：皇某公司主张的涉案专利已于 2014 年 12 月 28 日终止，而皇某公司指控我方销售、许诺销售被控侵权产品的时间均发生在其涉案专利届满之后，故我方的行为未侵犯皇某公司的涉案专利权。皇某公司的主张缺乏事实和法律依据，请求法院依法驳回原告的诉讼请求。

法院经审理查明：

一、涉案专利的相关情况

涉案专利是名称为"采用数据压缩转换一系列数据包的方法和设备"、专利号为 ZL94194872.2 的发明专利。涉案专利共有 30 项权利要求，原告主张的权利要求 23 的内容如下：

"23. 用于压缩数据包的设备（100；200），包括用于接收第一组（10）数据包的输入装置（110、210），每个该数据包具有一个头段（h）和一个数据段（d），包括用于确定接收到的数据的信道（A、B、…）的识别装置（110、210），压缩每个要压缩数据包的数据段的处理装置（130、230），和生成第二组（20）数据包以及向第二组（20）一数据包的数据段提供第一组（10）的压缩数据的输出装置（160、260），每个该数据包具有与一个头段和一个数据段，其特征在于，提供了存贮装置（161、261）用于分信道（A、B、…）缓存要送到第二组（20）一数据段的数据，并用于向第二组（20）的每个段只提供一个信道（A）的数据。"

二、涉案标准的相关情况

原告主张的标准中的具体内容为 3GPP 51.010-1 标准第二部分参考文献（References）中的第 134 篇文献，即 3GPP TS 44.065（从第 4 版开始）："移动站（MS）—服务 GPRS 支持节点（SGSN）；子网相关汇聚协议（SNDCP）（简称 SNDCP）。"原告主张"参考"实质是引用，即引用的文献亦是标准的一部分，被告对此不持异议。

SNDCP（2004 版）第一部分"范围"公开了如下内容：

本文档描述了用于通用分组无线电服务（GPRS）的子网相关汇聚协议（SNDCP）。将网络协议数据单元（N-PDU）分段成逻辑链路控制协议数据单元（LL-PDU），以及将（LL-PDU）重组成 N-PDU。

第四部分"概述"公开如下内容：

网络服务接入点标识符（NSAPI）是使用 SNDCP 所提供的服务的 PDP 的 PDP 上下文索引。一个 PDP 可以具有若干个 PDP 上下文和 NSAPI。

第六部分"协议功能"公开如下内容：

协议控制信息压缩、数据压缩是一个可选的 SNDCP 特征。"如果使用了数据压缩，那么应该对整个 N-PDU 执行数据压缩，这其中包括可能被压缩的协议控制信息。"

北京知识产权法院于 2018 年 6 月 29 日作出（2015）京知民初字第 1193 号民事判决：驳回原告皇某公司的全部诉讼请求。一审宣判后，皇某公司向北京市高级人民法院提起上诉。而后又撤回上诉，北京市高级人民法院于 2019 年 1 月 2 日作出（2018）京民终 537 号民事裁定，对其撤诉申请予以准许。

裁判理由

法院生效裁判认为：涉案专利与涉案标准至少存在以下不同：（1）涉案专利仅压缩第一组数据包的数据段，并不压缩头段，但涉案标准则既压缩数据段亦压缩头段。（2）涉案专利与涉案标准对于第一组数据包的压缩及缓存的先后顺序有所不同。涉案专利是先压缩后缓存，涉案标准则是先缓存后压缩。由于涉案专利与涉案标准存在上述不同，故即便被诉侵权手机确采用了涉案标准且具有其压缩功能，原告据此而认定其落入涉案专利权利要求 23 的保护范围，从而各被诉行为侵犯其专利权的主张亦不能成立。据此，法院判决驳回皇某公司的诉讼请求。

裁判要旨

1. 在对权利要求进行解释时，首先考虑的是本领域技术人员依据权利要求的文字表述对该技术方案的整体认知。即便权利要求中无明确文字记载，本领域技术人员在阅读权利要求后认为隐含限定的特征同样属于权利要求的范围。

2. 当在权利要求中既无明确记载，亦无法看出存在隐含限定情形时，需进一步考虑本领域普通技术人员在阅读说明书及附图后对该权利要求的整体理解。

3. 禁止反悔原则在专利侵权案件中的适用目的之一在于，避免专利权人违反诚信原则通过对权利要求作不同的解释从而在专利授权确权案件及专利侵权案件中同时获利。基于这一考虑，在禁止反悔原则的适用中需要在一定程度上考虑专利权人的表述对于案件结果的影响。

关联索引

2008 年《中华人民共和国专利法》第五十九条第一款

《最高人民法院关于审理专利侵权纠纷案件应用法律若干问题的解释》第二条

一审：北京知识产权法院（2015）京知民初字第 1193 号（2018 年 6 月 29 日）

二审：北京市高级人民法院（2018）京民终 537 号（2019 年 1 月 2 日）

法官评析

由于权利要求限定了专利权的保护范围，故在判定被诉侵权行为是否成立的前提，是对该权利要求进行相对准确的解释。然而，文字表述的局限性及现实的复杂性使得在对权利要求进行解释时会遇到很多的问题，比如权利要求中特定术语的解释、权利要求缺少必要技术特征时如何处理、功能性限定等。虽然专利法规定了有关权利要求解释的若干原则和要求，但在具体案件中，如何适用前述规则，仍需进一步探讨和研究。本案即涉及在专利侵权纠纷案中，对涉案专利权的权利要求进行解释的问题，具体而言，是在权利要求中无明确文字记载时，相关技术特征应如何解释的问题。

一、权利要求文字表述所确定的隐含限定特征

本案中，双方当事人对涉案专利技术特征 6 是否压缩头段存在争议，惠州某公司认为涉案专利仅压缩第一数据包的数据段，而不压缩头段，皇某公司则认为涉案专利中对此并无限定，因此，压缩头段及不压缩头段的情形均属于涉案专利的保护范围。

涉案专利技术特征 6 为"压缩每个要压缩数据包的数据段的压缩装置"，其中对于是否压缩头段无明确限定。双方当事人的争议点实质在于在权利要求中未明确予以记载的特征该如何确定。

2008 年《专利法》第五十九条第一款规定，发明或者实用新型专利权的保护范围以其权利要求的内容为准，说明书及附图可以用于解释权利要

求的内容。

《最高人民法院关于审理专利侵权纠纷案件应用法律若干问题的解释》（以下简称《专利侵权纠纷案件解释》）第二条规定，人民法院应当根据权利要求的记载，结合本领域普通技术人员阅读说明书及附图后对权利要求的理解，确定《专利法》第五十九条第一款规定的权利要求的内容。

根据前述规则，在对权利要求进行解释时，首先考虑的是本领域技术人员依据权利要求的文字表述对该技术方案的整体认知。此处整体认知不仅限于文字表述明确记载的内容，还应包括本领域技术人员在阅读权利要求后认为隐含限定的特征。在此需要强调的是，并非在所有案件中，都需要解读出隐含限定的特征。而是在当事人对某个特征的解读存在争议的时候，依据权利要求的文字记载，结合本领域技术人员的通常理解，能不能得出隐含限定的结论。也即在专利侵权案件中，对权利要求的解释规则不能脱离具体的案件来适用。

本案中，当事人对在权利要求中未明确予以记载的特征的确定存在异议。此时，对权利要求进行解释时，需要考虑在权利要求明确文字记载之外，本领域技术人员通过阅读权利要求的文字表述，能否得到"言外之意"，即隐含在文字表述之下的内容。该内容是本领域技术人员依据权利要求撰写逻辑通常会得出的理解。隐含的内容同样属于权利要求的范围。之所以要考虑隐含限定的特征，是出于对社会公众利益保护的考量。如果专利权人的发明内容仅涉及其隐含限定的部分，只因其撰写方式导致本不在其发明内容中的技术特征被包含进权利保护范围内，会使得权利保护范围不当地扩大，影响他人的利益。

不过，为了避免过多地引入本领域技术人员主观解读，不当损害专利权的利益，在依据权利要求的文字得出隐含限定特征的结论时，还需要通过说明书及附图对该结论进行验证，也即该隐含限定的特征，可以从说明书及附图中找到认定依据。

对于涉案专利而言，权利要求中首先明确限定了第一组数据包包括头段及数据段两部分，但在后续的压缩程序中却仅提及压缩数据段，依据常理，这一撰写方式会使本领域技术人员将其理解为仅压缩数据段，而不压缩头段，亦即不压缩头段属于隐含限定的特征。而且根据涉案专利说明书及附图1的记载，可知图1中明确要求仅压缩数据段，不压缩头段，而说明书其他内容均未提及压缩头段的情况下，对于本领域技术人员而言，基于对权利要求 23 的文字理解，并结合图 1 中的明确记载，其通常会认为涉案专利并不会压缩头段。该结论与本领域技术人员依据前述权利要求撰写方式所得出的结论是一致的。在此种情形下，本领域技术人员确定的隐含限定的技术特征是可以用来确定专利权人专利权保护范围的。

二、依据说明书及附图确定权利要求未明确记载的相关技术特征

本案中，双方当事人对于涉案专利中压缩及缓存的先后顺序的理解存在分歧。惠州某公司主张涉案专利采用的是先压缩后缓存的方式，与涉案标准并不相同。皇某公司则主张权利要求中对于压缩与缓存的顺序并未限定，因此，不能将涉案专利理解为先压缩后缓存。

双方当事人争议的实质亦是对涉案专利的权利要求无明确文字予以限定时，相关技术特征的解释问题。与上述隐含限定特征确定不同的是，相关技术特征在涉案专利权利要求中既无明确文字记载，从权利要求的文字中亦无法看出存在隐含限定情形，这时，对权利要求中未明确予以记载的特征该如何解释。

依据《专利权纠纷案件解释》第二条规定可知，对于权利要求的解释并不应仅限于文字记载，"人民法院应当根据权利要求的记载，结合本领域普通技术人员阅读说明书及附图后对权利要求的理解，确定专利法第五十九条第一款规定的权利要求的内容"。基于此，对该问题的解决，需进一步考虑本领域普通技术人员在阅读说明书及附图后对该权利要求的整体理解。

与前述隐含限定特征确定的情形相类似，在权利要求中未明确限定的特征，亦不能当然地认为未作限定，将相关情形都囊括在专利权的保护范围内，这会不合理地扩大专利权的保护范围。因此，当对未作限定的技术特征产生争议时，需要考虑本领域技术人员依据说明书和附图的内容，确定权利要求更为精准的解释。

虽然涉案专利权利要求的文字中并未涉及压缩及缓存的先后顺序，且从权利要求的文字中亦无法看出存在隐含限定情形。在此情形下，需要考虑本领域普通技术人员在阅读说明书及附图后对该权利要求的整体理解。

在涉案专利说明书中，至少在说明书的"本发明的概述"部分和说明书图 2 对该特征进行了相关记载。由前述记载可明确看出，该技术方案中

压缩与缓存具有先后顺序，即先压缩后缓存。在涉案专利说明书其他部分中并无相反记载的情况下，本领域技术人员在阅读上述内容后，通常会得出涉案专利为先压缩后缓存这一结论。

三、禁止反悔原则在本案中的具体适用情形

禁止反悔原则是专利侵权制度中的一项基本原则，其适用目的之一在于，避免专利权人违反诚信原则通过对权利要求作不同的解释从而在专利授权确权案件及专利侵权案件中同时获利。基于这一考虑，在禁止反悔原则的适用中需要在一定程度上考虑专利权人的表述对于案件结果的影响。这也体现在《最高人民法院关于审理专利侵权纠纷案件应用法律若干问题的解释（二）》第十三条的规定中。虽然相关法律作了规定，但在面对复杂的案件事实时，还需要具体分析适用。本文仅就本案所涉及的相关情形予以分析说明。

本案中，惠州某公司认为皇某公司在之前的无效案件中，说明涉案专利应理解为先压缩后缓存。皇某公司认为其未明确作此表示，即便作出该表示，该观点亦未被专利复审委员会接受并对案件结论有所影响，其不应适用禁止反悔原则。

正如前述，在专利侵权案件中，需要一定程度上考虑专利权人在专利审批程序中的表述对案件结果的影响。但需要强调的是，前述案件应是生效的案件。因为未生效案件的审理结果具有变化的可能，这种变化对应的是专利权人所获利益的变化。在这种动态情形下的表述认定不适合用来确定专利权人的权利范围。但并不代表笔者认为审批程序中的表述不予考虑，而是应当考虑生效案件中所认定的表述。在《最高人民法院关于审理专利侵权纠纷案件应用法律若干问题的解释（二）》第六条亦规定，运用生效的裁判文书或审查决定解释涉案专利的权利要求。

本案中，由于双方当事人均认可涉案的无效决定目前处于诉讼中，尚无生效判决，在此情形下，无法依据在前述无效决定中有关专利权人表述的认定而当然地适用禁止反悔原则。

一审法院合议庭成员　陈锦川　芮松艳　邓　卓
二审法院合议庭成员　焦　彦　王东勇　苏志甫
编写人　周文君

45. 飞某科技股份有限公司与北京信某科技有限公司、武汉信某科技有限公司侵害发明专利权纠纷案[*]

——主题名称对权利要求的限定作用

关键词 权利要求的解释 主题名称 禁止反悔

基本案情

原告飞某科技股份有限公司（以下简称飞某公司）诉称：（1）二被告立即停止侵害专利号为 ZL200610002902.4 的发明专利（以下简称涉案专利）的专利权行为，即立即停止使用涉案专利方法的行为，停止制造、销售和许诺销售外壳标有"ARGUSec"的 U 盾（以下简称涉案侵权产品）的行为，销毁涉案侵权产品，以及销毁专用于制造涉案侵权产品或使用侵权方法的零部件、工具、模具和设备；（2）二被告共同向原告赔偿 500 万元；（3）二被告承担本案的诉讼费用和原告为制止侵权行为所支出的合理费用即代理费 192000 元。理由和事实：原告拥有第 ZL200610002902.4 号名为"软件保护装置数据传输过程的安全控制方法及其设备"的发明专利（即涉案专利）的专利权，该专利的申请日为 2006 年 1 月 27 日，授权公告日为 2009 年 1 月 14 日，目前合法有效。2015 年 4 月 23 日，原告申请云某公证处进行证据保全公证，取得外壳标有"ARGUSec"的 U 盾（即涉案侵权产品）。经查询，"ARGUSec"为武汉信某科技有限公司（以下简称武汉某科技公司）注册的商标。武汉某科技公司为北京信某科技有限公司（以

　＊ 本案例入选最高人民法院评选的 2022 年全国法院 50 件知识产权典型案例，入选北京法院 2022 年度知识产权司法保护十大案例。

下简称北京某科技公司）的子公司。二被告的官网分别对涉案侵权产品有所展示和介绍。原告通过对涉案侵权产品与涉案专利进行比对分析，确认涉案侵权产品已经落入涉案专利权利要求1、权利要求6（仅在权利要求1的基础上）的保护范围，侵害了原告的发明专利权。原告认为，二被告未经许可，以生产经营为目的擅自使用涉案专利的专利方法并且制造、销售和许诺销售侵害涉案专利权的产品，已违反《专利法》第十一条的相关规定，应承担相应的民事责任。

被告北京某科技公司、被告武汉某科技公司共同答辩称：（1）没有证据证明涉案侵权产品落入涉案专利所要求保护的范围，且涉案侵权产品与涉案专利所要求保护的技术方案存在显著区别，二被告没有侵害涉案专利的专利权。①涉案专利涉及计算机与软件保护装置之间的数据传输过程和方法，原告在起诉书中没有任何关于涉案侵权产品数据传输过程的陈述，其所提供的证据也没有任何与其相关的内容，因此，没有任何证据证明涉案侵权产品落入了涉案专利的保护范围。②即使考虑涉案专利的全部权利要求以及涉案侵权产品的数据传输过程，涉案侵权产品与涉案专利权利要求1至少存在以下区别：1）涉案侵权产品USB Key是一种认证设备，与涉案专利的软件保护装置完全不同；2）涉案侵权产品没有权利要求1所述的在"特定位置插入随机数进行加扰"；3）涉案侵权产品不具有"将特定位置插入的随机数取出进行去扰"的特征；4）涉案侵权产品不具有将加扰的数据进行加密的特征；5）在需要返回操作结果的情况下，进行新的加扰、去扰特征。涉案专利权利要求2~8均引用或间接引用了权利要求1，故涉案侵权产品也未落入涉案专利权利要求2~8的保护范围。（2）原告未对起诉状中要求赔偿金额的计算方式进行任何说明，其畸高的赔偿诉请没有任何事实及法律依据。（3）北京某科技公司没有制造、许诺销售、销售被控侵权产品的行为。武汉某科技公司确实制造、销售了涉案侵权产品，但该产品不构成侵权。综上，请求驳回原告的全部诉讼请求。

法院经审理查明：涉案专利为发明专利，名称为"软件保护装置数据传输过程的安全控制方法及其设备"，申请日为2006年1月27日，授权公告日为2009年1月14日，专利号为ZL200610002902.4，专利权人为飞某公司。涉案专利公告授权的权利要求1、6的内容如下："1. 一种软件保护装置与计算机之间数据传输过程的安全控制方法，其特征在于：在运行被保护软件的计算机与软件保护装置之间的数据传输以密文形式传送，具体为：1）在计算机端需要向所述软件保护装置发送数据或命令时，计算机在所述数据或命令中的特定位置插入随机数进行加扰，并对加扰的数据采用至少一种加密算法进行加密，形成密文数据；2）将密文数据进行传输；3）软件保护装置对接收到的密文数据进行相应的解密，再将特定位置插入的随机数取出进行去扰，形成明文数据或命令，并执行所述明文数据或命令中的相应操作；4）软件保护装置在执行完所述操作后，在需要返回操作结果的情况下，将所述操作的结果再进行新的加扰和加密操作，并将加扰和加密后的结果返回给计算机中的被保护软件；5）所述被保护软件再按约定的方式对所述加扰和加密后的结果进行解密和去扰，并将结果运用在被保护软件中……6. 一种软件保护装置，其与计算机之间采用如权利要求 1~5 中任意一项所述的安全控制方法进行数据传输，其特征在于：包括主控芯片和分别与所述主控芯片相连的通讯模块和存储器，所述通讯模块包括 USB 接口通信模块、串行接口通信模块或并行接口通信模块。"

2015 年 4 月 23 日，经飞某公司申请，申请人飞某公司的授权代理人及飞某公司所指派的人员与某公证处的公证人员至云南省农村信用社一楼大厅办理开卡手续，取得有标识"云南省农村信用社""个人网上银行二代 e 安数字证书"等字样的被诉侵权产品，并使用某公证处的电脑对其本人的网上银行进行激活和设置，公证人员对上述过程进行了证据保全公证，并出具了（2015）云昆明信证民字第 12188 号公证书（以下简称第 12188 号公证书）。

2015 年 10 月 8 日，北京某科技公司针对涉案专利，向国家知识产权局专利复审委员会（以下简称专利复审委员会）提出了无效宣告请求，其理由是：权利要求 1~2、4~8 不符合《专利法》第二十二条第三款的规定，权利要求 3、4、6 不符合《专利法实施细则》第二十条第一款的规定，请求宣告涉案专利权利要求 1~8 全部无效。专利复审委员会于 2016 年 9 月 6 日就北京某科技公司针对涉案专利提出的无效宣告请求作出第 30111 号决定，维持涉案专利有效。第 30111 号决定作出后，北京某科技公司未提起行政诉讼。

应北京某科技公司、武汉某科技公司的申请，一审法院向专利复审委员会调取了案件编号为第 4W104121 号的案件的口头审理记录。该记录记载有以下内容："七、审议厅辩论。《专利法》第二十二条第三款 权利要求1相对于对比文件1请求人：区别和公开的意见坚持书面意见。专利权人：对请求人所说的区别特征认可，除了发明的主题不一样。对比文件1的网络服务器端涉及的是安装和卸载的记录，把记录的过程反馈以确定能不能安装和卸载。在本领域技术人员，软件保护装置是一部分，根据权利要求也有实质性区别，从背景技术中也提到了，应用主题不一样，应用的场景也不一样。专利权人：发明的目的不同，发明手段不同，发明效果不同，因此认为两个方案相比是不一样的。合议组：专利权人认为保护装置和被保护系统是一体的？专利权人：软件有一部分是在保护范围之内。合议组：在权利要求1中有体现吗？专利权人：软件保护装置在本领域技术人员有一定的含义。专利权利人：加扰和加密的过程也没有在对比文件1和对比文件4中公开，第四个区别是把实现的结果作为软件的一部分返还给计算机，是一个认证的过程，只要保证是真实的，这个软件就可以继续认证，所以这个特征也没有公开。请求人：认为被公开，证据1里面的安装过程，启示在于把一个结果运用在一个软件过程中。专利权人：在本领域的通常理解是一个功能，脱离软件保护功能是不完整的。在背景技术中已经详细地记录了对本领域的理解。证据5：……合议组：关于去扰是在哪公开的？……请求人：在401第三段就已经说明加钥的数据性和保密性，同样的对比文件的33页表3-4，把智能卡芯片型号标明，在这里可以得出应用范围是非常广泛的，可以运用于多个场景当中，直接或间接的保护功能。专利权利：第一个关于启示的问题，没有提到软件和软件的装置。第二点，应用范围没有提到软件保护装置进行保护的过程。"本案中，原告主张涉案侵权产品技术方案已经落入涉案专利权利要求1、权利要求6（仅在权利要求1的基础上）的保护范围，侵害了原告的发明专利权。

北京知识产权法院于2018年7月24日作出（2015）京知民初字第1575号民事判决：驳回原告飞某公司的诉讼请求。宣判后，飞某公司以仅凭发明名称限定为"软件保护装置"而不进行技术比对就认定被诉侵权产品不构成侵权属于事实认定错误为由提起上诉。北京市高级人民法院于2018年12月20日作出（2018）京民终532号民事判决：驳回上诉，维持原判。

裁判理由

法院生效裁判认为：本案中，飞某公司主张被诉侵权产品技术方案落入涉案专利权利要求 1 及引用权利要求 1 的权利要求 6 的保护范围并侵害其发明专利权。涉案专利系名称为"软件保护装置数据传输过程的安全控制方法及其设备"的发明专利，权利要求 1 的保护主题是"一种软件保护装置与计算机之间数据传输过程的安全控制方法"。根据涉案专利说明书中的记载，权利要求 1 中的"软件保护装置"为一种加密设备，只有该软件保护装置为合法装置才能够产生被保护软件需要的重要数据，被保护软件才能正常运行，否则软件运行中止。飞某公司在涉案专利无效审查案件中提交的意见陈述书及该案口头审理过程中亦强调："软件保护装置在本领域技术人员有一定的含义""脱离软件保护功能是不完整的""软件有一部分是在保护范围之内""如果去除了软件保护装置，则该软件就变成不完整的了，也就根本不能够实现其功能"。由此可见，权利要求 1 的最终目的是使数据运用到被保护软件中，从而使被保护软件能够正常运行，其中"软件保护装置"使得"打狗棒"等工具不容易模拟数据，不给盗版者留有可乘之机，从而保护软件的版权不被侵害。专利复审委员会在第30111 号决定中亦将上述内容认定为涉案专利权利要求 1 区别于现有技术的技术特征。被诉侵权产品为银行提供给客户的 U 盾产品，是对交易相关信息进行加密等处理，将经处理的信息发送给银行端，与银行端的处理结果进行比较后认证用户的合法性，其处理的数据对客户端软件直接起到保护作用，故被诉侵权产品并非一种软件保护装置。由此，原审法院认定被诉侵权产品技术方案未落入涉案专利权利要求 1 的保护范围，在此基础上亦未落入权利要求 6 引用于权利要求 1 的保护范围并无不当，飞某公司有关原审判决认定事实错误，被诉侵权产品落入涉案专利保护范围的上诉理由缺乏事实和法律依据，法院不予支持。

裁判要旨

解释权利要求时，应当以权利要求记载的技术内容为准，将权利要求中记载的全部技术特征所表达的技术内容作为一个整体技术方案对待，并根据说明书及附图、现有技术、专利对现有技术所作的贡献等因素合理确定专利权的保护范围。既不能将专利权的保护范围拘泥于权利要求书的字面含义，也不能将专利权的保护范围扩展到本领域普通技术人员在专利申请日前通过阅读说明书及附图后需要经过创造性劳动才能联想到的内容。专利申请人或专利权人在专利授权或者无效审查程序中，如果对包括权利要求、说明书及特定术语在内的专利文件作出过限缩解释并被采信，则在侵犯专利权诉讼中可以依据说明书内容、专利权人的解释等合理确定专利权的保护范围；如果请求人在专利无效审查程序中对专利文件中特定术语作出过具体解释并被采信，则法院在该无效请求人被诉侵权的案件中确定相关专利权利要求的保护范围时，也应当结合专利文本予以考虑。

关联索引

2008 年《中华人民共和国专利法》第十一条、第五十九条第一款

《最高人民法院关于审理侵犯专利权纠纷案件应用法律若干问题的解释》第二条、第七条

《最高人民法院关于审理侵犯专利权纠纷案件应用法律若干问题的解释（二）》第五条

一审：北京知识产权法院（2015）京知民初字第 1575 号（2018 年 7 月 24 日）

二审：北京市高级人民法院（2018）京民终 532 号（2018 年 12 月 20 日）

法官评析

本案裁判围绕专利法的核心问题，将复杂问题简化处理，体现了"发明或者实用新型技术方案的主题名称属于权利要求的内容之一，是构成专利技术方案的基础要件，对权利要求的保护范围具有限定作用"的裁判规则，该裁判规则对类似案件裁判具有较大指导和借鉴意义。

被控侵权产品落入涉案专利权的保护范围，是被控行为构成侵权的基本前提。解释权利要求时，应当以权利要求记载的技术内容为准，将权利要求中记载的全部技术特征所表达的技术内容作为一个整体技术方案对待，并根据说明书及附图、现有技术、专利对现有技术所作的贡献等因素合理确定专利权的保护范围。既不能将专利权的保护范围拘泥于权利要求书的字面含义，也不能将专利权的保护范围扩展到本领域普通技术人员在专利申请日前

通过阅读说明书及附图后需要经过创造性劳动才能联想到的内容。专利申请人或专利权人在专利授权或者无效审查程序中，如果对包括权利要求、说明书及特定术语在内的专利文件作出过限缩解释并被采信，则在侵犯专利权诉讼中可以依据说明书内容、专利权人的解释等合理确定专利权的保护范围；如果请求人在专利无效审查程序中对专利文件中特定术语作出过具体解释并被采信，则法院在该无效请求人被诉侵权的案件中确定相关专利权利要求的保护范围时，也应当结合专利文本予以考虑。

此外，主题名称属于权利要求的内容，对其保护范围有限定作用，其法律依据在于：《专利法实施细则》第二十二条规定独立权利要求包括前序部分和特征部分，前序部分写明主题名称和与最接近的现有技术共有的必要技术特征，特征部分写明区别于最接近的现有技术的技术特征，前序部分与特征部分一起共同限定权利要求的保护范围。因此，法院确定专利权的保护范围时，要考虑前序部分的限定作用，而主题名称作为前序部分的重要内容，是权利要求不可或缺的组成部分，其对保护范围的限定作用不能忽视。

本案是一起适用禁止反悔原则对涉案专利权利要求进行解释，进而确定权利要求的保护范围的典型案件，主题名称在限定专利权的保护范围时起到了关键作用，法院通过主题名称的限定作用，巧妙破解了该案冗长无效的技术勘验过程带来的结果不确定性，引导裁判结论走向明晰。专利权人虽然对裁判结果不满意，但是其对涉案专利在无效程序审查中已发表的意见亦无法辩驳，恰恰是其为获得专利授权而放弃的保护范围，成为该案中侵权产品的生存空间，在明确这一技术事实的过程中，禁止反悔原则发挥了举足轻重的判断作用，该原则的制度核心在于专利权人不能将为获得授权而放弃的技术特征或限缩的保护范围又在专利侵权阶段找回来，亦即不能"两头得利"，凸显了专利法中"专利权人获得的专利保护要与其对技术的贡献相当"这一基本原理。在本案之前，"钢带增强塑料排水管道"专利侵权案[1]也是另一起典型案件，法院在该案中提出了核心裁判要旨：发明或者实用新型技术方案的主题名称属于权利要求的内容之一，是构成专利技术方案的基础要件，对权利要求的保护范围具有限定作用，与本案

---

① 一审案号：（2010）宁知民初字第 566 号；二审案号：（2012）苏知民终字第 0021 号。

具有异曲同工之妙。此外还有"手机自动隐形拨号报失"专利侵权案①，法院通过该案明确了在确定涉案专利的保护范围时，应通过适用禁止反悔原则来禁止专利权人将其已经排除或放弃的技术方案重新纳入专利权的保护范围，而不需要考虑专利权人作出排除或放弃时的目的。

此外，北京市高级人民法院《专利侵权判定指南（2017）》第 25 条指出："主题名称中所包含的应用领域、用途或者结构等技术内容对权利要求所要保护的技术方案产生影响的，则该技术内容对专利权的保护范围具有限定作用。主题名称是对权利要求包含的全部技术特征所构成的技术方案的抽象概括，是对专利技术方案的简单命名，其代表的技术方案需要通过权利要求的全部技术特征来体现。"该条亦对主题名称的法律性质给出了具体规定，结合该条第二款，我们可以对主题名称的法律性质进行如下理解：（1）主题名称体现技术领域及发明的"标的"；（2）主题名称可以反映出技术领域，供审查分类参考；（3）主题名称用来区分权利要求的基本类型；（4）主题名称应具有清楚体现发明构思的作用。总之，主题名称提纲挈领地表达了专利的技术贡献和发明构思，是权利要求的灵魂和纲领，"是对权利要求包含的全部技术特征所构成的技术方案的抽象概括，是对专利技术方案的简单命名，其代表的技术方案需要通过权利要求的全部技术特征来体现"。还要注意的是，主题名称与技术特征对于保护范围的限定作用是不同的。简言之，主题名称对权利要求保护范围的限定作用是更宏观、更本质、更具有决定性的，如果权利要求的主题名称与侵权产品有明显区别，则二者没有比较的必要。而技术特征对保护范围的限定是更具体的、微观的，即便是两个技术特征有差别，但在限定作用上，不一定有本质差别。因此，主题名称不能被简单地当成技术特征，而是比技术特征位阶更高的概念。

一审法院合议庭成员　张晰昕　邓　卓　李　楠
二审法院合议庭成员　刘晓军　张玲玲　樊雪
编写人　张晰昕　朱　蕾

---

① 一审案号：北京市第一中级人民法院（2005）一中民初字第 3254 号。

46. L＊伊诺特有限公司与日本电某(东莞)有限公司、北京中某科技有限公司发明专利临时保护期使用费和侵害发明专利权纠纷案＊

——专利临时保护的判断规则

关键词 专利 临时保护 保护范围 判断规则

基本案情

L＊伊诺特有限公司（以下简称 L＊公司）诉称：L＊公司为 ZL201110369508.5 号、名称为"主轴电机"的发明专利（以下简称涉案专利）的专利权人。日本电某（东莞）有限公司（以下简称电某公司）未经许可，为生产经营目的生产、销售含有型号为 24C293K160、24C293K070、24C293J130 和 24C293G210 主轴电机的 DVD 光驱、DVD 刻录机（以下简称被控侵权产品），上述被控侵权产品落入了涉案专利的权利要求的保护范围。北京中某科技有限公司（以下简称中某公司）未经许可，为生产经营目的销售含有被控侵权产品的 DVD 刻录机。上述侵权行为侵犯了其涉案专利权，应当承担停止侵权、消除影响和损害赔偿的民事责任。据此，L＊公司诉至一审法院，请求：（1）判令电某公司立即停止生产、销售被控侵权产品；（2）判令中某公司立即停止销售使用被控侵权产品的 DVD 刻录机产品；（3）判令电某公司销毁库存的被控侵权产品、制造上述被控侵权产品的专用模具和其他工具以及产品包装、说明书、相关

＊ 本案例入选全国法院系统 2018 年度优秀案件分析三等奖。

产品推广资料、产品图纸、产品型录等；（4）判令电某公司赔偿经济损失以及支付涉案专利临时保护期使用费共计人民币3865957元，并承担合理开支人民币30万元。

电某公司辩称：K160、K070、J130这三种型号未落入涉案专利的保护范围；涉案专利应被宣告无效，故G210亦不构成对涉案专利的侵权。L＊公司主张的侵权赔偿、临时保护费和合理开支缺乏事实依据或法律依据，请求依法判决驳回L＊公司的全部诉讼请求。

中某公司辩称：中某公司销售的被控侵权产品具有合法来源，请求依法判决驳回L＊公司的全部诉讼请求。

法院经审理查明：

一、本案所涉有关程序

本案立案前，东莞市知识产权局就L＊公司关于处理电某公司涉嫌侵犯涉案专利权的请求，到电某公司处进行勘验检查，之后作出东知法处字〔2014〕10号《专利纠纷案件撤案通知书》。次月，电某公司就涉案专利向专利复审委员会提出无效宣告请求。专利复审委员会在本案立案后作出第26901号无效宣告请求审查决定（以下简称涉案无效决定）：宣告涉案专利权部分无效，在L＊公司2015年7月6日提交的权利要求1~69的基础上继续维持该专利有效。之后，电某公司就涉案无效决定向法院提起行政诉讼。法院依法先后公开开庭审理了该专利无效行政诉讼案与本案，双方当事人均表示同意将关联专利无效行政诉讼案件中的有关事实情况作为本案事实的一部分。

二、涉案专利的有关情况

涉案专利系名称为"主轴电机"的ZL200820135640.3号发明专利，其优先权日为2010年11月18日，申请日为2011年11月18日，授权公告日为2014年7月2日，专利权人为L＊公司。针对电某公司就涉案专利提出的无效宣告请求，专利复审委员会作出涉案无效决定：宣告涉案专利权部分无效，在L＊公司2015年7月6日提交的权利要求1~69的基础上继续维持该专利有效。

三、有关被控侵权的事实

本案立案前，L＊公司公证购买了数个光驱。经勘验，上述 DVD 刻录机中含有被控侵权产品 J130。根据 "www.nidec.com" 网站显示，"小型无刷直流马达" 的生产基地包括电某公司，该无刷直流马达中的外转子型包括轻薄［24C］型。根据东莞市知识产权局的调查记录，电某公司被抽样的自行生产的主轴马达或主轴电机，型号分别是 24C293K160、24C293K070、24C293G210，并对生产数量、生产成本、销售价格予以确认。L＊公司向法院提交了有相关标识显示的 K160、K070、G210 三种型号主轴电机产品实物。电某公司表示因时间久远，已无法向法院提交东莞市知识产权局所取样的 K160、K070、G210 三种型号主轴电机。此后，L＊公司公证购买了数个刻录机，该公证书所附拆解照片可见上述刻录机含有被控侵权产品 K160、G210。

2016 年 3 月 28 日，根据 L＊公司的申请，法院赴某公司进行调查取证，该公司向法院提交了 K070、G210 的主轴电机产品实物，并提交了其与电某公司关于型号为 J130、K160、K070、G210 的主轴电机的交易凭证、采购数量和单价等材料。根据 L＊公司的申请，法院赴电某公司进行证据保全，裁定 "查封、扣押电某公司生产的型号为 J130、K160、K070、G210 的主轴电机及其产品图纸复制件"。

在法院组织的庭前会议上，L＊公司进一步明确了本案所主张的涉案专利的权利要求，并且确认其在本案中主张的被控侵权产品；电某公司明确了被控侵权产品与相关权利要求的区别点。法院在此基础上进行了现场勘验。L＊公司和电某公司均向法院提交了书面比对意见。公开开庭后，法院组织 L＊公司和电某公司谈话，重点围绕 J130 型号主轴电机的技术方案是否落入涉案专利申请公布时请求保护的范围进行现场勘验。

四、其他事实

（一）关于现有技术抗辩的证据和理由

日本专利申请（即电某公司主张的现有技术）显示，该发明专利申请的申请日为 1999 年 8 月 16 日，公开日为 2001 年 2 月 27 日，其公开了一种电机。电某公司表示被控侵权产品实施的是现有技术。

（二）关于 L * 公司索赔的有关事实情况

L * 公司为本案支付了公证费、购买光驱产品费用、"侵权诉讼代理费""专利侵权行政调处代理费"。

在本案庭审过程中，L * 公司明确主张，电某公司应赔偿其经济损失人民币 1439123 元，并支付在涉案专利临时保护期内制造、销售 J130 型号主轴电机的费用人民币 2426834 元，共计人民币 3865957 元，并承担 L * 公司为调查和制止其侵权行为支付的合理调查费和律师费人民币 30 万元。关于临时保护期使用费。J130 型号，依法院从某立乐金光公司调取的数据，自 2013 年 5 月至 2014 年 6 月，共采购 6966060 个，根据单价及电某公司认可的 6% 利润率计算，获利人民币 2426834 元。

（三）涉及中某公司的有关事实

在本案庭审过程中，L * 公司明确表示认可中某公司所销售的 J130 产品具有合法来源。

北京知识产权法院于 2016 年 9 月 20 日作出（2015）京知民初字第 338 号民事判决：一、电某公司于本判决生效之日起立即停止制造、销售涉案 24C293K160、24C293K070、24C293J130 和 24C293G210 型号主轴电机；二、中某公司自本判决生效之日起立即停止销售含有 24C293J130 型号主轴电机的产品；三、电某公司自本判决生效之日起 10 日内支付 L * 公司发明专利临时保护期使用费共计人民币 2426834 元；四、电某公司自本判决生效之日起 10 日内赔偿 L * 公司经济损失共计人民币 1202048 元；五、电某公司自本判决生效之日起 10 日内赔偿 L * 公司合理支出共计人民币 207240 元；六、驳回 L * 公司的其他诉讼请求。宣判后，电某公司以不构成侵权、侵权获利计算错误为由提起上诉。北京市高级人民法院于 2017 年 9 月 7 日作出（2017）京民终 55 号民事判决：驳回上诉，维持原判。

裁判理由

法院生效裁判认为：

一、L＊公司是否具有主张专利侵权的权利基础

根据查明的事实，涉案专利权人为 L＊公司，涉案专利权在被控侵权产品制造、销售时尚在有效期内，且涉案无效决定也已决定在 L＊公司 2015 年 7 月 6 日提交的权利要求 1~69 的基础上继续维持涉案专利有效，故在无证据证明有关行政或司法程序对涉案专利的有效性作出了否定性评价的情况下，涉案专利在本案中应作为有效专利进行保护。

二、电某公司和中某公司是否存在实施涉案专利的行为

根据查明的事实，现有证据足以证明 L＊公司向中某公司购买的 DVD 刻录机中包含的 J130 型号主轴电机、L＊公司公证购买的 K160 型号主轴电机以及其提交的 K070、G210 型号主轴电机系由电某公司制造或与其制造的同型号主轴电机结构相同，亦即是，电某公司实施了制造、销售 L＊公司主张的被控侵权产品的行为，中某公司实施了销售 J130 型号主轴电机的行为。

（一）对于电某公司制造、销售 J130、K160、K070、G210 四种型号主轴电机的行为

1. 关于 J130 型号主轴电机。由于涉案专利公布文本中的权利要求 1' 为独立权利要求，权利要求 2'~20' 为权利要求 1' 的从属权利要求，而 L＊公司在涉案专利无效程序中修改后的权利要求事实上已经删除了涉案专利申请公布文本的权利要求 21'~41'，因此，对于 L＊公司主张电某公司在涉案专利临时保护期内制造、销售 J130 型号主轴电机是否属于实施涉案专利发明的问题，仅需判断该产品的技术方案是否包含涉案专利公布文本的权利要求 1' 的技术特征，以及是否同时包含经涉案无效决定确认有效的本案 L＊公司主张的有关权利要求的技术特征。

（1）关于 J130 型号主轴电机的技术方案包含涉案专利公布文本中的有关权利要求的技术特征。对于权利要求 1'，首先，本领域技术人员均知晓 PCB 即为印刷电路板，是电子元器件的支撑体，是电子元器件电气连接的载体，而 FPC 一般指柔性电路板，是一种具有配线密度高、重量轻、厚度薄、弯折性好的特点的可挠性印刷电路板。通常认为，FPC 板是 PCB 板

的一种。因此，在电某公司未提交证据证明 PCB 板必定具有较大厚度且 FPC 板不属于 PCB 板的情况下，法院认定 J130 型号主轴电机的技术方案包含权利要求 1' 所述"PCB 印刷电路板"这一技术特征。其次，正如电某公司所述，"外来物质流入防止护栏"是一项功能性限定技术特征，尽管权利要求 1' 并未对护栏的形状、位置、大小等进行限定，但根据涉案专利申请公布文本说明书的记载，其起到的作用是防止外来物质通过 PCB 的露出单元进入，也即是，外来物质流入防止护栏与 PCB700 相配合，在 PCB 的露出单元、部分的开口处对应形成外来物质流入防止护栏 520，且无论外来物质流入防止护栏是与 PCB 的露出单元全部对应还是部分对应，均客观上能起到防止外来物质通过露出单元进入的作用。因此，法院认定 J130 型号主轴电机的技术方案包含权利要求 1' "所述底板形成有外来物质流入防止护栏"这一技术特征。综上，J130 型号主轴电机的技术方案落入权利要求 1' 的保护范围。

（2）关于 J130 型号主轴电机的技术方案是否包含经涉案无效决定确认有效的有关权利要求的技术特征。对于权利要求 1，首先，对于争议特征 1、2。基于与上述对权利要求 1' 的分析基本相同的理由，法院认定 J130 型号主轴电机的技术方案包含争议特征 1、2。

其次，对于争议特征 3。根据涉案专利申请公布文本说明书的记载，"露出单元"由露出底板 500 的部分限定，该露出底板 500 的部分通过布置在底板 500 上的 PCB700 中移除与芯体 210 相对的部分而形成，同时，如上所述，外来物质流入防止护栏与 PCB 相配合，在 PCB 的露出单元、部分的开口处对应形成外来物质流入防止护栏，从而起到防止外来物质通过露出单元进入的作用。J130 型号主轴电机是一种薄型主轴电机，其用于 ODD 光盘驱动器，而根据其安装方式可见，其底板边缘的凸起对应光驱中的光学读取头的滑动轨道位置处，而该滑动轨道则使主轴电机外露于灰尘中，故 J130 型号主轴电机底板边缘的凸起能够起到防止外来物质进入的作用，该凸起即为外来物质流入防止护栏。因此，J130 型号主轴电机的技术方案包含争议特征 3。

再次，对于争议特征 4。如上述关于争议特征 3 的分析，在 PCB 的露出单元、部分的开口处对应形成外来物质流入防止护栏，所述"外来物质流入防止护栏"并非须与 PCB 的露出单元完全对应，而涉案无效决定所认

定的 "从权利要求 1 的整体而言，相对应的位置是指 PCB 的部分的开口的位置与外来物质流入防止护栏的位置相对应，以使得部分的 PCB 与部分的外来物质流入防止护栏相配合防止外来物质通过 PCB 的露出单元进入，PCB 的部分的开口位置必须满足上述对应关系以实现外来物质流入防止护栏的上述功能"，其中并未界定外来物质流入防止护栏须与 PCB 的露出单元完全对应才能防止外来物质进入，相反，本领域技术人员可以根据应用环境和实际需要，设定与 PCB 的露出单元、部分的开口形成对应配合关系的外来物质流入防止护栏的具体形状，以实现所需要的防止外来物质经由露出单元进入的目的。因此，J130 型号主轴电机的技术方案包含争议特征 4，电某公司所主张的禁止反悔原则并无事实和法律依据，法院不予支持。

最后，对于争议特征 5。如上所述，在 PCB 的露出单元、部分的开口处对应形成外来物质流入防止护栏，所述 "外来物质流入防止护栏" 并非须与 PCB 的露出单元完全对应，而 J130 型号主轴电机底板边缘的凸起（即外来物质流入防止护栏）就是 "通过弯曲所述底板的一部分而形成"，故 J130 型号主轴电机的技术方案包含争议特征 5。

另外，电某公司主张，若将涉案专利权保护范围理解为护栏与露出单元部分对应，则将禁止公众继续使用现有技术（如日本专利申请的技术方案）中已经存在的旋转平衡技术方案，从而会妨碍公众对现有技术的正当使用。对此法院认为：日本专利申请要求保护一种用于软片驱动器的主轴电机，其转子导向片 39 或 39c 均是通过利用其与永久磁铁之间的磁吸引力，来抑制旋转结构件的振摆旋转，此所谓电某公司所称 "旋转平衡技术方案"，而在该技术方案中，该转子导向片可以根据需要进行位置设定，而无需考虑防止外来物质进入的问题。相反，涉案专利基于解决与日本专利申请完全不同的技术问题，明确限定外来物质流入防止护栏须与 PCB 的露出单元等特征相配合，并实现防止外来物质经由露出单元进入的作用。况且，涉案专利的权利要求尚有 "所述外来物质流入防止护栏通过弯曲所述底板的一部分而形成" "所述外来物质流入防止护栏沿着所述底板的边缘布置" "布置有用于夹持光盘的夹具" 等技术特征的限定。因此，将涉案专利权保护范围理解为护栏与露出单元部分对应，并未超出涉案专利权利要求限定的范围，也不会妨碍公众对旋转平衡技术方案的正当使用。电某公司的上述主张，缺乏事实和法律依据，法院不予支持。

对于权利要求 2、10、19、30、38、49、57、63。基于与上述对权利要求 1 的分析基本相同的理由，法院认定 J130 型号主轴电机的技术方案包含电某公司对上述权利要求所主张的争议特征，因此，J130 型号主轴电机的技术方案落入上述权利要求的保护范围。对于权利要求 4、20、40、50、65，J130 型号主轴电机的技术方案未包含上述权利要求的附加技术特征，J130 型号主轴电机的技术方案未落入权利要求 4、20、40、50、65 的保护范围。对于权利要求 7、16、26、35、46、56，在 J130 型号主轴电机的技术方案落入上述权利要求所引用的权利要求保护范围的情况下，亦落入上述权利要求的保护范围。对于权利要求 3、6、13、14、23、24、29、33、39、43、44、53、54、60、61、64，在 J130 型号主轴电机的技术方案落入上述权利要求所引用的权利要求保护范围的情况下，亦落入上述权利要求的保护范围。

（3）关于电某公司主张的现有技术抗辩。电某公司主张，其提交的日本专利申请构成涉案专利的现有技术，被控侵权产品实施的是现有技术。

对此法院认为：首先，日本专利申请公开日为 2001 年 2 月 27 日，早于涉案专利的优先权日，故日本专利申请构成涉案专利的现有技术。其次，现有技术抗辩是否成立，要看被控侵权产品落入涉案专利权保护范围的技术特征是否属于与现有技术公开的特征相同或等同的技术特征。本案中，被控侵权产品是用于 ODD 光盘驱动器的主轴电机，而日本专利申请涉及一种软件驱动器，两产品技术领域并不完全相同，也正因如此，被控侵权产品落入涉案专利独立权利要求 1、2、30、38、63 及其从属权利要求等保护范围的"轭翻边单元、夹持光盘的夹具"等技术特征，日本专利申请并不具有相应的技术特征。另外，日本专利申请的技术方案中采用转子导向片 39 和 39C 的原因在于，利用其与永久磁铁之间的磁吸引力，来抑制旋转结构件的振摆旋转，达到一定的磁平衡，故从日本专利申请公开的特征来看，其亦不具有被控侵权产品落入 L＊公司指控的涉案专利有关权利要求保护范围的"底板边缘的凸起"（对应于涉案专利所述"外来物质流入防止护栏"）等技术特征。据此，电某公司提出的现有技术抗辩缺乏事实和法律依据，法院不予支持。

综上，电某公司未经 L＊公司许可，擅自制造、销售 J130 型号主轴电机，构成专利侵权，应当承担停止侵权、赔偿损失等民事责任。

2. 关于 K160、K070 型号主轴电机。电某公司称其对上述两型号主轴电机是否落入涉案专利有关权利要求的意见，同前述 J130 型号主轴电机。据此，基于与前述 J130 型号主轴电机的技术方案落入经涉案无效决定确认有效的前述部分权利要求的保护范围基本相同的理由，法院认定 K160、K070 型号主轴电机的技术方案亦落入 L＊公司主张的前述除权利要求 4、20、40、50、65 外的部分权利要求的保护范围，电某公司未经 L＊公司许可，制造、销售 K160、K070 型号主轴电机，构成专利侵权，应当承担停止侵权、赔偿损失等民事责任。

3. 关于 G210 型号主轴电机。电某公司认为，G210 型号主轴电机的技术方案与 L＊公司所主张的权利要求相比，其仅不具有争议特征 2，其他意见同 J130、K160、K070 三型号主轴电机。据此，基于与前述 J130 型号主轴电机的技术方案落入经涉案无效决定确认有效的前述部分权利要求的保护范围基本相同的理由，法院认定 G210 型号主轴电机的技术方案亦落入 L＊公司主张的前述除权利要求 4、20、40、50、65 外的部分权利要求的保护范围，电某公司未经 L＊公司许可，制造、销售 G210 型号主轴电机，构成专利侵权，应当承担停止侵权、赔偿损失等民事责任。

（二）对于中某公司销售带有 J130 型号主轴电机的 DVD 刻录机的行为

法院认为：根据查明的事实，中某公司未经许可，销售带有构成侵权的 J130 型号主轴电机的 DVD 刻录机，其行为同样属于实施涉案专利的行为，构成专利侵权，应当承担 L＊公司所诉请的停止侵权的民事责任。

三、关于临时保护期使用费、赔偿数额及合理开支的确定

（一）关于临时保护期使用费的确定

临时保护期内实施发明在性质上不属于侵权行为，但与专利授权后的侵权行为系具有不同法律后果的同一事实，权利人有权同时主张失去的利益及损失。临时保护期内实施发明所需支付的费用，可以参照有关专利许可使用费合理确定；没有专利许可使用费可以参照的，可以综合考虑专利权的类型、实施发明的行为性质和情节以及查明的事实等，参照 2008 年

《专利法》第六十五条有关侵权赔偿的规定处理。

本案中，首先，法院向某立乐金光公司调查取证取得的材料显示，2013年5月至2014年6月（处于涉案专利临时保护期内），该公司向电某公司共采购J130型号主轴电机6966060个，总价款约为6587132美元。其次，法院对电某公司进行证据保全时，要求其提供J130型号主轴电机在2013年至2015年内的产量、单价及利润情况，其仅提供了K160、K070、G210三种型号主轴电机的生产销售数据，称"J130的数据查不到了"而未予提供。再次，法院对电某公司进行证据保全时，该公司工作人员表示被控侵权产品利润率一般为5%至6%，并认可某立乐金光公司向其采购了被控侵权产品。最后，针对电某公司在本案庭审中所提出的有关利润依据的异议，法院当庭已向其释明可以补充提供相应证据，但其在庭审后始终未予提交。

基于以上事实，法院认为：产品制造、销售的实际情况通常仅由产品制造者掌握，电某公司制造、销售J130型号主轴电机，其应当拥有该产品的有关数据资料，但在法院要求其提供时，其仅以数据无法查询为由而始终未向法院提供，该理由难以令人信服。另外，尽管电某公司在庭审后向法院提供了数份专利文献，用以证明其被控侵权产品使用了其专利技术，但其并未向法院说明被控侵权产品何处涉及该专利技术的使用，且该专利技术的发明点与涉案专利存在实质区别。因此，在L＊公司已经提供电某公司获利初步证据的情况下，电某公司无正当理由未按法院要求予以提供J130型号主轴电机的制造、销售材料，亦未提交被控侵权产品的营业利润证据，法院认定L＊公司根据某立乐金光公司提供的J130型号主轴电机的产量、单价和汇率换算以及电某公司所认可的6%利润率所提出的主张，合法有据，可以作为确定临时保护期使用费的依据，应予全额支持。

（二）关于赔偿数额的确定

首先，尽管在法院对电某公司进行证据保全时，该公司向法院提供了K160、K070、G210三种型号主轴电机的生产销售数据资料，但该数据与该公司董事兼总经理在东莞市知识产权局现场勘验谈话时的陈述严重不符，故在电某公司未作出合理解释，且在法院允许其进一步补充提交证据而仍未提交的情况下，L＊公司主张以"东莞市知识产权局对电某公司的勘验笔录记载内容”为赔偿数额计算依据，合法有据，应予支持。

其次，由于该公司董事兼总经理在上述现场勘验谈话中提及的K160、K070、G210三种型号主轴电机的生产数量、销售价格系自"2013年6月份左右开始生产"后的情况，而某立乐金光公司提供的证据中明确记载有涉案专利公告授权前的采购数据，故在确定赔偿数额时，应当将某立乐金光公司该部分数据情况予以考虑，即应扣除按相同利润率、L＊公司主张的当月汇率等汇总金额。

最后，由于电某公司未向法院提供J130型号主轴电机的制造、销售数量及利润情况，故可依L＊公司主张的按某立乐金光公司提交数据进行计算，即共计人民币221023元。

综上，参考上述确定J130型号主轴电机临时保护期使用费时所考虑的被告未提供相应证据以及对有关数据的矛盾未作出合理解释等因素，在L＊公司提交初步证据的情况下，法院认定电某公司因侵权获利而应赔偿L＊公司人民币1202048元。

（三）关于合理支出的确定

《最高人民法院关于审理专利纠纷案件适用法律问题的若干规定》第二十二条所述"为制止侵权行为所支付合理开支"，包括权利人或者委托代理人对侵权行为进行调查、取证的合理费用，也包括为本案诉讼所支付的合理律师费用。本案中，L＊公司在行政调处过程中支付的10万元律师费，与本诉讼案件无关，不应予以支持。但是，由于本案系发明专利侵权案件，案情较为复杂，且涉及管辖权异议、调查取证、证据保全、勘验比对等诸多法律程序，故对L＊公司主张的"侵权诉讼代理费"，法院予以支持。另外，由于本案被控侵权产品系作为光驱或刻录机内部配件，且电某公司在行政调处撤案后已收回其制造、销售的K160、K070、G210三种型号主轴电机样品，在理应清楚知晓上述型号主轴电机技术方案的情况下，在本案诉讼中又不对L＊公司向法院提交的主轴电机实物发表质证意见，因此，L＊公司为确定取得置于光驱或刻录机内部的被控侵权产品，多次公证购买终端产品，具有合理性，其所支付的终端产品费用以及公证费，应当予以支持。

鉴于判决电某公司停止侵权即可达到制止侵权的相应法律效果，且L＊

公司请求电某公司销毁库存的被控侵权产品、制造上述被控侵权产品的专用模具和其他工具以及产品包装、说明书、相关产品推广资料、产品图纸、产品型录等，缺乏事实依据，故法院对 L＊公司的该项诉讼请求不予支持。

裁判要旨

1. 临时保护事实上是对《专利法》第十一条第一款规定的禁止权的补充，是对在临时保护期内实施专利行为的事后追责，因此，获得临时保护应当以专利最终被授权为基础。

2. 在存在无效宣告程序时，只有在被诉技术方案均落入发明专利申请公布时申请人请求保护的范围，以及发明专利经无效宣告请求审查决定最终确认有效的保护范围的情况下，才能认定被告在临时保护期内实施了该发明。

3. 由于独立权利要求通常限定了较大的保护范围，因此，在判断被诉技术方案是否落入发明专利申请公布时申请人请求保护的范围时，即使原告同时主张独立权利要求及其从属权利要求，也仅需审查被诉技术方案是否落入申请公布文本的独立权利要求所限定的保护范围，而无需分析是否落入其从属权利要求所限定的保护范围。

关联索引

法官评析

一、临时保护的性质

2008 年《专利法》第十三条规定："发明专利申请公布后，申请人可以要求实施其发明的单位或者个人支付适当的费用。"这是我国对发明专利申请进行临时保护的直接法律依据。

设立临时保护期的理论基础在于，当发明专利申请公布后，申请人拟追求获得的专利权保护范围就已确定，社会公众应当负有避让注意义务，但由于彼时该专利申请并未获得授权，故上述避让义务并非强制性的，而如果该专利申请最终获得授权，公众因违反避让注意义务而实施了该专利，则应当支付适当的费用。因此，对他人在发明专利申请文本公布后至专利权生效日之间的临时保护期内未经许可而实施该专利的，在性质上并不是"侵犯专利权"的行为。对这样的行为，实施者负有"支付适当的费用"的义务，而非承担侵犯专利权的停止侵权、赔偿损失的民事责任。

法理上，发明专利申请人获得的临时保护并非一种权利，而是一种期待性权益。临时保护事实上是对《专利法》第十一条第一款规定的禁止权的补充，是对在临时保护期内实施专利行为的事后追责。也就是说，获得临时保护应当以专利最终被授权为基础，如果发明专利申请在公布后因被驳回、撤回、视为撤回、视为放弃等缘故未最终授予专利权，则丧失了临时保护期内的"使用费给付请求权"。

二、临时保护期实施发明专利的判断规则

2016 年《最高人民法院关于审理侵犯专利权纠纷案件应用法律若干问题的解释（二）》（以下简称《专利侵权纠纷案件司法解释二》）第十八条第二款规定："发明专利申请公布时申请人请求保护的范围与发明专利公告授权时的专利权保护范围不一致，被诉技术方案均落入上述两种范围的，人民法院应当认定被告在前款所称期间内实施了该发明；被诉技术方案仅落入其中一种范围的，人民法院应当认定被告在前款所称期间内未实施该发明。"

上述规定是认定在临时保护期内是否实施发明专利的基本判断原则。

（一）临时保护的保护范围

根据 2008 年《专利法》第五十九条的规定，发明专利权的保护范围以其权利要求的内容为准，说明书及附图可以用于解释权利要求的内容。这是对已经授权的发明专利权的保护范围的规定。通常可以据此根据授权公告文本（或在无效宣告等程序中经修改确定有效的）权利要求的内容来界定 2016 年《专利侵权纠纷案件司法解释二》所述"发明专利公告授权时的专利权保护范围"。

但是，由于发明专利申请公布后，须通过实质审查后才能最终获得专利权，而在临时保护期内的公布文本与被授权的文本可能会有差异，故准确地说，临时保护的保护范围应为原说明书和权利要求书记载的范围，而非仅由发明专利公布文本的权利要求内容确定。实践中，2016 年《专利侵权纠纷案件司法解释二》所述"发明专利申请公布时申请人请求保护的范围"通常仅涉及公布文本权利要求的内容所确定的保护范围。

由于发明专利权人在实质审查阶段可以对其专利申请文件进行修改，因此，专利公告授权时的专利权保护范围相对于发明专利申请公布时申请人请求保护的范围，在发明专利申请人在上述行政程序中有效修改相应的文本后，事实上可能存在保护范围相同、缩小、扩大或者交叉四种情形。

（二）临时保护的一般判断规则

实践中，权利要求的解释或保护范围的界定通常并不绝对清晰明确，甚至是个较为复杂且充斥争议的过程，故如果按照"先确定专利申请公布时与公告授权时的保护范围孰大孰小，再判断被诉技术方案是否落入其中相对更小的保护范围，进而确定是否应当获得临时保护"，并不具有现实操作意义。也正因为此，2016 年《专利侵权纠纷案件司法解释二》确定了"被诉技术方案是否均落入上述两种范围"的判断方法，具体而言：

1. 当发明专利申请公布时申请人请求保护的范围与专利公告授权时的专利权保护范围一致时，被诉技术方案落入前述保护范围，就可以认定实施了该发明。是否落入前述保护范围的认定，应参考专利侵权判定中的全面覆盖原则和等同原则。

2. 当发明专利申请公布时申请人请求保护的范围与专利公告授权时的

专利权保护范围不一致时，即公布文本权利要求所确定的保护范围与授权文本权利要求所确定的保护范围不一致时，则被诉技术方案存在以下两种情况。

第一种情况，被诉技术方案同时落入上述两个保护范围。此时包含三种情形，即当授权文本权利要求所确定的保护范围相对公布文本权利要求所确定的保护范围更小时，落入前者则必然落入后者；当前者相对后者保护范围更大时，落入后者则必然落入前者；当前者和后者保护范围有交叉时，同时落入则能够符合临时保护的性质和概念要求。上述三种情形，均应当认定被告在临时保护期内实施了该发明。

第二种情况，被诉技术方案仅落入其中一个保护范围，则均应当认定未实施该发明。理由是：首先，当授权文本权利要求所确定的保护范围相对公布文本权利要求所确定的保护范围更小时，如果落入后者但未落入前者，如前所述，获得临时保护应当以专利最终被授权为基础，无论专利申请人基于何种原因进行修改并客观上缩小了保护范围，那么被授予专利权的保护范围之外的部分，应当视为自始即不存在，也即是，被放弃的那部分技术方案应当视为自始被放弃，显然也不应该获得临时保护。实践中，缩小保护范围的修改一般都是因为相应的权利要求不符合专利法律法规的相关规定，属于专利申请人被迫放弃的部分，是典型的禁止权利人反悔的情形。其次，当授权文本权利要求所确定的保护范围相对公布文本权利要求所确定的保护范围更大时，如果落入前者但未落入后者，此时因社会公众只能通过公布文本中的权利要求来判断自己实施的技术方案是否落入该发明专利申请的临时保护范围，而不可能预判该专利申请被授权后的保护范围，公众应当有权根据公布文本的权利要求的内容来决定采取何种实施行为，故为维护社会公众的信赖利益，此时亦不应认定在临时保护期内实施了该发明。

（三）临时保护的实践判断规则

如上所述，对于是否在临时保护期内实施了涉案发明专利的认定，2016年《专利侵权纠纷案件司法解释二》第十八条第二款确定了"被诉技术方案是否均落入上述两种范围"的判断方法。此时，首先需要确定的是该条规定所述"发明专利申请公布时申请人请求保护的范围"和"发明专利公告授权时的专利权保护范围"。

（1）对于发明专利申请公布时申请人请求保护的范围，实践中，权利人通常仅提出对公布文本权利要求的主张，即仅就其认为与诉讼案件有关的公布文本中的权利要求提出审查请求，并且，根据临时保护的理论基础，需要确定的是公众避让注意义务的边界，因此，如果权利人同时主张独立权利要求及其从属权利要求，则仅需审查被诉技术方案是否落入申请公布文本的独立权利要求所限定的保护范围。

（2）对于发明专利公告授权时的专利权保护范围，法院通常依据权利人主张的授权公告文本中的权利要求进行审查即可。需要注意的是，如果权利人在无效宣告程序中对专利授权公告文本进行过有效修改，则权利人提出相应主张应以无效宣告请求审查决定最终确认有效的权利要求为准。

（3）被诉技术方案是否均落入上述两种范围的判断。在判断被诉技术是否均落入上述两种范围前，还应当确定权利人所主张的公布文本权利要求与授权公告文本权利要求的关联性，即上述两类权利要求是否存在对应关系。

一审法院合议庭成员　宋鱼水　陈　勇　张晓丽
二审法院合议庭成员　刘晓军　樊　雪　陈　曦
编写人　麦　芽

47. 张某与北京鸿某科技有限公司
侵害外观设计专利权纠纷案

——侵权产品销售者合法来源抗辩的判断要件

关键词 外观设计 侵权产品 合法来源

基本案情

原告张某向北京知识产权法院起诉称：原告发现北京鸿某科技有限公司（以下简称北京某科技公司）未经授权许可，制造并在京东平台上销售、许诺销售被诉侵权产品。经对比，被诉侵权产品外观与涉案专利外观高度近似，被诉侵权产品落入涉案专利权的保护范围。被告的上述制造、销售、许诺销售被诉侵权产品的行为侵犯了原告的外观设计专利权，应承担侵权法律责任。

被告北京鸿某科技公司辩称：被诉侵权产品是被告从赵某玩具厂在阿里巴巴开设的店铺购买的，被告不是被诉侵权产品的实际制造商；原告提供的数量不对。故请求法院驳回原告的诉讼请求。

原告张某对涉案外观设计"停车牌（JK-297）"享有专利权。国家知识产权局对涉案专利作出《外观设计专利权评价报告》，结论为全部外观设计未发现存在不符合授予专利权条件的缺陷。

原告张某的委托代理人分别通过福建省厦门市鹭江公证处的"公证云"平台对其在"京东"网络平台上进行网页浏览、购物操作、接收购买商品的取证过程进行了保全。该公证书记载，在"鸿某汽车用品京东自营旗舰店"的页面搜索中输入"鸿某临时停车牌挪车"，显示销售产品名称为"鸿某临时停车牌挪车电话号码牌汽车路边停车隐藏式卡牌精致夜光 典雅黑",打开该产品链接后显示的销售页面上有数字夜光停车牌产品图片,该页面显示商品价格为"9.9元",页面所有商品累计评价为"1.1万+"。原告的委托代理人在"京东"平台上的"鸿某汽车用品京东自营旗舰店"内,以总额17.9元(商品价格9.9元、运费8元)购买了一个数字夜光停车牌,并在公证员的监督下收到并查看了京东快递运送的商品,商品标签上写明生产商是被告,商品名称为"鸿某隐藏式停车牌",生产日期为"2020-07-01"。

将被控侵权产品与涉案专利进行对比,二者完全相同。

原告主张根据京东店铺上显示的被诉侵权产品累计评价1.1万+,按照一般消费者的评价习惯,可知侵权产品的销售数量超过1.1万件,并请求法院根据上述销售数量酌定赔偿数额。

被告在庭审中辩称,其不是被诉侵权产品的实际制造商,被诉侵权产品是被告从赵某玩具厂在阿里巴巴开设的店铺购买的,分7次共计5750个,进货价1.1元/个,销售价8.5元/个,总销售额为4万余元,并当庭提交了网络销售记录截图,显示被告分7次从赵某玩具厂购买了5750个"新款汽车临时停车挪车电话号码牌隐藏式磁性夜光停车牌金属色定制"和1000个"工厂直销 可定制LOGO 一键隐藏夜光大数字电话号码临时停车牌",其中最早交易时间为2020年8月29日。

原告认可上述证据的真实性,但认为上述证据中显示的商品不能确认系本案停车牌产品。第80972号公证书显示被诉侵权产品的生产日期为2020年7月1日,但被告提交的截图中显示的最早购买日期为2020年8月29日,时间上存在冲突,因此不认可被诉侵权产品实际来源于赵某玩具厂。同时,公证购买的产品有标签条形码,属于制造行为,或是自己制造,或是贴牌加工,均不属于传统的销售行为。

裁判理由

法院生效裁判认为:根据涉案专利图片及说明,涉案专利系停车牌,设计要点在于停车牌的形状。被诉侵权产品亦为停车牌,与涉案专利属于相同种类的产品。将被诉侵权产品外观与涉案专利图片进行对比可见,二者在整体形状设计等方面基本相同,被诉侵权产品所使用的外观设计与涉案外观设计已构成相同的外观设计,落入了涉案外观设计专利的保护范围。

法院认为：原告提交的公证书能够证明被告在京东网络购物平台上开设的"鸿某汽车用品京东自营旗舰店"中销售了被诉侵权产品，鉴于原告公证购买的侵权商品的标签上写明生产商是被告，虽然被告主张被诉侵权产品系从案外人购入，但其提交的证据未能证实其主张（详见有关合法来源抗辩的分析）。故现有证据已达到"待证事实的存在具有高度可能性"的民事证明标准，证实了被诉侵权产品由被告制造并销售的事实，侵害了原告的专利权，应依法承担相应的法律责任。

对于被告主张的合法来源抗辩，需同时满足两个成立要件：一是侵权产品有合法来源，二是侵权产品使用者、销售者主观上对于涉嫌专利侵权不知情。

本案被告针对其合法来源抗辩主张，提交了网络销售记录截图，对此，法院认为：首先，网络销售记录截图系被告单方自制证据，在无其他证据如发票、物流信息等在案佐证的情况下，仅凭截图无法证明已实际履行。其次，被告称被诉侵权产品是其从赵某玩具厂在阿里巴巴开设的店铺购买的，其提交的截图中显示的最早购买日期为 2020 年 8 月 29 日，但第80972 号公证书显示被诉侵权产品的生产日期为 2020 年 7 月 1 日，早于被告所称的从赵某玩具厂购买的日期，虽然被告又称原告购买的可能是赵某玩具厂给其的样品或被告从其他厂家购得的，但未提交有效证据予以佐证。同时，考虑到截图上未清楚、具体地呈现停车牌的形状等外观特征，也就无法确认截图上载明的商品系原告从被告购入的被诉侵权产品，即不能证明被诉侵权产品有合法来源。最后，即便如被告所述被诉侵权产品来源于案外人，但其在产品上加贴标签、标注条形码和生产商的行为属于贴牌加工，其应对被加工的商品进行最基本的审核，而北京某科技公司未能证明其已尽到必要的注意义务，具备"不应当知道"的合理事由。综上，被告有关合法来源的抗辩主张，依据不足，法院不予支持。

关于侵权损害赔偿，法院综合考虑涉案专利的类型、被诉侵权产品的售价、涉案专利对产品价值的贡献度等因素，酌定为 2 万元。

北京知识产权法院于 2022 年 1 月 14 日作出（2022）京 73 民初 1250号民事判决：一、被告立即停止制造、销售、许诺销售侵权产品；二、被告赔偿原告经济损失 2 万元，以及诉讼合理支出 817.9 元。宣判后，北京鸿某科技有限公司提起上诉。北京市高级人民法院于 2022 年 7 月 19 日作出（2022）京民终 359 号民事判决：驳回上诉，维持原判。

裁判要旨

被诉侵权产品销售者在行使合法来源抗辩时，首先要证明所售被诉侵权产品进货渠道的合法性，以及进货单据上各要素的完整性，如果进货单据显示的商品名称、进货时间与被诉侵权产品的商品名称、购买时间不能合理对应，则不能认定其所售被诉侵权产品进货渠道的合法性。另外，被诉侵权产品销售者还需要证明其不具有主观过错，如果本身应当知道所售被诉侵权产品具有侵害他人知识产权的可能性，而未尽到必要的注意义务，则应当认定其具有主观过错。

关联索引

《中华人民共和国侵权责任法》第十五条①第一款第一项、第六项

2008 年《中华人民共和国专利法》第十一条第二款、第六十五条、第七十条

《最高人民法院关于审理侵犯专利权纠纷案件应用法律若干问题的解释》第八条、第十一条

《最高人民法院关于审理侵犯专利权纠纷案件应用法律若干问题的解释（二）》第二十五条

一审：北京知识产权法院（2020）京 73 民初 1250 号（2022 年 1 月 14 日）

二审：北京市高级人民法院（2022）京民终 359 号（2022 年 7 月 19 日）

法官评析

《专利法》第十一条第二款规定，外观设计专利权被授予后，任何单位或者个人未经专利权人许可，都不得实施其专利，即不得为生产经营目的制造、许诺销售、销售、进口其外观设计专利产品。

同时，《专利法》第七十条也作出规定，为生产经营目的使用、许诺销售或者销售不知道是未经专利权人许可而制造并售出的专利侵权产品，

---

① 对应《民法典》第一百七十九条。

能证明产品合法来源的，不承担赔偿责任。设置《专利法》第七十条的目的在于对无过错侵权人提供一种在侵权赔偿责任上的豁免。

为了从源头上遏制侵权现象，积极引导权利人从侵权产品的制造环节制止侵权行为，同时考虑到在合法来源抗辩成立的案件中，侵权产品销售者主观本来意图即不具有侵权的故意，法律特作出免除其赔偿责任的制度设计，既从公平角度保护了善意者的合法权利，同时又有利于促进市场交易，维护良好稳定的经济秩序。

在以中间流通环节或末端销售者为被告提起的侵害知识产权纠纷中，被告以其销售的商品有合法来源进行免责抗辩的十分常见。本案中，原被告之间最主要的争议焦点就是被告的合法来源抗辩能够成立，本案通过分析相关法律和司法解释，厘清合法来源抗辩需同时满足的两个成立要件：一是侵权产品有合法来源，即通过合法的销售渠道、通常的买卖合同等正常商业方式取得产品；二是侵权产品使用者、销售者主观上对于涉嫌专利侵权不知情，包括实际不知道和不应当知道两种情形。

关于第一条对被诉侵权产品是否有合法来源的认定问题，除了其所售商品必须能够与权利人举证的商品相互对应以外，还包括被诉侵权行为人应举证说明商品的提供者，也就是上一个销售者，该主体必须是真实存在的，而不是虚构的。通常而言，一般的诚实销售者，要满足这两个要件是不难的。如前所述，销售者只要提供了销售商品合法来源的相关凭证，就可以同时说明销售商品的提供者。

关于第二条的主观过错认定问题，过错推定责任是过错责任的一种特殊表现形式，它以过错责任为基础，采取举证责任倒置的方式，即首先推定行为人主观上具有过错。如果行为人无法证明自己没有过错，则将承担相应的侵权责任。首先要以构成侵权为基础，再进一步确定侵权责任人需要承担的民事责任，即停止侵权、赔偿损失。

行为人主观上是否存在过失，就成为如何承担赔偿责任的一个重要因素。从公平正义的角度出发，法律需要对恶意侵权和无意侵权的行为人进行区分，使具有不同主观态度的行为人承担不同的民事责任。被诉侵权人没有主观故意，是免除其赔偿责任的条件。

销售者需要提供证据证明自己不存在过错。法律规定，如果销售商不能证明其不存在过失，就需要承担侵权赔偿责任。

司法实践中，如何认定"不知道"，往往是争议的焦点问题。

"不知道"是指"实际不知道且不应知道"。这实际上是对行为人主观善意的要求，需要善意侵权人证明其不知道并且也不应知道被诉产品是侵权产品。这是一种消极事实，根据消极事实的证明规则，一般应由权利人来证明侵权者知道或应当知道其所使用或销售、许诺销售的是侵权产品，以此否定合法来源抗辩的成立；如果权利人无法证明侵权人知道或应当知道的事实，则一般可以推定侵权者不知道其使用、许诺销售、销售的是侵权产品，从而认定其是善意的。

从本源上来说，过错推定来源于诉讼法中的证据法则，并不是实体法中的法理。在民事诉讼的举证规则中，一般实行"谁主张，谁举证"的原则。具体到侵权领域，受害人除了要证明侵害事实之外，还需要证明加害人在主观上存在过错，这就是传统的过错责任。实行过错责任的后果是受害人的利益不能得到充分维护，因此，严格适用过错原则导致的严重社会不公平现象，已经不能适应时代的发展。在这种情况下，就出现了过错推定原则。根据过错推定原则，在损害事实发生后，法院基于某种客观事实或条件而推定行为人具有过失，从而减轻或者免除受害人对过失的证明责任，并由被推定者负担证明自己没有过失的责任。通过这样的规则设置，极大地降低了权利人的举证责任和社会成本，提高了效率。①

在考量销售商的主观要件时，司法实践中，还应当注意另外两个问题。

第一，该主体是否守法经营、审慎理性交易。销售商普遍应当对其进货进行瑕疵审查，如果发现产品具有明显瑕疵，其应当具有防止其进一步进入市场流通环节的义务。例如，某销售商以前进的货曾经涉及侵权民事诉讼，即使当时因不具有主观过错未承担赔偿责任，但其在之后购买同样产品时，就应当知晓该产品可能涉及侵权，属于具有瑕疵的产品。如果其不闻不问，继续销售给用户，就可以判定其具有主观故意。

第二，在判定销售商是否具有主观故意时，还需考虑到其注意义务应当与知识产权的复杂程度相适应。如果是外观设计或者商标标识类产品，不仅是销售商，即使是普通消费者，也普遍具有一定的识别力。尤其在接

---

① 参见姚建军：《销售商合法来源抗辩的成立要件》，载《人民司法》2010年第20期。

到权利人投诉时，销售商完全可以凭借权利人提供的外观设计文件或商标证书，初步判定其销售的产品是否涉嫌侵权。但如果是发明或实用新型专利，因涉及的产品结构较为复杂，有些甚至处于产品的封闭部位，难以看到，即使看到，在存在同等侵权的情况下，显然也不具备判断力，此时就不应给销售者设定过高的注意义务。

因此，本案在详细分析被告证据的基础上，认为被告在对被诉侵权产品进行贴牌加工时未尽到必要的注意义务，不具备"不应当知道"的合理事由，不能满足合法来源抗辩成立的两个要件，据此认定被告有关合法来源的抗辩主张依据不足，不能成立。

一审法院合议庭成员　何　暄　韩　婧　刘晶晶
二审法院合议庭成员　王东勇　吴　斌　曹丽萍
编写人　张凌博

48. 湖南敬某制药有限公司与广东国某制药有限公司、北京广某大药房侵害发明专利权纠纷案

——仅基于取证行为而形成的侵权证据，
不能作为权利人起诉侵权的证据

关键词 陷阱取证　犯意诱发　适格被告　管辖权异议

基本案情

原告湖南敬某制药有限公司（以下简称湖南某制药公司）为一项药品专利的专利权人，原告认为被告一广东国某制药有限公司（以下简称广东某制药公司）制造、销售、许诺销售了"六味补血胶囊"（以下简称被诉侵权产品），被告二北京广某大药房（以下简称北京某大药房）销售了被诉侵权产品。2020 年 8 月 10 日，原告的委托代理人在公证人员陪同下前往位于北京市朝阳区的北京某大药房，以普通消费者身份从北京某大药房处购买了被诉侵权产品 10 盒，并取得收据 1 张。据此，原告以被告二的住所地在北京为由，认为本案应由北京知识产权法院管辖，请求法院判令被告一、被告二立即停止侵权，连带赔偿原告经济损失 3000 万元并支付合理费用。

被告二北京某大药房同意被告一广东某制药公司的意见，并称其本未销售被诉侵权产品，其出售的药品系应原告要求而购进。

法院经审理查明：诉讼过程中，原告提交的（2020）京国信内经证字第 05245 号公证书显示，2020 年 8 月 10 日，原告的委托代理人与北京市国信公证处公证人员一同前往北京某大药房，以普通消费者身份购买了被

诉侵权产品 10 盒，并取得收据 1 张（载有"六味补血胶囊"10 盒，合计 318 元）。

被告二提交了案外人任某与被告二投资人殷某沟通的微信聊天记录截屏打印件及微信零钱明细。微信聊天记录显示，殷某与任某添加为微信好友后，任某向殷某发送被诉侵权产品图片并询问药品存量，殷某回答"没有，需要进"，任某称需要 10 盒并支付定金 150 元。微信零钱明细显示，殷某微信转账收入 150 元、后又微信二维码收款 168 元，总金额与原告所作公证的购买费用吻合。被告二另提交从案外人石家庄某公司采购被诉侵权产品的销售清单、发票等证据，显示其从石家庄某公司购入被诉侵权产品 10 盒。

对于被告二提交的上述证据，原告在法院询问过程中称，原告间接认识任某。且原告在询问后提交的书面质证意见显示，原告并未直接与任某联系，目前暂时无法找到任某，因此无法核实聊天记录的真实性，但其大致过程可能如此。对于进货票据，原告主张该证据说明此次进货是一次正常的补货行为。

北京知识产权法院于 2021 年 3 月 1 日作出（2020）京 73 民初 838 号民事裁定：一、驳回湖南某制药公司针对北京某大药房的起诉；二、本案移送广州知识产权法院审理。宣判后，各方均未提出上诉，裁定已发生法律效力。

裁判理由

法院生效裁判认为：对于本案管辖问题，根据《最高人民法院关于审理专利纠纷案件适用法律问题的若干规定》第二条第一款规定，因侵犯专利权行为提起的诉讼，由侵权行为地或者被告住所地人民法院管辖。本案系侵害发明专利权纠纷，原告主张二被告侵害了其专利权，故以被告二的住所地在北京市为由，起诉至法院，即被告二系本案确定管辖连接点的被告。由于被告二是否属于适格被告，将直接影响法院对本案是否具有管辖权，故应在管辖权异议审查阶段对被告二作为被告是否适格的问题进行审查。

本案中，被告二虽然销售了被诉侵权产品，但其提交了其与任某的微信聊天记录作为反证，对该份证据的真实性，原告表示无法确认。故对该聊天记录的真实性应首先予以查明。对此，原告代理人在法院询问时称，原告间接认识任某，同时，原告代理人庭后提交的书面质证意见称，无法确认其真实性，但经与当事人确认，大致过程可能如此。法院通过原告以上陈述得出以下结论：首先，对于微信聊天记录的内容，原告虽未确认其真实性，但亦未否认其真实性，并表示"大致过程可能如此"，结合微信聊天记录中任某向殷某支付的定金150元，该笔款项与殷某其后通过二维码收款的168元相加所得的318元，恰与原告所作的公证中购物收据所显示的318元相吻合，难谓巧合。故法院对殷某提交的微信聊天记录的真实性予以确认。其次，关于任某的身份问题，原告代理人称原告间接认识任某，且任某通过微信向殷某支付了150元定金，故法院认定任某的行为系为原告进行的取证所为。此外，对于被告二提交的其向石家庄某公司进货的票据，原告并未质疑其真实性，故对该证据的真实性，法院予以确认。

通过上述微信聊天记录及进货票据可知，在原告向被告二购买被诉侵权产品前，被告二并无涉案"六味补血胶囊"销售，其系基于原告的取证行为，应任某的要求而采购了10盒涉案"六味补血胶囊"，且其采购的全部药品，均一次性向原告销售。根据《最高人民法院关于知识产权民事诉讼证据的若干规定》第七条第二款之规定，被诉侵权人基于他人行为而实施侵害知识产权行为所形成的证据，可以作为权利人起诉其侵权的证据，但被诉侵权人仅基于权利人的取证行为而实施侵害知识产权行为的除外。本案中，被告二销售被诉侵权产品的行为正是基于原告的取证行为而进行的，故依照上述规定，原告所作的购买公证不能作为原告起诉被告二侵权的证据。故而，原告起诉被告二侵权，但并未就被告二存在侵权行为提供合法证据，故被告二并非本案适格被告，原告对被告二的起诉，法院予以驳回。

被告二是本案由法院管辖的唯一管辖连接点，故在原告起诉被驳回的前提下，法院将对本案不具有管辖权。在此情况下，本案应依法移送相应具有管辖权的法院管辖。由于本案被告一的住所地位于广东省中山市，根据《最高人民法院关于北京、上海、广州知识产权法院案件管辖的规定》第一条、第二条的规定，广州知识产权法院对广东省内专利民事案件等实行跨区域管辖。故广州知识产权法院对本案具有管辖权。综上，被告一提出的本案应由广州知识产权法院管辖的管辖权异议理由成立，法院予以支持。

裁判要旨

1. 当被告为案件中确定管辖连接点的被告时，其是否属于适格被告，将直接影响法院对案件是否具有管辖权，故应在管辖权异议审查阶段对该被告是否适格的问题进行审查。

2. 仅基于权利人的取证行为而实施侵害知识产权行为的证据，不能作为权利人起诉侵权的证据。被告如本无侵害涉案知识产权的行为，仅基于权利人的诱导而实施的，则因此形成的证据不能作为权利人起诉该被告侵害涉案知识产权的证据，如权利人未提供其他证据，法院应驳回权利人对该被告的起诉。

关联索引

《最高人民法院关于知识产权民事诉讼证据的若干规定》第七条

一审：北京知识产权法院（2020）京 73 民初 838 号（2021 年 3 月 1 日）

法官评析

实践中，出于取证难度、成本等方面的考虑，许多知识产权案件的当事人会选择《最高人民法院关于知识产权民事诉讼证据的若干规定》（以下简称《知识产权民事诉讼证据规定》）第七条所规定的取证行为进行取证。相关取证行为合法性的争议，在知识产权领域早已有之，最早见于著作权纠纷中，较为典型的是北大方某公司、某研究所诉高某公司案①。该案明确了计算机软件著作权侵权案件中可以使用通过无犯意诱发的"陷阱取证"而获得的证据。在法律规定方面，2002 年 10 月 12 日通过的《关于审理著作权民事纠纷案件适用法律若干问题的解释》第八条确认了"购买取证"在著作权案件中的效力。《知识产权民事诉讼证据规定》第七条则在立法层面进一步明确了在除著作权之外的专利权、商标权等知识产权案件中可以进行"购买取证"。其中，第一款确认权利人自行或委托他人以普通购买者名义取证的合法性，并且取证的目的是发现或证明侵权行为，即相关侵权事实已经存在。而第七条第二款的"但书"则是明确了犯意诱

---

① 详见最高人民法院（2006）民三提字第 1 号民事判决书。

发型的陷阱取证不可以作为起诉侵权的证据。

就法理学层面而言，"购买取证"具有合理性，故其被司法解释予以认可。首先，"购买取证"降低证据收集的成本，可以提升司法效率。权利人知悉侵权线索，且权利人的数量相对于法院工作人员的数量占据优势地位，故其自行举证往往比法院调查事实更有效率。其次，部分知识产权侵权案件调查取证较为困难，若不认可"购买取证"获得的证据的合法性，则上述案件难以查清事实。在权利人的合法权益受到侵害时，"购买取证"更有利于实现公平正义。

而犯意诱发型取证严重侵犯被取证人权益，破坏市场秩序，损害公共利益。从社会效益层面考虑，犯意诱发型取证诱发了本无侵权意图和侵权行为的被诉侵权人的侵权行为，增加了社会中违法行为的总量，破坏了市场秩序，并且对该行为人的权益造成了损害。然而，虽然该条款规定了除外情形，但对于被诉侵权人需要如何证明该证据为"仅基于权利人的取证行为所形成的证据"并未作详细规定。笔者认为第七条第二款规定的除外情形的适用需要有如下条件：首先，被诉侵权人本无侵权意图和侵权行为，从行为表现上来看，其未曾实施侵害涉案权利的行为，亦未着手准备实施该行为。此时需与被诉侵权人有许诺销售行为但此前并未售出，仅因权利人的取证行为而初次售出的情形相区分。例如，因在蛋糕上使用"灰太狼"卡通形象引发的侵权纠纷中，原告在公证员的监督下在被告某知名甜品连锁店内产品图册中选择购买一款有"灰太狼"卡通形象的蛋糕，原告认为该甜品店侵犯其著作权，要求被告承担侵权责任，被告辩称该蛋糕是应原告的要求而定作的，是基于原告的取证行为而实施的侵权行为，平时没有销售过"灰太狼"形象的蛋糕。法院则认为：被告在其提供的供消费者选择蛋糕图案的图册中展示了"灰太狼"形象，该图册上所载蛋糕产品，消费者均可定制购买，故对被告的抗辩意见不予采纳。① 其次，需要有证据证明权利人的取证存在诱导行为，即被诉侵权人并非自主提出实施侵权行为的方案，需与权利人提出诉求后，被诉侵权人主动提出包含侵权行为的方案相区分。在购买取证中，所有的事实均发生在被诉侵权人原有的经营活动范围之内，权利人虽带有取证的目的，但从外在表现来看，其

① 详见（2020）苏0312民初6668号民事判决书。

与其他消费者并无区别，被诉侵权人在经营活动中销售被诉侵权产品，则具有可责性。而排除犯意诱发型取证是因为诱导取证行为增加了违法行为的总量，破坏市场秩序并损害了本无侵权意图的被诉侵权人的权利。最后，被诉侵权人在此次侵权行为之后并未继续实施侵权行为。

本案中，原告通过案外人任某预先与北京某大药房的投资人殷某联系，要求其购进被诉侵权产品，并在诉前进行公证购买，从而制造管辖连接点，实现其在北京起诉的目的。原告的该行为属于典型的诱导行为，北京某大药房本无侵权意图和侵权行为，而是在原告的诱导下实施侵权行为，并且将购进的被诉侵权产品全数销售给原告，符合上述条件。对于北京某大药房而言，原告的上述行为使北京某大药房陷入民事纠纷之中，不仅使北京某大药房的投资人付出大量时间、精力，而且原告要求北京某大药房与被告一连带赔偿损失 3000 万元并承担合理费用的主张更有可能使北京某大药房陷入重大债务纠纷之中，给北京某大药房造成重大负担。因此，司法实践中，需要将该种情形排除，并尽可能地将其排除在案件正式审理之前或立案阶段，以减轻被告的诉累。

本案准确适用《知识产权民事诉讼证据规定》第七条的规定，防止原告"选择管辖"，也减轻了不适格被告的诉累，弘扬了公平、诚信的价值准则和良好的社会主义道德风尚。对于犯意诱发型陷阱取证，若仅基于权利人的诱导产生的侵权行为而要求被诉侵权人承担相应责任，则有违诚信原则与社会公序良俗，更与知识产权保护的初衷背道而驰。在本案基础上，分析了"被诉侵权人仅基于权利人的取证行为而实施侵害知识产权行为"这一情形的适用条件，对于相关裁判规则的形成具有重要意义。

一审法院合议庭成员 王　东　赵　玲　逯　遥

编写人 郑　达

二、药品专利链接案件的相关问题

49. 中某制药株式会社与温州海某药业有限公司确认是否落入专利权保护范围纠纷案*

——专利侵权判定规则在药品专利链接纠纷中的适用

关键词 药品专利链接 专利无效 专利侵权判定

基本案情

原告中某制药株式会社（以下简称中某株式会社）诉称：原告是专利号为200580009877.6、名称为"ED-71制剂"的发明专利（以下简称涉案专利）的专利权人，也是相关上市药品"艾地骨化醇软胶囊"（以下简称涉案原研药）的上市许可持有人。原告已在中国上市药品专利信息登记平台（以下简称登记平台）就涉案原研药和涉案专利进行了登记。针对涉案原研药，本案被告向国家药品监督管理局申请了仿制药上市许可，并作出4.2类声明，即其仿制药未落入相关专利权保护范围。被告申请注册的仿制药应具有与涉案原研药相同的活性成分、剂型、规格、适应证、给药途径和用法用量，并需要证明质量和疗效与参比制剂一致。因此，涉案仿制药使用了与涉案专利修改后的权利要求1~6相同或等同的技术方案，落入涉案专利权利要求1~6的保护范围。据此，依据《专利法》第七十六条

---

* 本案例入选《中国审判》2022年度十大典型案例、新时代推动法治进程2022年度十大提名案件，获2022年全国法院技术类知识产权和垄断案件优秀裁判文书一等奖。

的规定，请求法院确认被告申请注册的涉案仿制药落入原告的涉案专利权保护范围。

被告温州海某药业有限公司（以下简称海某公司）辩称：（1）涉案专利在本案诉讼期间已被国家知识产权局宣告无效，该无效决定目前处于起诉期限内。鉴于本案为确认是否落入保护范围纠纷案件，而该判断结论并不会因专利权是否有效而发生变化，故在涉案仿制药并未落入涉案专利保护范围的情况下，本案应进行实体审理，无需驳回原告起诉。（2）被告申请注册的涉案仿制药并未落入涉案专利权利要求1的保护范围。根据被告向国家药品审评机构提供的相关申报材料，涉案仿制药处方中使用的抗氧化剂是×××，而非涉案专利权利要求1中的dl-α-生育酚。此外，涉案专利说明书第［0029］段记载，"本发明中所用的'抗氧化剂'优选从生育酚醋酸酯，二丁基羟基甲苯，天然维生素E，dl-α-生育酚，d-α-生育酚，混合浓缩生育酚，抗坏血酸棕榈酸酯，L-抗坏血酸硬脂酸酯，丁基羟基茴香醚和没食子酸丙酯中选择一种"。其中，×××即被告申请注册的涉案仿制药处方中的抗氧化剂×××。可见，×××属于仅在说明书中描述而在修改后的权利要求1中未记载的技术方案，根据《最高人民法院关于审理侵犯专利权纠纷案件应用法律若干问题的解释》第五条的规定，原告不能将其纳入专利权的保护范围。因此，涉案仿制药并未落入涉案专利权利要求1的保护范围。涉案专利权利要求2~6是直接或间接引用权利要求1的从属权利要求，基于上述相同理由，涉案仿制药亦未落入权利要求2~6的保护范围。据此，请求法院依法判令驳回原告的全部诉讼请求。

法院经审理查明：涉案专利系专利号为200580009877.6、名称为"ED-71制剂"的发明专利，其申请日为2005年2月7日，授权日为2010年12月8日，专利权人为本案原告。本案起诉时，涉案专利处于有效状态。涉案专利授权公告的权利要求如下：

"1. 一种制剂，其包含：

（1）（5Z，7E）-（1R，2R，3R）-2-（3-羟基丙氧基）-9，10-断胆甾-5，7，10（19）-三烯-1，3，25-三醇；

（2）油脂；和

（3）抗氧化剂；

其中，加入所述抗氧化剂用于抑制（5Z，7E）-（1R，2R，3R）-2-

（3-羟基丙氧基）-9，10-断胆甾-5，7，10（19）-三烯-1，3，25-三醇降解为 6E-（1R，2R，3R）-2-（3-羟基丙氧基）-9，10-断胆甾-5（10），6，8（9）-三烯-1，3，25-三醇和/或（5E，7E）-（1R，2R，3R）-2-（3-羟基丙氧基）-9，10-断胆甾-5，7，10（19）-三烯-1，3，25-三醇，经遮蔽、室温保存 12 个月后产生的 6E-（1R，2R，3R）-2-（3-羟基丙氧基）-9，10-断胆甾-5（10），6，8（9）-三烯-1，3，25-三醇和/或（5E，7E）-（1R，2R，3R）-2-（3-羟基丙氧基）-9，10-断胆甾-5，7，10（19）-三烯-1，3，25-三醇的量为 1% 或更少。

2. 根据权利要求 1 的制剂，其中，抗氧化剂是选择 dl-α-生育酚，二丁基羟基甲苯，丁基羟基茴香醚和没食子酸丙酯中的一种。

3. 根据权利要求 1 或 2 的制剂，其中，制剂是软胶囊，硬胶囊或油性液体制剂。

4. 根据权利要求 3 的制剂，其中，制剂是软胶囊。

5. 根据权利要求 1 或 2 的制剂，其中，以重量计，制剂含有相对于油脂为 0.000001%~0.01 重量% 的（5Z，7E）-（1R，2R，3R）-2-（3-羟基丙氧基）-9，10-断胆甾-5，7，10（19）-三烯-1，3，25-三醇和相对于油脂为 0.0001~12 重量% 的抗氧化剂。

6. 根据权利要求 5 的制剂，其中，制剂是软胶囊，硬胶囊或油性液体制剂。

7. 根据权利要求 6 的制剂，其中，制剂是软胶囊。"

2021 年 12 月 30 日，国家知识产权局针对案外人就涉案专利提出的无效宣告请求，作出了第 53498 号无效宣告请求决定书，宣告涉案专利权全部无效。在该无效程序中，原告对涉案专利权利要求进行了修改，将原权利要求 2 中的"抗氧化剂是选自 dl-α-生育酚"加入权利要求 1，删除原权利要求 2，对于其他权利要求的序号进行了相应调整，修改后的权利要求如下：

"1. 一种制剂，其包含：

（1）（5Z，7E）-（1R，2R，3R）-2-（3-羟基丙氧基）-9，10-断胆甾-5，7，10（19）-三烯-1，3，25-三醇；

（2）油脂；和

（3）抗氧化剂；所述抗氧化剂是 dl-α-生育酚；

其中，加入所述抗氧化剂用于抑制（5Z，7E）-（1R，2R，3R）-2-（3-羟基丙氧基）-9，10-断胆甾-5，7，10（19）-三烯-1，3，25-三醇降解为 6E-（1R，2R，3R）-2-（3-羟基丙氧基）-9，10-断胆甾-5（10），6，8（9）-三烯-1，3，25-三醇和/或（5E，7E）-（1R，2R，3R）-2-（3-羟基丙氧基）-9，10-断胆甾-5，7，10（19）-三烯-1，3，25-三醇，经遮蔽、室温保存 12 个月后产生的 6E-（1R，2R，3R）-2-（3-羟基丙氧基）-9，10-断胆甾-5（10），6，8（9）-三烯-1，3，25-三醇和/或（5E，7E）-（1R，2R，3R）-2-（3-羟基丙氧基）-9，10-断胆甾-5，7，10（19）-三烯-1，3，25-三醇的量为 1%或更少。

2. 根据权利要求 1 的制剂，其中，制剂是软胶囊，硬胶囊或油性液体制剂。

3. 根据权利要求 2 的制剂，其中，制剂是软胶囊。

4. 根据权利要求 1 的制剂，其中，以重量计，制剂含有相对于油脂为 0.000001%~0.01 重量%的（5Z，7E）-（1R，2R，3R）-2-（3-羟基丙氧基）-9，10-断胆甾-5，7，10（19）-三烯-1，3，25-三醇和相对于油脂为 0.0001~12 重量%的抗氧化剂。

5. 根据权利要求 4 的制剂，其中，制剂是软胶囊，硬胶囊或油性液体制剂。

6. 根据权利要求 5 的制剂，其中，制剂是软胶囊。"

针对涉案专利中的抗氧化剂 dl-α-生育酚，双方当事人确认其结构式如下：×××。

针对抗氧化剂的选择，涉案专利说明书第〔0029〕段记载："抗氧化剂优选从生育酚醋酸酯，二丁基羟基甲苯，天然维生素 E，dl-α-生育酚，d-α-生育酚，混合浓缩生育酚，抗坏血酸棕榈酸酯，L-抗坏血酸硬脂酸酯，丁基羟基茴香醚和没食子酸丙酯中选择一种，更优选从 dl-α-生育酚，二丁基羟基甲苯，丁基羟基茴香醚和没食子酸丙酯中选择一种，最优选选择 dl-α-生育酚。"

涉案专利的上市药品为"艾地骨化醇软胶囊（剂型：胶囊剂；规格：0.75μg；批准文号：国药准字 HJ20200058）"，适应证为骨质疏松症。原告就上述药品已在登记平台进行登记，上市许可持有人亦为原告。

原告在登记平台针对涉案专利进行了专利信息登记。登记信息中显示，上市药品与涉案专利权利要求的对应关系为 1~7，专利类型为化学药品含活性成分的药物组合物专利，上述登记信息已于 2021 年 7 月 13 日公开。

登记平台显示，国家药监局于 2021 年 8 月 16 日受理了被告提出的涉案仿制药的注册申请，受理号为 CYHS2101591 国，被仿制药为涉案专利上市药品。针对涉案专利，被告在登记平台作出 4.2 类声明，认为涉案仿制药未落入涉案专利权利要求 2 的保护范围。

为证明涉案仿制药未落入涉案专利保护范围，被告向法院提交了涉案仿制药上市注册申请材料中与×××相关内容的复印件，原告认可上述证据与法院从国家药监局所调取的涉案仿制药申请材料一致。上述证据中：

证据 1 为涉案仿制药的生产处方，其"表 3.2.P.3-1 批处方"中记载了涉案仿制药中×××的作用为抗氧化剂，执行标准为×××。

证据 2 为涉案仿制药处方中的辅料信息，其中"表 3.2.P.4-1 原辅料的来源信息"中记载了×××。

证据 3 为×××的证明性文件，系证据 2 的附件，其中包括涉案仿制药中×××。

证据 16 是涉案仿制药中×××在国家药监局"原料药登记数据"的登记备案信息，其中×××。

上述证据显示，涉案仿制药使用的辅料×××的结构式如下：×××。

北京知识产权法院于 2022 年 4 月 5 日作出（2021）京 73 民初 1438 号民事判决：驳回原告中某株式会社的诉讼请求。宣判后，中某株式会社提起上诉。最高人民法院于 2022 年 8 月 5 日作出（2022）最高法知民终 905 号民事判决：驳回上诉，维持原判。

裁判理由

法院生效裁判认为：《专利法》第七十六条规定，药品上市审评审批过程中，药品上市许可申请人与有关专利权人或者利害关系人，因申请注册的药品相关的专利权产生纠纷的，相关当事人可以向人民法院起诉，请求就申请注册的药品相关技术方案是否落入他人药品专利权保护范围作出判决。国务院药品监督管理部门在规定的期限内，可以根据人民法院生效裁判作出是否暂停批准相关药品上市的决定。

该条款虽规定了相关当事人可依据申请注册的药品相关的专利权提起此类诉讼，但并未进一步规定所涉专利的范围。《最高人民法院关于审理申请注册的药品相关的专利权纠纷民事案件适用法律若干问题的规定》（以下简称《药品专利纠纷司法解释》）第二条规定，《专利法》第七十六条所称相关的专利，是指适用国务院有关行政部门关于药品上市许可审批与药品上市许可申请阶段专利权纠纷解决的具体衔接办法的专利。

该司法解释中所称"具体衔接办法"是指国家药监局、国家知识产权局共同制定的《药品专利纠纷早期解决机制实施办法（试行）》（以下简称《药品专利纠纷实施办法》）。针对本案所涉化学药品相关的专利，该实施办法第五条规定，化学药上市许可持有人可在中国上市药品专利信息登记平台登记药物活性成分化合物专利、含活性成分的药物组合物专利、医药用途专利。

本案中，涉案专利为含活性成分的化学药物组合物专利，属于《药品专利纠纷实施办法》第五条规定的专利类型，符合《药品专利纠纷司法解释》第二条的规定。

《药品专利纠纷司法解释》第三条规定："专利权人或者利害关系人依据专利法第七十六条起诉的，应当按照民事诉讼法第一百一十九条第三项的规定提交下列材料：（一）国务院有关行政部门依据衔接办法所设平台中登记的相关专利信息，包括专利名称、专利号、相关的权利要求等；（二）国务院有关行政部门依据衔接办法所设平台中公示的申请注册药品的相关信息，包括药品名称、药品类型、注册类别以及申请注册药品与所涉及的上市药品之间的对应关系等；（三）药品上市许可申请人依据衔接办法作出的四类声明及声明依据。"

本案中，中某株式会社为涉案专利的专利权人，其已就涉案专利在登记平台进行了相关信息登记。海某公司的涉案仿制药申请目前已被受理，且该仿制药相关信息已在登记平台公示。针对涉案专利，海某公司在登记平台上作了4.2类声明，即涉案仿制药未落入涉案专利权保护范围。基于此，依据前述规定，中某株式会社有权就海某公司申请注册的涉案仿制药是否落入涉案专利的保护范围提起诉讼。

需要指出的是，涉案专利虽已被国家知识产权局宣告无效，但该无效决定目前处于起诉期限内。本案中，原告、海某公司双方均主张应进行实体审理，考虑到上述主张并结合本案其他相关因素，法院现对涉案仿制药是否落入涉案专利保护范围进行判断。

中某株式会社主张涉案仿制药落入其在专利无效程序中修改后的权利要求1~6的保护范围，海某公司则认为涉案仿制药使用的抗氧化剂是×××，而非涉案专利权利要求1中的dl-α-生育酚，因此，并未落入涉案专利权利要求1~6的保护范围。

基于海某公司提交的涉案仿制药申报材料可以看出，涉案仿制药使用的辅料为×××。将该标准中记载的×××的结构式与原告、海某公司双方已确认的涉案专利权利要求1中dl-α-生育酚的结构式进行对比可以看出，二者并不相同，中某株式会社对此亦予以认可。基于此，涉案仿制药并未使用涉案权利要求1中的dl-α-生育酚，中某株式会社有关涉案仿制药使用了与涉案专利权利要求1相同的技术方案的主张不能成立。

中某株式会社主张即便涉案仿制药并未使用与涉案专利权利要求1相同的技术方案，二者亦构成等同的技术方案。《最高人民法院关于审理侵犯专利权纠纷案件应用法律若干问题的解释》第七条规定，被诉侵权技术方案包含与权利要求记载的全部技术特征相同或者等同的技术特征的，人民法院应当认定其落入专利权的保护范围。虽然该条款中将权利要求的保护范围扩大到等同的情形，但需要注意的是，该司法解释第五条同时规定，对于仅在说明书或者附图中描述而在权利要求中未记载的技术方案，权利人在侵犯专利权纠纷案件中将其纳入专利权保护范围的，人民法院不予支持。该规定是对捐献原则的具体体现，其目的在于保护公众基于专利文件的公示效力而产生的合理预期。依据该规定，对于仅在说明书或附图中记载但未被纳入权利要求保护范围的技术特征，不能依据等同原则将其纳入权利要求的保护范围内。

虽然该司法解释适用于专利侵权案件，而本案为确认是否落入专利权保护范围案件，但该司法解释确定的规则同样适用于本案。本案中，中某株式会社主张构成等同的技术特征同样是涉案仿制药中的×××。中某株式会社认可涉案仿制药申报材料中使用的×××，但认为该技术特征与涉案专利中的dl-α-生育酚构成等同的技术特征。海某公司则认为以×××作为抗氧化剂的技术方案已被捐献。

由查明事实可以看出，针对×××，涉案专利说明书第［0029］段有如下记载："本发明中所用的抗氧化剂优选从生育酚醋酸酯，二丁基羟基甲苯，天然维生素 E，dl-α-生育酚，d-α-生育酚，混合浓缩生育酚，抗坏血酸棕榈酸酯，L-抗坏血酸硬脂酸酯，丁基羟基茴香醚和没食子酸丙酯中选择一种"。基于上述记载可以看出，×××作为抗氧化剂使用的技术方案已被记载于涉案专利说明书中，但该技术方案并未被涵盖在涉案专利权利要求 1 的范围内（权利要求 1 中使用的抗氧化剂是 dl-α-生育酚）。据此，依据前述规定中体现的捐献原则，涉案仿制药使用的×××与涉案专利中的 dl-α-生育酚并不构成等同的技术特征。

中某株式会社主张修改前的权利要求 1 中涵盖了将×××作为抗氧化剂这一技术方案，这表明专利权人并未将使用×××作为抗氧化剂的技术方案进行捐献。因此，捐献原则并不适用于本案。中某株式会社这一主张的成立至少需满足以下两个条件：其一，捐献原则所指权利要求是指修改前的权利要求，或者至少包括修改前的权利要求；其二，捐献原则的适用需要以专利权人有捐献意愿为前提。

专利权人在专利确权程序中虽可以对权利要求进行修改，但修改行为并不会使该专利权同时或先后存在两个有效的权利要求，而只是以修改后的权利要求替代修改前的权利要求，修改后的权利要求自始生效。这也就意味着，前述司法解释第五条中所称的权利要求只能指向修改后的权利要求。此外，前文中已指出，捐献原则保护的是公众基于专利文件的公示效力而产生的合理预期，其与专利权人是否主观有捐献的意愿无关，因此，即使专利权人并无此意愿，亦不影响捐献原则在本案中的适用。由此可知，修改前的权利要求是否包括×××，以及中某株式会社是否有捐献的意愿，均不影响捐献原则在本案中的适用。据此，中某株式会社有关本案不适用捐献原则的主张不能成立，对此不予支持。

基于上述分析，虽然涉案专利权利要求 1 的保护范围可以延及等同的技术方案，但具体到 dl-α-生育酚这一技术特征，其等同的范围不包括涉案仿制药使用的×××，据此，涉案仿制药中将×××作为抗氧化剂的技术方案与涉案专利权利要求 1 不属于等同的技术方案。

因涉案仿制药使用的技术方案与涉案专利权利要求 1 的技术方案既不相同，亦不等同，故该技术方案未落入涉案专利权利要求 1 的保护范围。鉴于权利要求 2~6 为权利要求 1 的从属权利要求，在涉案仿制药的技术方案未落入权利要求 1 的保护范围的情况下，尽管海某公司在庭审中认可涉案仿制药具有权利要求 2~6 的附加技术特征，其仍然不落入权利要求 2~6 的保护范围。据此，中某株式会社有关涉案仿制药落入涉案专利权利要求 1~6 的保护范围的主张不能成立，对此不予支持。

综上，海某公司申请注册的涉案仿制药并未落入中某株式会社的涉案专利权利要求 1~6 的保护范围。

裁判要旨

1. 对于确认是否落入专利权保护范围纠纷，可以适用《专利法》及相关司法解释关于专利侵权判定的相关规定。

2. 专利权人在专利确权程序中虽可以对权利要求进行修改，但修改行为并不会使该专利权同时或先后存在两个有效的权利要求，而只是以修改后的权利要求替代修改前的权利要求，修改后的权利要求自始生效。这也就意味着，《最高人民法院关于审理侵犯专利权纠纷案件应用法律若干问题的解释》第五条中所称的权利要求只能指向修改后的权利要求。

3. 捐献原则保护的是公众基于专利文件的公示效力而产生的合理预期，与专利权人是否主观有捐献的意愿无关。即使专利权人并无此意愿，亦不影响捐献原则在案件中的适用。

关联索引

2021 年《中华人民共和国专利法》第七十六条

一审：北京知识产权法院（2021）京 73 民初 1438 号（2022 年 4 月 15 日）

二审：最高人民法院（2022）最高法知民终 905 号（2022 年 8 月 5 日）

法官评析

一、专利侵权判定规则在药品专利链接纠纷案件中的适用

药品专利纠纷早期解决机制的作用主要在于，将原研药专利权人或利害关系人与仿制药申请人在药品上市之后可能发生的侵犯专利权等纠纷提前到药品上市审评审批过程中解决。正因如此，确认是否落入专利权保护范围纠纷与专利侵权纠纷两类诉讼在权利基础、是否落入专利权保护范

围、现有技术抗辩、先用权抗辩等问题的审理规则上存在共性。对于确认是否落入专利权保护范围纠纷，可以适用《专利法》及相关司法解释关于专利侵权判定的相关规定。

二、关联无效程序对药品专利链接案件的影响

药品专利纠纷早期解决机制的设立目的既在于保护药品专利权人的合法权益以降低仿制药上市后的专利侵权风险，亦在于保护仿制药企业的利益，保证符合要求的仿制药的审批程序不会受到不合理影响。就本案而言，涉案专利在药品专利链接纠纷审理过程中被国家知识产权局宣告无效。虽然基于前述理由，在确认是否落入专利权保护范围纠纷中适用《最高人民法院关于审理侵犯专利权纠纷案件应用法律若干问题的解释（二）》有关"先行裁驳、另行起诉"的规定并无障碍，但在相关纠纷很可能已给涉案仿制药申请触发等待期，且本案双方特别是作为仿制药企的被告亦主张对本案进行实体审理的情况下，对本案进行实体审理更有利于消除原被告纠纷、平衡各方利益。

一审法院合议庭成员　杜长辉　芮松艳　刘炫孜
二审法院合议庭成员　朱　理　崔　宁　柯胥宁
编写人　陈一平

50. 住某制药株式会社与浙江华某药业股份有限公司 确认是否落入专利权保护范围纠纷案

——确认是否落入专利权保护范围之诉中专利 被宣告无效可先行裁驳

关键词 确认是否落入专利权保护范围 药品专利链接
专利无效 裁定驳回

基本案情

住某制药株式会社（以下简称住某株式会社）诉称：住某株式会社系涉案专利的专利权人，涉案专利被国家知识产权局所作出的无效宣告请求审查决定宣告专利权全部无效，目前该决定处于行政诉讼阶段。专利权无效宣告请求审查决定并非一经作出即发生确定的法律效力，在其产生确定的法律效力之前，专利权仍属有效。住某株式会社仍可依法提起确认是否落入专利权保护范围纠纷的诉讼。相关法律法规以及司法解释均未规定相关专利被宣告无效，专利权人或相关利害关系人不能提起诉讼，关于"先行裁驳、另行起诉"的司法解释并不适用于本案的情形。确认是否落入专利权保护范围的专利链接制度的设立旨在消除申请注册的药品可能侵害专利权的可能性，更类似于确认不侵害专利权之诉，而非专利权人提起的侵权之诉。对于确认不侵害专利权之诉，涉案专利被国家知识产权局宣告无效并不会影响对该案进行实体审理。故住某株式会社提起本案诉讼具有事实与法律依据，应被受理，不应被裁定驳回起诉。

浙江华某药业股份有限公司（以下简称华某公司）答辩称：基于涉案

专利已被国家知识产权局宣告全部无效的情况下，本案应裁定驳回住某株式会社的起诉，尽管涉案专利处于行政诉讼程序中，仍不宜继续审理本案。综上所述，请求法院裁定驳回住某株式会社的起诉。

法院经审理查明：涉案专利系专利号为 ZL200680018223.4、名称为"药物组合物"的发明专利，专利权人为住某株式会社。国家知识产权局作出第 47048 号无效宣告请求审查决定，宣告涉案专利权全部无效。住某株式会社不服上述审查决定，提起行政诉讼。北京知识产权法院作出（2021）京 73 行初 9078 号行政判决，判决驳回原告住某株式会社的诉讼请求。

北京知识产权法院于 2022 年 8 月 5 日作出（2021）京 73 民初 1720 号民事裁定：驳回原告住某株式会社的起诉。宣判后，住某株式会社提起上诉。最高人民法院于 2022 年 12 月 13 日作出（2022）最高法知民终 2177 号民事裁定：驳回上诉，维持原裁定。

裁判理由

法院生效裁判认为：《专利法》第七十六条规定，药品上市审评审批过程中，药品上市许可申请人与有关专利权人或者利害关系人，因申请注册的药品相关的专利权产生纠纷的，相关当事人可以向人民法院起诉，请求就申请注册的药品相关技术方案是否落入他人药品专利权保护范围作出判决。国务院药品监督管理部门在规定的期限内，可以根据人民法院生效裁判作出是否暂停批准相关药品上市的决定。

针对涉案专利，华某公司主张涉案专利已被国家知识产权局宣告全部无效，尽管其仍在诉讼程序中，本案仍应驳回住某株式会社的起诉。

对此，法院认为：本案系确认是否落入专利权保护范围纠纷案件，针对此类案件中涉案专利被国家知识产权局宣告无效的情况，法院是否可以裁定驳回原告起诉，现有规定并未明确涉及，但针对侵犯专利权纠纷案件中出现的此类情形，《最高人民法院关于审理侵犯专利权纠纷案件应用法律若干问题的解释（二）》（以下简称《侵犯专利权纠纷解释二》）第二条作了以下规定："权利人在专利侵权诉讼中主张的权利要求被国务院专利行政部门宣告无效的，审理侵犯专利权纠纷案件的人民法院可以裁定驳回权利人基于该无效权利要求的起诉。有证据证明宣告上述权利要求无效的决定被生效的行政判决撤销的，权利人可以另行起诉。专利权人另行起诉的，诉讼时效期间从本条第二款所称行政判决书送达之日起计算。"

虽然上述规定所针对的是侵犯专利权纠纷案件，而本案为确认是否落入专利权保护范围纠纷案件，但因药品专利纠纷早期解决机制的作用主要在于，将原研药专利权人或利害关系人与仿制药申请人在药品上市之后可能发生的侵犯专利权等纠纷提前到药品上市审评审批过程中解决，故两类诉讼在权利基础、是否落入专利权保护范围、现有技术抗辩、先用权抗辩等问题的审理规则上必然存在共性。而本案所涉专利被宣告无效的情形即涉及针对权利基础的审理规则，故基于两类诉讼之间存在的明显内在联系，法院在审理确认是否落入专利权保护范围之诉时参照适用《侵犯专利权纠纷解释二》第二条之规定并不存在障碍。

药品专利纠纷早期解决机制设立的目的既在于保护药品专利权人的合法权益，降低仿制药上市后专利侵权风险，亦在于保护仿制药企业的利益，保证符合要求的仿制药的审批程序不会受到不合理影响。尤其需要指出的是，该机制并不排斥后续可能出现的侵权之诉。从这一制度目的出发分析本案所涉情形可以发现，若以被国家知识产权局宣告无效的专利权为基础认定被诉技术方案落入涉案专利权的保护范围，由此会产生仿制药审批暂停、延迟上市的后果。而如果该无效决定最终被生效判决所维持，则既造成了仿制药企业损失，也不利于提高药品可及性。尽管在此类案件中裁定驳回起诉会使得仿制药可进入正常的审评审批程序，但若有证据证明宣告上述权利要求无效的决定被生效的行政判决撤销，对于仿制药企业实施的制造、销售等行为，专利权人可以另行提起侵权之诉，其合法权益仍会被有效维护。总体而言，专利权人或利害关系人在确认是否落入专利权保护范围案件中主张的权利要求被国家知识产权局宣告无效的，裁定驳回起诉的处理方式有利于平衡双方当事人的利益，也符合药品专利纠纷早期解决机制的制度定位。

参照《侵犯专利权纠纷解释二》第二条的规定可知，在侵权诉讼中，当事人主张的权利要求被国家知识产权局宣告无效的，法院裁定驳回权利人基于该无效权利要求的起诉，并不以该无效宣告请求决定必须经生效判决确认为前提条件。结合前述分析，该规则在专利权人或利害关系人提起的确认是否落入专利权保护范围案件中同样适用。因此，住某株式会社关于无效审查决定对应的司法程序尚未结束，故本案不应裁驳的主张不能成立，法院不予支持。

此外，住某株式会社还主张在确认不侵犯专利权案件中，即使存在涉案专利权已被国家知识产权局宣告无效的情形，司法实践中法院亦会对其进行实体审理，因此，本案亦应作出实体判决。对此，法院认为：该类案件中的前述做法是否可适用于本案，取决于两类诉讼的诉讼目的是否相同。本案为由专利权人提出的确认"落入"专利权保护范围之诉，其与被警告人提出的确认"不侵害"专利权之诉的区别在于，后者的目的主要在于消除被警告人因专利权人发出的侵权警告而所处的不安状态。即使相关权利要求被国家知识产权局宣告无效，只要被警告人的不安状态仍然存在，则法院有必要对该不安状态是否应予消除进行实体判断。实际上，从制度目的而言，药品上市许可申请人请求确认申请注册药品未落入相关专利权保护范围的案件与被警告人请求确认不构成侵权的案件更为相似。可见，对于专利权人或利害关系人提出的确认落入专利权保护范围之诉，其实质目的与侵权诉讼并无不同，均在于为专利权人或利害关系人提供救济，而与确认不侵权之诉存在明显区别。因此，住某株式会社关于应参照确认不侵权之诉的审理规则作出实体判决的主张不能成立，法院不予支持。

裁判要旨

专利权利人提起确认是否落入专利权保护范围纠纷之诉后，涉案专利权被国家知识产权局宣告无效，但宣告专利权无效的审查决定尚未确定发生法律效力的，人民法院可以先行裁定驳回原告的起诉。

关联索引

2020 年《中华人民共和国专利法》第七十六条

《最高人民法院关于审理侵犯专利权纠纷案件应用法律若干问题的解释（二）》第二条

一审：北京知识产权法院（2021）京 73 民初 1720 号（2022 年 8 月 5 日）

二审：最高人民法院（2022）最高法知民终 2177 号（2022 年 12 月 13 日）

法官评析

本案是确认是否落入专利权保护范围纠纷类诉讼受理以来首例因专利权被宣告全部无效而先行裁驳的案例。此类诉讼属于新类型诉讼，相关审判实践所积累的经验、规律并不丰富。本案合议庭在探索相关法律依据、确定如何适用法律并依法作出裁判这一过程中，充分结合此类诉讼的设置目的、自身程序与实体特点以及制度价值等因素进行综合考量。

明确确认是否落入专利权保护范围之诉的设置目的须溯源至2020年修正的《专利法》第七十六条，该条规定了药品在上市审评审批过程中产生的与申请注册的药品相关的专利权纠纷的情形，药品上市许可申请人与有关专利权人或利害关系人可以向人民法院就申请注册的药品相关技术方案是否落入专利权保护范围提起民事诉讼。针对该条，最高人民法院就审理申请注册的药品相关的专利权纠纷民事案件如何适用法律出台司法解释，其中明确规定此类诉讼的案由为确认是否落入专利权保护范围纠纷。由此可知，此类诉讼旨在将药品相关专利的专利权人或利害关系人与药品上市许可申请人在药品获批上市后可能发生的相关专利侵权诉讼前置到药品审评审批阶段进行早期解决。因此，双方仅可就申请注册的药品相关技术方案是否落入专利权保护范围诉至法院请求作出裁判。换言之，确认是否落入专利权保护范围纠纷可视为将相关药品专利侵权诉讼中的判定是否落入专利权保护范围环节前置到药品审评审批阶段单独形成一类诉讼。确认是否落入专利权保护范围诉讼系脱胎于专利侵权诉讼，故二者在针对权利基础、是否落入保护范围的判断、现有技术抗辩、先用权抗辩等问题的审理规则上必然存在共性。基于两类诉讼之间存在的明显内在联系，人民法院在审理确认是否落入专利权保护范围之诉时参照适用《侵犯专利权纠纷解释二》第二条之规定并不存在障碍。

确认是否落入专利权保护范围之诉应与确认不侵犯专利权之诉进行区分。上述两类诉讼虽都是确认之诉，但二者的诉讼目的差异明显。本案为由专利权人提出的确认"落入"专利权保护范围之诉，其与被警告人提出的确认"不侵害"专利权之诉的区别在于，后者的目的主要在于消除被警告人因专利权人发出的侵权警告而所处的不安状态。即使相关权利要求被国家知识产权局宣告无效，只要被警告人的不安状态仍然存在，则人民法院仍有必要对该不安状态是否应予消除进行实体判断。就此延伸分析，药品上市许可申请人请求确认申请注册药品未落入相关专利权保护范围的案件与被警告人请求确认不构成侵权的案件在诉讼目的上更为相似。

此类诉讼适用先行裁驳的裁判规则亦符合药品专利纠纷早期解决机制的制度价值。药品专利纠纷早期解决机制设立的目的既在于保护药品专利权人的合法权益，降低仿制药上市后专利侵权风险，亦在于保护仿制药企业的合法利益，保证符合要求的仿制药的审批程序不会受到不合理影响。尤其需要指出的是，该机制并不排斥后续可能出现的侵权之诉。从这一制度目的出发分析本案所涉情形可以发现，若以被国家知识产权局宣告无效的专利权为基础认定被诉技术方案落入涉案专利权的保护范围，由此会产生仿制药审批暂停、延迟上市的后果。而如果该无效决定最终被生效判决所维持，则既造成了仿制药企业损失，也不利于提高药品可及性。尽管在此类案件中裁定驳回起诉会使得仿制药可进入正常的审评审批程序，但若有证据证明宣告上述权利要求无效的决定被生效的行政判决撤销，对于仿制药企业实施的制造、销售等行为，专利权人可以另行提起侵权之诉，其合法权益仍会被有效维护。总体而言，专利权人或利害关系人在确认是否落入专利权保护范围案件中主张的权利要求被国家知识产权局宣告无效的，裁定驳回起诉的处理方式有利于平衡双方当事人的利益，也符合药品专利纠纷早期解决机制的制度定位。

一审法院合议庭成员 杜长辉　芮松艳　刘炫孜

二审法院合议庭成员 崔　宁　佘朝阳　柯胥宁

编写人 刘炫孜　邓文轩

三、技术类合同及权属案件的相关问题

51. 北京亚某生物制药有限公司与北京博某医药科技发展有限公司技术委托开发合同纠纷案

——技术类委托开发合同委托方的验收责任与解除条件认定

关键词 民事 技术委托开发合同 验收责任 合同解除条件审查

基本案情

原告北京亚某生物制药有限公司（以下简称北京亚某公司）诉称：2008 年 7 月 2 日，其与北京博某医药科技发展有限公司（以下简称北京博某公司）先后签订《技术开发（委托）合同》（以下简称涉案合同）和关于付款的补充协议，北京亚某公司委托北京博某公司研究开发"参白痛经颗粒"（以下简称涉案药品）临床试验并协助北京亚某公司取得新药证书和临床批件项目。但是，北京博某公司违约，存在迟延交付和不规范、造假、不完整等可能使其面临处罚的交付不合格行为以及未在约定期限内通过审批，导致合同目的无法实现。原告坚持依据《民法典》第五百六十三条第一款第四项和涉案合同违约条款一并主张法定解除和约定解除，同时认为构成合同僵局。故请求一审法院：（1）判令解除双方当事人签订的涉案合同及补充协议；（2）判令北京博某公司向北京亚某公司返还已付合同款 185 万元并赔偿利息损失。

被告北京博某公司辩称：北京亚某公司超过法定解除权行使期限。涉案合同已履行完毕，北京博某公司依约提交工作成果，且经北京亚某公司验收合格。根据涉案合同付款条件，总价款 200 万元，临床试验总结报告及相关资料验收合格前，应付 180 万元，验收合格后付 5 万元。2011 年 5 月 11 日，北京亚某公司向北京博某公司支付验收合格节点的 5 万元，涉案合同付至 185 万元。至少 2013 年以前北京亚某公司就已提交申报，说明其对工作成果认可，并非申报注册完成拿到批文才是验收完成。案涉临床试验不存在修改、伪造、变造等真实性问题。按涉案合同约定，不存在退款事实依据。因此，请求驳回原告的全部诉讼请求。

法院经审理查明：2008 年 7 月，北京亚某公司（甲方）与北京博某公司（乙方）签订涉案合同，甲方委托乙方代理研究开发使甲方取得"参白痛经颗粒"的新药证书及生产注册批件的 Ⅱ、Ⅲ 期临床试验，并积极协助甲方取得涉案药品的新药证书和临床批件项目。合同约定：乙方按照《药品临床试验质量管理规范》及相关法规要求，负责对整个临床试验的监查、数据核查工作，对临床试验资料真实性、完整性和有效性承担全部责任；双方确定的验收标准是，乙方完成的研究所形成的全部研究资料通过国家食品药品监督管理总局及国家药品审评中心审评；若乙方未依约履行法定或约定义务，则乙方违约，乙方应无条件退还甲方已付全部款项，若临床试验完成后，由于乙方提供的临床试验资料的原因而导致申报注册失败、退审或不批准，乙方应承担责任并退还甲方已付的全部技术服务费用 31 万元；涉案项目总费用 200 万元，分三笔付给乙方。

2011 年 5 月，双方签订补充协议，对涉案合同第三笔款项支付更改为：第三笔款，甲方对 Ⅱ、Ⅲ 期临床试验的临床总结报告及相关资料验收合格后，支付乙方 5 万元；第四笔款，乙方积极协助甲方通过涉案药品新药证书及生产注册批件的申报审批后 5 个工作日内，支付乙方剩余费用 15 万元。

北京亚某公司分别于 2008 年 7 月 10 日、2010 年 2 月 26 日、2011 年 5 月 10 日向北京博某公司支付 100 万元、80 万元、5 万元，共计 185 万元。

后北京亚某公司向国家食品药品监督管理总局（以下简称国家食药监总局）提出药品注册申请。在审评过程中，国家食药监总局于 2015 年 7 月 22 日发布的第 117 号公告称：为落实党中央、国务院用"最严谨的标准、最严格的监管、最严厉的处罚、最严肃的问责，确保广大人民群众饮食用药安全"的要求，从源头上保障药品安全、有效，国家食药监总局决定对附件所列已申报生产或进口的待审药品注册申请开展药物临床试验数据核查。自本公告发布之日起，所有已申报并在总局待审的药品注册申请人，均须按照《药物临床试验质量管理规范》等相关要求，对照临床试验方案，对已申报生产或进口的待审药物临床试验情况开展自查，确保临床试验数据真实、可靠，相关证据保存完整。申请人自查发现临床试验数据存在不真实、不完整等问题的，可以在 2015 年 8 月 25 日前向国家食药监总局提出撤回注册申请。对核查中发现临床试验数据真实性存在问题的相关申请人，3 年内不受理其申请。药物临床试验机构存在弄虚作假的，吊销药物临床试验机构的资格；对临床试验中存在违规行为的人员通报相关部门依法查处。将弄虚作假的申请人、临床试验机构、合同研究组织以及相关责任人员等列入黑名单。

国家食药监总局于 2015 年 11 月 10 日发布的第 228 号公告称：为规范药物临床试验数据现场核查，国家食药监总局组织制定了《药物临床试验数据现场核查要点》，国家食药监总局将根据《药物临床试验数据现场核查要点》，对完成自查资料填报的药品注册申请逐一进行临床试验数据现场核查。临床试验机构或临床试验合同研究组织应继续按照《药物临床试验数据现场核查要点》，对试验数据的真实性、完整性进行自查，发现存在不真实问题的，应主动将情况报告国家食药监总局，并督促申请人主动撤回申请。临床试验机构或合同研究组织主动报告问题的，可免予追究责任。药品注册申请人发现临床试验数据存在真实性问题的，可向国家食药监总局申请撤回。在国家食药监总局通知现场核查前主动撤回申请的，公布申请人和品种名单，不予追究责任；通知现场核查后不再接受撤回申请。

本案中，涉案药品 Ⅱ、Ⅲ 期临床试验机构包括 7 家医院：江苏省中医院、辽宁中医药大学附属医院、首都医科大学附属北京中医医院、成都中医药大学附属医院、长春中医药大学附属医院、辽宁中医药大学附属第二医院、江苏省中西医结合医院。

2015 年 8 月 14 日，北京博某公司向北京亚某公司发送邮件，对江苏省中医院、江苏省中西医结合医院的临床试验资料进行自查，对发现的问题进行了详细的汇总，包括：被测试者为男性、修改数据、签字不一致或为代签等情况。

2015 年 12 月间，江苏省中西医结合医院、长春中医药大学附属医院、成都中医药大学附属医院分别致函表示，"通过审评难度极大，项目不予批准风险极高……规范完善现有申报资料或补充临床试验后再行上报""临床试验数据不规范、不完整……无法保证符合药物临床试验数据现场核查要点的要求"，建议北京亚某公司主动撤回涉案药品的注册申请。

2015 年 12 月，辽宁中医药大学附属第二医院、首都医科大学附属北京中医医院分别向北京市食药监局发送自查说明，显示：存在涉及不可溯源、签字不一致或代签、内容记录有修改或不规范等问题。

在双方法定代表人的电话沟通中，北京博某公司也同意北京亚某公司撤回注册申请。2016 年 1 月 21 日，北京市食药监局批准了北京亚某公司的撤回申请。

北京市石景山区人民法院于 2023 年 3 月 29 日作出（2021）京 0107 民初 18808 号民事判决：一、北京博某公司退还北京亚某公司合同款 31 万元；二、驳回北京亚某公司其他诉讼请求。宣判后，北京亚某公司、北京博某公司均提起上诉。北京知识产权法院于 2023 年 9 月 22 日作出（2023）京 73 民终 1999 号民事判决：一、撤销北京市石景山区人民法院（2021）京 0107 民初 18808 号民事判决；二、确认涉案合同于 2022 年 2 月 21 日解除；三、北京博某公司返还北京亚某公司合同款 185 万元；四、北京博某公司赔偿北京亚某公司利息损失；五、驳回北京亚某公司其他上诉请求；六、驳回北京博某公司的上诉请求。

裁判理由

法院生效裁判认为：本案的争议焦点有两个，一是涉案合同及补充协议是否应当解除；二是北京博某公司是否应该返还北京亚某公司全部已付合同款项并赔偿利息损失。

一、涉案合同及补充协议是否应当解除

北京亚某公司与北京博某公司于 2008 年 7 月签订的涉案合同系双方当事人真实意思表示且不违反法律、行政法规的强制性规定，合法有效。双方均应严格依约履行各自合同义务。

二审中，北京亚某公司认为，导致该公司被迫撤回注册申请的根本原因是涉案药品临床试验数据存在大量问题，涉案合同已无继续履行可能，涉案合同目的已不能实现。上述情况符合《合同法》第九十四条①第四项规定的法定解除事由。

《合同法》第九十四条第四项规定，当事人一方迟延履行债务或者有其他违约行为致使不能实现合同目的，可以解除合同。

（一）涉案合同目的的认定

北京亚某公司主张，涉案合同目的是取得涉案药品的新药证书，最终实现生产注册批件的申报审批。即使合同中没有约定，这也是根据双方的身份延伸出的合同目的。

二审法院认为：涉案合同序文部分明确约定："甲方委托乙方代理研究开发使甲方取得涉案药品的新药证书及生产注册批件的Ⅱ、Ⅲ期临床试验，并积极协助甲方取得涉案药品的新药证书和临床批件项目。"涉案合同第一条第一款技术目标中也明确约定："甲方委托乙方按照合同约定的时间完成参白痛经颗粒Ⅱ、Ⅲ期临床试验工作，获得参白痛经颗粒用于痛经的临床疗效、安全性的研究数据、统计结果，并向甲方提交符合国家药品注册要求的Ⅱ、Ⅲ期临床试验总结报告和相关资料，完成与甲方取得'参白痛经颗粒'的新药证书及生产注册批件过程中与本协议乙方义务相关的所有工作。"涉案合同第四条关于乙方权利义务中约定：第3.1项要求乙方负责准备临床试验资料，确保资料符合申请新药证书及药品注册批件的现行国家审评标准；第4项要求乙方按照《药品临床试验质量管理规范》及相关法规要求，负责对整个临床试验的监查、数据核查工作；第6~9项要求乙方负责对本次临床试验所获取的数据进行处理与统计，对临床试验所需文件资料整理并保证依约定时间完成全部临床试验工作，分阶段向甲方提供与试验有关的所有资料，并对临床试验资料真实性、完整性和有效性承担全部责任。涉案合同第五条约定："Ⅱ、Ⅲ期临床试验，并取得涉案药品的新药证书及生产注册批件"的项目总费用为200万元。涉

---

① 对应《民法典》第五百六十三条。

案合同第十条约定：双方确定按以下标准对乙方完成的研究开发成果进行验收，乙方完成的研究所形成的全部研究资料通过国家食品药品监督管理总局及国家药品审评中心审评。

综合涉案合同的上述约定，虽然取得涉案药品新药证书及生产注册批件并非北京博某公司直接的合同义务，但是北京博某公司需要依约接受委托完成涉案药品Ⅱ、Ⅲ期临床试验工作，获得涉案药品用于痛经的临床疗效、安全性和研究数据、统计结果，需要依约对临床试验单位进行监查，对临床试验资料的真实性、完整性和有效性全权负责，并确保其符合《药品临床试验质量管理规范》、通过国家食药监总局和国家药品审评中心审评，最终协助北京亚某公司取得涉案药品新药证书及生产注册批件。故北京博某公司的合同义务并非仅仅是完成临床试验取得相关数据，而是要按法定及约定的要求规范完成临床试验，并提交符合行政管理机构审批要求的临床试验数据。因此，北京亚某公司主张涉案合同目的是该公司最终取得涉案药品的新药证书及生产注册批件并无不妥，二审法院予以支持。

（二）北京博某公司是否存在违约行为并导致北京亚某公司合同目的不能实现

首先，涉案药品临床机构临床试验数据存在大量的问题，确属客观事实。根据第 117 号公告关于开展药物临床试验数据自查核查工作的要求，本案中，北京博某公司对于其提供的江苏省中西医结合医院和江苏省中医院的临床试验资料进行自查，将发现的问题进行了详细罗列，并以邮件的方式发送给北京亚某公司。7 家临床试验机构也均进行了自查核查的工作，其中江苏省中西医结合医院、成都中医药大学附属医院、长春中医药大学附属医院、首都医科大学附属北京中医医院、辽宁中医药大学附属第二医院等 5 家机构向北京亚某公司反馈了核查结果，均存在不同程度的真实性、规范性、完整性、准确性、可追溯性等问题。例如，涉案药品作为妇科用药受试者却为男性、受试者心电图检查结果不能溯源、自认临床试验数据不规范不完整、个别试验未做、修改数据、签字不一致或为代签等。其中的 3 家临床试验机构一致认为：涉案药品临床试验结果通过审评检查难度极大，项目不予批准的风险极高，并会影响北京亚某公司继续研发和申报其他新药项目的资质，建议撤回。二审过程中，虽然北京博某公司主张北京市食药监局的复函显示首都医科大学附属北京中医医院所承担的Ⅲ期临床试验数据未发现真实性问题，但二审法院注意到，上述复函仅针对其中一家临床试验机构，且主要针对的是真实性问题，而从其他机构反馈的核查结果看，确实存在受试者性别不符、修改数据等真实性问题，也存在不规范、不完整、不可溯源的问题。尽管上述问题最终未经专业机构或者行业主管部门作出认定，但现有证据显示，涉案项目临床试验数据存在真实性、规范性、不可溯源性的问题属于客观事实，而北京博某公司对此未能提供证据加以推翻。

其次，涉案临床试验数据存在的问题最终能否通过国家食药监总局的核查，存在极大不确定性。第 117 号公告之后，为规范药物临床试验数据现场核查，国家食药监总局组织制定了《药物临床试验数据现场核查要点》，并于 2015 年 11 月 10 日下发第 228 号公告，明确国家食药监总局将根据《药物临床试验数据现场核查要点》，"对完成自查资料填报的药品注册申请逐一进行临床试验数据现场核查"，并要求临床试验机构或临床试验合同研究组织应继续按照《药物临床试验数据现场核查要点》，对试验数据的真实性、完整性进行自查，发现存在不真实问题的，应主动将情况报告国家食药监总局，并督促申请人主动撤回申请。临床试验机构或合同研究组织主动报告问题的，可免予追究责任。药品注册申请人发现临床试验数据存在真实性问题的，可向国家食药监总局申请撤回。在国家食药监总局通知现场核查前主动撤回申请的，公布申请人和品种名单，不予追究责任，通知现场核查后不再接受撤回申请。次日，国家食药监总局公布了"关于 8 家企业 11 个注册药品不予批准的公告"，并公布了该 8 家企业 11 个注册药品临床试验数据存在的具体问题。由此可见，依国家食药监总局第 117 号公告后的核查力度，即使涉案项目不主动撤回注册申请，该数家临床试验机构经自查发现临床试验数据存在的问题，最终能否通过国家食药监总局第 228 号公告所称"对完成自查资料填报的药品注册申请逐一进行临床试验数据现场核查"，已经高度存疑。

再次，北京亚某公司撤回涉案注册申请，符合各方当事人的共同利益。如前所述，正是由于涉案项目临床试验数据经自查已经发现问题，尤其是国家食药监总局发布的"关于8家企业11个注册药品不予批准的公告",其中已明确涉及涉案项目中的辽宁中医药大学附属第二医院作为临床试验机构参与的数个项目,而国家食药监总局明确要对该院药物临床试验数据涉嫌弄虚作假行为予以立案调查,并"对其所承接的其他药物临床试验数据进行延伸检查,对相关合同研究组织进行延伸检查"。同时,国家食药监总局明确要对存在真实性问题不主动撤回的申请者严肃追责。因此,涉案项目如果不撤回,必然面临严格的延伸检查。加之辽宁中医药大学附属第二医院在向北京市食药监局发送的"关于参白痛经颗粒第Ⅱ、Ⅲ期临床自查结果的说明"中显示,经该单位自查依然存在问题,故在另外3家临床试验机构明确要求撤回申请,北京博某公司法定代表人亦予同意的情况下,北京亚某公司撤回申请并非主动行为,而是对于自身及共同利弊的权衡后作出的不得已的选择,符合第117号公告后国家加强监管且严肃追责下各方当事人的共同利益。故北京博某公司关于北京亚某公司系自行撤回申请的上诉主张,明显与事实不符。

最后,北京博某公司对于涉案药品撤回注册申请负有直接责任。涉案合同第四条乙方的权利和义务第4项约定,乙方按照《药品临床试验质量管理规范》及相关法规要求,负责对整个临床试验的监查、数据核查工作。第9项约定,乙方对临床试验资料真实性、完整性和有效性承担全部责任。基于本案现有证据,涉案合同履行过程中药品注册申请的核查标准进一步严格虽属客观事实,但导致合同未能按约履行的根本原因是涉案药物临床试验数据存在一定问题,而根据涉案合同约定,北京博某公司应该对于临床试验机构负有监查责任,对所获得的临床试验数据承担全部责任。虽然北京博某公司主张,北京亚某公司支付了补充协议中约定的第三笔款中的5万元应视为验收合格,但是涉案合同第十条明确约定了验收方式:"双方确定按以下标准对乙方完成的研究开发成果进行验收:乙方完成的研究所形成的全部研究资料通过国家食品药品监督管理局及国家药品审评中心审评。"这是双方真实的意思表示,对双方具有约束力。至于补充协议中的"甲方对Ⅱ、Ⅲ期临床试验的临床总结报告及相关资料验收合格后,支付乙方5万元",北京亚某公司主张其并非专业的临床试验公司,没有能力也没有必要对于北京博某公司提供的资料进行验收,其唯一可以判断的是北京博某公司提供的资料是否符合提交申报的资料清单名称。鉴于涉案合同第十条已经明确约定了研发成果的验收方式是通过权威机构的审评，北京亚某公司作为委托方确实没有必要也没有能力对研发成果先行验收，其上述主张符合常理，二审法院予以接受，故本案不宜依据付款方式推定研发成果即全部临床试验数据的验收成立。因此，在没有充足证据推翻双方明确约定的情况下，二审法院对北京博某公司的上述主张不予支持，一审法院的相关认定错误，二审法院予以纠正。

（三）涉案合同及补充协议是否应当解除

首先，如前所述，本案系由于北京博某公司负责的临床试验数据不符合约定或法定条件，直接导致了涉案药品未能进行注册申请，更不可能获得新药证书及生产注册批件。而且，在撤回涉案药品注册申请后，北京亚某公司因不排除重新申请的可能性要求北京博某公司保存临床试验数据，但北京博某公司未予回复，涉案项目至今无法补救。本案系由于北京博某公司的违约行为，致使北京亚某公司的合同目的不能实现。而北京亚某公司已经全面履行了自己的合同义务。因此，北京亚某公司作为守约方有权主张依据《合同法》第九十四条第四项解除涉案合同及其补充协议。

其次，本案中北京亚某公司主张解除合同并未"超过解除权行使期限"。《合同法》第九十五条①第一款规定，法律规定或者当事人约定解除权行使期限，期限届满当事人不行使的，该权利消灭。然而，《合同法》并没有就本案情形规定解除权行使期限。根据《最高人民法院关于适用〈中华人民共和国民法典〉时间效力的若干规定》第二十五条的规定，《民法典》施行前成立的合同，当时的法律、司法解释没有规定且当事人没有约定解除权行使期限，对方当事人也未催告的，解除权人在《民法典》施行前知道或者应当知道解除事由，自《民法典》施行之日起一年内不行使的，人民法院应当依法认定该解除权消灭。本案中，应认定北京亚某公司系在涉案药品注册申请被批准撤回之日即 2016 年 1 月 21 日起，应当知道其合同目的无法实现，可以行使解除权，即北京亚某公司系在《民法典》

---

① 对应《民法典》第五百六十四条。

施行前知道或者应当知道解除事由的。本案中北京亚某公司行使解除权的方式是直接提起诉讼，一审法院的立案日期为 2021 年 12 月 22 日，距离《民法典》的施行之日 2021 年 1 月 1 日未满一年，故北京亚某公司的法定解除权并未消灭，其主张解除合同并未"超过解除权行使期限"。

最后，关于涉案合同及补充协议的解除日期。《合同法》第九十六条①第一款规定，当事人一方依照本法第九十三条第二款、第九十四条的规定主张解除合同的，应当通知对方。合同自通知到达对方时解除。本案中，北京亚某公司系依提起诉讼的方式请求解除合同，故应以其意思表示到达的时间，即北京亚某公司起诉状副本送达北京博某公司的时间 2022 年 2 月 21 日为合同解除时间，二审法院对此予以确认。

综上所述，一审法院关于"涉案合同无解除必要"的相关认定错误，二审法院依法予以纠正。

二、北京博某公司应否返还北京亚某公司全部已付合同款项并赔偿利息损失

涉案合同第十六条违约责任第 1 项约定："若乙方未依约履行法定或约定义务、承诺或单方面中止临床试验技术服务，则乙方违约（由于药品本身原因特指安全性差，不具有继续研究价值，或国家政策变化除外），乙方应无条件退还甲方已付全部款项。"同时，第 3 项约定："临床试验完成后，如由于乙方提供的临床试验资料的原因而导致申报注册失败、退审或不批准，乙方应承担责任并退还甲方支付乙方的全部技术服务费用 31 万元，并且退还尚未发生的临床研究费用，不可抗力及药物安全性所致除外。"

本案中，由于北京博某公司的单方违约行为，致使北京亚某公司的合同目的不能实现，应认定属于涉案合同第十六条第 1 项约定的"乙方未依约履行法定或约定义务、承诺"的情形，北京博某公司应依约无条件退还北京亚某公司已付全部款项。由于本案并非属于第 3 项约定的"申报注册失败、退审或不批准"的情况，而且若仅判令北京博某公司返还技术服务

---

① 对应《民法典》第五百六十五条。

费用 31 万元,则对于北京亚某公司而言显失公平。因此,对于北京亚某公司要求北京博某公司返还全部已付款项 185 万元的上诉主张,二审法院予以支持。同时,北京亚某公司关于赔偿利息损失的上诉主张亦有法律依据,其利息计算方式亦属合理,二审法院予以支持。

裁判要旨

正确认定合同目的,是确定涉案合同应否解除的前提。虽然合同目的有时并未明确约定,但是应该结合涉案合同的所有条款进行综合判断,并在正确认定合同目的的基础上,以此作为判断依据,确定涉案合同是否应予解除。此外,如果涉案合同已经明确约定了研发成果的验收方式,则不宜再依据付款方式推定验收成立。

关联索引

《中华人民共和国合同法》第九十四条、第九十五条、第九十六条

一审: 北京市石景山区人民法院(2021)京 0107 民初 18808 号(2023 年 3 月 29 日)

二审: 北京知识产权法院(2023)京 73 民终 1999 号(2023 年 9 月 22 日)

法官评析

1. 正确认定合同目的,是确定涉案合同应否解除的前提。综合涉案合同的约定,虽然取得涉案药品新药证书及生产注册批件并非直接约定的北京博某公司合同义务,但是北京博某公司需要依约接受委托完成涉案药品Ⅱ、Ⅲ期临床试验工作,获得涉案药品用于痛经的临床疗效、安全性和研究数据、统计结果,需要依约对临床试验单位进行监查,对临床试验资料的真实性、完整性和有效性全权负责,并确保其符合《药品临床试验质量管理规范》、通过国家食药监总局和国家药品审评中心审评,最终协助北京亚某公司取得涉案药品新药证书及生产注册批件。故北京博某公司的合同义务并非仅仅是完成临床试验取得相关数据,而是要按法定及约定的要求规范完成临床试验,并提交符合行政管理机构审批要求的临床试验数据,最终取得涉案药品的新药证书及生产注册批件。北京亚某公司的主张

能够成立。

2. 受托方临床试验数据造假，应认定构成根本违约。在案证据显示，受托方组织的 7 家临床试验机构均进行了自查核查的工作，其中 5 家机构反馈了核查结果，均存在不同程度的真实性、规范性、完整性、准确性、可追溯性等问题。例如，涉案药品作为妇科用药受试者却为男性、受试者心电图检查结果不能溯源、自认临床试验数据不规范不完整、个别试验未做、修改数据、签字不一致或为代签等。其中的 3 家临床试验机构一致认为：涉案药品临床试验结果通过审评检查难度极大，项目不予批准的风险极高，并会影响北京亚某公司继续研发和申报其他新药项目的资质，建议撤回。在涉案临床试验数据存在的问题最终能否通过国家食药监总局的核查存在极大不确定性的情况下，北京亚某公司撤回涉案注册申请，符合各方当事人的共同利益。依据合同，受托方北京博某公司应对数据真实性负责，其对于涉案药品撤回注册申请负有直接责任，致使北京亚某公司合同目的不能实现，应认定构成根本违约。

3. 应谨慎认定涉案委托技术服务合同是否应当解除。首先，委托方作为守约方有权主张依据《合同法》第九十四条第四项解除涉案合同及其补充协议。委托方主张解除合同并未"超过解除权行使期限"。《合同法》第九十五条第一款规定，法律规定或者当事人约定解除权行使期限，期限届满当事人不行使的，该权利消灭。然而，《合同法》并没有就本案情形规定解除权行使期限。根据《最高人民法院关于适用〈中华人民共和国民法典〉时间效力的若干规定》第二十五条的规定，《民法典》施行前成立的合同，当时的法律、司法解释没有规定且当事人没有约定解除权行使期限，对方当事人也未催告的，解除权人在《民法典》施行前知道或者应当知道解除事由，自《民法典》施行之日起一年内不行使的，人民法院应当依法认定该解除权消灭。本案中，应认定委托方系在涉案药品注册申请被批准撤回之日即 2016 年 1 月 21 日起，应当知道其合同目的无法实现，可以行使解除权，即委托方系在《民法典》施行前知道或者应当知道解除事由的。本案中委托方行使解除权的方式是直接提起诉讼，一审法院的立案日期为 2021 年 12 月 22 日，距离《民法典》的施行之日 2021 年 1 月 1 日未满一年，故委托方的法定解除权并未消灭，其主张解除合同并未"超过解除权行使期限"。《合同法》第九十六条第一款规定，当事人一方依照本法第九十三条第二款、第九十四条的规定主张解除合同的，应当通知对方。涉案合同自起诉状副本送达的时间，即2022年2月21日起解除。

4. 药品委托开发合同委托方的验收责任的认定问题。本案中，药品委托开发合同委托方并非专业的临床试验公司，没有能力对于受托方提供的资料进行验收，其唯一可以判断的是受托方提供的资料是否符合提交申报的资料清单名称。鉴于涉案合同已经明确约定了研发成果的验收方式是通过权威机构的审评，委托方确实没有必要也没有能力对研发成果先行验收，故本案不宜依据付款方式推定研发成果即全部临床试验数据的验收成立。

一审法院独任法官　张　冬
二审法院合议庭成员　赵　明　兰国红　卢爱媛
编写人　赵　明

52. A×先进疏散系统（以色列）有限公司与北京新某科技发展有限公司发明专利权权属纠纷案

——发挥证据保全制度效能、运用优势证据推定技术合作过程中对发明创造的实质性特点作出创造性贡献的人

关键词 优势证据规则 证据保全 专利权权属 平等保护

基本案情

原告 A×先进疏散系统（以色列）有限公司（以下简称以色列某公司）提起诉讼，请求法院判令：（1）确认专利号为 201410284125.1、名称为"一种高层建筑物逃生系统"的发明专利（以下简称涉案专利）的专利权归属原告所有；（2）被告于判决生效 10 日内将涉案专利的专利权变更为原告，变更费用由被告承担；（3）二被告承担本案的诉讼费用和原告为制止侵权行为所支出的合理费用即代理费 192000 元。理由和事实：被告于 2014 年 6 月 24 日向中华人民共和国国家知识产权局（以下简称国家知识产权局）申请涉案专利，涉案专利目前已获得授权。该技术方案全部属于原告，涉案专利的专利权应归属于原告。（1）被告获得并使用了原告的高层疏散逃生系统技术。原告主要从事高层疏散逃生系统的研发，其法定代表人埃某革命性地设计出了高层建筑疏散系统，其系列产品自 2002 年开始陆续被美国《时代周刊》和全球 20 多家著名电视台报道。被告成立于 2013 年 3 月 25 日，其与原告接触之前，不具备任何高楼逃生疏散系统的技术和研发能力，既未生产过同样产品，也没有相关产品的国内市场。被告为引进原告技术，于 2013 年 4 月 21 日至 25 日组织人员赴以色列进行考

察，双方签订了《投资合作商谈备忘录》（以下简称备忘录），备忘录对产品样品的研发生产达成了一致意见，由原告负责型号为 AMES-2 的样品（以下简称涉案样品）的研制生产，在备忘录签订后并且样品设计阶段已启动的情况下，原告一周内提供样品的全套技术文件。2013 年 7 月 17 日，原告与被告签订《中外合资经营企业合同》（以下简称合资合同），决定建立中外合资经营企业有限公司，合资公司的经营范围为研究开发、生产经营各类高楼逃生系统，合同约定合资公司的注册资本人民币 1000 万元，其中被告以现金出资，占比 75%，原告以知识产权和技术出资，占比 25%。合同签订后，原告将高楼逃生系统的技术资料交予被告，由其负责办理设立合资公司的相关事宜。2013 年 8 月 18 日至 26 日，被告再次组织相关人员赴以色列考察原告对产品样品的研制生产情况，原告于 2013 年 8 月 25 日将样品的相关技术资料交付被告。原告完成样品的研制生产后，于 2013 年 9 月 19 日将样品以及样品的全套技术文件、涉案样品的用户手册交付被告。样品运抵中国后，于 2013 年 12 月 13 日进行了样品的安装测试，原告方的埃某在现场对样品的安装与测试进行了全程指导，被告委托国家消防装备质量监督检验中心（以下简称检验中心）进行检验，检验中心于 2013 年 12 月 26 日出具了《检验报告》。由于被告原因，合资公司未设立。后原告发现，被告由原告处获得涉案样品以及全套技术文件和用户手册后，擅自将英文原版手册翻译成中文并注明版权归其所有，同时在上述检验报告中，被告将生产单位标注为自己。原告向中华人民共和国国际经济贸易仲裁委员会（以下简称国经贸仲委）提出仲裁申请，请求解除合资合同。2015 年 7 月 16 日，国经贸仲委作出裁决，裁决解除合资合同，裁决书中明确认定原告研制生产出样品，并将样品交付被告。（2）涉案专利的技术方案实质上就是原告发往被告的技术资料、图纸所载的技术方案。经比对，涉案专利的技术方案的实质性特点全部来自涉案样品的设计图纸、产品手册以及涉案样品。被告并未对涉案专利的实质性特点作出创造性的贡献，涉案专利的专利权应归属于原告。

被告北京新某科技发展有限公司（以下简称北京某科技公司）答辩称：（1）涉案专利是我方自主申请的，与原告无任何关系。（2）2012 年 8 月 15 日，我方在国内申请了高层斜滑逃生装置专利，专利号为"201220406133.5"，涉案专利系该专利的延伸。（3）原告所谓的专利在中国境内乃至世界范围内因未缴纳专利年费而成为公开技术信息。任何人均可以参考，不存在侵权行为。（4）涉案样品系半成品，缺少自动化智能核心技术，是我方在受骗的情况下出资获得，且涉案样品与我方2012年申请的专利技术基本雷同，原告无权扣押涉案样品。（5）涉案样品在望京消防中队进行检测时原告方不同意用人测试，说明原告方技术不成熟。（6）原告与我方签署的备忘录明确规定原告以技术和知识产权作为出资投入，我方多次催促，原告始终没有提供技术文件和专利复印件，最终导致合作失败。综上，请求驳回原告的诉讼请求。

法院经审理查明：

一、关于涉案专利情况

2014年6月24日，北京某科技公司向国家知识产权局提出名称为"一种高层建筑物逃生系统"的发明专利申请，该专利于2016年8月24日获得授权，专利号为201410284125.1（即涉案专利）。涉案专利授权公告文本载明：专利权人为北京某科技公司；发明人为周某、陈某山、刘某。

涉案专利授权公告的权利要求为：

1. 一种高层建筑物逃生系统，其特征在于，所述逃生系统包括逃生滑道和该逃生滑道的固定装置。

其中，所述逃生滑道包括可收起的筒状滑道本体和引导绳索，所述滑道本体吊挂在所述引导绳索上倾斜向下，滑道本体的轴向两端无壁，且分别设置有支撑环，滑道本体上设置有弹簧式骨架和多个加强带，所述加强带沿滑道本体的轴向延伸、沿周向分布在滑道本体的外侧壁上，加强带通过轴向间隔排布的若干连接点与滑道本体固定，加强带和滑道本体在相邻的两个连接点之间形成用于固定所述骨架的间隙，骨架穿过所述间隙绕置在滑道本体上，支撑滑道本体内部的下滑通道，并提供减速阻碍。

所述固定装置包括存储舱，所述存储舱上设置有人员进口，所述人员进口向建筑物内侧插置在逃生窗口上，通过锁紧件固定；存储舱上设置有舱门，其内部设置有能够向下翻转一定角度的托架，收起的所述逃生滑道置于所述托架上并且其入口端固定在托架上，所述舱门和托架连接有拉杆机构，通过所述拉杆机构触发舱门开启，同时向下翻转托架，在逃生滑道的自身重力下，脱离托架，沿引导绳索打开。

所述舱门上部设置有转轴，舱门绕所述转轴上翻打开或下翻闭合，转轴上设置有弹簧，使舱门在解除限定的情况下自然上翻打开。

所述托架为"L"型，所述逃生滑道的入口端固定在托架的竖直段上，收起的逃生滑道置于托架的水平段上，所述竖直段和所述水平段的交接处设置有转轴，托架绕该转轴翻转，在托架下方设置有限定其下翻角度的限位块，在解除限定后，依靠重力托架从水平状态下翻28°。

所述拉杆机构的末端设置有钩挂件，所述钩挂件同时钩住舱门和托架，拉杆机构动作时，牵动钩挂件解除对舱门和托架的限定。

2. 如权利要求1所述的高层建筑物逃生系统，其特征在于，所述滑道本体由耐火布制成。

3. 如权利要求1所述的高层建筑物逃生系统，其特征在于，所述逃生系统中还设置有卷扬机构，所述引导绳索通过所述卷扬机构收放，卷扬机构设置在所述存储舱上或者设置在地面上。

4. 如权利要求1所述的高层建筑物逃生系统，其特征在于，所述滑道本体上沿其轴线设置有抽线，所述抽线上设置多个节点，根据需要依次打开不同节点，以控制滑道本体打开的长度。

5. 如权利要求1所述的高层建筑物逃生系统，其特征在于，所述存储舱为四方体，所述人员进口的大小与所述逃生窗口相匹配，人员进口设置在存储舱面向建筑物墙体的端面靠上的位置，在人员进口插置进逃生窗口后，该端面位于人员进口下方部分贴靠在逃生窗口下方的建筑物外墙面上。

6. 如权利要求1所述的高层建筑物逃生系统，其特征在于，所述锁紧件包括第一销杆和第二销杆，所述第一销杆设置在所述人员进口处，并随人员进口进入建筑物内，第一销杆能够沿上下方向伸出并贴挡在建筑物墙体内侧面上；所述第二销杆设置在所述存储舱上，沿水平方向伸出并贴挡在建筑物墙体外侧面上。

7. 如权利要求1所述的高层建筑物逃生系统，其特征在于，所述拉杆机构上插置有防止误操作的保险销。

8. 如权利要求1所述的高层建筑物逃生系统，其特征在于，所述人员进口设置有可收起的进口踏梯。

上述事实，有北京某科技公司对其真实性、合法性、关联性均无异议的以色列某公司提交的涉案专利授权公告文本在案佐证。

二、以色列某公司与北京某科技公司有关合作过程

北京某科技公司成立于2013年3月25日。以色列某公司与北京某科技公司于2013年4月21日至2013年4月25日召开了高楼逃生设施项目的投资合作商谈会，并于2013年5月3日签订了备忘录，双方一致同意在中国共同进行研发、生产、销售、推广及升级产品的开发。双方同意在中国成立合资公司，双方约定样品为AMES-2系统（即涉案样品），第一套样品研制生产由以色列某公司负责，北京某科技公司配合，并派人员参与研发生产全过程。样品研发生产期为3个月，即7月底前完成，而后运往中国参加产品检测鉴定。

以色列某公司与北京某科技公司于2013年7月17日签订了合资合同，双方决定建立中外合资经营企业有限公司，双方出资的方式为：北京某科技公司以现金1000万元人民币出资占75%；原告以知识产权和技术出资占25%。同时该合同还约定，凡因执行该合同所发生的或与该合同有关的一切争议，双方通过友好协商解决，如协商不能解决，可以提交贸仲委根据仲裁规则进行仲裁，仲裁裁决是终局的，对各方都有约束力。

2013年10月，以色列某公司将涉案样品交付给北京某科技公司。

2013年12月26日，国家消防装备质量监督检验中心出具《检验报告》。该报告中载明：产品名称：高楼疏散系统；受检单位：北京某科技公司；型号规格：TD-50；检验类别：委托检验；委托单位：北京某科技公司；受理日期：2013年12月3日；生产日期：2013年10月3日。

以色列某公司于2014年11月28日就其与北京某科技公司签订的合资合同向中国国际经济贸易仲裁委员会提交《仲裁申请书》。以色列某公司提出如下仲裁请求：（1）请求确认以色列某公司解除合资合同的行为有效；（2）北京某科技公司向以色列某公司退还从以色列某公司收到的技术资料；（3）北京某科技公司删除其公司网站上所有与以色列某公司合作的内容，停止使用以色列某公司的名称从事宣传或营销活动；（4）北京某科技公司向以色列某公司支付人民币4万元，以补偿以色列某公司律师费；（5）北京某科技公司承担本案仲裁费。中国国际经济贸易仲裁委员会于2015年7月16日作出〔2015〕中国贸仲京裁字第0642号裁决书（以下简

称第 0642 号裁决书）。该裁决书查明：根据备忘录的约定，由北京某科技公司出资，以色列某公司在以色列生产了样品设备，交付北京某科技公司进行检验，北京某科技公司委托国家消防装备质量监督检验中心进行检验并于 2013 年 12 月 26 日出具《检验报告》。2013 年 7 月 17 日合资合同签订后，北京某科技公司为合资公司办理企业名称预先核准手续，分别于 2013 年 10 月 29 日和 2014 年 1 月 20 日取得了两份《企业名称预先核准通知书》。此后双方经过较长时间的邮件往来，但合资公司尚未完成注册登记的状态并未发生改变。2014 年 6 月 10 日，以色列某公司以电子邮件的形式通知北京某科技公司解除合资合同，理由是北京某科技公司提供了误导以色列某公司的北京某科技公司董事会信息，以及北京某科技公司长期怠于履行合同义务。北京某科技公司未对解除合同的通知作出回应。仲裁庭对于以色列某公司的仲裁请求的意见为：第一，合资合同自北京某科技公司收到以色列某公司解除通知之日起解除。第二，合同解除后，北京某科技公司应向以色列某公司返还其收取的以色列某公司技术资料，但是本案中以色列某公司未明确需要返还的技术资料的具体情况，也没有举证证明已经移交了技术资料给北京某科技公司。另，合同解除后，双方合作关系终止，北京某科技公司应删除其公司网站上所有与以色列某公司合作的内容，停止使用以色列某公司的名称从事宣传或营销活动。第三，北京某科技公司向以色列某公司支付人民币 24000 元以补偿以色列某公司因办理本案而支出的律师费是合理的。该裁决书裁决：一、确认以色列某公司解除以色列某公司与北京某科技公司于 2013 年 7 月 17 日订立的合资合同的行为有效；二、北京某科技公司删除其公司网站上所有与以色列某公司合作的内容，停止使用以色列某公司名称从事宣传或营销活动；三、北京某科技公司向以色列某公司支付人民币 24000 元，以补偿以色列某公司律师费；四、仲裁费为人民币 129500 元，由以色列某公司承担 40%，即人民币 51800 元，由北京某科技公司承担 60%，即人民币 77700 元；五、驳回以色列某公司的其他仲裁请求。

上述事实，有北京某科技公司对其真实性、合法性、关联性均无异议的以色列某公司提交的证据 4 备忘录、证据 5 合资合同、证据 9《检验报告》、证据 6 第 0642 号裁决书及庭审笔录等在案佐证。

三、以色列某公司主张涉案专利的技术方案属于以色列某公司的相关证据

除备忘录、合资合同、第 0642 号裁决书证据之外，以色列某公司还向法院提交了以下证据证明北京某科技公司从以色列某公司处获得了高层疏散逃生系统的技术：

证据 3 系（2014）京方圆内经证字第 22885 号公证书（以下简称第 22885 号公证书）。该公证书系对北京某科技公司网站网页内容进行的证据保全。该公证书显示，北京某科技公司网站首页载有"高层疏散 救援逃生"字样。"公司简介"栏目载有以下内容：北京某科技公司是 2013 年 3 月 25 日，经工商行政主管部门批准的有限责任公司……公司主要从事安防和消防产品的技术研发、技术引进和生产销售。公司与以色列某公司合作，所引进的世界先进的"高楼逃生疏散系统"，不但填补了国内高层楼房应急逃生救援的市场空白，而且将开辟国内国际高层楼房应急逃生救援的新篇章。"新闻资讯"栏目载有以下内容：(1)《以色列考察合作圆满结束》：2013 年 4 月 21 日至 4 月 25 日，由公司常务董事周某带队的商务考察团一行 8 人对以色列某公司及项目进行了考察，双方对项目合作进行了深入的探讨，并签订了合作"备忘录"。其间考察了以色列某公司总部，还观看了以色列消防队配备的"高楼疏散系统"逃生设备的演示。(2)《公司组织相关技术人员赴以进行技术交流》：为了进一步了解产品的相关性能，同时使之更符合中国国情，5 月 27 日公司组织相关技术人员赴以对产品的相关性能、参数等与 AES 技术人员进行技术交流，为针对生产出符合中国市场的样品打下良好基础。(3)《公司技术人员在以色列对样品进行现场查验》：2013 年 8 月 18 日至 8 月 26 日，公司有关技术人员赴以对产品样品的生产过程进行了现场查验，并与 AES 相关人员进行了交流和沟通。(4)《TD 系列"高楼疏散系统"产品获得国家消防装备质量监督检验中心"检验报告"》：2013 年 12 月 26 日 TD 系列"高楼疏散系统"产品顺利通过国家消防装备质量监督检验中心检验，并获得全检合格的"检验报告"。本次检验为全检，分两个阶段进行，即现场检验和实验室检测。检验检测的所有 14 个项目全部合格达标。

证据 15~17 系经公证认证的北京某科技公司与以色列某公司之间于

2013 年 11 月 1 日、2013 年 12 月 7 日、2014 年 2 月 21 日的往来邮件。

除《检验报告》证据之外，以色列某公司还向法院提交了以下证据证明涉案专利的技术方案与以色列某公司提供给北京某科技公司的涉案样品所显示结构相同：

证据 7 系（2014）京方圆内经证字第 23272 号公证书（以下简称第 23272 号公证书）。该公证书系对北京某科技公司网站网页内容进行的证据保全。该公证书显示北京某科技公司网站首页载有"高层疏散 救援逃生"字样。"产品展示"栏目载有标题为"固定式应急系统宣传片""南非展示会""移动式应急疏散系统检测""移动式应急系统宣传片"的照片。

证据 8 系涉案样品现场测试照片。照片中的逃生系统上载有"AMES-2"字样。

证据 10 系标注有"版权所有 北京某科技公司"的《高楼疏散系统用户手册》。该手册目录下方标注有以下内容："警告：所有 AMES-2 系统的用户与操作者：使用说明与此产品不得分离。每个用户或者操作者在使用 AMES-2 系统之前必须完全理解此使用说明。"

针对以色列某公司提交的上述证据，北京某科技公司认可证据 10《高楼疏散系统用户手册》的真实性，但认为该手册系北京某科技公司的工程师研制的，与以色列某公司无关；北京某科技公司认可证据 15~17 双方往来邮件的真实性，但认为与本案无关联性，不能证明待证事实；北京某科技公司对于上述其他证据的真实性均无异议。

在以色列某公司向法院提起本案诉讼的同时，还向法院提出了证据保全申请，请求查封扣押涉案样品。法院于 2016 年 10 月 12 日作出民事裁定，并于当日采取了证据保全措施，将涉案样品予以扣押。在本案审理过程中，法院组织双方当事人对涉案样品进行了勘验。双方当事人均认可涉案样品封存状况完好，北京某科技公司认可扣押样品即为以色列某公司提供给其的涉案样品。

涉案样品为一款高层建筑物逃生系统，包括如下技术特征：

该逃生系统包括逃生滑道和该逃生滑道的固定装置两部分。固定装置包括存储舱，所述存储舱上设置有人员进口部分，人员进口部分向建筑物内侧插置在逃生窗口上，通过进口两边设置的锁紧件固定。人员进口处设置有能够收起的进口踏梯。存储舱上设置有舱门，其内部设置有能够向下翻转一定角度的托架，托架由一外方内圆的框架及一中间略凹的板形框架组成，整体呈"L"形。外方内圆的框架的圆形孔与逃生滑道连通。该框架四角处各有一"U"形部件，该"U"形部件上有若干通孔。逃生滑道的入口端固定在外方内圆的框架上，收起的逃生滑道被托置于板形框架上，外方内圆的框架和板形框架的交接处设置有转轴，托架绕该转轴翻转。托架下方有一灰色横梁，托架下翻后可挡住托架限定其翻转角度。靠近舱门处的存储舱顶部两端各设置有一个上面有若干孔的近似"L"形的把手部件，其上各栓有销子一个。舱门两侧各设置有一个气动杆。舱门上部两侧设置有转轴，舱门绕所述转轴上翻打开或下翻闭合。逃生滑道由耐火布制成，包括可收起的筒状滑道和一根钢丝绳，钢丝绳可通过卷扬机构收放。滑道可吊挂在钢丝绳上倾斜向下，滑道的轴向两端无壁，且滑道外周面上固定有支撑环，滑道外周面上设置有弹簧式骨架和多个加强带，加强带沿滑道的轴向延伸、沿周向分布在滑道本体的外侧壁上，加强带通过轴向间隔排布的若干连接点与滑道本体固定，加强带和滑道在相邻的两个连接点之间形成用于固定所述骨架的间隙，骨架穿过所述间隙绕置在滑道本体上，支撑滑道本体内部的下滑通道，并提供减速阻碍。加强带上设置有多个飘带，飘带端部有固定圈。

在勘验过程中，以色列某公司陈述以下意见：

1. 以色列某公司表示从涉案样品中确实无法看到拉杆机构，但该拉杆机构系被拆除的，涉案样品现场测试照片中的部分照片如证据编页第95页、第97页等能够显示有拉杆机构，"L"形把手部件上拴着的销子即为保险销。

2. 以色列某公司表示从涉案样品中确实无法看到钩挂件，但该钩挂件系被拆除的，涉案样品现场测试照片中的部分照片如证据编页第76页、第78页等能够显示有钩挂件。

3. 以色列某公司表示人员进口部分框架四角处的"U"形部件可固定滑道飘带端部的固定圈，通过固定不同的固定圈可控制滑道打开的长度。涉案样品现场测试照片中的部分照片如证据编页第117页等显示"U"形部件通过螺钉固定飘带端部的固定圈。

4. 以色列某公司表示从涉案样品中确实无法看到其包含第二销杆，但该第二销杆系被拆除的，涉案样品现场测试照片中的部分照片如证据编页第 120 页等能够显示涉案样品存储舱顶板外侧设置有两个中空的凸棱,两个中空的凸棱即为第二销杆。

在勘验过程中,北京某科技公司陈述以下意见:

1. 针对权利要求 1 的内容,涉案样品舱门口的圆圈铁架部分叫作固定圈,并非托架。

2. 认可权利要求 2、3、5、8 的附加技术特征可以与涉案样品的特征对应。

3. 关于权利要求 6,涉案样品上仅有"第一销杆",没有"第二销杆"。仅凭第一销杆根本无法实现锁紧的功能。

另查,以色列某公司于 2018 年 4 月 3 日庭审后提交了一份图纸作为补充证据,表示该图纸为 AMES-2 设计图纸,用以证明涉案样品具有拉杆机构、第二销杆等部件。

再查,涉案样品现场测试照片中证据编页第 74 页、第 84 页、第 95 页、第 97 页、第 98 页照片均显示涉案样品"L"形的把手部件连接有拉杆。第 76 页、第 78 页照片显示舱门下部一侧有一片状部件。第 83 页、第 84 页、第 92 页、第 117 页等显示"U"形部件通过螺钉固定飘带端部的固定圈。第 73 页、第 89 页、第 92 页等能够显示涉案样品存储舱顶板外侧设置有两个中空的凸棱。

四、关于北京某科技公司提交证据的情况

在本案中,北京某科技公司向法院提交了以下 4 份证据:

1. 授权公告号为 CN202724498U 的专利文献,该文献涉及专利号为201220406133.5、名称为"高层建筑物的斜滑式隧道型逃生装置"的实用新型专利,专利权人为郭某、丛某、钟某,申请日为 2012 年 8 月 15 日。北京某科技公司表示丛某为其团队成员,该证据用以证明北京某科技公司团队在 2012 年 8 月 15 日即申请过相关技术的实用新型专利,涉案专利即从该专利发展而来。

2. 双方于 2013 年 5 月 3 日签订的备忘录,用以证明以色列某公司仅向北京某科技公司交付了涉案样品,没有提交技术资料。

3. 涉案专利的申请公开文本,用以证明涉案专利系北京某科技公司自行申请的。

4.《企业名称预先核准通知书》，用以证明北京某科技公司已经将合资公司的所有手续办齐。

北京知识产权法院于 2018 年 12 月 20 日作出（2016）京 73 民初 62 号民事判决：一、确认 ZL201410284125.1"一种高层建筑物逃生系统"发明专利的专利权归原告以色列某公司所有；驳回原告以色列某公司的其他诉讼请求。宣判后，被告北京某科技公司以涉案专利为其自主申请等为由提起上诉。北京市高级人民法院于 2019 年 5 月 22 日作出（2019）京民终 190 号民事判决：驳回上诉，维持原判。

裁判理由

法院生效裁判认为：本案中，以色列某公司主张北京某科技公司从以色列某公司处获得了高层疏散逃生系统技术并申请了涉案专利，涉案专利的专利权应属于以色列某公司。对此，以色列某公司应当提供证据加以证明。根据查明的事实，以色列某公司与北京某科技公司双方曾存在商业上的合作关系。以色列某公司与北京某科技公司于 2013 年 4 月 21 日至 2013 年 4 月 25 日召开了高楼逃生设施项目的投资合作商谈会，并于 2013 年 5 月 3 日签订了备忘录，双方一致同意在中国共同进行研发、生产、销售、推广及升级产品的开发。根据备忘录的约定，北京某科技公司进行出资，以色列某公司在以色列生产涉案样品，并于 2013 年 10 月交付北京某科技公司进行检验，北京某科技公司委托国家消防装备质量监督检验中心进行检验并于 2013 年 12 月 26 日出具了《检验报告》。以色列某公司研发的涉案样品为"一种高楼疏散系统"，涉案专利的发明名称为"一种高层建筑物逃生系统"。根据勘验结果，涉案样品与涉案专利的技术方案基本上能够一一对应，仅拉杆机构、钩挂件、第二销杆及由节点控制滑道本体打开长度的特征无法从涉案样品中示出。但根据涉案样品检测时所拍摄的照片，可确定以下情况：涉案样品"L"形的把手部件原连接有拉杆；舱门下部一侧原有一片状部件；"U"形部件可通过螺钉固定飘带端部的固定圈；存储舱顶板外侧设置原有两个中空的凸棱。由此可推断，涉案样品原有的很多部件均已被拆除，因此不能排除涉案样品原本具有拉杆机构、钩挂件等部件的可能性。

北京某科技公司主张涉案专利系其自主研发，涉案专利系专利号为

"201220406133.5"专利的延伸。对此，"201220406133.5"号专利的申请日为2012年8月15日，早于北京某科技公司成立日期，且北京某科技公司并未举证证明"201220406133.5"号专利与北京某科技公司之间具有何种关联。故北京某科技公司提交的证据不能证明涉案专利系其自主研发。此外，北京某科技公司主张涉案样品不存在托架。对此，根据查明的事实，涉案样品舱门内部设置有一外方内圆的框架及一中间略凹的板形框架，二者相连接，整体呈"L"形。外方内圆的框架和板形框架的交接处设置有转轴，两者可绕该转轴翻转一定角度。外方内圆的框架和板形框架整体相当于托架，故对于北京某科技公司的上述主张不予支持。

因此，在以色列某公司与北京某科技公司曾存在商业上的合作关系、涉案样品于涉案专利申请日前由以色列某公司研制并交付给北京某科技公司进行检测、涉案样品与涉案专利的技术方案基本能够一一对应、涉案样品部分原有部件明显已被拆除、北京某科技公司提交的证据不能证明涉案专利系其自主研发的情况下，更多优势证据指向了涉案专利系以色列某公司完成的发明创造，涉案专利的专利权应归属于以色列某公司。综上，以色列某公司的诉讼请求有事实及法律依据，应予以支持。

裁判要旨

在争议双方曾存在商业上的合作关系、涉案样品于涉案专利申请日前由原告研制并交付给被告进行检测、涉案样品与涉案专利的技术方案基本能够一一对应、涉案样品部分原有部件明显已被拆除、当事人提交的证据不能证明涉案专利系其自主研发等情况下，运用优势证据原则可以推定当事人系对发明创造的实质性特点作出创造性贡献的人。

关联索引

2012年《中华人民共和国民事诉讼法》第六十四条第一款

2015年《最高人民法院关于适用〈中华人民共和国民事诉讼法〉的解释》第九十条、第一百零八条第一款、第二款

2008年《中华人民共和国专利法》第六条第二款

2010年《中华人民共和国专利法实施细则》第十三条

2001年《最高人民法院关于民事诉讼证据的若干规定》第七十三条第

一款

一审：北京知识产权法院（2016）京73民初62号（2018年12月20日）
二审：北京市高级人民法院（2019）京民终190号（2019年5月22日）

法官评析

审理好本案的关键在于能否及时保全涉案样品，下一步才是将保全好的涉案样品与涉案专利权的技术方案进行比对，再运用优势证据规则推定对专利权作出创造性贡献的一方。涉案样品体积较大、质量较重，为了及时有效地固定证据，法官团队向法警支队寻求支援，近10人的保全队伍动用了搬家公司的中型卡车，才把涉案样品完好无缺地运回法院进行技术对比。在审判过程中，案件双方都在合议庭的主持之下，对涉案样品的技术细节与涉案专利权的技术方案进行了现场勘验和对技术比对意见的确认。

本案裁判围绕专利权权属确定的核心问题——牢牢把握"对发明创造的实质性特点作出创造性贡献的人"这一核心概念，将复杂问题简化处理，体现了"在案证据不足以确定涉案样品与涉案专利权的技术方案能够完全——对应的情况下，还可以结合在案优势证据以及当事人陈述，运用优势证据推定实质上对专利权作出创造性贡献的一方，从而确定专利权归属"的裁判规则。

据查询，涉及中外主体在技术合作过程中产生的发明专利权权属纠纷，我国法院积极运用优势证据规则平等保护涉外主体的合法权益的案例较少，故该案确立的裁判规则对类似案件裁判具有较大指导和借鉴意义，体现了北京知产法院加强涉外知识产权司法保护，公正高效审理涉外知识产权案件的担当。

一审法院合议庭成员　张晰昕　刘炫孜　宋　堃
二审法院合议庭成员　苏志甫　俞惠斌　陈　曦
编写人　张晰昕　朱　蕾

53. 福建某工业装备有限公司、上海某国际贸易公司与陈某升、北京某工程技术服务公司、张某进专利权权属纠纷案

——知识产权案件中预备合并之诉的理解与适用

关键词 预备合并之诉　主位之诉　备位之诉　分配任务相关

基本案情

原告福建某工业装备有限公司（以下简称福建某公司）、上海某国际贸易公司（以下简称上海某公司）诉称：福建某公司是一家专门从事移动充电车/移动充电集装箱的研发、生产和销售的高新技术企业。陈某系上海某公司的员工，任技术经理职务。后陈某升借调至福建某公司工作。陈某升在福建某公司负责公司主要产品的研发、设计、选型等工作，其中包括专利申请事务，经手大量福建某公司关于燃气发电产品的技术文件，掌握大量技术信息。陈某升于 2019 年从上海某公司离职，离职后两个月即申请了多项以陈某升为发明人、北京某工程技术服务公司（以下简称北京某公司）为专利权人的涉案专利。涉案专利的技术方案与陈某升在福建某公司从事的研发工作高度关联。综上，福建某公司、上海某公司向北京知识产权法院提起诉讼，请求判令：（1）北京某公司向福建某公司、上海某公司转移涉案专利 1~4 的专利权或专利申请权；（2）陈某升、北京某公司共同赔偿福建某公司、上海某公司为本案支出的合理支出共计 104206 元。（3）如上述诉讼请求不能获得支持，则请求法院判令：①陈某升、北京某公司停止侵害商业秘密的行为，包括销毁已生产的侵权产品、停止提供侵权服务；②陈某升、北京某公司停止不实宣传并向福建某公司、上海某公

司赔礼道歉；③北京某公司向福建某公司、上海某公司转移涉案专利的专利权或专利申请权；④陈某升、北京某公司共同赔偿福建某公司、上海某公司经济损失及合理支出共计167万元；⑤本案诉讼费用由陈某升、北京某公司共同承担。

被告陈某升辩称：涉案专利不属于职务发明创造。涉案专利的发明人除陈某升外尚有他人，并非由陈某升独立完成。陈某升在上海某公司未从事过移动充电车的箱体或充电发电系统的开发和管理工作。陈某升与福建某公司无劳务关系。

被告北京某公司辩称：涉案专利不属于职务发明创造。涉案专利由陈某升和张某共同研发完成，发明人为陈某升和张某进。涉案专利申请时，陈某升已从上海某公司辞职，不存在利用福建某公司、上海某公司任何物质技术条件的可能性。北京某公司不明知、不应知陈某升是否获取了福建某公司、上海某公司的商业秘密。

第三人张某进述称：本人是涉案专利的发明人之一，在涉案专利申请中作出了主要贡献，涉案专利是大家集思广益的智慧结晶。作为对学者的荣誉奖励，故在涉案专利证书上署陈某升为联合发明人。

法院经审理查明：涉案专利1~4的申请日为2019年7月26日，专利权人为北京某公司，发明人为张某进、陈某升。2014年1月2日，甲方上海某公司与乙方陈某升签订《劳动合同书》，陈某升从事技术经理工作。2019年5月14日，上海某公司与陈某升签订《劳动合同解除及免责、弃权协议》。2017年10月至2019年5月，陈某升向吴某（福建某公司的法定代表人、董事、投资人）、李某、邱某、肖某以及某凡公司的代理人发送多封电子邮件，内容涉及移动式充发电车的技术交底方案、设计研发进展汇报、专利申请具体事宜等。福建某公司自2017年12月至2021年8月期间，共申请了名称为便于集装的货箱及发电移动充电车、移动燃气供气装置及其系统、车载式移动充电设备及发电移动充电车等21件发明或实用新型专利。北京某公司曾经是福建某公司的代理商。

北京知识产权法院于2022年12月28日作出（2020）京73民初845号民事判决：一、确认4项发明和实用新型专利权归原告福建某公司、上海某公司所有；二、驳回原告福建某公司、上海某公司的其他诉讼请求。一审宣判后，各方当事人均未提出上诉，判决已发生法律效力。

裁判理由

法院生效裁判认为：2008 年《专利法》第六条第一款规定："执行本单位的任务或者主要是利用本单位的物质技术条件所完成的发明创造为职务发明创造。职务发明创造申请专利的权利属于该单位；申请被批准后，该单位为专利权人。"2010 年《专利法实施细则》第十二条①规定："专利法第六条所称执行本单位的任务所完成的职务发明创造，是指：（一）在本职工作中作出的发明创造；（二）履行本单位交付的本职工作之外的任务所作出的发明创造；（三）退休、调离原单位后或者劳动、人事关系终止后 1 年内作出的，系与其在原单位承担的本职工作或者原单位分配的任务有关的发明创造。专利法第六条所称本单位，包括临时工作单位；专利法第六条所称本单位的物质技术条件，是指本单位的资金、设备、零部件、原材料或者不对外公开的技术资料等。"

本案中，原告主张涉案专利属于陈某升从原单位离职后 1 年内作出的，系与其在原单位承担的本职工作或者原单位分配的任务有关的发明创造，故判断涉案专利是否属于原告的职务发明，应审查陈某升与原告之间的关系以及陈某升的工作职责或工作内容与涉案专利技术方案的关系。

一、关于涉案专利发明人陈某升是否属于专利法规定的"本单位"人员

根据上海某公司与陈某升签订的《劳动合同书》《劳动合同解除及免责、弃权协议》和上海某公司出具的《上海市单位退工证明》等，陈某升至迟于 2015 年 3 月 1 日入职上海某公司，从事技术经理工作。2019 年 5 月 14 日，陈某升与上海某公司解除劳动关系。即 2015 年 3 月 1 日至 2019 年 5 月 14 日，陈某升为上海某公司专利法意义上的"本单位"人员。关于陈某升与福建某公司的关系，虽然福建某公司与上海某公司签订的《人员借调协议》并无陈某升签字，陈某升对此不予认可。但从陈某升工作往来中多次发送的电子邮件来看，其签名档中的职位是技术经理，工作单位是NG Engineering Corporation 而非上海某公司；陈某升多次向时任福建某公司

---

① 对应 2023 年《专利法实施细则》第十三条。

法定代表人、董事、投资人的吴某汇报专利研发和申请、工作周报、设计部工作进展等内容；陈某升与专利代理公司沟通邮件中均以"我公司"专利申请相称，所涉专利的申请人均为福建某公司，并对专利代理公司反馈的专利申请稿件予以确认提交国家知识产权局。在此基础上，结合在案证据体现出福建某公司、上海某公司存在一定程度上的关联关系，法院认定从在案电子邮件显示的期间即 2017 年 10 月至 2019 年 5 月，陈某升作为福建某公司的临时工作人员，可视为福建某公司专利法意义上的"本单位"人员。

涉案专利 1~4 的申请日期均为 2019 年 7 月 26 日，距陈某升与上海某公司解除劳动关系以及陈某升结束在福建某公司的临时工作均不足 1 年。判断涉案专利是否属于职务发明，需进一步分析涉案专利是否与陈某升在原单位承担的本职工作或者原单位分配的任务有关。

二、关于涉案专利是否与陈某升在原单位承担的本职工作或者原单位分配的任务有关

本案中，陈某升在上海某公司担任技术经理，在福建某公司临时工作期间，在其工作往来电子邮件中，陈某升发送和接收的大量邮件内容显示，陈某升作为上海某公司的员工，在福建某公司临时工作，福建某公司分配给陈某升的工作任务包括设计各型号的移动充电车及相关部件的设计、选型和订购，并准备专利申请技术文件，与专利代理公司沟通推进专利申请流程。在完成该工作任务时，陈某升能够接触、获取到与移动充电车、天然气发电移动充电车、车载集装箱、静音集装箱、cng 和 lng 双燃料供气系统、天然气发动机冷却系统等技术资料和信息，大部分信息都由福建某公司解密后通过申请专利进行保护，不属于本领域的普遍知识。

涉案专利与陈某升发送的技术交底书相比，均属于移动充电车领域，用于解决使移动充电车更为灵活、可靠、静音、降温等问题，其技术方案也存在相当程度上的关联性。上述技术交底书均是经福建某公司内部审查并解密后，由陈某升发送给专利代理公司由其撰写并提交专利申请。国家知识产权局在针对涉案专利 3 的三次审查意见通知书中引用了福建某公司 2017 年 12 月 28 日申请的两项专利作为对比文件，亦可佐证涉案专利与福建某公司的专利之间存在一定关联性。

陈某升的工作往来邮件显示出，福建某公司在移动充电车领域持续进行产品研发。福建某公司自 2017 年 12 月至 2021 年 8 月期间申请了 21 件与移动充电车相关的专利。涉案专利涉及移动充电车及其集装箱体，属于大型设备，研发难度较大。在陈某升从上海某公司离职一个月后，北京某公司即委托了专利代理公司，两个月后即申请了涉案专利，且未能对涉案专利的研发过程、技术来源等作出充分、合理的说明。综合以上考虑，法院认定涉案专利与上海某公司、福建某公司分配的任务有关，属于陈某升在"退休、调离原单位后或者劳动、人事关系终止后 1 年内作出的，与其在原单位承担的本职工作或者原单位分配的任务有关的发明创造"，应属职务发明创造。另一方面，结合考虑涉案专利的发明目的、技术方案、所要解决的技术问题和技术效果等，在案证据不足以充分证明北京某公司亦对涉案专利技术方案的实质性特点作出了创造性贡献，故涉案专利的权利人或申请人应为福建某公司、上海某公司。

本案系预备合并之诉，在法院经过审理，已支持福建某公司、上海某公司提出的职务发明创造专利权权属纠纷这一先位之诉的基础上，法院对福建某公司、上海某公司提出的关于侵害商业秘密的备位之诉，不再作进一步评述。

裁判要旨

1. 针对发明人离开原单位后所作出的发明创造，其完成时间要件为发明人离开原单位 1 年内，其内容要件不限于本职工作内容或原单位分配的任务内容，只要发明创造本身与原单位本职工作或分配任务有关即可。上述职务发明创造中的"本单位"人员，包括为完成特定工作任务而与用人单位建立临时性劳务关系的临时工作人员。

2. 原告以预备合并之诉的方式对诉讼请求进行了明确。由于预备合并之诉已属允许原告在同一案件中提出两种不同案由进行依次审理的特殊诉讼合并形态，使原告在一次诉讼中穷尽自己可能获得利益的路径，在同一事实中受到的损失最大限度地获得司法救济。故在经过审理，已支持原告先位之诉的基础上，对其备位之诉不再作进一步评述。

关联索引

2008 年《中华人民共和国专利法》第六条

2010 年《中华人民共和国专利法实施细则》第十二条

一审：北京知识产权法院（2020）京 73 民初 845 号（2022 年 12 月 28 日）

法官评析

本案涉及绿色新能源领域的技术创新，围绕 4 项与"集装箱型燃气发电充电车"有关的核心技术争议纠纷，原告同时主张了专利权权属纠纷和侵害商业秘密纠纷之诉。法院在审理中对知识产权案件中较为鲜见的预备合并之诉的法律适用进行了有益的探索尝试，是以创新的方式保护创新，服务保障创新创业的实践之一。

预备合并之诉从广义上讲分为主观预备合并之诉①与客观预备合并之诉。关于客观预备合并之诉，也即理论界通常所指的预备合并之诉，在大陆法系如德国、日本和我国台湾地区的民事诉讼法中没有明确规定，但通过大量的理论研究和司法判例发展得较为成熟精细。我国民事诉讼制度对于包括客观预备合并之诉在内的诉的合并研究多限于对域外法的介绍或理论证成。在纷繁复杂的民事纠纷面前，当事人难以判断何种诉讼请求最为恰当，但又希望一次性解决纠纷，客观预备合并之诉不失为一种符合诉讼经济的选择。

关于预备合并之诉，也即理论界通常所称的客观预备合并之诉或诉的客观预备合并，通常是指在同一诉讼程序中，原告针对相同被告提起主位（或先位）之诉，同时提起或者追加提起备位（或后位）之诉，原告请求若主位之诉败诉则对备位之诉作出判决，若主位之诉胜诉，则备位之诉无须审判。② 由于《民事诉讼法》没有明确规定，理论探讨亦存在诸多分歧，司法实践中对预备合并之诉的适用总体数量较少，但近年来逐渐有法院对此予以关注和研究。

既有判决中关于预备合并之诉的论述包括："预备合并是相同当事人在同一诉讼中提出的两个以上具有先后满足顺序的诉讼请求的预备合并。原告针对不同当事人提出两个诉讼，不符合备位诉讼的法理。""袁某某提出的第二项诉讼请求是在第一项诉讼请求不能获得法院支持情况下的预备

---

① 关于主观预备合并之诉学界争议较大，本文不作探讨，文中所提及的预备合并之诉均指向客观预备合并之诉。

② 江伟：《民事诉讼法》，中国人民大学出版社 2013 年版，第 36 页。

性诉讼请求，在诉讼法学理论上称之为预备合并之诉，并不违反我国民事诉讼法的相关规定。原审法院对此予以审理并作出裁判，符合诉讼便利和经济的原则，也有利于法院对当事人争议裁判的协调统一。""皖协公司提出的第三项诉讼请求和第四项诉讼请求不能并存，故属于预备合并关系，因二者不可能同时获得胜诉判决，至多只能有一个获得胜诉判决，所以不能对二者合并计算诉讼标的额，只能择其较高者计算。"① 可见实践中各法院对预备合并之诉的认识基本一致，也大多持肯定态度。但具体的适用规则存在一定差异。例如，原告诉讼请求中并未明确先后请求之间的顺位，法院将其解释为具有先后顺序的预备合并之诉；原告前后诉讼请求并非互斥的关系，法院亦将其理解为预备合并之诉。②

相较于民商事案件中涉及预备合并之诉的情形，知识产权案件审理中原告提出预备合并之诉的情况并不多见。本案是知产案件审判实践中适用预备合并之诉的尝试之一。

在审理之初原告即表示，针对其主要指控的被告申请涉案专利的行为，同时主张专利权权属纠纷和侵害商业秘密纠纷。原告一方面认为，涉案专利系职务发明创造，权利应归属于原告；另一方面又认为，被告申请涉案专利侵害了原告的商业秘密，应承担侵权责任，因此涉案专利的权利亦应归属于原告。法院经过初步审理，发现原告主张上述两类请求的本质均是基于同一事实即被告申请涉案专利侵害了原告的权利而产生，原告希望通过不同法律关系尽可能多地寻求救济。因此较之分案而言，预备合并之诉可能与实际情况更为贴切。经法院释明后，原告以预备合并之诉的方式明确了其诉讼请求，即当先位之诉无法得到支持时，可以其备位之诉请求法院作出判决。原告非常明确地主张关于职务发明创造的专利权权属纠纷为先位之诉，可能考虑一是较之获得侵权损害赔偿而言，原告更倾向于拿回涉案专利权，二是原告根据证据和诉讼策略预判，对权属纠纷的胜诉把握更大，故由此确定先、后位之诉。即便先位之诉不获支持，若侵害商

① 参见最高人民法院（2022）最高法民终175号、（2019）最高法民申1016号、广东省高级人民法院（2018）粤民初120号、江苏省徐州市中级人民法院（2018）苏03民终590号、江苏省睢宁县人民法院（2018）苏0324民初3428号等。
② 参见浙江省湖州市中级人民法院（2014）浙湖商终字第185号、湖北省黄石市中级人民法院（2017）鄂02民终1204号等。

业秘密的主张成立，原告仍有希望拿回涉案专利权。

法院首先对原告优先主张的专利权权属纠纷进行了审理。本案中原告提交了近百份电子邮件、研发资料和专利申请情况，用以证明涉案专利与原告分配给被告的任务有关，法院经过审查，并将4项涉案专利与原告的技术方案一一比对，认定涉案专利与原告分配的任务有关，属于职务发明创造。

在支持了原告的先位之诉后，是否还应就备位之诉在判决中作进一步评述，法院作了如下考虑：首先，预备合并之诉本身已属允许原告在同一诉讼程序中提出两种不同案由，要求依次审理的特殊诉讼合并形态。对原告而言，额外获益包括可在一次诉讼中就同一事实遭受的损失，穷尽多条路径最大限度地获取司法救济；对被告而言，则意味着诉讼地位更加不利。若再将主位之诉和备位之诉均同样进行评判，则被告完全陷入原告拟制的诉讼环境中，明显欠缺公平性。其次，从原告提起预备合并之诉的用意来分析，实现主位之诉请求的权利是其主要目的，备位之诉用以防不时之需。若主位之诉请求得以满足，原告也并无太大意愿去争论备位之诉请求的获胜与否，亦无需浪费司法资源就被告承担败诉的既定结果再次加以强化。再者，预备合并之诉的程序价值本就在于对两诉的差异化处理。若再对备位之诉予以评判会进一步加大本已超负荷运转的法官工作量，审判人员辗转于两诉之间，过程复杂。预备合并之诉的设置初衷和意义亦无法体现。因此本案中，法院针对原告提出的权属和侵权两种不同种类的诉请，要求其以预备合并之诉方式作进一步明确，并在经过审理已支持权属争议先位之诉的基础上，不再评价作为侵害商业秘密的备位之诉。

需要说明的是，法院虽然在判决中未评述备位之诉，但在诉讼过程中包括庭审时，对备位之诉与主位之诉仍同时进行了全面审理。这就涉及预备合并之诉中备位请求的审理时机——应在认定主位请求不成立之后才开始，还是二者同步进行？笔者倾向于后者。因为主位请求与备位请求通常在逻辑上会存在紧密关联。尽管两诉从裁判的角度而言有先后顺序差异，但由于二者所依据的基本事实无实质差异，同时审理符合审判思维和认知规律。预备合并之诉的"预备"仅对于裁判结果有限制，对法官的推理和判断顺序不应产生限制。如将主位请求与备位请求分开审理，无论是启动备位请求的时机，还是对于当事人的影响方面，在实务操作中都难以准确把握。

本案因各方当事人均未提起上诉故不涉及二审的问题。但仍有必要对二审中预备合并之诉的法律适用作如下探讨：

（1）一审主位之诉胜诉的情况。此种情况下，一审法院未对备位之诉进行评判，通常由被告提起上诉。二审法院如果认为原审认定正确，驳回上诉维持原判。二审法院如果认为主位之诉认定存在错误，应撤销原判，针对主位之诉进行改判，或者驳回原告的主位诉请，指令一审法院对备位之诉继续审理。原因在于：其一，在一审判决未对备位之诉进行实体评述的情况下，为避免当事人的审级利益损失，二审不能径行对备位之诉作出裁判。其二，被告不服主位之诉胜诉判决提起的上诉，通常不涉及备位之诉，二审亦不能超范围审理。其三，就法律效力来看，主位之诉的结果至二审判决作出时才最终确定，此时备位之诉的启动条件才能成就，从而开始备位之诉的一审判定。

（2）一审主位之诉败诉、备位之诉胜诉的情况。此种情况下，一审法院对主位之诉和备位之诉均进行了评判，当事人可根据败诉情况各自提起上诉，二审法院根据上诉范围进行审理，可分为：①原告对主位之诉上诉，被告对备位之诉上诉。二审应对主位之诉和备位之诉进行审理，对两诉均须作出处理；②原告不上诉，被告对备位之诉上诉。二审围绕备位之诉进行审理。③原告对主位之诉上诉，被告对备位之诉不上诉。二审围绕主位之诉进行审理。

（3）一审主位之诉和备位之诉均败诉的情况。此种情况下，一审法院对主位之诉和备位之诉都进行了评判，通常由原告提起上诉。二审法院围绕其上诉范围进行审理。原告针对主位之诉、备位之诉择一或一并上诉，二审法院根据原告的上诉理由进行审理并作出相应裁判。

一审法院合议庭成员　刘仁婧　钟继明　何小燕
编写人　刘仁婧